ARCHITECTURE ET VIE SOCIALE

Dans la collection **DE ARCHITECTURA :**

COLLOQUES

La maison de ville à la Renaissance. Recherches sur l'habitat urbain en Europe aux XVe et XVIe siècles (1983).

L'escalier dans l'architecture de la Renaissance (1985).

Les traités d'architecture de la Renaissance (1988).

Les chantiers de la Renaissance (1991).

L'emploi des ordres dans l'architecture de la Renaissance (1992).

ÉTUDES

Françoise BOUDON et Jean BLÉCON, Philibert Delorme et le château royal de Saint-Léger-en-Yvelines (1985).

Monique CHATENET, le château de Madrid au bois de Boulogne (1987).

ISBN 2-7084-0455-5
© Picard éditeur, 1994
82, rue Bonaparte, 75006 Paris

Université de Tours — Centre National de la Recherche Scientifique
CENTRE D'ÉTUDES SUPÉRIEURES DE LA RENAISSANCE

DE ARCHITECTURA
Collection fondée par André Chastel et Jean Guillaume

ARCHITECTURE ET VIE SOCIALE

L'ORGANISATION INTÉRIEURE DES GRANDES DEMEURES A LA FIN DU MOYEN AGE ET A LA RENAISSANCE

*Actes du colloque
tenu à Tours du 6 au 10 juin 1988*

Études réunies par Jean Guillaume

Publié avec l'aide du Centre National de la Recherche Scientifique

Picard, 1994

Sommaire

Du logis à l'appartement _____ 7

Palais des papes

Form and Function in Thirteenth-Century Papal Palaces
    par Gary M. RADKE, Syracuse University _____ 11

« Ad maiorem Pape gloriam ». La fonction des pièces dans le palais des Papes d'Avignon
    par Bernhard SCHIMMELPFENNIG, Université d'Augsbourg _____ 25

Demeures royales

Royal and Ducal Palaces in France in the Fourteenth and Fifteenth Centuries : Interior, Ceremony and Function
    par Mary WHITELEY, Emsworth _____ 47

Les logis du roi de France au XVIe siècle
    par Françoise BOUDON, C.N.R.S., Paris, et Monique CHATENET, Inventaire général, Paris _____ 65

Les résidences royales à l'épreuve des fêtes : les courts-circuits du charpentier
    par Anne-Marie LECOQ, C.N.R.S., Paris _____ 83

The Palaces of Henry VIII
    par Simon THURLEY, curator of Historic Royal Palaces _____ 97

Le palais de Charles-Quint à Bruxelles : ses dispositions intérieures aux XVe et XVIe siècles et le cérémonial de Bourgogne
    par Krista DE JONGE, Université de Louvain (Leuven) _____ 107

Women's Quarters in Spanish Royal Palaces
    par Catherine WILKINSON-ZERNER, Brown University _____ 127

Palais d'Italie et d'Espagne

Le palais ducal d'Urbino : humanisme et réalité sociale
    par Andreas TÖNNESMANN, Université de Bonn _____ 137

The Roman Apartment from the Sixteenth to the Seventeenth Century
    par Patricia WADDY, Syracuse University 155

Arquitectura y vida cotidiana en los palacios nobiliarios españoles del siglo XVI
    par Fernando MARIAS, Université autonome de Madrid 167

La casa de Pilatos
    par Vicente LLEO CAÑAL, Université de Séville 181

Châteaux de France et d'Angleterre

Le petit château en France et dans l'Europe du Nord aux XVe et XVIe siècles
    par Uwe ALBRECHT, Université de Kiel 193

La distribution des palais et des hôtels à Paris du XIVe au XVIe siècle
    par Myra Nan ROSENFELD, Centre canadien d'architecture, Montréal 207

France's Earliest Illustrated Architectural Pattern Book : Designs for Living « à la française » of the 1540's
    par David THOMSON, Université d'East Anglia, Norwich 221

Logis et appartements jumelés dans l'architecture française
    par Jean-Marie PÉROUSE de MONTCLOS, C.N.R.S., Paris 235

The Gallery in England and its Relationship to the Principal Rooms (1520-1600)
    par Rosalys COOPE, Epperstone 245

Hospitality and Lodging in Sixteenth-Century England : the Evidence of the Drawings of John Thorpe
    par Maurice HOWARD, Université du Sussex, Brighton 257

Escape from Formality in the Sixteenth-Century English Country House
    par Paula HENDERSON, Londres 269

Index 278

Du logis à l'appartement

Firmitas, venustas, utilitas : *les derniers colloques publiés dans cette collection pourraient illustrer la triade vitruvienne et résumer dans leur succession les trois temps de l'histoire de l'architecture telle que l'imaginait Blondel : les Égyptiens ont créé les techniques, les Grecs et les Romains le décor, les Français la distribution*[1]... *La fierté des théoriciens français du XVIIIe siècle peut se comprendre, mais nous n'avions nullement l'intention de justifier leurs vues en organisant ce colloque — d'autant que les distributions de la fin du Moyen Age et de la Renaissance ne ressemblent guère à celles inventées dans les hôtels parisiens au milieu du XVIIe siècle, qui inaugurent en effet une nouvelle manière d'habiter.*

Le système qui se constitue au XIVe siècle au Louvre de Charles V, au palais des Papes d'Avignon ou à l'Almudaina de Palma de Majorque[2] *et qui durera jusqu'au XVIIe siècle s'est développé à partir de l'opposition très ancienne de la salle et de la chambre. Les pièces devenues plus nombreuses se distinguent avant tout par leur degré d'accessibilité :* « chambre de parement », *appelée plus tard salle (qu'il ne faut pas confondre avec la* « grande salle » *du château médiéval), ouverte à tous,* « chambre de retrait » *où le maître donne audience, chambre où il se repose et où il peut recevoir pour un entretien plus secret. Plusieurs petites pièces, les seules à fonction bien déterminée, peuvent se grouper près de cette dernière chambre :* « étude », *oratoire, bain,* « trésor »... *Le logis s'organise donc entre deux pôles, public et privé, auxquels correspondent généralement deux escaliers puisque les pièces importantes se trouvent toujours à l'étage : le grand qui mène à la salle et le petit qui permet au maître de descendre dans la cour ou de faire monter un visiteur sans traverser les pièces publiques. Le même souci de* privacy *dans des demeures encombrées de visiteurs, d'officiers, de domestiques, explique qu'une galerie-pièce pourvue d'un cheminée — qu'il ne faut donc pas confondre avec les galeries de circulation — prolonge à Avignon le logis de Clément VI : le pape dispose ainsi d'un espace propre à la promenade, à la méditation, à la conversation où nul ne peut l'importuner. La galerie française existe déjà là* in nuce[3].

---

1. J.F. BLONDEL, *Cours d'architecture*, t. I, Paris, 1771, livre I, chap. I.
2. G. KERSCHER, « Privatraum und Zeremoniell im Spätmittelalterlichen Papst-und Königspalast », dans *Römisches Jahrbuch für Kunstgeschichte*, 1990, pp. 87-134.
3. J. GUILLAUME, « La galerie dans le château français : place et fonction », dans *Revue de l'art*, 1993, n° 102, pp. 32-42.

Dès le XIVe siècle également la duplication des logis apparaît dans les résidences royales et princières — mais non dans les palais des villes italiennes. Mari et femme habitent chacun dans des suites semblables situées au même niveau ou, plus fréquemment, superposées, ce qui permet d'obtenir un parallélisme parfait et de réunir aisément les chambres des époux par un escalier privé.

Pour comprendre les distributions du XVIe siècle, il fallait donc étudier d'abord les grandes créations du XIVe. Dans ce domaine, en effet, la Renaissance n'apporte pas de transformations décisives : elle perfectionne un système qu'elle ne change pas. Un premier progrès a consisté à disposer les pièces en enfilade dans une succession continue et à ménager des circulations aisées adaptées aux différents besoins. Au milieu du XVe siècle, le palais de Venise à Rome offre ainsi l'exemple d'un plan parfaitement rationnel : sept pièces d'abord immenses puis de moins en moins grandes se succèdent de l'escalier principal jusqu'à l'escalier « secret » et au passage menant au jardin privé. Toutes les portes sont disposées en enfilade, ce qui rend immédiatement lisibles l'étendue du parcours et l'unité de l'organisation spatiale. Les mêmes principes se retrouvent à Urbino mais aussi, on l'oublie trop, en France où Châteaudun et Baugé présentent au même moment des suites de pièces de dimension décroissante et des portes alignées. La confrontation internationale permise par le colloque montre que les innovations italiennes ont leur équivalent au nord des Alpes, dans l'Europe « gothique », et que les palais du Quattrocento se distinguent surtout par le nombre et, plus encore, la dimension des pièces.

L'appartement ou le cabinet non plus, ne sont pas nés en Italie : si les mots apparaissent en France au XVIe siècle, les choses existaient déjà depuis longtemps sous d'autres noms : logis, retrait, étude... Aussi la seule influence certaine de la distribution italienne est-elle l'introduction au milieu du XVIe siècle d'une deuxième pièce, moins « publique » que la première, avant la chambre où le maître donne audience. L'antichambre permet d'allonger le parcours des visiteurs et de hiérarchiser les espaces en en limitant progressivement l'accès. Son succès est donc lié au développement du cérémonial et à une organisation plus raffinée de la vie de cour qui conduira naturellement à la multiplication des antichambres — du moins à Rome.

On doit tenir compte en effet des particularités de chaque milieu. Si les principes de base sont partout les mêmes, si le cérémonial tend à devenir partout plus complexe au XVIe siècle, il existe des différences sensibles entre les pays. La privy chamber des châteaux royaux anglais, liée à une nouvelle organisation du pouvoir, est différente de l'antichambre bien qu'elle allonge, elle aussi, la suite des pièces ; les appartements d'hiver et d'été n'existent que dans le Midi, avant tout en Espagne ; la galerie est une pièce d'apparat dans le domaine bourguignon mais un espace privé destiné à la promenade en France et en Angleterre — où elle se situe souvent au second étage. L'une des particularités de ce pays est d'ailleurs de déplacer vers le haut le centre de la demeure au point que les réceptions d'été peuvent se dérouler sur les toits, au moment où les Espagnols se réfugient dans les pièces fraîches du rez-de-chaussée... Notons aussi une curieuse « exception française » : le logis royal qui occupait toute une aile du Louvre au XIVe siècle se réduit à une salle, une chambre et quelques petites pièces *annexes sous Charles VIII, Louis XII et François Ier : bien loin de marquer leur rang par une longue suite de pièces, les rois de France se vantent d'être visibles et accessibles à tous. Henri II introduira l'antichambre mais Henri III, malgré son désir d'imiter l'étiquette espagnole, ne pourra faire plus et ne réussira pas à changer des usages qui symbolisent l'union intime du prince et du peuple.*

Sans traiter à fond cet immense sujet — les actes d'un colloque ne sont pas un livre — ce volume donne pour la première fois une idée de l'organisation intérieure des grandes demeures dans les différents pays d'Europe du XIVe au XVIIe siècle. Sans doute, le « fonctionnement » des palais de Rome et des country houses *anglaises avait-il déjà fait l'objet d'études approfondies[4], mais la distribution du palais des Papes, des châteaux français, des palais impériaux, des demeures espagnoles n'avait pas été restituée de façon aussi précise, en mettant en rapport textes et plans. De plus, l'opposition traditionnelle Moyen Age — Renaissance empêchait de saisir l'unité de la période allant du XIVe au XVIIe siècle et faisait attribuer à tort à la Renaissance un système d'habitation commun à l'Europe occidentale dont l'Italie offre seulement les exemples les plus achevés.*

Il serait présomptueux de dire que le colloque de 1988 a marqué un tournant dans l'étude de la distribution. Cette rencontre est simplement venue à son heure, peu après le séminaire de 1986 du Centro Palladio sur les palais italiens, l'année même où Monique Chatenet révélait la distribution complète de Saint-Germain-en-Laye au milieu du XVIe siècle[5] et où Bertrand Jestaz, reprenant l'étude des appartements royaux de Fontainebleau abandonnée depuis Dimier, assurait qu'il était « temps de considérer d'abord les châteaux comme des résidences » — sans se douter que ses vœux seraient si vite comblés[6]... Au moment également où les historiens s'intéressaient de plus en plus au cadre de la vie quotidienne, sans chercher cependant à localiser les fonctions sur les plans des édifices réels[7]. Depuis lors d'autres travaux sont apparus, certains issus directement du colloque. Gottfried Kerscher et Mary Whiteley ont renouvelé l'étude des grands châteaux du XIVe siècle[8] ; Wolfger Bulst, Monique Chatenet, Evelyne Thomas ont retrouvé les distributions du palais Médicis, du logis de François Ier au Louvre, des logis royaux d'Amboise de Charles VIII à Henri II[9] ; Simon Thurley et Patricia Waddy ont publié leurs études sur les châteaux royaux anglais et sur

---

4. Chr.-L. FROMMEL, *Der Römische Palastbau der Hochrenaissance*, Tübingen, 1973, t. I, pp. 53-92 ; M. Girouard, *Life in the English Country House*, Yale, 1978.

5. M. CHATENET, « Une demeure royale au milieu du XVIe siècle. La distribution des espaces au château de Saint-Germain-en-Laye », dans *Revue de l'art*, 1988, n° 81, pp. 20-30.

6. B. JESTAZ, « Etiquette et distribution intérieure dans les maisons royales de la Renaissance », dans *Bulletin monumental*, 1988, pp. 109-120.

7. Voir l'importante contribution de Ph. Contamine, « Les aménagements de l'espace privé, XIVe-XVe siècles », dans Ph. Ariès et G. Duby (dir.), *Histoire de la vie privée*, t. II, Paris, 1985, pp. 421-501.

8. G. KERSCHER, « Privatraum... » cité n. 2 ; *Id.*, « Palazzi « prerinascimentali » : la rocca di Spoleto e il Collegio di Spagna a Bologna », dans *Annali di architettura*, 1991, pp. 14-25 ; M. Whiteley « Le Louvre de Charles V : dispositions et fonctions d'une résidence royale », dans *Revue de l'art*, 1992, n° 97, pp. 60-71. Étude récente et très complète de l'organisation intérieure des grandes demeures médiévales dans J. Mesqui, *Châteaux et enceintes de la France médiévale*, t. 2, Paris, 1993, ch. 2, pp. 77-168 : « De la grande salle aux cuisines, les éléments de la résidence noble ».

9. W. A. BULST, « Uso e trasformazione del Palazzo Mediceo fino ai Riccardi », dans *Il Palazzo Medici Riccardi di Firenze*, Florence, 1990, pp. 98-129 ; M. CHATENET, « Le logis de François Ier au Louvre », dans *Revue de l'art*, 1992, n° 97, pp. 72-75 ; E. THOMAS. « Les logis royaux d'Amboise », dans *Revue de l'art*, 1993, n° 100, pp. 44-57.

les palais de Rome[10] ; Françoise Boudon et Jean Blécon achèvent une restitution complète des distributions successives de Fontainebleau au XVIe siècle ; nous-même venons de reprendre l'étude de la galerie en la situant dans le « système » du château français[11]. Tout indique un intérêt nouveau pour la distribution, parallèle au « retour aux ordres » célébré dans le précédent volume de cette collection. L'histoire de l'architecture devient décidément plus exigeante : aussi attentive à l'usage des pièces qu'au profil d'une moulure, elle veut tout embrasser, l'invention des formes et les manières de vivre.

J.G.

---

10. S. THURLEY, *The Royal Palaces of Tudor England, Architecture and Court Life 1460-1547*, Yale, 1993 ; P. Waddy, *Seventeenth-Century Roman Palaces. Use and the Art of the Plan*, MIT, 1990.

11. Art. cité n. 3.

Form and Function
in Thirteenth-Century Papal Palaces

by Gary M. RADKE

Writing about Theodoric's palace in Ravenna, Cassiodorus gave careful consideration to the form and function of a sovereign's residence[1]. With insight rarely seen in the few surviving medieval statements on such matters, Cassiodorus pointed out that there was a reciprocal relationship between a ruler and his palace. On the one hand, the ruler's power entitled him to a palace; on the other, the form and splendour of his palace confirmed and contributed to his status as a leader. Cassiodorus also insisted that a palace was a retreat, a place where the ruler could rest and relax — but primarily in order to prepare himself for further public duty. It was a place, in other words, for him to collect his thoughts and to seek private counsel. Just as importantly, Cassiodorus continues, a palace was intended to have representational characteristics. Ambassadors, for example, would sense from outer aspects of the building the character of the ruler within. In turn, the ruler would delight in the palace's physical beauty and draw personal strength from it.

Palace as both the reward and confirmation of power; palace as retreat, source of strength and place for counsel and preparation; palace as symbolic extension of the ruler himself — these images all point to a complex interaction between form and function that was expected to contribute to a ruler's physical and psychological comfort as well as to the health and survival of the office he held. The physical and the symbolic were to be much more than coexistent; they were to be complementary and even symbiotic.

This is, I believe, the essential context in which we need to understand form and function in thirteenth-century papal palaces. Structures in Anagni, Orvieto (figs. 1, 2, 3), Rieti, and Viterbo (figs. 4, 5, 6) are the earliest surviving papal palaces[2]. Built in

---

1. Var. VII 5, 1 according to W. Ensslin, *Theoderich der Grosse* (Munich, 1947), 259. Cassiodorus is quite rare in this sort of explicit discussion. More usual are the highly anachronistic, pseudo-classicizing descriptions that purport to describe contemporary monuments (see Ch. Huelsen, « Die angebliche mittelalterliche Beschreibung des Palatins », *Mitteilungen des kaiserlich Deutschen Archaeologischen Instituts, Roemische Abteilung* 17 (1902) : 255-68 and I. Lavin, « The House of the Lord, Aspects of the Role of Palace Triclinia in the Architecture of Late Antiquity and the Early Middle Ages », *Art Bulletin* 44 [1962] : 1-27) or the very generalized settings that appear in other literary texts (see P. Riché, « Les représentations du palais dans les textes littéraires du haut Moyen Age » *Francia* 4 (1976) : 161-71).
2. For Anagni see G. Zander, « Fasi edilizie e organismo costruttivo del palazzo di Bonifacio VIII in Anagni », *Palladio* N S 1 (1951) : 112-19 ; for Orvieto L. Fumi, « Il palazzo Soliano o de' papi in Orvieto », *Archivio storico dell'arte* 2nd ser., 2 (1986) : 255-68, R. Bonelli, « Il palazzo papale di Orvieto », *Atti del II convegno nazionale di storia della architettura* (Rome, 1939), 211-20, R. Pardi, « Il restauro del palazzo papale di Orvieto », *Storia e arte in Umbria nell'età comunale*, Atti del VI convegno di studi umbri, Gubbio, 26-30 maggio 1968 Parte prima (Perugia, 1971), 199-211, and D.A. Valentino, « Il restauro del palazzo papale di Orvieto », *Bolletino d'arte* Ser. 5, 60 (1975) : 208-13 ; for Rieti, A.S. Sassetti, *Guida illustrata di Rieti* (Rieti, 1916), 53-55, F. Palmegiani, *L'antichissimo palazzo vescovile di Rieti, Ricostruzione storico artistica con disegni e fotografie*, reprt. from *Terra Sabina*, 1924 (Rome, 1925), and A.S. Sassetti, *Pei restauri dell'episcopio e del Duomo* (Rome, 1926) ; and for Viterbo, G.M. Radke, « The Papal Palace in Viterbo », diss. New York University, 1980.

a period when the popes spent extensive amounts of time outside Rome, these palaces were constructed as much because of the popes' greatly expanded claims to temporal authority as on account of political disturbances that drove them from the Eternal City[3]. Both outposts and official seats of the papacy, these palaces took turns in functioning as administrative headquarters for much of the papal bureaucracy, as the settings for court ceremony, as the personal residence of the pope and his most trusted advisors, and as the symoblic embodiment of papal claims to sovereign authority.

Great halls

The physical accommodations that were made to these needs varied from locale to locale, but all thirteenth-century papal palaces, including the greatly enlarged Vatican palace of Nicholas III (fig. 7), contained at least one major hall, frequently many more ; each palace also provided private quarters for the pope. These halls and apartments were often accompanied by porticoes, loggias, staircases, towers, chapels and service facilities[4], but here I will concentrate on halls and private quarters. They are, after all, features that occur in all later palaces, and they served both the practical and symbolic kinds of functions we have been alerted to by Cassiodorus.

As one of the primary features that distinguished most any palace in the Middle Ages, halls were the major center of palace life (figs. 3, 4) [5]. Neither the size, orientation nor number of these large interior spaces were fixed in either secular or ecclesiastical palaces, but they stood out from much of the rest of the palace complex by their relatively large size and general accessiblity. They were located on either the ground or main, elevated floors of the palace complex, and of necessity they occupied the largest building blocks of any palace. Though storerooms and service areas often had similar dimensions and were frequently located directly under them, halls were usually distinguished from these purely utilitarian areas by more ample fenestration, lavish and refined decoration, and their relative ease of access, whether directly from the exterior of the palace or from other public areas. Halls also played an indispensable role in accommodating banquets, judicial proceedings and administrative gatherings.

The number of halls that we encounter in thirteenth-century papal palaces is quite remarkable. We can be sure of the existence of only one such structure in the highly ruinous palace erected for Boniface VIII in Anagni, but at Rieti there were at least two, probably three to six at the thirteenth-century Vatican palace, six in Viterbo and eight at Orvieto.

Plans and descriptions made of the Lateran palace before its destruction in the sixteenth century make it clear that this proliferation of halls was well precedented in

---

3. See in particular D. Waley, *The Papal State in the Thirteenth Century* (London, 1961).
4. See Chapter IV of my forthcoming book, *The Palazzo dei Papi in Viterbo : Profile of a Papal Palace* for a typological analysis of these features in thirteenth-century papal palaces.
5. E. Viollet-le-duc, *Dictionnaire raisonné de l'architecture française du XIe au XVIe siècle* (Paris, n.d.), VII : 1 and 14 ; J. Gardelles, « Le Palais dans l'Europe occidentale chrétienne du Xe au XIIe siècle », *Cahiers de la Civilisation Médiévale* 19 (1976) : 118 and P. Héliot, « Nouvelles remarques sur les palais épiscopaux et princiers de l'époque romane en France », *Francia, Forschungen zur Westeuropäischen Geschichte* 4 (1976) : 208-209 all agree that this feature was practically obligatory. For an examination of this sort of structure in England see H. Braun, *An Introduction to English Architecture*, 2nd ed. (New York, 1968), 155-69.

the popes' official Roman residence[6] (fig. 9). Two large halls built by Leo III in the ninth century, his Triclinium and the Hall of the Couches, dominated the plan of the palace and were accompanied by yet another triclinium erected for Gregory IV and numerous smaller halls along the porticus corridor of the palace, as well as others behind the Triclinium of Leo III[7]. It should be noted, however, that the complex plans of the two largest ceremonial halls at the Lateran did not inspire the plans of any halls in thirteenth-century papal palaces. Rather, thirteenth-century papal halls, as at Viterbo, were like their contemporary secular counterparts in being basically rectangular.

Within the rectangular format, halls were frequently organized in one of three manners. Some secular palaces included properly basilical halls, while halls in thirteenth-century papal palaces were either two aisled, as in some of the ground floor halls of the palaces in Viterbo, Orvieto, and Rieti, or they were simply left open as a single space, which was always the case on the raised main floors of papal palaces. In contrast, both the ground floors and main halls of numerous German and French palaces, as in the case of Goslar[8], Gelnhausen[9], the great hall of the kings of France on the Ile de la Cité in Paris[10], or the great hall in Blois[11], were divided down their length by piers or wooden supports.

This distinction should alert us to differences in utilization. While both basilical structures and single aisled halls have their central spaces open, visually encouraging the possibility of longitudinally focused processions and gatherings, the centrally placed supports of bisected halls divide their spaces and make a longitudinal focus practically impossible. This would not have been too problematic on the ground floor of a thirteenth-century papal palace, because it is unlikely that major papal ceremonies took place there. Rather, we need to assume that this was the perfect location for bookkeeping and legal business, not grand gatherings of the pope and his court. Indeed, in Italian communal palaces, which frequently contain single aisled halls on their elevated levels and two-aisled halls only on the ground floor, the lower areas functioned as covered markets, urban passageways, or notaries' and money changers' shelters[12], not for communal meetings and deliberations.

But when an upper hall was bisected by supports, as was certainly the case in many German imperial palaces, then activities could not have the longitudinal focus of thirteenth-century papal and communal palaces. At both Goslar and Gelnhausen, for example, architectural emphasis, either by means of a large window or impressive staircase, was placed on the center of the long facade wall, while the throne was located on the middle of the hall's long back wall[13]. This insured that the main structure of the palace was sited with its greatest and most impressive expanse highly visible to anyone

---

6. See Ph. Lauer, *Le Palais de Latran, Étude Historique et Archéologique* (Paris, 1911).
7. LP, I : 371. The earliest documented structure at the Lateran, a Basilica Juliae (Lauer, Latran, 39 collected the references from LP, I : 227 ; I : 281 ; I : 371), might also have been a hall, since it was considered important enough in the sixth century to become the place in Rome where the portraits of the Byzantine emperor and empress were acclaimed upon their ascension to the throne (*Gregorii I Papae Registrum Epistolarum*, II [MGH Epistolarum, II] [Berlin, 1899] : 364-65), but the term basilica itself was not as restricted in its use as it was later to become, so we cannot assume anything about its particular form from the term « basilica » alone. See also LP, I : 432 and II : 3-4 and 11.
8. See plans in U. Hoelscher, *Die Kaiserpfalz Goslar* (Berlin, 1927).
9. See plans in G. Binding, *Pfalz Gelnhausen, Eine Bauuntersuchung*, Abhandlungen zur Kunst-, Musik-, und Literaturwissenschaft, 30 (Bonn, 1965).
10. Viollet-le-duc, VII : 4ff.
11. Plan in R.A. Brown, H.M. Colvin and A.J. Taylor, *The History of the King's Works*, gen. ed. H.M. Colvin, *The Middle Ages*, I (London, 1963), fig. 9.
12. J. Paul, *Die mittelalterlichen Kommunalpaläste in Italien* (Diss. Albert-Ludwigs-Universität-Freiburg, 1963), 114.
13. See Hoelscher and Binding.

approaching the facade and that the ruler could remain literally in the midst of the persons present at court rather than being set at the end of a long space.

The main upper halls of thirteenth-century papal palaces, on the other hand, along with the two major halls at the Lateran, were longitudinally oriented. They were sometimes set so that their bulk, too, was highly visible from piazzas in front of them, as in a number of the halls at Orvieto and in the main structures in Viterbo, but these papal halls and those at Rieti, the Vatican and the Lateran were all entered from or near their short ends. And in the case of Viterbo, an original stone dais indicates that the focus was clearly on the other short end of the hall. The single aisled elevated halls of communal palaces were frequently disposed in this manner, and the great Norman hall of the palace at Westminster, along with the later lesser hall behind it and the hall at Windsor, to mention just a few examples, were also approached from their short ends. The type is not distinctly papal, then, but it *is* quite remarkably non-Germanic. After the Carolingian revival, halls in German palaces were rarely oriented longitudinally. They were sometimes entered near their short ends, as was probably the case at Gelnhausen, but the major focus within them was on the middle of the broad back wall and more often than not, the longitudinal axis was occupied by piers or posts. Thus, in a period characterized by a growing imperialization of the papacy — at least in its political and military goals —[14], the halls of the popes and of their imperial counterparts were quite as distinct from one another as were their convictions about the proper balance between sacred and secular authority in Italy.

What they may have shared more in common was a certain concern for ample and impressive size. And when it came to that, the Lateran halls of Leo III led the way. Leo III's approximately 26 by 12.5 meter Triclinium was hailed in the early ninth century as the largest hall in the world, only to be soon surpassed by the gargantuan 68 meter length of Leo's own later Hall of the Couches. The Norman hall of the palace at Westminster and Philip the Fair's great hall in Paris were alone in being larger, each expanding over 70 meters in length[15].

At 30 by 11.5 meters and 33.6 by 11.8 meters, on the other hand, the main halls at Viterbo and Nicholas III's Vatican were quite comparable in size to the earlier Triclinium of Leo III, which functioned as the main reception and meeting hall of the Lateran palace. The halls at Viterbo and the Vatican, then, could easily have accommodated the major ceremonial functions that took place in the main hall of the pope's major Roman residence.

Of a completely different league were the circa 14 by 45 meter dimensions of the great thirteenth-century halls at Rieti and Orvieto. We have no specific papal comparisons in this instance, though the 15 by 50 meter halls at Goslar (c. 1040), Poitiers and Montargis were quite similar[16], as was the length though not the more substantial girth of Charlemagne's audience hall in Aachen[17].

In other words, the size of halls in thirteenth-century papal palaces was neither unusually large nor small. They fit quite well within the general parameters of other palace types.

Whatever their size, the exterior of the halls of thirteenth-century papal palaces

---

14. Waley offers the most comprehensive overview of papal rule in Italy in the thirteenth century. See also R. Brentano, *Rome Before Avignon : A Social History of Thirteenth Century Rome* (New York, 1974) for additional insights.
15. For a graphic comparison of the size of some great halls in England and the Continent, but which neglects evidence of the Lateran see King's Works, fig. 9.
16. W. Bornheim, *Rheinische Höhenburgen*, Verein für Denkmalpflege und Heimatschutz, Jahrbuch 1961-1963 (Neuss, 1964), I : 121. See this source for dimensions of yet other hall structures as well.
17. Bornheim, I : 130 notes that few German buildings exceeded this size.

were rather plain, even by Italian standards, which put little emphasis on exterior articulation in general. Much attention *was* given to the articulation and arrangement of the relatively large number of windows that usually lit a hall. Frequently the windows were arranged so that they produced a kind of frieze across the facade. This is particularly true of the facade of the largest hall at Viterbo and at Orvieto. Sometimes arcades would accomplish the same effect, as in the five blind arches that crown the end wall of the secondary hall in Viterbo. Indeed, arched openings or arches grouped into blind arcades served as an identifying feature of many palace buildings, and especially of halls, in the Middle Ages.

We know that arcaded facades were a significant feature not only because they appear with such frequency, but because artists also use the motif as a kind of convenient shorthand. The mosaicists at Sant'Apollinare Nuovo in Ravenna portrayed Theodoric's palace with two superimposed levels of arcades[18], and the palace of Wiliam the Conqueror is identified on the Bayeux tapestry by a string of miniature arches set above the level of the figures.

Swoboda and Baldwin Smith have argued that the iconography harkens back to ancient city gates and palace buildings, where arcades served as a sign of sovereignty[19]. It is generally agreed that the motif and its connotations must have been transmitted to the Middle Ages via examples like the Exarch's Palace in Ravenna or the arcaded facade of the so-called Palazzo della Ragione at Pomposa[20]. In addition, we need also to consider the facade of the entrance to the Lateran palace. Panvinio gave a very clear description of it in the sixteenth century[21]. The upper story opened in a series of arches, one of which held the doors at the top of the monumental staircase. The upper arcaded gallery was supported by a lower story which also opened in arches, possibly revealing a ground floor hall or portico. And as if the associations were not complete enough, the entire palace facade was crowned by the extensive arcades of the elevated corridor that linked the various pavilions to one another. It was features like the arcaded corridor, the arches on the facade and the very presence of Leo III's halls that must have made it credible for ninth-century authors to have begun referring to the pope's residence as a *palatium*[22]. And in the the thirteenth century, the same would have been true at other papal palaces.

Function of great halls

But how dit the halls function on a more pratical level ? Besides being symboli-

---

18. E. Dyggve, *Ravennatum Palatium Sacrum* (Copenhagen, 1941) has suggested a very controversial interpretation of the facade as representing a peristyle. More convincing is the rebuttal by Géza de Francovich, *Il palatium di Teodorico a Ravenna e la cosidetta « architettura di potenza »*, Problemi d'interpretazione di raffigurazioni architecttoniche nell'arte tardoantica e altomedievale (Rome, 1970).
19. E. Baldwin Smith, *Architectural Symbolism of Imperial Rome and the Middle Ages*, Princeton, 1956, 34-36 and K.M. Swoboda, « Problem of the Iconography of Late Antique and Early Medieval Palaces », *Journal of the Society of Architectural Historians* 20 (1961) : 84. For the motif's significance on church facades see G. Bandmann, *Mittelalterliche Architektur als Bedeutungsträger* (Berlin, 1951), 42ff.
20. M. Salmi, *Abbazia di Pomposa* (Rome, 1937).
21. *De patriarchio Lateranensi*, VII, *De porticu Lateranensi*, in Lauer, Latran, 482-83.
22. K. Jordan, « Die Entstehung der römischen Kurie », *Zeitschrift der Savigny-Stiftung für Rechtsgeschichte, Kanonistische Abteilung* 28 (1939) : 100-01, n. 2-5.

cally impressive, who were they intended to serve and what specific activities did they have to accommodate ?

Some ceremonials and documents that were written largely with the Lateran in mind can help us to construct a picture of banqueting, consistory and some of the daily administrative duties that needed to be housed in a thirteenth-century papal palace.

Banqueting was a highly ritualized aspect of life at the papal court. Ceremonials specified that on the day of his coronation, for example, the pope was to be seated alone at an elevated head table[23]. Down the length of the hall to his right were to be seated the cardinal bishops and then the cardinal presbyters. The cardinal deacons were to be placed to the pope's left. Other prelates and nobles were then to take their places following the cardinals. In other words, the longitudinal focus of papal halls was hardly accidental when it came to banqueting[24], and as we shall see, the same held true in consistory.

As one can imagine it, banqueting was probably among the most memorable activities that took place in the halls of a papal palace, just as it was in the halls of kingly palaces, too[25], but not all halls served for feasting, and even those that did were multi-purpose areas. At the Lateran, for example, branches had been distributed on Palm Sunday from the Triclinium of Leo III[26], and the practice continued in the tinellum magnum at Avignon[27]. The triclinium at the Lateran was also occasionally used for vespers, in which case the papal valets arranged for candelabra and torches to be transported from the pope's room to the great hall[28]. The chaplains themselves said matins in either a hall or chapel, but their daily mass and vespers were regularly held in their own hall behind the major Triclinium[29].

Probably the most frequent public or semi-public event that took place in a papal palace's halls was the regular meeting of the pope in consistory with his cardinals[30]. These deliberative meetings, at which numerous petitions were regularly considered, are documented to have taken place in the major first floor halls at the Lateran and in Viterbo, and could of course have been similarly accommodated at Anagni, Orvieto, Rieti and the Vatican. Surrounded by the cardinals and pressed in on all sides by interested parties and the legal petitioners[31], the pope probably sat on a raised paltform, as is indicated in paintings like the late thirteenth-century frescoes at Assisi that show Saint Francis before Popes Innocent III and Honorius III (fig. 8), or as was specifically stipulated in the fourteenth-century ceremonial of Cardinal Long[32]. Whether the pope and his accompanying cardinals were separated from the crowd by the wooden railings that Ambrogio Lorenzetti, for one, illustrates in his Sienese frescoes of the life and canonization of St. Louis of Toulouse is not clear[33], though a structure of this sort was

---

23. M. Andrieu, *Le Pontifical Romain au Moyen Age*, 4 vols., *Studi e testi*, LXXXVI, LXXXVII, LXXXVIII and XCIX (Vatican City, 1938-1941), II : 380 and 536.
24. In the early fourteenth century, Cardinal Stefaneschi specified that banquets take place « in longum aule » (Marc Dykmans, *Le cérémonial papal de la fin du Moyen Age à la Renaissance*, Vol. II, *De Rome en Avignon ou le cérémonial de Jacques Stefaneschi* (Brussels and Rome, 1981) : 374 « De ordine sedendi in mensa »).
25. See, for example, King's Works, 43 and H. Stein, *Le Palais de Justice et la Sainte-Chapelle de Paris, Notice historique et archéologique* New ed. (Paris, 1927), 38-40.
26. LC, II : 150.
27. Dykmans, III : 202.
28. J. Haller, « Zwei Aufzeichnungen über die Beamten der Curie im 13. und 14. Jahrhundert », *Quellen und Forschungen aus italienischen archiven und Bibliotheken* 1 (1987) : 12.
29. Haller, 10.
30. See C. Douais, « Liber Consistorium (XIIIᵉ siècle) », *Bulletin historique et philologique* no vol. number (1984) : 498-512 for meeting days and general procedures.
31. See the first hand account of William of Andres in MGSS, 24, 1879, 743-44.
32. Dykmans, III : 311.
33. A similar structure is portrayed in scenes on Ugolino di Vieri's tabernacle for the Holy Corporal in Orvieto.

regularly erected in churches for councils and official inquiries[34]. The pope was joined in this so-called *thalamus* by the cardinals, who sat at his feet. If a king or emperor were present, there was room for him to sit at the right of the pope. Similar structures, also termed *thalami*, were erected inside St. Peter's on the occasion of an imperial coronation[35]. Made of wood and covered with hangings, each was large enough to accommodate the emperor or empress and some members of their court. If a similar structure did enclose the popes and cardinals in thirteenth-century papal palaces, it probably had semi-permanent status in the hall where consistory took place. After all, banquets were held only a few times a year, while the pope held consistory several times a week[36].

Other halls

Yet other halls must have accommodated the numerous clerical activities of the papal chamber, chancery and treasury. Here is not the place to discuss the intricacies of the papal bureaucracy, but a brief summary of some of the duties of these arms of the papal government and of the kinds and number of personnel attached to them will make it most evident that the ground floor as well as smaller upper halls of thirteenth-century papal palaces could easily have seen heavy use.

Well before the thirteenth century, the papal administrative offices had been organized into two major divisions, one dealing with the extensive written communication and documentation of the papacy (the chancery)[37], the other responsible for finances (the camera, which also oversaw the treasury)[38]. Not unexpectedly, the papal chamberlain's concern for the financial well-being of the Church insured that he held a pre-eminent place in the papal household. Acting as chief executive officer and personal adviser to the pope, the chamberlain was the single most powerful figure in the papal curia after the pontiff himself. He was appointed directly by the pope, reported exclusively to the pope, and supervised all operations of the palace. At the Lateran there was a hall that was designated as his[39], and it could have been used by him and his assistants for their administrative business. We do not know precisely where the chamberlain's quarters may have been located at the Lateran, but at Viterbo and Orvieto they could have been located in secure barrel vaulted areas on the ground floor of

---

34. Haller, 25 and *Chronicon Fossae Novae*, RIS, VII : 893.
35. See the Ordo of Innocent III for the Coronation of Otto IV in E. Eichmann, *Die Kaiserkrönung im Abendland, Ein Beitrag zur Geistesgeschichte des Mittelalters, Mit besonderer Berücksightigung des kirchlichen Rechts, der Liturgie und der Kirchenpolitik* (Würzburg, 1942), I : 261-64.
36. The Gesta of Innocent III (PL, 214, lxxx-i) says that the pope met three times a week. For non-consistory days at Avignon, mainly important religious holidays or seasons, see B. Guillemain, *La Cour Pontificale d'Avignon, 1309-1376 : Étude d'une Société*, 2nd ed. (Paris, 1966), 51-52.
37. See G.F. Nüske, « Untersucheungen über das Personal der päpstlichen Kanzlei 1254-1304 », *Archiv für Diplomatik* 20 (1974) : 39-240.
38. For the early history of both offices see R. Elze, « Das "Sacram Palatium Lateranense" im 10. und 11. Jahrhundert », *Studi gregoriani* 4 (1952) : 27-54. For our period, B. Rush, *Die Behörden und Hofbeamten der päpstlichen Kurie des 13. Jahrhunderts* (Königsberg and Berlin, 1936) and W. Ullman, *A Short History of the Papacy in the Middle Ages* (London, 1972), 227-50. W.E. Lunt, *Papal Revenues in the Middle Ages*, 2 vols. (New York), 1934), 6ff gives a serviceable overview of the camera and its organization. For a more specific view of the everyday activities of a papal chamberlain see D.P. Waley, « A Register of Boniface VIII's Chamberlain, Theoderic of Orvieto », *The Journal of Ecclesiastical History* 8 (1957) : 141-42.
39. Lauer, Latran, 209 records a repair under Honorius IV of the *aula camerarii*.

these palaces. There the chamberlain would have been assisted by five to seven clerks, an auditor and vice auditor, a fiscal proctor, advocates of the camera and keeper of the auditor's seal[40]. Space also needed to be available for representatives of banking firms that conducted business with the court[41]. In addition, the treasurer, who received and recorded funds, kept them and the pope's luxury objects safe and made most disbursements, needed work space for himself, his assistants and the runners who served as his message carriers.

The chancery required at least as much room for the vice chancellor, the notaries and their abbreviators, correctors, dozens of scribes[42], distributors, register keepers, bullators and the auditor litterarum contradictorum (a judge of contested cases)[43]. Add to this the staffs — or at least part of them — of the judiciary departments (The Penitentiary and the Court of the Sacred Palace) and one realizes that the six and eight surviving halls at Viterbo and Orvieto are not an extravagant number. Indeed, the text of the agreement for housing the Curia in Viterbo in 1266 stipulated food and lodging for the cardinals, their servants and their retinues, the officers of the papal chancery, including specifically the chancellor, vice chancellor, judicial auditors, penitentiaries, bullators, almsmen, stewards, bakers, cellarmen, cooks, the so-called black and white servants, the marshall of justice, other marshalls and their horses, doctors, domestic couriers, and members of the papal household, as well as those whose lodging the chamber was accustomed to pay. Obviously, not all these people were lodged, nor could they all work directly in the Papal Palace, but their number and the variety of their duties more than confirms the impressions we have already noted.

In summary, halls were what made it possible for papal palaces to be administrative centers. Halls also gave visible witness to the full powers claimed by the popes. On both a functional and symbolic level, then, they were essential to any papal palace.

Private appartments

As regards the private quarters that accompanied these halls, we must keep in mind that the pope, like any sovereign, lived out much of what might normally have been his private life in public. He never dined alone — a deacon read to him even during the most simple repasts. Wherever the pope went, his activities became the center of much public attention. His life was regulated by ceremony and by a millenial tradition that saw him as the very vicar of Christ on earth ; thus, his pronouncements, both in public and in private, could be interpreted as deciding matters both for now and eternity. In the public eye at least, he was no ordinary mortal[44], but was set above all by this divine given authority, made manifest in such outward trappings as his rich garments, the imperial regalia of crown, umbrella and white horse, and the handsome

---

40. For some of their specific duties, see Lunt, I : 143-46.
41. Lunt, I : 52.
42. Rusch, 13 records that during the papacy of Gregory IX there were a total of some 80 scriptores. Under Innocent IV and Urban IV the number rose close to 100.
43. The latter office grew to great importance in Avignon but was of minor importance in the thirteenth century. See P. Herder, *Audientia Litterarum Contradictarum*, 2 vols., Bibliothek des Deutschen Historischen Instituts in Rom, 31-32 (Tübingen, 1970).
44. See the useful discussion of Boniface VIII's bull, Unam Sanctam, in T.S.R. Boase, *Boniface VIII* (London, 1933), 315ff, esp. 322.

and largely public areas of the palace that we have been discussing. But just as the Roman emperors had divided their official residence on the Palatine into the Domus Flavia and the Domus Augustana, the first the private, the second the public palace, so early records from the Lateran palace indicate that there was some relief from public display. In the late seventh century we hear of inner and outer parts of the palace, a terminology that could suggest some distinctions between the public and not quite so public areas[45], and in the ninth century, the Liber Pontificalis is quite specific in its report that Gregory IV built quiet, private apartments for his own use near the Sancta Sanctorum[46].

As we shall see, the pope's private quarters were not completely his alone, but they were, as in most medieval palaces, more manageable in size than the rambling corridors and echoing halls of the more public parts of the palace, and they did offer a slightly more domestic component to the pope's existence. For ceremonial reasons, however, they were located close by the halls which stood at the center of any sovereign's public life. By the twelfth century the pope's bedchamber and personal quarters at the Lateran, for example, were not near the Sancta Sanctorum, but were located immediately beyond the Triclinium of Leo III, as we learn from instructions for an Easter Monday banquet that was to take place « in the Leonine basilica that is near the room [of the pope] »[47]. This is confirmed by witnesses who testified in the posthumous inquiry into alleged heresy by Boniface VIII. One witness said that he had been given admittance to the pope's bedroom, which he recalled to have been the first room after the place in which consistory was held[48]; others said it was the second or third of these rooms[49]. In any of these cases, the room would be located in the area of the chapel of St. Nicholas, to the right of the Triclinium of Leo III. One of the spaces there could have served as an antechamber and another as the actual room of the pope, for Stefaneschi makes this distinction in his early fourteenth-century ceremonial[50], and at the end of the twelfth century Cencius had already distinguished between the *camera* and *cubiculum*[51], the latter presumably the most private of all. Calixtus II (1119-24) had built two rooms in this area, one a cubiculum and the other for secret councils[52], and Innocent III had added yet more, all of which were above the chaplainry, including a room heated by a fireplace, with a terrace or story above, a nearby summer room (a loggia ?) and a study (*camerula*) above the apse of the Triclinium[53].

The documentary evidence would suggest, then, that if the pope's apartment in other palaces was anything like the one at the Lateran, it, too, should have consisted of a variety of rooms, including at least one private retreat or study[54], and that these rooms should have been located behind the major hall of the palace. At Rieti and Viterbo this is the general area in which the local bishop resides to this day, and the presence of a tower that served as study and observatory for Pope John XXI in the 1270s at Viterbo confirms such an identification. The pope's rooms were located in

---

45. LP, I : 371.
46. LP, II : 81 : « pro utilitate sive usum pontificis, prope oratorium sancti Cristi martyris Laurentii : habitaculum satis idoneum, ubi et quies est optima ».
47. LC, I : 299 : « in basilica Leoniana, que est juxta cameram ».
48. Full text in P. Dupuy, *Histoire du differend d'entre le pape Boniface VIII et Philippes le bel Roy de France* (Paris, 1955), 569.
49. Dupuy, 571 and 574.
50. Dykmans, II : 378.
51. LC, I : 295-96.
52. LP, II : 378-79. Whether two new rooms that were built by Innocent II (1130-43) were also in this area is uncertain (LP, II : 384).
53. Gesta, chapter 146, col. 211-12.
54. See W. Liebenwein, *Studiolo, Die Entstehung eines Raumtyps und seine Entwicklung bis um 1600*, Frankfurter Forschungen zur Kunst, 6 (Berlin, 1977). Liebenwein, 30 considers the earliest mention of a private study in the sense of a studiolo to be John XXI's tower room at Viterbo. But as we have seen, the Lateran provides yet earlier evidence.

a similar position relative to the entrance of the palace at the Vatican[55], and the apartments or bedchambers of other sovereigns and aristocrats were frequently located in similar proximity to the palace's halls, though not always behind them[56].

In any case, it was not practical for a regal or papal bedchamber to be located far from the palace's public halls. In the case of the popes, a number of ceremonies regularly took place in the papal bedchamber, and there, too, the pope received special embassies, like the entourage of Roger de Loria, who came to Boniface VIII at the Vatican bearing gifts of Sicilian fruit and honey[57]. Earlier ceremonials had specified that on Christmas Day the pope was to return from mass at Santa Maria Maggiore and then distribute *presbyterium* to much of the palace staff from his room[58]. He did the same on Easter Monday[59]. By the late twelfth century the ceremony in which the pope washed the feet of thirteen paupers had also been transferred from the Sancta Sanctorum to his room[60], and on Letare Sunday it was in this space that he was given the symbolic golden rose that he carried in procession to S. Croce in Gerusalemme.

The room itself was usually quite handsomely furnished. Indeed, a pope with ascetic leanings like Leo IX (1048-54) is reported to have slept on the floor of his room with a rock for a pillow, because the papal bed was too sumptuous[61]. It must have been quite grand, for witnesses rarely failed to note it[62]. When the pope was receiving guests in his room he regularly sat on a chair in front of a very large bed that was covered in red. Most of the other persons present either stood, knelt or sat on the ground. Sometimes advisers or guards would stand to either side of the pope[63], but usually only the pope was given the privilege of sitting on a chair or bench. One witness also noted that the chair was draped in gold cloths, as were the walls[64].

Clearly, the room of the pope was much more than just a bedchamber. It served as a small audience hall, and certain important events regularly took place there. Moreover, we have seen that documents indicate that the papal apartments at the Lateran contained more than this one room. It must have been in those other spaces, about which we know nothing except their general existence, that the pope was occasionally able to spend some time alone to fortify himself, as Cassiodorus would have put it, for the public life that awaited him in the nearby halls.

It is evident, then, that these spaces played a crucial role in allowing the pope to exercise convincingly his powers as head of the Western Church. While emperors and kings might dispute the extent of his jurisdiction, none could deny that the pope and his office were invested with high authority. The size, arrangement and decoration of thirteenth-century papal palaces confirmed that status and significantly enhanced it.

---

55. First determined for the fifteenth century by F. Ehrle and E. Stevenson, *Gli affreschi del Pinturicchio nell'Appartamento Borgia del Palazzo Apostolico Vaticano* (Rome, 1897) and confirmed for the early-fourteenth century by eyewitness reports of the pope's bedroom as being « supra viridarium illius palatii » (Dupuy, 564) and « in quadam camera interiori iuxta pratum », that is, overlooking the walled gardens beyond the main halls of the palace.
56. At Gelnhausen, for example, Binding, 94 suggests that the rooms that flanked the main hall were the bedrooms of the king and queen. The same may also have been true at Druyes, which was probably built between 1170 and 1200 (Heliot Nouvelles, 208).
57. Dupuy, 564.
58. LC, II : 128.
59. LC, I : 299. Cencius indicates that the Christmas presbyterium be distributed on the day after Christmas (St. Stephen's day), but the locale and basic activity remained unchanged.
60. LC, I : 295-96.
61. Lauer, Latran, 149. He did consent to cushioning the ground with a carpet.
62. For example, Dupuy, 571 and 574. It may have been lined in green satin. See the payment for « panno viridi ad foderandum supralectum » in F. Baethgen, « Quellen und Untersuchungen zur Geschichte der päpstlichen Hof- und Finanazverwaltung unter Bonifaz VIII », *Quellen und Forschungen aus italiensichen Archiven und Bibliotheken* 20 (1928-1929) : 227.
63. Dupuy, 572.
64. Dupuy, 566-67.

1. Orvieto, Papal palace. View from east.
2. Orvieto, Papal palace. Plan.
3. Orvieto, Papal palace. Interior of area III.

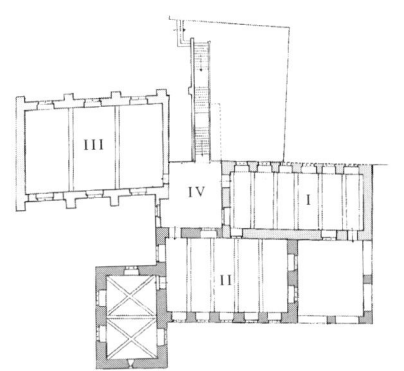

FORM AND FUNCTION

4. Viterbo, Papal palace. Interior of area V-3.
5. Viterbo, Papal palace. Plan.

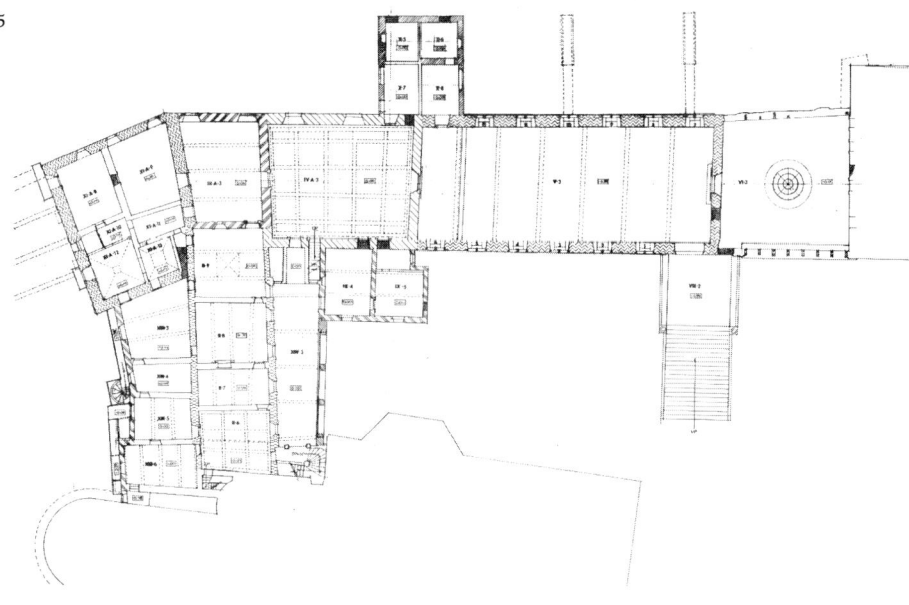

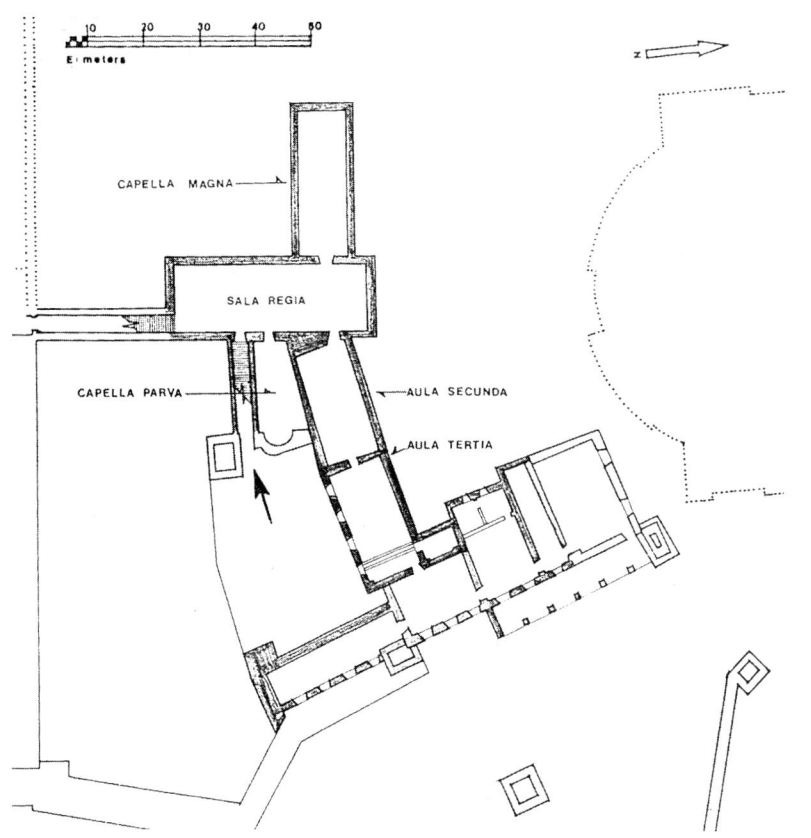

6. Viterbo, Papal palace. View from north.
7. Rome, plan of the thirteenth-century Vatican palace.

8. Assisi, Upper Church of San Francesco, *Innocent III sanctioning the Rule.*
9. Rome, plan of the medieval Lateran palace.

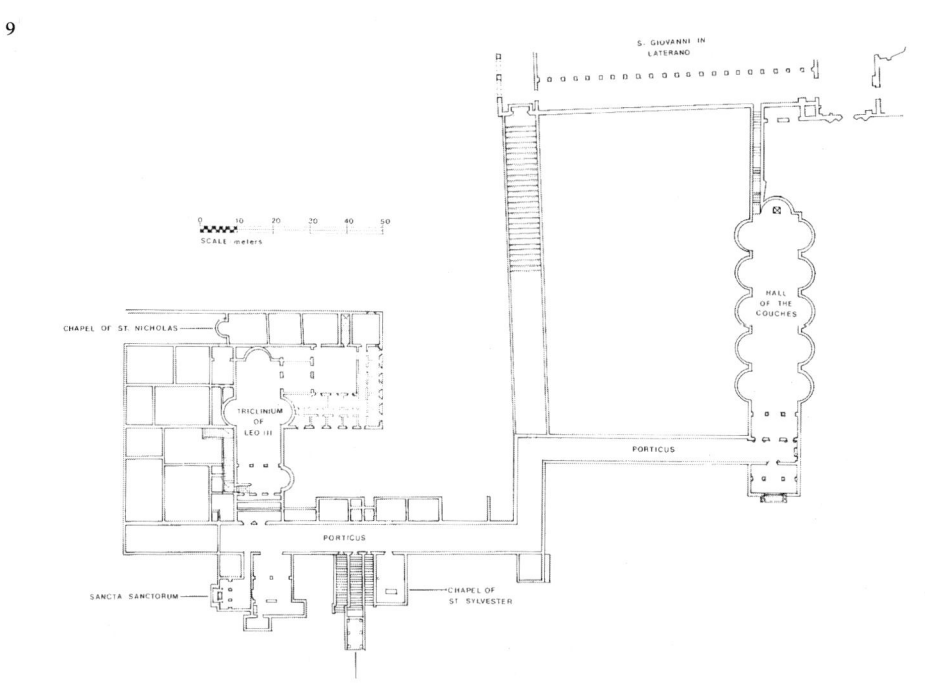

Ad maiorem pape gloriam
La fonction des pièces dans le palais des Papes d'Avignon

par Bernhard SCHIMMELPFENNIG

Le palais des Papes à Avignon est la plus grande résidence de souverain du XIVe siècle qui ait été préservée. Depuis la fin du siècle dernier — depuis Duhamel et Ehrle — on a tenté d'examiner, au-delà des formes architecturales, la fonction des pièces, mais ces tentatives ne furent pas toujours couronnées de succès[1]. Cela résulte des sources d'information elles-mêmes : ni les documents provenant de la Chambre apostolique (factures, listes d'inventaires, etc.) ni les textes relatifs au cérémonial et à la liturgie ne permettent une localisation précise de toutes les salles. De plus, elles ne les mentionnent pas toutes. D'autre part, les chercheurs sont eux-mêmes responsables du demi-échec de leurs études. Sans parler du fait qu'ils ne différenciaient pas assez la chronologie, la plupart d'entre eux n'ont pas tenu compte de la totalité des textes préservés ; ils ont négligé l'importance des inventaires et les indications relatives au cérémonial. Mais surtout ils n'ont pas essayé de comprendre les conceptions des différents papes.

Si je m'efforce ici d'éviter dans la mesure du possible ces omissions, je suis tout a fait conscient du fait que ma contribution ne peut être qu'une première tentative pour décrire la fonction d'un maximum de salles et pour analyser les conceptions successives qui expliquent ces fonctions. Je ne suis pas un spécialiste de l'architecture et les sources documentaires sont lacunaires. D'autre part, il n'est pas toujours possible d'interpréter de manière précise les indications sur le cérémonial — un problème dont certains ne tiennent pas assez compte. En voici deux exemples : quand il est question de *consistorium* dans un texte, cela peut signifier la salle ainsi nommée de Benoît XII mais aussi une autre salle où se tenait un consistoire, c'est-à-dire une assemblée de cardinaux et du pape pour juger ou tenir conseil. L'interprétation du terme *capella* est encore plus complexe. Il pouvait signifier une chapelle ayant une place déterminée dans le palais, ou l'un des deux groupes des *capellani*, ou la fonction liturgique qui pouvait se dérouler dans n'importe quelle salle adéquate. L'interprétation est rendue contre plus difficile par le fait que les *Livres de cérémonies* d'Avignon, compilés jusqu'au milieu du XIVe siècle, sont fondés dans une large mesure sur les textes de la fin du XIIe et du XIIIe siècle qui ne tiennent guère compte des nouvelles salles. Par contre, les recueils suivants ne reflètent que les réalités postérieures à 1362 (Urbain V). Pour cette raison nous ne possédons que très peu d'indications sur la période longue et importante de 1316 à 1362.

L'état actuel de la construction ne peut être compris comme un ensemble homogène d'espaces. Il convient de distinguer plutôt trois phases dans l'histoire du bâtiment

---

1. Voir plus loin la bibliographie. Afin de réduire le nombre et le contenu des notes, on ne citera le plus souvent que les sources. Je remercie Mme Laguilhomie et M. Blanc qui m'ont aidé au palais des Papes et m'ont communiqué des indications importantes pour l'établissement des plans.

— au moins en ce qui concerne les fonctions originelles des salles : le pontificat de Jean XXII (1316-1334), celui de Benoît XII (1334-1342) et celui de Clément VI (1342-1352). La période suivante, jusqu'en 1404, peut être considérée comme la quatrième phase pendant laquelle on a surtout rénové et complété les constructions existantes. La plupart des textes révélateurs sur le cérémonial datent de cette période.

La différenciation chronologique est également nécessaire parce que, si la fonction d'une salle s'explique souvent par une tradition ancienne, elle change aussi parfois au cours de l'époque ce qui peut avoir pour conséquence une modification de toute la conception du palais. Les publications spécialisées — par exemple celles de Labande ou de Gagnière — et les désignations contemporaines des salles ne font pas état de ces modifications. Malheureusement, en raison de la situation des sources d'information et de mes connaissances insuffisantes, je ne serai pas toujours en mesure de décrire la fonction de toutes les pièces à chaque période.

Le point de départ de mon étude est la prémisse suivante : le palais possède toutes les salles nécessaires au pape comme individu et comme souverain. Autrement dit : tous les espaces situés en dehors du palais sont moins importants que ceux situés à l'intérieur. Ainsi est-il possible de reconnaître pour chaque phase de construction, quels espaces fonctionnels et quels officiers — sans parler d'amis, de *nepotes* ou de confidents — avaient le plus d'importance pour les différents papes et quelles exigences ils ont imposées à leurs architectes.

Le pontificat de Jean XXII (1316-1334)

Cette situation apparaît avec Jean XXII, le premier bâtisseur (fig. 1). Toutes les constructions réalisées, surtout au cours des six premières années de son long pontificat, prouvent que cette période fut une transition entre deux époques différentes.

Quand on veut comprendre le pape en tant que commanditaire, il faut rappeler quelques faits historiques : Jean XXII fut le premier pape d'Avignon. Son prédécesseur, Clément V (1305-1314) ne mérite pas vraiment ce nom car il fut comme beaucoup de ses prédécesseurs un pape nomade, Avignon n'étant qu'une de ses nombreuses résidences. Si l'on voulait étudier sa conception du palais pontifical, il faudrait observer le château qu'il fit construire à Villandraut, sa ville natale. En revanche, Jean XXII à résidé pendant tout son pontificat à Avignon et dans les résidences d'été avoisinantes — en particulier à Châteauneuf-du-Pape et Pont-de-Sorgue —, sans l'avoir voulu d'ailleurs car il eut pendant longtemps l'intention de transférer le siège de la Curie à Rome. Afin de réaliser ce projet, il a dépensé environ 63 % de son budget dans des opérations militaires, en particulier en Italie. Malgré tout, le projet échoua et le pape mourut à Avignon. Toutefois, ce projet, même non réalisé, est important : les 37 % restant du budget étant surtout dépensés pour le personnel et les *nepotes*, il ne restait plus beaucoup d'argent pour les constructions. De ce fait et parce qu'Avignon n'était pas prévu comme résidence permanente, on ne réalisa que les transformations indispensables dans le palais des Évêques mais peu de constructions nouvelles.

La plus importante est l'Audience (fig. 1). Elle se situe dans la tradition du XIIIe siècle et symbolise le « Saint-Siège ». Là siégeaient en effet les deux Audiences, les deux cours de la justice compétentes pour l'Église universelle. Pour comprendre leur signification exacte, il faut rappeler que, depuis le XIIe siècle, l'autorité du pape, en tant que chef de toute l'Église occidentale, s'exprimait dans le fait qu'on soumettait toujours plus d'affaires judiciaires à la Cour romaine. Autrement dit : la direction de l'Église par le pape se traduisait surtout par sa fonction de juge suprême. Il discutait les affaires importantes ou décisives avec les cardinaux en consistoire, et transmettait les affaires courantes aux auditeurs. Comme ces affaires relevant de la routine judiciaire étaient à l'ordre du jour, les tribunaux siégeaient en permanence, à l'exception de la période des vacances. Ceci eut dès le XIIIe siècle une conséquence : à l'endroit où le pape et la Curie résidaient, il fallait construire des bâtiments pour les audiences. Ainsi n'est-il pas étonnant de constater que là où un ou plusieurs papes ont habité en dehors de Rome, on construisit d'habitude un bâtiment abritant au premier étage une salle destinée aux audiences. Tout comme les salles de Montefiascone, Orvieto et Rieti — qui ont été étudiées en partie[2] —, la grande salle de Viterbe avait aussi cette fonction. Après la mort du pape, ces salles pouvaient être utilisées pour les conclaves, mais ce n'était pas leur fonction la plus importante. Si nous tenons compte de cette fonction secondaire ainsi que de la continuité des audiences et de leur signification réelle ou symbolique pour le pape et l'Église universelle, nous comprenons mieux le décret relatif aux élections, pris par Clément V, le dernier des papes nomades. Dans sa décrétale *Ne Romani*, il précisait que l'élection du pape devait avoir lieu là où siégeaient les audiences. Conformément à cette disposition, le conclave commença après sa mort à Carpentras, le siège de la Curie à cette époque, et non dans la ville où il décéda (Roquemaure) ni dans la ville de ses funérailles (Uzeste près de Villandraut). Nous comprenons mieux ainsi les raisons pour lesquelles Jean XXII fit bâtir une nouvelle construction impressionnante — à un étage, il est vrai — destinée d'abord à l'*audentia publica* (Rota) (compétente en matière d'élections ecclésiastiques, de procès relatifs aux mariages, de prébendes, etc.), ensuite dans un annexe à l'*auditor litterarum contradictarum* (compétent en matière de litiges relatifs aux mandats et privilèges prononcés par la Curie)[3]. Le nouveau bâtiment communiquait avec le palais par un passage formé par un *cancellum*[4]. La *schola theologie* était probablement située près des Audiences.

Encore une remarque sur la situation des bâtiments. Les fondations, mises à jour, des Audiences dans la cour du palais actuel sont souvent marquées sur les plans de manière bien imprécise : le mur oriental va du nord au sud — au lieu du nord-ouest au sud-est. Le mur occidental que l'on indique habituellement, est moderne : à l'époque de Jean XXII, les Audiences auraient dû s'étendre d'avantage vers l'ouest. En ce qui concerne la *schola theologie*, on suppose seulement qu'elle se trouvait au sud-ouest des Audiences.

Si on met à part le cas particulier de Montefiascone, les bâtiments habités par le pape se trouvaient au XIIIe siècle près de la cathédrale, le palais épiscopal servant habituellement de résidence (celui de Tuscania en est un exemple bien conservé du XIIIe siècle). Inversement, les évêques et leur curie se servaient du palais pendant l'absence du pape : c'est encore le cas aujourd'hui à Rieti. On observe une utilisation analogue de quelques palais impériaux dans les villes allemandes, par exemple à Bamberg. Jean XXII respecta cette tradition. Il est vrai que cela ne lui posait pas trop de problèmes car

---

2. Depuis la rédaction de cette étude, les palais pontificaux de Montefiascone et de Spolète ont fait l'objet de deux articles importants de Gottfried Kerscher : « Privatraum und Zeremoniell im spätmittelalterlichen Papst-und Königspalast », dans *Römisches Jahrbuch für Kunstgeschichte* 26 (1990), pp. 87-134 ; « Palazzi "prerinascimentali" » : la « rocca » di Spoleto e il Collegio di Spagna a Bologna. Architettura del cardinale Ægidius Albornoz », dans *Annali di architettura*, n° 3 (1991), pp. 14-25.
3. Déjà dans l'année 1319/20 du pontificat, on construit un autel dans *audientia*. Endommagé, il doit être réparé en 1327. — Schäfer, *Ausgaben* 1, pp. 245, 300. A partir de 1331, on ajoute l'*audientia contradictarum* : *op. cit.*, p. 305-308, 311. En ce qui concerne les deux Audiences, voir aussi André-Michel, « Le Palais », I, pp. 17-19, 24, 31, 33s., 39s.
4. 1329 *cancellum palatii iuxta audientiam* : Schäfer, *Ausgaben* 1, pp. 304 ; cf. André-Michel, « Le Palais » I, pp. 25, 38.

il avait connu le palais épiscopal lorsqu'il était évêque d'Avignon (1310-1312). J'ignore si ces lieux lui ont déplu pendant cette période mais dès qu'il fut élu, il jugea nécessaire de procéder à des transformations.

Nous connaissons la fonction d'un grand nombre de salles. Mais nous ignorons leur aspect avant et après transformation car elles ont presque entièrement disparu après les nouvelles constructions de Benoît XII. Pour cette raison le plan 1 souffre d'un manque d'informations concrètes. Ainsi indique-t-il seulement de manière schématique la situation des bâtiments.

A cette époque, contrairement à ce qui se passait dans l'État Pontifical, en Avignon le pape n'avait pas le droit d'occuper le palais de l'évêque pour son propre usage. Toutefois, la Providence voulut que l'évêque d'Avignon fut aussi le neveu du nouveau pape. Le neveu fut nommé cardinal et habita dans l'ancienne *prepositura*. Après sa mort prématurée (1317), le pape ne nomma plus de nouvel évêque — il préféra se réserver l'évêché et le fit administrer par son vicaire. Par conséquent, il pouvait habiter légitimement dans le palais épiscopal. Mais qu'est-ce que le pape y trouva ? Un ensemble d'édifices religieux, disposition connue depuis la fin de l'Antiquité dans les régions méditerranéennes (on l'observe encore de nos jours à Grado) : une basilique (Sainte-Marie), une église paroissiale (Saint-Étienne), un campanile, entre les deux un baptistère (logiquement Saint-Jean) et enfin un cimetière. Plus au sud se trouvaient les bâtiments des chanoines (par exemple la *prepositura*), la résidence de l'évêque, à peu près perpendiculaire à Saint-Étienne, et un hospice.

Le pape ne transforma pas la cathédrale, à l'exception de la construction d'une chapelle, ni sans doute le clocher. Par contre, l'église de la paroisse — et ce fut une perte pour les fidèles d'Avignon — fut transformée en chapelle destinée au pape. Peut-être utilisa-t-on aussi le baptistère, mais je ne suis pas en mesure de donner des explications plus précises. Au cours des années 1320 à 1322, on mentionne deux chapelles qui faisaient partie du palais : une *capella inferior* et une *capella superior*. Ces deux termes se référaient à Saint-Étienne[5]. Tirant partie des différences de niveau du sol, la chapelle du palais fut donc double dès l'époque de Jean XXII.

Au sud du campanile, l'aile occidentale fut transformée et complétée par une tour à son extrémité sud. Dans cette tour le pape avait ses appartements et à l'étage inférieur, son trésor. Il n'est pas possible d'affirmer avec certitude à qui furent destinées les autres salles dans les ailes ouest et sud. Si la tour avait la même fonction d'habitation que celle construite plus tard par Benoît, on peut avancer l'hypothèse que les salles avoisinantes avaient aussi des fonctions analogues à celles élevées par Benoît : dans l'aile occidentale se seraient trouvés les appartements et aussi les bureaux des administrateurs les plus importants (le camérier, le trésorier et les clercs de la Chambre) et peut-être aussi ceux des chambriers du pape tandis que l'aile sud aurait été occupée par le tinel et les appartements des invités.

La côté oriental était composé de plusieurs parties. Dans l'ancienne *prepositura* logèrent les cardinaux-neveux. Au sud et à l'est se trouvait — dans la localité appelée « Trouillas » — une tour fortifiée ainsi que les salles destinées aux quatre offices de la Cour (écurie, bouteillerie, paneterie, cuisine) reconstruites en grande partie sous Jean XXII en bois ou en pierre. Plus au sud se trouvait probablement la partie la plus ancienne de la résidence des évêques que le pape fit complètement transformer au rez-de-chaussée et à l'étage supérieur pour les consistoires. L'existence de plusieurs salles destinées aux

---

5. 1320 : Hoberg, *Inventare*, p. 43s. ; 1321/22 : Schäfer, *Ausgaben* 1, pp. 249, 251 ; André-Michel, « Le Palais » I, p. 18.

consistoires est attestée par des informations[6] concernant un *consistorium antiquum* et un *consistorium novum* datant des années 1320 et 1329. L'ancien hospice dans lequel le trésorier et ses collaborateurs avaient leurs bureaux concluait l'aile est.

Quand nous récapitulons et interprétons ces indications et ces hypothèses, nous pouvons dire que toutes les salles ayant une fonction importante pour le pape, étaient situées dans le palais ou près du palais. Le pape lui-même habitait dans une tour facile à défendre où il était littéralement assis sur son trésor. Celui-ci comprenait, en plus des bijoux, de l'argent et des insignes et parements, les archives et la bibliothèque. A proximité se trouvaient sans doute quelques salles difficiles à localiser : deux salles des actes, la *gardaroba* et le *studium pape*[7].

Quand le pape se rendait de ses appartements vers le nord, il rencontrait le camérier et ses collaborateurs les plus proches. Afin de pouvoir mesurer comme il convient le voisinage personnel, spatial et fonctionnel du camérier et du pape, il faut jeter un regard sur le passé. A l'origine — depuis 1100 environ —, la « chambre » était, conformément à la tradition germanique, l'appartement du pape : toutes les choses importantes et le trésor y étaient gardés et contrôlés par le camérier. Au début de la période d'Avignon, cette tradition avait encore tellement d'importance que le camérier vivait et travaillait dans le voisinage le plus proche du pape. Même si ce voisinage témoignait encore de l'étroit lien entre le camérier et son maître, les tâches du camérier se sont successivement élargies, de sorte que la Chambre apostolique est devenue l'administration la plus importante du Saint-Siège ; ce qui explique la séparation spatiale du camérier d'avec le pape à partir de Clément VI. Nous y reviendrons. Le camérier ne contrôlait pas seulement les finances mais il était aussi responsable de la correspondance politique. En plus, il était le chef de la plupart du personnel de la Curie.

Si au nord de la tour, avec les appartements du pape, se trouvait le centre de la politique et de l'administration, réservé à une poignée de confidents, les espaces de représentation se situaient à l'est. L'aile du palais attenante à la tour, ne servait pas seulement aux repas du pape, de ses confidents et de ses invités — ces derniers pouvaient aussi y être logés —, mais aussi aux réceptions et aux audiences plus confidentielles et donc plus honorifiques.

Ceux qui ne bénéficiaient pas de ces honneurs ou ceux dont la dignité exigeait plus de faste, pouvaient rencontrer le pape dans l'aile orientale. Le pape y avait aussi rendez-vous avec ses « frères » pas toujours appréciés, les cardinaux, pour les réunions et les audiences. De plus nous savons[8] — même si ce fait a été négligé jusqu'alors — que le pape organisait des consistoires publiques pour la préparation des canonisations dans la galerie longeant l'aile orientale.

Quand il devait célébrer une messe « publique », il traversait le portique de l'aile ouest pour aller à la chapelle qu'il avait fait transformer. Là, il pouvait célébrer les consécrations solennelles, du moins celles des cardinaux[9].

Bref, le Trésor, les bureaux des collaborateurs les plus éminents, les salles de représentation et la chapelle — lieu le plus important pour la liturgie papale — étaient donc situés dans le palais, près du pape. Pas bien loin se trouvaient les bâtiments des deux

---

6. 1320 *concistorium magnum* ainsi que *concistorium novum* et *antiquum* : Hoberg, *Inventare*, p. 44s. ; 1329 *consistorium novum et antiquum* : Schäfer : *Ausgaben* 1, p. 304 ; cf. aussi André-Michel, « Le Palais » I, pp. 3, 11-14, 15s., 18, 36, 38 (1330 : *consistorium publicum et secretum*).

7. Pour ce qui est des salles des actes, ont été citées : *aula magna*, *aula nova pape*, et *aula parva* : Schäfer, *Ausgaben* 1, pp. 295, 297, 299, 304 ; *garderoba* ou *armaria pape* et *gardaroba nova* : op. cit., pp. 295, 297, 307 ; *studium pape* : op. cit., p. 300.

8. Schimmelpfenning, *Zeremonienbücher*, XIb 4 (p. 166 : 1317), XIa 8 (p. 164 : 1320).

9. *Op. cit.* XXVII 30 et 32 (p. 205 : 1327) : consécration du cardinal-prêtre Bernard de Graves.

Audiences, symboles du pouvoir pontifical. Lors des travaux de construction, on ne tint pas compte des deux administrations qui utilisaient le plus de parchemin et de papier : la chancellerie et la pénitencerie (l'administration chargée de la distribution ou de la levée des pénitences, des indulgences et des dispenses). Ces deux administrations étaient d'une grande importance pour beaucoup de visiteurs de la Curie, ecclésiastiques ou laïcs, mais d'une moindre importance pour le pape lui-même. Pour cette raison nous ne les rencontrerons plus dans le palais quand nous examinerons les phases suivantes de la construction.

Le pontificat de Benoît XII (1334-1342)

Je me suis occupé de manière relativement détaillée de l'œuvre de Jean XXII pour trois raisons : parce qu'elle a été un peu oubliée (sauf par Duhamel et Labande), parce que la transformation du palais épiscopal a déterminé dans une large mesure le nouveau palais de Benoît XII dans son étendue, enfin parce que les rapports entre des différentes fonctions, reconnaissables sous Jean XXII, sont restées importantes par la suite. C'est pourquoi j'ai vu dans le pontificat de Jean XXII un lien entre deux époques. La nouvelle construction des Audiences était soumise à la tradition ; la disposition du palais, pourvu de quatre ailes, vise déjà l'avenir. L'élément nouveau qui apparaît avec l'arrivée du nouveau pape est la mise en valeur de l'appartement pontifical et l'alignement des salles de représentation sur cet appartement. Cette conception à plus d'un titre nouvelle fait du palais, malgré toutes les différences, un modèle pour les palais construits à Rome à la Renaissance et au temps du baroque (figs. 2 et 3).

Benoît XII fut à maints égards le contraire de son prédécesseur. Si celui-ci était connu pour ses connaissances en matière juridique, son habilité dans les affaires administratives et politiques, sa connaissance du monde et sa tendance au népotisme, Benoît fut avant tout un théologien et un cistercien austère ; avant son élection, les diocèses et les monastères situés entre Toulouse et Narbonne ont constitué, après ses années d'études à Paris, tout son univers.

L'esprit provincial et la rigueur monacale ont donc marqué le palais. Comme Benoît, malgré ses déclarations initiales[10], n'avait pas l'intention de se transférer à Rome, agitée par des troubles sociaux et politiques qui lui étaient complètement étrangers, il prit au début de son pontificat toutes les dispositions nécessaires pour faire du palais une résidence permanente. A cette fin, il décida le 5 juin 1336, que le palais épiscopal deviendrait la propriété de l'Église romaine. Le Petit palais, acquis auparavant par la Chambre apostolique, fut donné à l'évêque d'Avignon. Dès les premières années, il nomma Petrus Piscis — homme de confiance de Mirepoix, sa dernière résidence d'évêque (1326-1327) — architecte et entrepreneur de tous les travaux.

La construction du palais de Benoît se déroula en quatre phases. La nouvelle chapelle et la tour du Pape en constituaient la première phase : elle fut l'objet du contrat du 5 mai 1335 signé avec Petrus Piscis[11].

---

10. Cf. p. ex. Wood, *Clément VI*, p. 43s.
11. 05-05-1335 « mag. Petr. Peyssonis (= Piscis) de Mirapice deputatus ad faciendum opera edificiorum domus palatii papalis Auin. et specialiter pro opere capelle et turris de novo construendis in palatio » : Schäfer, *Ausgaben* 2, p. 33.

Le camérier Gasbert consacra la chapelle le 23 juin 1336. Elle était deux fois plus longue que l'ancienne et comme celle-ci à deux niveaux. C'est l'un des rares bâtiments qui conserve encore quelque chose de son aspect originel, en tout cas pour ce qui est de la façade est et de la partie orientale de la façade sud. Les murs sont faits de pierres différentes de celles des bâtiments construits sous Benoît. Comme la forme des fenêtres condamnées rappelle l'époque antérieure, on peut supposer que les murs proviennent de la vieille église Saint-Étienne.

Le contrat de Petrus Piscis prouve que la tour du Pape était prévue comme une construction isolée. Cette tour devrait être construite comme une sorte de donjon et cela se traduit par des contreforts et des arcs sur les quatre côtés, trait caractéristique des parties les plus anciennes du palais de Benoît. Au début de l'année 1337, la tour était habitable, pourvue d'un sous-sol et de cinq niveaux (hauteur : 46,5 m). On installa (sauf sur la côte sud) les escaliers dans les murs dont l'épaisseur était de 3 m environ. Cette structure montre que la tour était conçue comme une construction isolée.

Mais bientôt, au cours de la deuxième phase, cette conception architecturale fut modifiée parce qu'on relia la tour sur plusieurs niveaux à l'aile orientale transformée par Jean XXII. Le bâtiment de raccord (c sur le plan 2) a été probablement construit au cours de l'année 1337, puisque, dès la fin de cette année, il fut élargi à l'est et à l'ouest. A l'est, on créa la *turris studii* en élevant deux murs, relativement peu épais, appuyés à la tour du Pape et à la façade orientale de l'aile nouvelle (entre la couche de mortier de la nouvelle *turris* et celle de la tour du Pape il y a encore aujourd'hui une fissure de 2 cm). A l'ouest, le bâtiment neuf fut pratiquement doublé par la construction de salles de même dimension. Depuis 1811, ces salles occidentales n'existent plus.

Un peu plus tard, peut-être vers la fin de l'année 1337, commença la troisième phase. Au cours de cette période, l'aile orientale et l'aile sud de l'ancien palais épiscopal ont subi une transformation complète. L'étage supérieur de l'aile sud fut occupé par des appartements, utilisés plus tard par les invités. L'entrée principale du palais fut bâtie en saillie ; au-dessus se trouvait la *capella secreta* du pape[12]. Le rez-de-chaussée était composé en grande partie de magasins, destinés aux quatre offices de la Cour. A gauche, c'est-à-dire à l'ouest de l'entrée principale, on ajouta une tour à la façade extérieure, peut-être dans le souci d'assurer une meilleure protection.

L'aile orientale avait également deux étages, chacun pourvu d'une grande salle. Nous reviendrons plus loin sur leur fonction. Les arcs et les contreforts ininterrompus du mur est (et aussi, en partie, de l'ancien mur nord) prouvent que l'aile orientale a été conçue au début comme un ensemble architectural (le mur nord devrait probablement être lié à la partie est de la nouvelle chapelle par un portail). Mais cette conception, tout comme celle concernant la tour du Pape, fut modifiée. A peu près au milieu, on ajouta au mur oriental la tour de la chapelle (en renonçant en partie à la succession régulière des arcs et des contreforts qui caractérisait le mur oriental). Dès la fin de 1338, les maçons travaillaient déjà à cette tour[13]. A peu près à la même époque[14] on construisit au nord un bâtiment pourvu de cuisines et de latrines, puis on entreprit la construction de l'énorme tour de Trouillas, haute d'au moins 52 m (épaisseur du mur : 4,5 m), pourvue

---

12. 20-02-1340 : dépenses : « pro clausura cuiusdam fenestre de gippo, que est in capella secreta retro cameram domini nostri supra primam portam introytus palatii dicti domini pape » : Ehrle, *Historia*, p. 615. — En ce qui concerne l'identité de la *prima porta* par rapport à la *porta maior* du Palais et la *camera nova* du Pape, cf. André-Michel, « Le Palais » I, p. 55s. (1388).
13. 10-10-1338 dépenses pour les ouvriers, « qui debent facere muros consistorii novi, capelle et turris, que sunt a parte viridarii » : Schäfer, *Ausgaben* 2, p. 82.
14. 31-10-1338 dépenses « pro faciendis 3 portis lapideis in muro et fenestra in camera capellanorum, que quidem 3 porte facte fuerunt in muro latrinarum novarum » : Schäfer, *Ausgaben* 2, p. 83 ; cf. aussi André-Michel, « Le palais » I, p. 50-52, 55. Les trois *porte* se trouvaient probablement au premier et deuxième étage de la tour des latrines.

de deux sous-sol et de quatre étages (geôle, pièces pour les armes et les gardes et peut-être aussi des appartements). Cette tour, comme celle de la chapelle, est dépourvue de contreforts.

En raison du sol rocheux montant vers le nord, la nouvelle aile orientale était située plus haut que le bâtiment construit entre elle et la tour du Pape. La différence de niveau a été augmentée par le fait que les deux étages de l'aile orientale sont plus élevés. De plus, après la restauration moderne le bâtiment de raccord a un toit trop bas. Il paraît donc aujourd'hui coincé entre l'aile orientale et la tour du Pape. Le niveau inégal du sol compliquait la communication entre les deux salles et les deux bâtiments. Tandis que les salles des bâtiments se trouvaient à peu près au même niveau que les pièces de la tour du Pape (quelques marches suffisaient pour y accéder), le sol de l'étage supérieur de l'aile orientale était deux mètres plus élevé. Comme leurs fonctions étaient étroitement liées à l'égard des cérémonies — nous y reviendrons plus loin —, il a fallu lier provisoirement les deux salles par un escalier qui rompt l'unité de l'ensemble (en tout cas d'après nos critères actuels) et qui fut souvent transformé[15]. La porte de communication actuelle est décorée des armes de Benoît XIII (pape en 1394). L'inclinaison du sol est aussi visible au rez-de-chaussée du bâtiment : la partie nord se trouve environ 3 m plus haut que la partie sud (celle-ci était peut-être un terrain sans constructions jusqu'en 1337 tandis que la partie nord remplaça l'hospice transformé par Jean XXII ; la cheminée *in situ* et les particularités de la façade orientale prouvent en tout cas que la partie au nord est plus ancienne). Finalement, il ne faut pas oublier qu'il existe aussi une inclinaison ouest-est, en dehors de l'inclinaison nord-sud, qui a influencé les constructions de la partie orientale. Par conséquent, les salles qui semblent, vues de l'ouest, se trouver au niveau du sol ou en sous-sol, sont accessibles du côté est par des escaliers (c'est le cas de la *turris studii*).

La quatrième phase qui va de 1340 jusqu'à la mort du pape (1342) est marquée par la reconstruction de l'aile occidentale avec les deux tours au nord et au sud (tour de la Campane et tour du pape Jean XXII). On poursuivit les travaux de la tour de Trouillas qui protégeait l'ensemble des bâtiments vers le nord-est. Sur les côtés de la cour intérieure on construisit des portiques (*ambitus* ou *deambulatoria*) semblables à ceux du palais précédent. Ils facilitaient l'accès aux salles de l'étage. Ceux-ci, mis à part les portiques de la chapelle et ceux de l'aile est, furent construits en dernier : ils s'appuient sur des murs plus anciens qui possèdent des contreforts et des mâchicoulis semblables : ceux des façades extérieures.

Au total, les frais de construction se sont élevés à 115 827 florins ; presque la moitié de cette somme a été dépensée pour la Grande chapelle et l'aile du Pape (tour du Pape, *turris studii*, salles situées entre la tour et l'aile orientale). Compte tenu du fait que Jean XXII n'avaient dépensé qu'au total 48 413 florins pour les transformations, nous voyons que Benoît a dépensé en deux ans autant que son prédécesseur en dix-huit ans.

La Grande chapelle mise à part, la tour du Pape était la partie la plus importante du nouveau palais (cf. figs. 2 et 3). La chambre du Pape, qui était en même temps la salle d'audience la plus privée, se situait au deuxième étage : ses murs étaient ornés de plantes et d'oiseaux. Au-dessus, le « Trésor supérieur » abritait les bijoux, les manuscrits et les archives. Les gardes, responsables de la sécurité de cette tour, se trouvaient à l'étage supérieur, dans une sorte d'*attico* — une pièce construite sur le toit. Quand Benoît descendait de sa chambre vers le premier étage, il se trouvait dans la chambre du camérier, son collaborateur le plus important du point de vue administratif.

---

15. Ehrle, *Historia*, p. 644 (1352), 648 (1355), 650 (1357), 654 (1360 : « in faciendo gradarium camere paramenti, per quod ascenditur ad tinellum magnum ») ; Schäfer, *Ausgaben* 3, p. 350 (1370 et 1371).

Celui-ci travaillait au-dessus du « Trésor inférieur », abri de tous les objets de valeur et de l'argent, situé au rez-de-chaussée. Il est vrai que le « Trésor inférieur » n'est pas lié par un escalier à l'appartement du camérier. Sur les plans on ne voit pas comment il était accessible au début. Depuis la construction du bâtiment situé entre la tour et l'aile orientale, il est accessible par une porte, située au rez-de-chaussée. On ne pouvait non plus entrer à la cave que par une porte extérieure donnant sur le jardin. Malgré les incertitudes concernantes l'accès au « Trésor inférieur », l'idée initiale, valable de 1335 à 1337, consistait dans le fait que le pape pouvait atteindre de sa *camera* directement toutes les salles importantes pour lui-même sans être obligé de quitter la tour. Celle-ci était séparée du reste du palais par un terrain rocheux vide. Son caractère massif et isolé traduit de manière impressionnante la solitude et la grandeur du pape en tant que souverain.

Mais peu de temps après son installation dans la tour, Benoît a dû penser que le nombre des salles ne répondait pas à ses besoins. La construction d'un bâtiment double, ajouté au nord, et d'une « Tour de l'étude » a eu pour effet de transférer en partie les murs extérieurs en murs intérieurs. Ces constructions ont supprimé l'isolement spatial du pape, mais, puisque la tour du Pape s'élevait à l'extrémité sud, on pouvait continuer à mettre en valeur la dignité du pape grâce à une utilisation adéquate du cérémonial, en alignant toute une suite de salles avec la *camera* du pape. Les salles de l'aile orientale ont été intégrées à cette nouvelle organisation. Comme cette organisation a survécu à Benoît et à son successeur, elle a servi de modèle à Rome dès le Grand Schisme (1378-1417).

Les deux bâtiments parallèles, attenants à la tour du Pape, sont désignés généralement dans la littérature spécialisée comme aile orientale et aile occidentale des « appartements privés ». Cette désignation est un peu déconcertante car ni le pape ni ses collaborateurs n'ont habité ces salles. Comme nous le verrons plus loin, elles avaient des fonctions diverses et leur caractère n'était pas toujours privé. Aujourd'hui, le visiteur du palais comprend difficilement cette situation car les salles occidentales n'existent plus depuis 1811.

Partant de la chambre du Pape, en faisant quelques pas vers le nord, nous arrivons à la *camera paramenti* d'où le pape pouvait atteindre son « étude », situé dans la petite tour ajoutée à l'est (un accès plus rapide au *studium* était possible par un couloir dans le mur nord de la tour du Pape). La *camera paramenti* avait une signification importante dans le cérémonial liturgique. Même si cette appellation n'est attestée qu'au début du pontificat de Clément VI[16], je pense que ce nom n'était point nouveau en 1342. Aussi, je me réfère à des sources ultérieures[17] pour décrire de manière détaillée la fonction de cette pièce.

D'après ces sources, relativement peu nombreuses, cette salle, décorée plus tard d'un *Couronnement de la Vierge* (1354) par Matteo Giovannetti, abritait du côté sud le trône pontifical, couvert d'un « ciel » et mis en valeur par un rideau en soie vert, orné d'oiseaux et de rameaux. En plus, cette salle contenait des bancs et des tables, une console et un grand chandelier en fer. Tous ces objets indiquent qu'il s'agissait plutôt d'un réfectoire que d'une salle de parement comme le nom l'indique. Toutefois, si nous nous réfé-

---

16. Juin 1342, dépenses « pro cortinis faciendis pro camere paramenti pape » et « pro sutura facienda celi predicte camera paramenti » : Schäfer *Ausgaben* 2, p. 214 ; 28-03-1344, travaux « pro opere fenestre noviter... facte in camera paramenti » : Ehrle, *Historia*, p. 268. Cf. aussi André-Michel, « Le Palais » I, pp. 48, 77, 88, 90, 102.
17. Voir note 16. En plus cf. Ehrle, *Historia*, p. 644 (1352 concern. démolition des murs pour le conclave), 653 (1360 : « altare camere paramenti »), 661 (1370 : utilisation pour le conclave), 694s. (réception des délégués de l'Université de Paris par Benoît XIII) ; Hoberg, *Inventare*, pp. 314 (1354 ?), 320 et 326 (1354), 433 et 448 (1369) ; Dykmans, *Cérémonial* III, p. 278 l. 19 (messes et questions lors du conclave).

rons aux sources du XVe siècle pour connaître la fonction de la *camera paramenti*, il est permis de supposer que le pape et ses assistants changeaient des vêtements liturgiques dans cette salle le dimanche et les jours de fête quand le pape ne célébrait pas luimême la messe (quand il la célébrait, il était habillé dans la *capella magna*). Depuis 1352, cette salle servait aussi, pendant l'élection du pape, aux messes quotidiennes, aux scrutins ou alors elle était transformée en isoloirs pour certains électeurs. De plus, il était déjà possible qu'on y signât des contrats. Enfin, elle servait aux audiences : pour honorer particulièrement les invités du fait de la proximité de la chambre du Pape ou bien — comme ce fut le cas sous Benoît XIII — pour les recevoir plus simplement que dans l'aile orientale. Au cas où il fallait réserver des honneurs particuliers aux invités, le pape se dirigeait avec eux vers le *tinellum parvum*, situé à l'ouest : c'était un petit réfectoire, approvisionné par une cuisine (*coquina secreta*) et utilisé généralement par le pape et ses commensaux appartenant à la Curie. Dans le petit réfectoire se trouvait un autre trône pontifical, mis en valeur depuis 1344 par un rideau de couleur or. Plus tard, le pape donnait sa bénédiction, le Jeudi Saint, de l'une de ces fenêtres[18].

On le voit, même après les transformations de l'année 1337, toutes les salles dont le pape avait besoin, se trouvaient soit verticalement dans la tour d'habitation, soit horizontalement au « piano nobile » des constructions ajoutées où elles étaient rapidement accessibles de la *camera pape*. Seule la chapelle privée (*capella secreta*) se trouvait un peu plus loin, au-dessus du portail principal. Aussi, le pape suivant va-t-il la rapprocher de ses appartements grâce à une nouvelle construction.

Comme nous l'avons déjà indiqué, dans la tour de Pape la chambre du camérier, et en dessous de celle-ci le « Trésor inférieur », étaient situés sous le bel étage. Autant qu'on puisse le savoir, la plupart des salles inférieures de l'aile des « appartements privés » servaient aux services financiers. Au niveau de la chambre du camérier se trouvait dans la petite tour une pièce qu'on appelle aujourd'hui le « vestiaire » et qui servait probablement de garderobe. Il est difficile de déterminer exactement la fonction de la *camera Iesu* attenante à l'ouest au vestiaire. Depuis 1370 on l'appelle ainsi à cause des monogrammes du Christ peints sur les murs. Dans la mesure où les sources d'information permettent de le dire, elle servait de communication entre la tour d'habitation et le consistoire[19]. On peut donc supposer que les cardinaux et les curiales attendaient là lorsque le pape voulait se rendre au consistoire. Contrairement à l'étage supérieur, la *camera Iesu* se trouvait au même niveau que la chambre du camérier et le consistoire. Il est encore plus difficile de préciser la fonction des salles qui se trouvaient au rez-de-chaussé à l'ouest, c'est-à-dire en dessous du *tinellum parvum* et de la cuisine.

Limitons-nous donc aux pièces orientales. Comme on l'a déjà souligné, le « Trésor inférieur » se trouvait dans la tour du Pape. Récemment on fit une découverte sensationnelle : des caveaux sous le dallage, susceptibles de cacher des coffres remplis de pièces, de lingots ou de documents[20]. Tandis que les caveaux dans la chambre du camérier étaient relativement peu profonds et facilement accessibles, ceux du « Trésor inférieur » étaient plus profonds et plus grands, aptes à contenir des coffres volumineux. Au nord de ce « Trésor », en dessous de la *camera Iesu* et accessible de là par un esca-

---

18. 06-10-1344 dépenses « pro panno de auro ponendo retro cathedram pape in parvo tinello » : Schäfer, *Ausgaben* 2, p. 631 ; en ce qui concerne la bénédiction : Schimmelpfennig, *Zeremonienbücher*, LIV 4 (p. 263). Depuis 1341, le nom de la salle a été transmis : Schäfer, *Ausgaben* 2, p. 623. Ladite fenêtre était pourvue depuis 1342 de treillis : *op. cit.*, p. 625. Concernant la salle, voir aussi André-Michel, « Le Palais » I, p. 50, 57.
19. Nom : Ehrle, *Historia*, p. 659. Fonctions : *op. cit.*, p. 653 : 31-03-1359, dépenses « pro serralha tanquam infra et extra in porta ante consistorium per locum, quo venit dominus noster papa de camera sua in consistorio ». Voir aussi André-Michel, « Le Palais » I, p. 51, 68.
20. Voir aussi André-Michel, « Le Palais » II, p. 8 (1353) : dépenses « pro pavimentando coperturas duarum caxarum que sunt in angelariis pavimenti crote dicte camere » (sc. camerarii).

lier situé dans le mur occidental de la *camera*, se trouvait, comme à l'époque de Jean XXII, la *thesauria magna*, le bureau du trésorier et peut-être aussi celui des clercs de la Chambre apostolique. En raison de l'inclinaison du sol dont nous avons déjà parlé et à cause de l'ancienne construction de l'époque de Jean XXII, la salle était composée de deux parties, l'une plus haute que l'autre, liées par des marches d'escaliers. A l'est de la partie sud — dans la petite tour — se trouvait, loin du public, une chambre où se consultaient les administrateurs et contrôlaient les livres de finances.

Tant que ceux-ci travaillaient consciencieusement, et leur patron ne mettait pas trop la main sur les fonds qu'ils géraient, le pape et le camérier pouvaient, au-dessus et assurés financièrement, se consacrer aux affaires politiques et utiliser les salles adjacentes de la nouvelle aile orientale. Précisons encore une fois que tous ces bâtiments situés sur le terrain de l'ancien palais épiscopal (à l'exception des caves de la tour de Trouillas et des autres tours) n'étaient composés que d'un rez-de-chaussée et d'un seul étage parce que le sol s'élève vers le nord. En raison de la hauteur différente des pièces, il fallait un escalier, haut de deux mètres, pour aller de la *camera paramenti* à la grande salle du premier étage de l'aile orientale.

On trouvait là le *tinellum magnum*, ou grand réfectoire. Le *dressatorium*, pourvu de dressoirs afin de servir les repas, était situé du côté nord. Les mets provenaient des salles attenantes au nord, la cuisine de Benoît XII étant liée directement au *dressatorium*. Clément VI la fit élargir par une nouvelle construction au nord-est que les visiteurs d'aujourd'hui admirent. A l'angle nord-ouest du *dressatorium*, il y avait un escalier qui mène dans deux directions à la cuisine de Benoît, située au rez-de-chaussée et à l'étage supérieur. Le rez-de-chaussée de la cuisine communiquait par une porte avec la *buticularia*. Ainsi, les invités faisant bonne chère dans le *tinellum magnum* pouvaient-ils être servis vite et sans problèmes. Près de la cuisine et du tinel se trouvaient les latrines et l'appartement des *capellani* pontificaux.

Lorsque le pape présidait les festivités, il était assis seul à une table à l'extrémité sud du tinel. A sa droite, conformément au placement hiérarchique, il y avait les cardinaux-évêques et les patriarches, puis les cardinaux-prêtres[21], et à sa gauche les cardinaux-diacres. Les laïcs trouvaient leurs places en fonction de leur rang ; l'empereur parmi les cardinaux-évêques, les rois parmi les cardinaux-prêtres. Lors de la fête de la Chandeleur on distribuait là des cierges, lors des Rameaux des palmes. Afin de refouler le peuple, on installait des barrières[22]. Le jeudi saint, devant la porte de la salle, le pape pouvait prononcer de la galerie supérieure l'excommunication solennelle pendant les *processus generales* et jeter avec les cardinaux[23] des torches brûlantes dans la cour du palais, symbole de la condamnation. De plus, cette salle abritait les lits des cardinaux pendant le conclave[24].

En dessous du *tinellum magnum* se trouvait la longue salle du *consistorium* auquel le pape parvenait en passant par la *camera Iesu*. Comme le nom l'indique, le pape réunissait là les cardinaux, discutait avec eux des affaires juridiques importantes (par exemple d'élections litigieuses des évêques, de procès politiques, etc.) et il distribuait les « bénéfices du consistoire » (évêchés et abbayes). De plus, on pouvait organiser là de grandes réceptions.

Les deux grandes salles avaient chacune une chapelle dans la tour construite à l'est. La chapelle supérieure était dédiée à saint Martial, l'autre aux deux saint Jean. Cette attribution est surtout fondée sur les fresques réalisées seulement sous Clément VI. Depuis

---

21. Cf. p. ex. Schimmelpfennig, *Zeremonienbücher*, L 2 et 6, LX 2 (pp. 258, 268).
22. *Op. cit.* L 2 (p. 258) ; Schäfer, *Ausgaben* 2, p. 428 (1349), 594 (1355), 678 (1357), 740 (1359).
23. Schimmelpfennig, *Zeremonienbücher*, LIV I (p. 262) ; Schäfer, *Ausgaben*, 2, p. 740 (1359).
24. Cf. p. ex. Ehrle, *Historia*, p. 661 avec note 387.

ce pontificat, le nom de saint Martial a été utilisé pour la chapelle supérieure. Les deux chapelles servaient probablement aussi aux messes privées matinales des cardinaux pendant le conclave.

Depuis 1339, la chapelle supérieure avait encore un autre nom : *capella parva*[25]. Cette chapelle n'était pas plus petite que celle située plus bas que l'on appelait toujours *capella consistorii*. Cette caractérisation doit être placée dans un autre contexte, désormais important pour la liturgie du palais : la répartition des fonctions liturgiques en *capella magna*, *capella parva* et *capella secreta*. Dans cette dernière, située à cette époque au-dessus du portail principal du palais, le pape célébrait d'habitude des messes privées, assisté de deux *capellani*. La *capella parva*, en revanche, servait probablement aux messes célébrées en présence du pape le dimanche et les jours de fêtes quand il n'y avait pas de messe dans la *capella magna* ou quand il fallait célébrer le même jour deux messes avec un *officium* différent. En revanche, on célébrait dans la *capella magna* les messes importantes — celles que le pape célébrait autrefois à Rome, jusqu'à l'époque d'Innocent III (1198-1216), dans les églises stationnales en présence du clergé et du peuple. La *capella magna* de Benoît XII, c'est-à-dire la chapelle du palais qu'il fit construire au nord, remplaça ainsi les basiliques romaines et les autres églises stationnales. Aussi est-il significatif qu'elle soit dédiée aux deux Jean, comme la cathédrale de Rome (la basilique du Latran)[26]. Par ailleurs, les deux autres chapelles se substituaient aux deux chapelles plus importantes du palais du Latran : la *capella parva* à la chapelle Saint-Nicolas, construite par Calixte II, la *capella secreta* à la chapelle Saint-Laurent, mis en valeur depuis environ 1200 comme « Sancta Sanctorum » où seul le pape avait droit de célébrer la messe. On notera la position très commode du logement des assistants liturgiques les plus importants, les *capellani* : au nord du *tinellum magnum*, donc à mi-chemin entre la *capella parva* et la *capella magna*.

Cette dernière était, comme nous l'avons déjà indiqué, une double chapelle. La salle située en bas servait probablement au début aux valets de la Cour qui assitaient à la messe, peut-être aussi au « peuple » qu'on admit aux cérémonies tandis que la salle supérieure était réservée au pape, à son entourage, aux cardinaux, à certains membres choisis de la Curie (venant de la chancellerie, des Audiences) et aux invités d'honneur. Si cette interprétation s'avère correcte, une ouverture aurait dû se trouver entre la chapelle supérieure et la chapelle inférieure — semblable à celle de San Flaviano près de Montefiascone. A cause du manque de lumière, mais aussi à cause de la nouvelle *capella magna*, construite par Clément VI, la chapelle inférieure perdit son rôle au cours des années cinquante et servit bientôt d'entrepôt comme tant d'autres salles du rez-de-chaussée et du sous-sol des ailes est et sud. Nous ignorons combien de temps la chapelle supérieure servit à des fins liturgiques. En tout cas, sous Benoît, qui en fut le commanditaire, elle était le théâtre le plus important pour les messes solennelles à cause de sa dimension et son aspect lumineux. Le pape y arrivait, en procession, sans changer d'étage, de son appartement par le *camera paramenti*, le *tinellum parvum* et un passage situé au-dessus de la partie orientale des arcades de la cour.

Comme nous l'avons déjà dit, le palais du Latran et peut-être aussi le palais du Vatican, avaient plusieurs chapelles. Ce qui est nouveau à Avignon, n'est donc pas la coexistence de plusieurs chapelles mais le fait qu'elles avaient des fonctions spécifi-

---

25. 05-11-1339 dépenses « pro bardatura crote supreme turris capelle parve contigue tinello palacii pape » : Schäfer, *Ausgaben* 2, p. 105. Cf. aussi Hoberg, *Inventare*, p. 360 (1358) : Inventaire de la « capella parva tinelli, que dicitur Sancti Marcialis » ; *op. cit.*, p. 392 (ca. 1360) : Inventaire de la *capella magna* (= Clément VI) et de la *capella parva tinelli*.
26. En 1336, il est vrai, la chapelle a été dédiée à la Vierge Marie et aux deux Apôtres Jean et Pierre ; c'est pourquoi Benoît avait promis pour le 29 juin une indulgence de 7 ans et 7 quadragésime : Duhamel, « Les origines », p. 242s. (texte de la bulle).

ques. Comme on célébrait rarement les messes « publiques » en dehors du palais, la vie liturgique était centrée sur le palais — tandis que jusqu'au XIIIe siècle elle se déroulait dans diverses églises romaines. Depuis la querelle des Investitures, les déplacements ont imposé aux papes des solutions provisoires (« retrait » de la liturgie dans les chapelles existantes) qui sont devenues ensuite partie intégrante d'un nouveau type de palais, délibérément voulue comme telle. En cela, Rome devait suivre le modèle d'Avignon.

La description des salles « privées » et officielles du nouveau palais se termine par les chapelles. Dans les deux autres ailes du palais, au sud et à l'ouest de la cour, il y avait au rez-de-chaussée des pièces destinées aux officiers de la Cour, avant tout la paneterie et la bouteillerie. Les provisions pouvaient être gardées dans les caves situées plus bas. Au deuxième étage de la tour de la Campane, dans une pièce munie d'une cheminée, travaillait l'administrateur du palais, le *magister hospitii pape*. Un autre étage servait de logement au *confessor* du pape qui occupait une fonction de confiance, comprenant la supervision de la bibliothèque et des divers ustensiles du culte. A l'étage supérieur de l'aile occidentale, ajoutée au sud, se trouvaient — dans la mesure où les sources d'information permettent de l'affirmer — les appartements des collaborateurs les plus importants et les *familiares* du pape, à l'exception des *capellani* et du camérier qui logeaient probablement dans leurs chambres de travail. Dans la tour ajoutée à l'aile sud habitait le cardinal Guillaume Court, un compatriote du pape appartenant au même ordre, son « neveu » spirituel.

A l'étage supérieur de l'aile sud, on logeait les invités importants. Pour cette raison l'un des salles, pourvue d'un *tinellum* propre, fut d'abord appelée *camera regis* (d'après les hôtes royaux de France ou d'Aragon), et plus tard (à la suite du séjour de l'empereur Charles IV en 1365) *camera imperatoris*. En fonction des besoins, cette pièce pouvait être aussi utilisée pour le conclave. Ceci explique la désignation erronée « d'aile du conclave » pour l'aile sud.

Enfin il faut souligner le fait que les nouvelles constructions les plus importantes de Jean XXII, les Audiences, ont gardé sous Benoît XII leurs fonctions. De plus, le fait que les chambres des invités et la *thesauraria* se trouvent toujours au même endroit, prouvent à quel point, malgré toutes les transformations, beaucoup de dispositions du palais de Jean XXII ont persisté pendant les pontificats de ses successeurs.

En conclusion, je voudrais souligner ce qu'il y a de plus nouveau dans la construction de Benoît XII : l'organisation des bâtiments situés à l'est (je ne tiens compte que de leur état autour de 1340) (figs. 3 et 5). Les bâtiments les plus au nord, dans l'aile orientale, *consistorium* et *tinellum magnum*, étaient réservés aux grandes réceptions du pape, aux rencontres avec les cardinaux, aux réceptions solennelles des souverains et de leurs ambassadeurs. Les salles situées plus au sud (*camera paramenti*, *tinellum parvum*, et peut-être aussi la *camera Iesu*) ont permis de distinguer certains invités. La *camera pape* était réservée aux invités les plus dignes. Cette hiérarchie élaborée des salles de représentation était, autant que je sache, un fait nouveau. A l'époque de la Renaissance elle fut encore améliorée à Rome, mais elle a son origine à Avignon. De même, Rome à imité le système des chapelles d'Avignon.

Le pontificat de Clément VI (1342-1352)

De nos jours, le visiteur de palais garde sûrement le souvenir le plus vif des constructions de Clément VI (fig. 4) : l'architecture est plus somptueuse, mieux articulée et les fresques peintes après 1342 sont plus belles que les plus anciennes. De plus, une grande partie des bâtiments de Benoît est exclu de la visite : la Grande chapelle de Benoît fait partie des archives départementales depuis la fin du XIXe siècle, tout comme le clocher, la tour de Trouillas, la tour des latrines (avec installation d'un ascenseur et d'entrepôts qui portent atteinte à l'état de la construction). Du fait de leur transformation moderne en palais des Congrès, l'aile sud et une partie de l'aile occidentale sont devenues un conglomérat de salles qui ne réjouissent pas toutes le visiteur et où l'on reconnaît à peine les dispositions originelles. Toutefois, pour qui étudie la conception de l'architecture et la fonction des pièces, le palais de Benoît est le plus intéressant. Son successeur a élargi de manière considérable ce palais mais les nouvelles fonctions des salles sont moins évidentes que chez Benoît. Ainsi voudrais-je résumer les choses plus brièvement.

Pour son usage personnel, Clément fit construire dès son entrée en fonction, une nouvelle tour adossée à la façade sud de la tour du Pape. Mais à la différence de la *turris studii*, celle-ci est mieux réussi sur le plan architectural. Des portes ouvertes dans les murs lient directement cette tour à sa voisine, plus grande et plus ancienne. Le nouveau *studium* du pape, décorée par Matteo Giovannetti de scènes de chasse et de pêche, est la salle la plus célèbre. Elle se trouve au même niveau que la *camera pape* et elle est reliée à celle-ci par un passage. Trente ans plus tard, elle fut appelée *camera cervi*, d'après le sujet d'une des fresques et elle servait alors de chambre à coucher à Grégoire XI[27]. Une source d'information un peu plus ancienne nous indique que malgré le nouveau *studium*, l'ancien *studium* avait gardé sa fonction[28]. Clément fit construire une chapelle dédiée à saint Michel au-dessus de la nouvelle étude. Elle lui servait de *capella secreta*. Cette nouvelle chapelle, accessible directement de l'étude par une vis[29], remplaçait celle de Benoît, située plus loin dans l'aile sud du vieux palais. Les autres pièces de la nouvelle tour avaient pour but de rendre le travail du pape plus aisé et confortable. La *gardarauba*, en dessous de l'étude, occupait deux étages ; au sous-sol se trouvait une salle de bains. A fin que la vie du vicaire du Christ ne fût pas trop facile, une multitude de petites créatures s'installèrent dans la tour, de sorte qu'on fut obligé, en 1343, de se munir de souricières[30].

De manière toute à fait consciente, Clément chercha à se distinguer de ses prédécesseurs en remplaçant dès 1345 les Audiences, construites sous Jean XXII, par un bâtiment plus grand et plus somptueux. Il fit démolir les anciennes en 1346. La simultanéité de la construction et de la démolition exigeait que les deux tribunaux siègent temporairement au couvent des Dominicains. La nouvelle construction, la salle d'Audience, se trouvait aussi au rez-de-chaussée. Comme le terrain était en pente à l'ouest et à l'est, on construisit là deux pièces de soubassement où on logea à l'est la *schola theologie*, à l'ouest l'*hospicium novum thesaurarie*. On accédait à ces deux salles sans être obligé de passer par le portail principal, situé dans la nouvelle aile occidentale. Je suppose donc que ces deux pièces étaient destinées à un public plus grand : dans la *schola* on assistait à des sermons, des conférences, des discussions, dans l'*hospicium* se traitaient les affaires avec les personnes qui ne faisaient pas partie de la Curie (ouvriers, commerçants). Bien entendu, l'*hospicium* avait-il un aspect plus simple que les autres nouvelles salles.

---

27. 29-02-1375, dépenses « pro cordis et crochetis positis in camera servi (!) in qua nunc iacet papa » : Schäfer, *Ausgaben* 3, p. 604.
28. 1369 Objets « in studio domini nostri pape iuxta cameram paramenti » : Hoberg, *Inventare*, p. 447s.
29. 01-10-1342, dépenses « pro factura porte nove, a qua intratur in capella secreta pape » : Schäfer, *Ausgaben*, 2, p. 218 ; cf. aussi Hoberg, *Inventare*, pp. 53 (1342), 73 (1343), 397 (1365).
30. 05-04-1343, dépenses « pro aliquibus muscipulis » : Schäfer, *Ausgaben*, 2, p. 215. L'argent a été versé à un chambrier qui a été payé en même temps pour la réparation de « l'orologium pape » et pour les objets appartenant aux appartements du Pape. Donc, il est permis de supposer que l'on y installa les souricières.

Peut-être eut-on l'intention, au début, de construire au-dessus de l'Audience des appartements pour les membres les plus éminents de la Curie. En tout cas, au cours des travaux, le pape et l'architecte renoncèrent à cette idée en faveur d'une nouvelle *capella magna* qui devrait remplacer la construction austère de Benoît au nord. Cela posa bientôt des problèmes d'ordre statique car la voûte, large de 15 m, ne reposait que sur des murs relativement peu épais. Ainsi construisit-on sous Clément et son successeur des tours destinées à renforcer la construction au sud-est et au nord-ouest. Une autre tour prévue au sud-ouest n'a pas vu le jour. Du côté nord, un bâtiment de plusieurs étages, contenant l'escalier menant à la chapelle, renforçait aussi la construction.

A peu près à l'époque de la construction de la nouvelle Audience, on entreprit les travaux d'une nouvelle aile occidentale. Aux deux côtés du nouveau portail principal, les gardes et les soldats effectuaient leur service au rez-de-chaussée. Dans la salle située au sud travaillait l'*auditor contradictarum* dont la salle était accessible par la grande salle de l'*audientia publica*. A l'étage supérieur, accessible par un large escalier rampe-sur-rampe, les membres de la Curie, chargés des affaires financières du pape, avaient leurs nouveaux logements qui n'étaient pas toujours au même niveaux : au sud le camérier dont l'appartement, divisé en trois parties, était lié, au nord, à ceux des notaires et des clercs de la chambre. Dans la partie nord de la nouvelle aile occidentale, accessible seulement par une étroite galerie, la « galerie du conclave », située du côté de la cour, le trésorier avait un appartement complété par une petite cuisine.

On peut donc le constater : les constructions de Clément VI n'ajoutaient pas de nouvelles fonctions au palais mais elles amélioraient les infrastructures existantes. Après la démolition des anciennes Audiences, les nouveaux bâtiments formaient, avec deux ailes du palais de Benoît, une grande cour intérieure. Malgré les réserves que j'ai formulées, on peut constater des modifications intéressantes dans l'organisation des bâtiments résultant des travaux de Clément VI. J'y reviendrai plus loin parce qu'elles ne sont reconnaissables que pendant le pontificat suivant ce qui s'explique par de meilleures sources d'information et par le fait que les travaux de Clément ne s'achèvent qu'à ce moment-là.

On notera enfin une différence importante entre l'architecture de Clément et celle de son prédécesseur concernant la commodité des escaliers. Sous Benoît, tous les escaliers avaient des marches basses et larges ; sous Clément — surtout dans l'aile pontificale, — les marches sont étroites et hautes. Dans l'aile occidentale, les marches avaient le confort des marches de Benoît, peut-être parce que le camérier y résidait et eut une influence sur les travaux. En fin, à cause de son importance lors des cérémonies, l'escalier rampe-sur-rampe menant à la *capella magna* était large et très facile à monter.

La phase finale (1352-1404)

Les travaux entrepris après 1352 peuvent être vite résumés (figs. 4 et 5). Innocent VI finit les travaux aux deux tours destinées à renforcer la Grande chapelle et lie la « sacristie du nord » au *tinellum parvum* avec un passage sur arcades couvert et éclairé par des fenêtres, le *pons Innocentii* (1356). Sous son pontificat on achève probablement les salles situées au nord de la Grande chapelle et surtout le « grand promenoir » ainsi que les terrasses sur le toit. Son successeur Urbain V (1362-1370) installe dans la court un puits et fait aménager à l'est de l'aile du pape, dans le parc de Benoît, près de la fontaine de Clément, une galerie de repos destinée aux séjours d'été (détruite en 1837). Cette époque est importante car elle permet d'identifier la fonction des salles construites depuis Clément.

J'ai déjà précisé que la tour ajoutée à la tour du Pape a surtout agrandi l'habitation « privée » du pape. Vraisemblablement, Clément VI avait souhaité lui-même cet agrandissement. Si cette hypothèse est exacte, il est possible que le pape n'attribuait plus beaucoup d'importance à ce que le camérier, son collaborateur le plus proche, habitât près de lui. Cette opinion est affirmée par de nombreuses sources d'information — les biographies des papes ou un esprit critique comme Pétarque — confirmant le goût de luxe du pape, marqué par la Cour de Paris. En tout cas, au plus tard vers 1357, les *scutiferi*, une sorte de Garde noble pontificale, habitaient dans la salle située en dessous de la *camera pape*[31]. Le camérier vivait et travaillait alors dans la nouvelle aile occidentale, tout comme ses collaborateurs importants. Sur le plan topographique, la communication personnelle et traditionnelle, presque archaïque, entre le pape et le camérier a été supprimée en faveur d'une séparation entre la résidence du pape, de plus en plus luxueuse, et les lieux d'habitation et de travail de ses collaborateurs les plus proches. Désormais ces deux sphères vont évoluer dans des directions bien différentes. L'importance du camérier va diminuer en faveur de nouveaux hommes de confiance (confesseur, secrétaires, dataire, etc.), si bien qu'à l'époque de la Renaissance, dans le palais du Vatican, il n'y a plus place pour le camérier.

La construction de la nouvelle *capella magna* prépare pareillement l'avenir. Dédiée à saint Pierre, elle représente à Avignon la basilique du Vatican tandis que la Grande chapelle de Benoît XII, dédiée à saint Jean, représentait la basilique du Latran, cathédrale de Rome. De même que, dès le XIIIe siècle, dans la mesure où les papes résidaient dans la Ville éternelle, le Vatican l'emportait sur le Latran, la nouvelle chapelle d'Avignon devint depuis la fin des travaux la plus importante dans le cérémonial. Alors que Benoît XII (1334/35) et Clément VI (1342) furent élus et investis au couvent des Dominicains d'Avignon, ces deux cérémonies eurent lieu au palais des papes à partir de 1352 (1352, 1362, 1370, 1394). La dédicace de la nouvelle chapelle à saint Pierre explique que le pape soit consacré à l'intérieure et couronné devant son portail — c'était le privilège de Saint-Pierre de Rome —, mais elle ne suffit pas à expliquer que toutes les messes solennelles y soient désormais célébrées. Pour cette raison on a facilité l'accès à la chapelle depuis l'appartement du pape. Jusqu'en 1356 le pape devait retrousser son habit pour pouvoir descendre un escalier en vis étroit à partir de la *camera cervi* : après, le passage sur arcades d'Innocent VI rendit le parcours plus facile : le pape pouvait aller sans problème de la *camera paramenti* à la sacristie et à la chapelle en passant par le *tinellum parvum* et le *pons* d'Innocent. Il est vrai que le passage étroit ne permettait pas une procession somptueuse, comme ce fut le cas plus tard au palais du Vatican. Mais le parcours lors des jours de fêtes est désormais établi : *camera pape* (Vatican : *camera papagalli*), *camera paramenti*, passage sur arcades, sacristie et *capella magna* (Vatican : *capella Sixtina*). Peut-être est-ce en raison de l'importance de la chapelle Saint-Pierre à Avignon qu'Urbain V « retourné » à Rome s'installa en 1367 près de Saint-Pierre au Vatican, et qu'il fit restaurer la chapelle du palais du Vatican du XIIIe siècle pour qu'elle puisse à nouveau servir de *capella magna* ; ses successeurs en firent de même et le Latran perdit peu à peu son importance.

Le rang de la Grande chapelle déterminait aussi la fonction des salles et des espaces attenants. Devant le portail de la chapelle, assis sur une estrade en bois orné, le

---

31. 31-07-1357, dépenses « pro faciendo colgas in cameris scutiferorum, qui iacent in camera turris, que est subtus camera domini nostri pape » : Ehrle, *Historia*, p. 651.

pape était couronné solennellement, donnait sa bénédiction et accordait les indulgences au peuple qui attendait dans la cour. De la fenêtre des Indulgences il jetait aux fidèles des cierges le jour de la Chandeleur et des rameaux le dimanche avant Pâques. Deux salles importantes pour la liturgie flanquaient la partie orientale de la chapelle : au sud le *vestiarium*, endroit où l'on gardait les ornements et les ustensiles liturgiques, au nord une sacristie qui servait peu de vestiaire et contenait plutôt des objets confiés au *sacrista*. En ce qui concerne les vêtements liturgiques, le pape les mettait dans la *camera paramenti* ou dans la chapelle même. Le *pons* construit sous Innocent VI, menait aussi à la sacristie. Il est probable qu'Urbain V conserva des documents dans la sacristie et qu'il y dormit aussi[32].

Le « grand promenoir », situé au-dessus de la sacristie et du grande escalier menant à la chapelle, est une pièce un peu énigmatique. Cette salle était grande, bien éclairée, munie d'une cheminée. Son petit côté oriental, réservé peut-être pour le pape, est encore aujourd'hui orné de deux frises. Elle était accessible de la *camera cervi* par un escalier et peut-être aussi par une porte qui se trouvait à la place de l'actuelle fenêtre la plus orientale de la façade nord. Le petit côté ouest touche la tour de la Gâche. Par une porte établie un peu au-dessus du niveau du sol, on arrive à une pièce haute, ornée de chapiteaux. Le niveau du sol, plus élevé que celui du promenoir, s'explique par la hauteur des pièces du camérier, situées en dessous. Pour les habitants de l'aile occidentale et les invités logés au nord, le promenoir et la pièce haute étaient accessibles par un escalier situé au bout de la « galerie du conclave » et par un autre passage, situé au-dessus de la *capella magna*. Ainsi l'organisation de la construction suggère-t-elle que les deux salles étaient réservées au pape, à ses collaborateurs et aux personnes qu'il avait choisies. Cette disposition — galerie superbe et pièce ayant une vie magnifique (sur le Rhône et Villeneuve) — préfigure les constructions du gothique tardif. Son caractère privé explique que nous sachions peu de choses sur sa fonction réelle. Par exemple en 1369, ce fut dans le promenoir qu'on fit lire et certifier conforme l'inventaire du palais[33]. Toutefois, malgré les lacunes des sources d'information, l'architecture des salles et de la chapelle prouve que la nouvelle construction de Clément VI offrait à cette époque un cadre extrêmement somptueux à la liturgie et à la Cour. Par un escalier, situé au nord-est de la pièce adjacente au promenoir, on pouvait accéder aux terrasses du toit de l'aile occidentale et de la chapelle et assister de là aux festivités.

J'ai déjà souligné que les églises romaines importantes pour le pape étaient présentes au palais d'Avignon grâce à la dédicace des deux grandes chapelles (Saint-Jean et Saint-Pierre). La traduction de la maxime « ubi papa, ibi Roma » dans la réalité topographique et architecturale explique aussi probablement la chapelle du consistoire (la dédicace à saint Jean rapellant le baptistère du Latran) et la *capella secreta* de Clément (dédicace à saint Michel rappelant le château Saint-Ange). De même qu'Urbain V et les papes romains du Grand Schisme ont imité au Vatican le palais d'Avignon, les papes d'Avignon à la même époque ont souligné avec encore plus d'insistance que leurs prédécesseurs la présence de Rome à Avignon afin d'établir leur légitimité. Si une part du palais s'appelait déjà sous Clément VI « Roma », selon Pétrarque (Ep. Sen., VII), le portail portait désormais, sous Clément VII, le nom des apôtres Pierre et Paul. « Roma » désignait maintenant la résidence d'été du jardin, construite par Urbain V. C'est moins la fonction des salles qui a changé à cette époque que l'image même du palais et celle que les papes voulaient donner d'eux-mêmes.

---

32. 21-12-1363, dépenses « pro certis armariis et reparationibus quarundam tecarum pro tenendo certas scripturas pape in camera, in qua iacebat in palacio Auin. iuxta magnam capellam novam » : Schäfer, *Ausgaben* 3, p. 83.
33. 04-05-1369 « Acta et recitata sunt hec Auinione in predicto palacio apostolico in magno deambulatorio supra audienciam » : Hoberg, *Inventare*, p. 464.

Si on pense à ces faits comme à la construction des Audiences au début du pontificat de Jean XXII, on voit que l'organisation intérieure du palais n'était pas seulement commandée par les besoins du gouvernement de l'Église, mais aussi par la volonté de « manifester » la papauté à l'extérieur par le moyen de l'architecture. Comme toutes les cérémonies importantes — y compris l'élection, la consécration et le couronnement du pape — eurent lieu dans le palais à partir de 1352, après la fin des travaux de Clément VI, la vie liturgique traditionnelle qui réunissait le pape, le clergé et le peuple ne fut plus possible à Avignon. Dès lors, le palais a imposé un caractère nouveau au cérémonial et à la vie du pape. Comme les dispositions d'Avignon furent imitées à Rome, le palais des Papes a déterminé à bien des égards l'organisation du Vatican. Il annonce la magnificence des papes de la Renaissance — et la façon dont ils ce sont isolés du peuple.

Bibliographie sélectionnée

Ouvrages généraux sur le Palais

L. Duhamel, « Les origines du Palais des Papes », dans : *Congrès archéologique de France*, XLIXe session, Paris, 1883, pp. 185-258.

F. Digonnet, *Le Palais des Papes d'Avignon*, Avignon, 1907.

L.-H. Labande, *Le Palais des Papes et les monuments d'Avignon au XIVe siècle*, 2 vol., Marseille, 1925.

S. Gagnière, *Le Palais des Papes d'Avignon*, Caisse Nationale des Monuments Historiques, Paris, 1965.

Idem, *Le Palais des Papes d'Avignon*, Les Amis du Palais du Roure, Avignon, 1983.

Sur la construction du Palais

F. Ehrle, *Historia bibliothecae romanorum pontificum tum Bonifatianae tum Avenionensis*, tomus I, Romae, 1890.

G. Colombe, *Au palais des papes d'Avignon. Recherches critiques et archéologiques* I — XXIII (= Suite des articles publiés dans les Mémoires de l'Académie de Vaucluse), Paris, 1910-1923, voir surtout III (1911), IV (1911), VI (1912), VII (1913), XIV (1916), XVI (1917), XVII (1918), XVIII (1919), XX (1921).

Idem, *Au palais des papes d'Avignon. Nouvelles recherches critiques et archéologiques* I — XXV (= Suite des articles publiés dans les Mémoires...), Paris, 1924-1941, voir surtout II (1924), IX (1930), XVIII (1935), XX (1936), XXII (1940), XXIV (1941), XXV (1941).

R. André-Michel, « Le Palais des Papes d'Avignon. Documents inédits », dans : *Annales d'Avignon et du Comtat Venaissin*, 5, 1917, p. I-XVI et 1-124 (partie I), et 6, 1918, pp. 3-42 (partie II).

K.-H. Schäfer, *Die Ausgaben der Apostolischen Kammer unter Johann XXII.*, Paderborn, 1911 [= Schäfer, *Ausgaben* 1].

Idem, *Die Ausgaben der Apostolischen Kammer unter Benedikt XII., Klemens VI. und Innocenz VI. (1335-1362)*, Paderborn, 1914 [= Schäfer, *Ausgaben* 2].

Idem, *Die Ausgaben der Apostolischen Kammer unter den Päpsten Urban V. und Gregor XI. (1362-1378)*, Paderborn, 1937 [= Schäfer, *Ausgaben* 3].

H. Hoberg, *Die Inventare des päpstlichen Schatzes in Avignon 1314-1376*, Città del Vaticano, 1944.

F. Piola Caselli, *La costruzione del palazzo dei papi di Avignone (1316-1367)*, Milano, 1981.

Sur le cérémonial

B. Schimmelpfennig, *Die Zeremonienbücher der römischen Kurie im Mittelalter*, Tübingen, 1973.

M. Dykmans, *Le cérémonial papal de la fin du moyen âge à la Renaissance*, tomes III/IV, Bruxelles-Rome, 1983/1985 [l'édition des textes n'est pas toujours correcte].

B. Schimmelpfennig, « Die Funktion des Papstpalastes und der kurialen Gesellschaft im päpstlichen Zeremoniell vor und während des Großen Schismas », dans : *Genèse et débuts du grand schisme d'occident*, Paris, 1980, p. 317-328 [ci-joint un plan du Palais qui renvoit aux différentes fonctions mises en relief dans la présente communication].

Idem, « Papal Coronations in Avignon », *Rituals of Rulership in Medieval and Early Modern Europe*, Los Angeles, 1990, p. 179-196.

La Curie d'Avignon

B. Guillemain, *La cour pontificale d'Avignon (1309-1376). Étude d'une société*, Paris, 1962.

G. Mollat, *Les papes d'Avignon (1305-1378)*, Paris, [10]1965.

B. Schimmelpfennig, « Die Organisation der päpstlichen Kapelle in Avignon », dans : *Quellen und Forschungen aus italienischen Archiven und Bibliotheken* 50 (1970), pp. 80-111.

D. Wood, *Clement VI. The Pontificate and Ideas of an Avignon Pope*, Cambridge, 1989.

Aux origines de l'État moderne. Le fonctionnement administratif de la papauté d'Avignon, Rome, 1990 (publ. 1991).

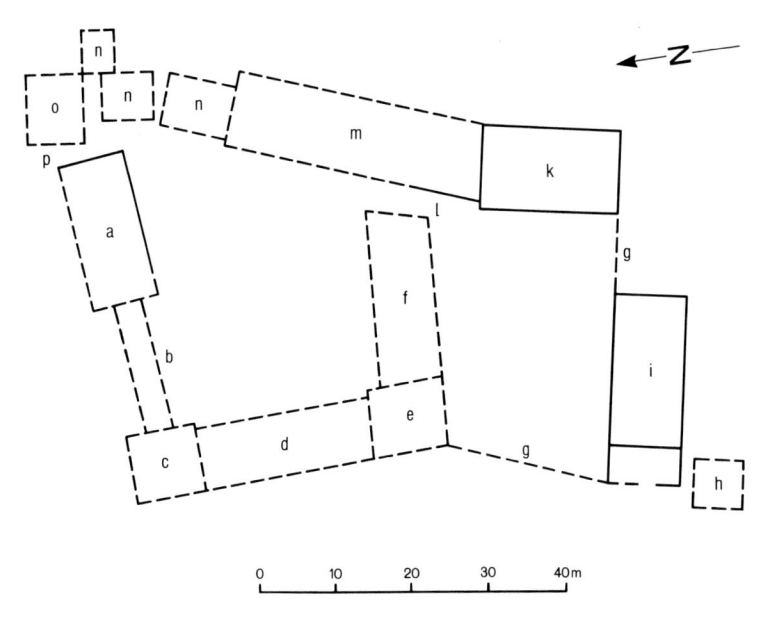

1. Avignon : le palais au temps de Jean XXII (restitution schématique)
— : mur probable
- - - : mur hypothétique
a Chapelle
b Portique
c Tour de la Campane
d Aile ouest
e Tour du Pape
f Aile sud
g Clôture en bois *(cancella)*
h *Schola theologie*
i Audiences
k Trésorier
l Entrée principale
m Aile est
n Offices
o Cardinal-neveu
p Porte vers la cathédrale.

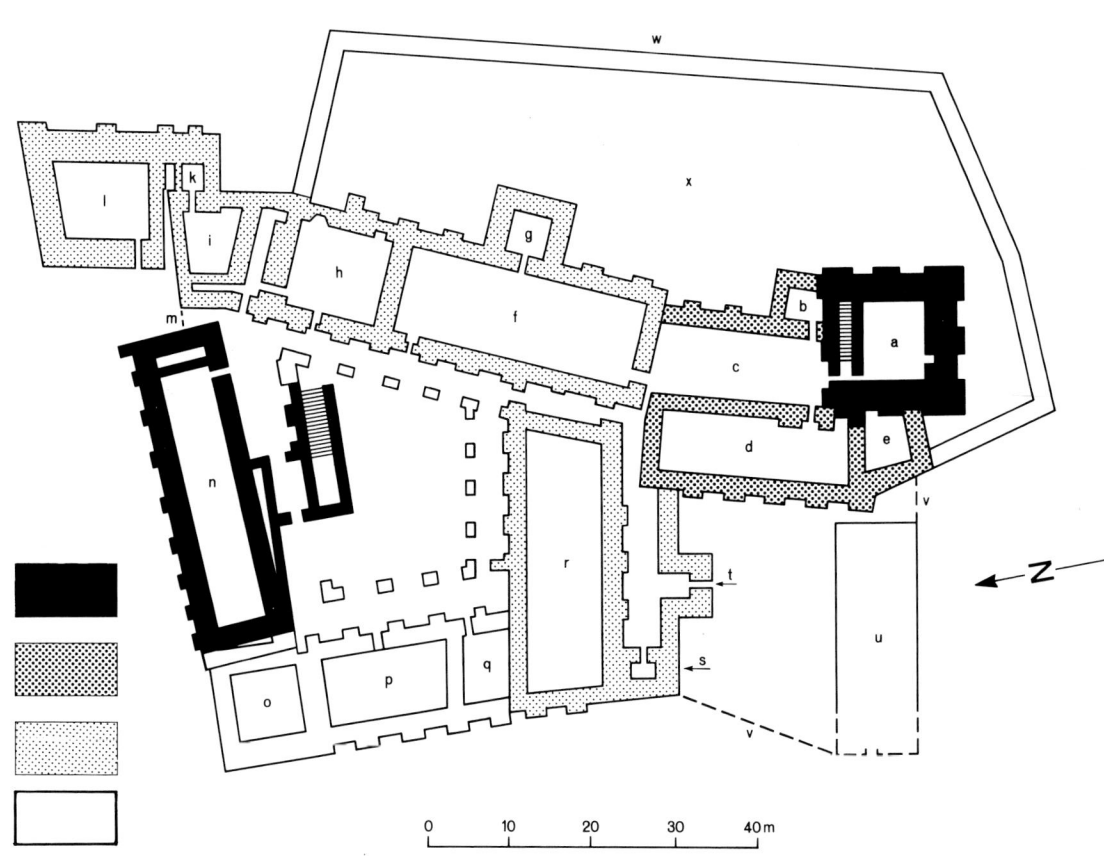

2. Avignon : le palais au temps de Benoit XII.

a Tour du pape
b Tour de l'étude
c « Appartements privés » est
d « Appartements privés » ouest
e Bâtiment annexe
f Aile orientale, partie sud
g Tour des chapelles
h Aile orientale, partie nord
i Cuisine
k Tour de latrines
l Tour de Trouillas
m *Porta ferrea*
n Grande chapelle
o Tour de la Campane
p Aile ouest, partie nord
q Aile ouest, partie sud
r Aile sud
s *Turris cardinalis albi*
t *Porta maior* et *capella secreta*
u Audiences
v Clôture en bois ?
w Mur du jardin
x *Viridarium*.

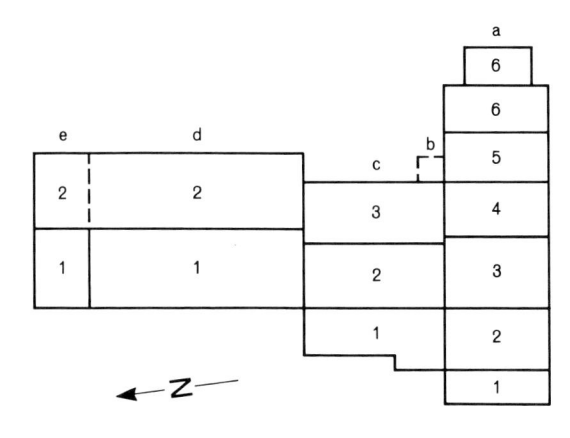

3. Avignon : coupe schématique de la partie est du palais sous Benoît XII.
a Tour du Pape :
    1 Cave, 2 Trésor inférieur, 3 *Camera camerarii*, 4 *Camera pape*,
    5 Trésor supérieur, 6 Garde (dans deux pièces superposées)
b Tour de l'étude :
    1 Salle du conseil (en dessous : escalier), 2 « Vestiaire »,
    3 *Studium pape*
c Bâtiment intermédiaire (« appartements privés ») :
    partie est : 1 *Thesauraria magna*, 2 *Camera lesu*, 3 *Camera paramenti*
    partie ouest : 1 Substruction, 2 Antichambre ? 3 *Tinellum parvum*
        (au sud : *coquina secret*)
d Aile orientale, partie sud : 1 *Consistorium*, 2 *Tinellum magnum*
e Aile orientale, partie nord : 1 *Buticularia*, 2 *Dressatorium*.

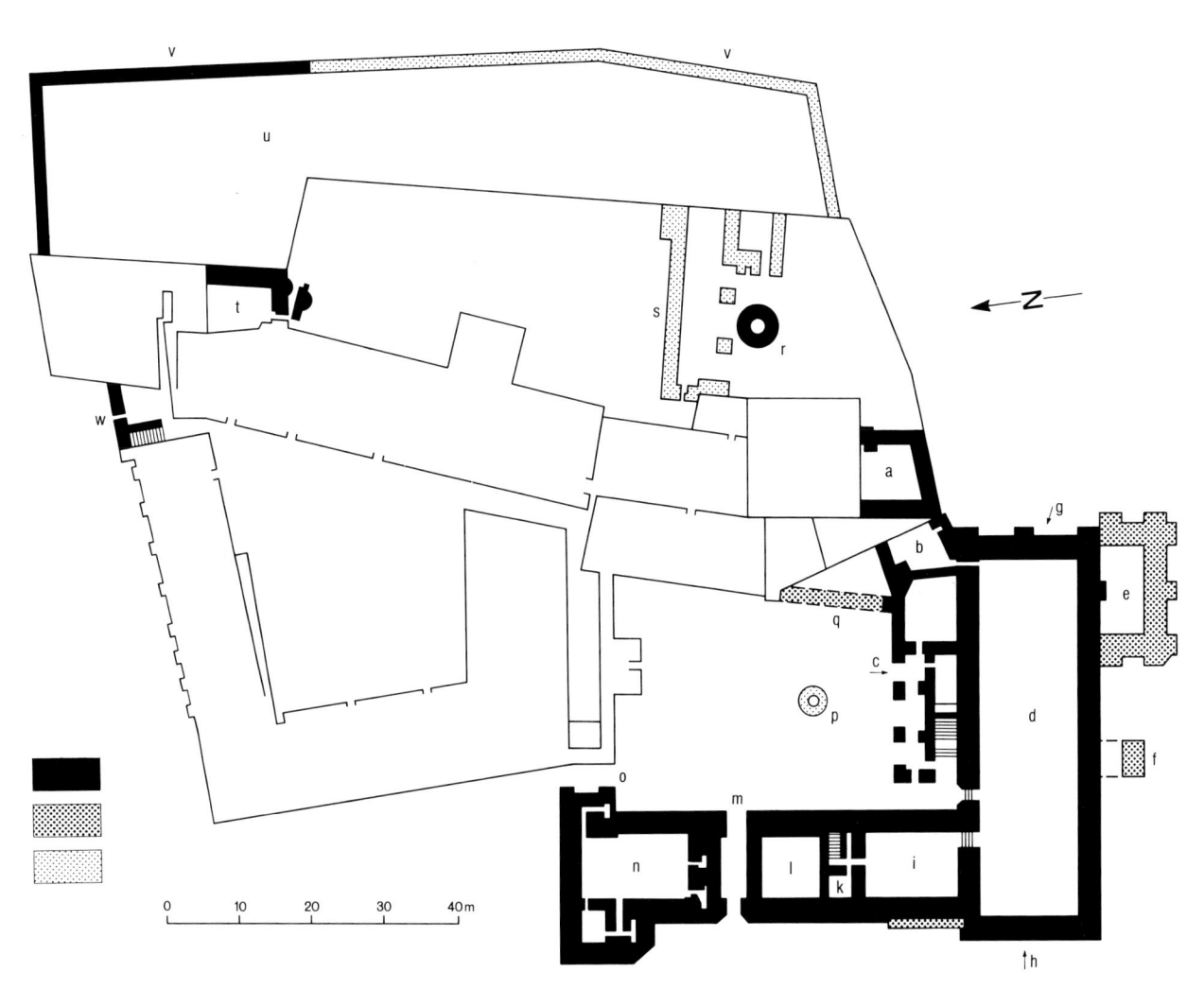

4. Avignon : nouvelles constructions entre 1342 et 1370 (rez-de-chaussée).

a Tour de la Garderobe
b Porte de la Peyrolerie
c Portique (au-dessus : deuxième volée de l'escalier)
d *Audientia publica* (au-dessus : *capella magna*)
e Tour Saint-Laurent
f Contrefort
g *Schola theologie*
h *Hospicium novum thesaurarie*
i Aile ouest : partie sud et tour de la Gâche
k Escalier, notaires de la Chambre
l Garde, clercs de la Chambre
m Porte des Champeaux
n Trésorier
o Porte Notre-Dame
p Puits
q Passage sur arcade *(pons)*
r Fontaine
s *Roma* (bâtiment d'été)
t *Coquina nova*
u *Viridarium novum*
v Mur du jardin
w *Porta ferrea*

AD MAIOREM PAPE GLORIAM

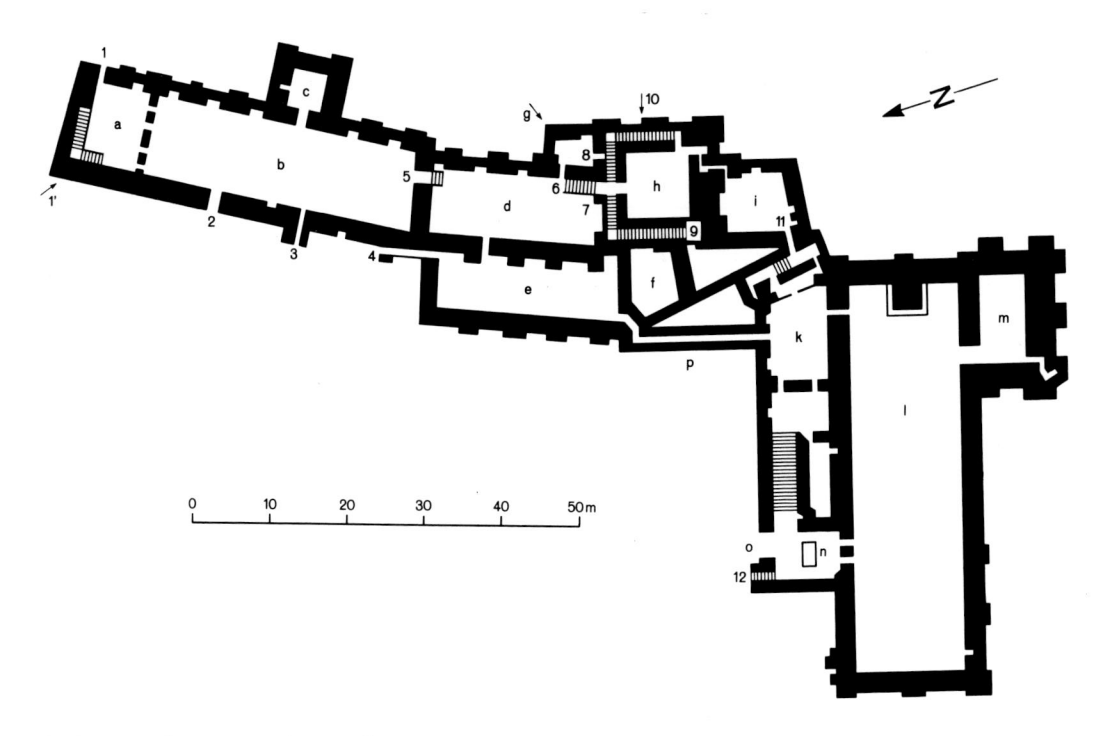

5. Avignon : les espaces utilisés par le pape (au premier étage).

Les espaces :

a *Dressatorium*
b *Tinellum magnum*
c *Capella parva*
d *Camera paramenti*
e *Tinellum parvum*
f *Coquina secreta*
g *Studium pape*
h *Camera pape*
i *Camera cervi*
k *Sacristie*
l *Capella magna*
m *Vestiarium*
n *Cadafalcum*
o Fenêtre de l'Indulgence
q *Pons*

Les accès :

1 *Dressatorium — coquina nova*
1' *Dressatorium — coquina vetus et buticularia*
2 *Tinellum magnum — deambulatorium*
3 *Tinellum magnum —* aile des hôtes
4 *Tinellum parvum — deambulatorium*
5 *Tinellum magnum — camera paramenti*
6 *Camera paramenti — studium pape*
8 *Camera pape — studium pape*
9 *Camera pape —* Trésor supérieur (escalier)
10 *Camera cervi —* sacristie
11 *Camera cervi —* sacristie
12 *Capella magna —* « galerie du conclave »

Royal and Ducal Palaces in France in the Fourteenth and Fifteenth Centuries
Interior, ceremony and function

by Mary WHITELEY

The numerous royal and ducal residences, that were rebuilt and enlarged during the fourteenth and fifteenth centuries in France have mainly disappeared and the greater part of the royal accounts, including the accounts of the dukedoms en apanage, have been lost. However from the study of a wide variety of sources and of the remnants that survive of these castles, it is possible to establish a consistent development in the function and in the distribution of the rooms that were used by a royal prince. It can be shown, from descriptions in biographies and contempary chronicles, that many of the changes in the arrangement of space must have been determined by the ceremonies that were performed both on special occasions and in everyday life[1].

Royal palaces of the fourteenth century

During the fourteenth century two powerful Kings, Philippe le Bel (1285-1314) and Charles V (1364-1380), provided a political stability and a royal court centred on Paris, that not only inspired a large programme of building but also a consistency in palace design. The main developments are discernible in their official residences in Paris, both of which were old buildings that were extensively rebuilt as symbols of their monarch's status and prestige.

---

1. The sources include fragments of the accounts, inventories, old plans, engravings, illustrated manuscripts, and descriptions in biographies and chronicles. I am indebted to the late Mr. Hugh Muray-Baillie, who pioneered the study of palace interiors (« Etiquette and the Planning of the State Apartments in Baroque Palaces », *Archaeologia* (published Society of Antiquaries), 1967, n° 101, pp. 182-193) for his guidance in the early stages of my research. I have also benefitted from many conversations with Mme. Monique Chatenet comparing our respective periods which has helped to shed light on several problems.
The limited space of this paper allows only the body of my research on this subject to be discussed, and further details will be included in a forthcoming book about royal and princely interiors in the castles of late medieval France.

Palace of Philippe-le-Bel

The palais de la Cité had for a long time been the principal royal residence in France, but by 1298 its buildings were inadequat for the requirements of Philippe le Bel, then the most powerful monarch in western Europe. The main alterations to the old palace consisted of the creation in the west range of a first-floor entrance with its own exterior staircase, called the *grands degrés*, that led to the King's lodgings and the complete rebuilding on a vast scale of the two public rooms, the *grande salle* and the adjoining room which served both as the *chambre de parlement* and at the time of royal festivals as the *grande chambre du roi* (figs. 1, 2)[2].

The official account of the Emperor Charles IV's state visit to Paris in 1378 confirms that the architectural changes in Philippe le Bel's palace must have been designed to accomodate the royal ceremonies and processions[3]. Prior to the fourteenth century, the exterior staircase leading up to the *grande salle* provided the venue for the reception of visitors, however in 1378 the Emperor was being received at the bottom of the steps that led to the royal lodgings. This change in the ceremony must date back to the beginning of the century for Philippe le Bel's new entrance was given a grander three-sided staircase and a more decorated doorway than the entrance into the *grande-salle* (fig. 3)[4]. The secondary gateway into the courtyard was widened and upgraded to create a new *grande porte* that faced the King's entrance, thereby providing an axial approach for the processions accompanying the King and the Court visitors into the palace. A similar relationship between the gateway and the entrance to the prince's lodging was provided at châteaux that were built later — at the Louvre, at Saumur and at the palais Rihour, Lille (figs. 5a, 9, 11).

The provision of two separate entrances created a clear distinction between the public and the private sides of the palaces. The same division is apparent in the ceremonies performed at the state banquet held in honour of the Emperor Charles IV. The two monarchs did not pass directly from the King's lodgings to the *grand salle* but made a public entrance in the company of a large escort down the Great Steps *(les grands degrés)*, crossing the Cour du Mai to enter the *grande salle* by the *degrés de la salle* and then transversing its length to reach the high table at the west end (fig. 4). The size of the great hall, which was 73 metres in length, was designed to accommodate the vast crowds that flocked to the feasts, for state banquets were open not only to the nobility but also to the citizens of Paris. At the end of the meal a reduced number, comprising only the most important guests, moved into the adjoining *grande chambre* where they conversed and listened to minstrels playing music. The serving of vin et espices marked the end of the reception and the return of the King to his chamber, not publicly as he had entered, but privately along the galleries that skirted round the Grand Preau.

The shift in focus away from the great hall for the daily life of the Court suggests that the royal lodgings had, already at the beginning of the fourteenth century, a more significant role. There is however little documentary evidence defining the contents or

---

2. J. Guerout, « Le palais de la Cité des origines à 1417 », thesis of the Ecole des chartes, *Mémoires de la fédération des sociétés historiques et archéologiques de Paris et de l'Ile-de-France*, 1949, n° 1, pp. 55-197 ; 1950, no. 2, pp. 21-204 ; 1951, n° 3, pp. 7-101. A recent and well-illustrated assessment in J.-P. Babelon, *Le Palais de Justice, La Conciergerie, La Sainte Chapelle*, Paris, 1973, pp. 1-99.
3. *Chroniques des règnes de Jean II et de Charles V*, éd. R. Delachenal, Paris, 1916, vol. II, pp. 219-244. Many festivals were celebrated during the reign of Philippe le Bel, but no details of their ceremonies are recorded.
4. M. Whiteley, « Deux escaliers royaux du XIVe siècle : "les grands degrez" du Palais de la Cité et "la grande viz" du Louvre », *Bulletin Monumental*, 1989, n° 147, pp. 133-142.

the use of Philippe le Bel's lodgings, except for his private chapel and his chamber where he normally ate in company with a few princes. He would certainly have had a garderobe and it is likely that he had at least one more chamber. Two chambers, one above the other, are recorded in the private lodgings of other châteaux dateing to the first half of the fourteenth century[5].

Palaces of Charles V

When Charles V became King in 1364 he transferred his official residence from the palais de la Cité to the Louvre, and the old fortress of Philippe Auguste was transformed by Raymond du Temple into the magnificent palace depicted in the miniature of the *Très Riches Heures du duc de Berry*. The remodelling of the interior at the Louvre followed the developments that had been introduced by Philippe le Bel[6]. The public and private sides of the palace were kept divided by the provision of separate entrances and was further emphasised by a difference in levels, the public rooms and *grande chapelle* being on the ground floor of the west and south ranges and the King's and Queen's accommodation on the first and second floors of the north range (fig. 5 a, b). The addition of a *grand chambre du roi*, adjoining the thirteenth century *grande salle*, gave the two palaces the same combination of public rooms, and the transfer of the royal lodgings from the south-west corner to the north range raised their status to the main focus of the palace by the creation of an axial approach from the main gateway.

The major changes concerned the contents of the King's and Queen's lodgings, which were respectively on the second and first floors. Each occupied the full length of the range, making their total space over double the size of the old and allowing their rooms to be disposed horizontally in contrast to the earlier vertical arrangement. The six main rooms and their relationship to each other can be reconstructed :

chambre ← CHAMBRE ← CHAMBRE → SALLE → 2 chambres
du roi   DE RETRAIT   A PARER
                                          ↑
                                      grande vis

A new type of staircase called the *grande vis* provided the entrance[7]. Its inclusion in a projecting tower that was opened by bays and richly decorated with sculpture gave an eminence to the royal entrance that distinguished it from the others in the courtyard. The staircase led directly into the largest room, the *chambre à parer*, and from there on through to the *chambre de retrait* and to the *chambre du roi*. This sequence of three chambers, which were for the King's daytime use, became the standard distribution in a prince's lodgings in a large château during the second half of the fourteenth century[8]. On the opposite side of the chambre à parer, a door led to the King's *salle* and on through to two smaller chambers which he used at night.

During the course of the next 50-100 years several of the names of the rooms in

---

5. The *chambre* and *chambre haute* are recorded in accounts of 1321 for Hesdin and of 1340 for Blois.
6. A. Berty et H. Legrand, *Topographie historique de Vieux Paris, Le Louvre et les Tuileries*, 1866, vol. I, pp. 123-199 ; 1868, vol. II, pp. 105-168 ; P. Quoniam and L. Guinamard, *Le Palais du Louvre*, Paris, 1988, pp. 8-49 ; M. Whiteley, « Le Louvre de Charles V. Dispositions et fonctions d'une résidence royale », *Revue de l'Art*, 1992, vol. 97, pp. 60-71.
7. *Op. cit.*, n° 4, pp. 142-150.
8. These include Charles V's châteaux of Creil and Montargis, and the Duke Louis I of Anjou's château of Saumur. I am indebted to Jean Guillaume for bringing to my attention a seventeenth century description of Montargis, H. Stein, « Une ancienne description du château de Montargis », *Annales historiques et archéologiques du Gâtinais*, 1922, pp. 97-101.

the royal lodgings were altered, and this has led to the misinterpretation of some of the original documents. The changes that have caused the most confusion are related to the word « retrait ». During the second half of the fourteenth century the *chambre de retrait* and the *retrait* were two different rooms, both of which provided a retreat from a larger more public chamber, respectively the *chambre à parer* and the *chambre*. However by the beginning of the sixteenth century the *retrait* had become the privy. Similarly the first chamber, which was called the *chambre à parer* or *chambre de parement*, served only as the great state room, but during the second half of the fifteenth century as its role was widened it became known as the *salle* or *salle de parement*. The name for the lodgings themselves also changed, and it was only at the end of the fifteenth century that the name *logis* was introduced, replacing the earlier *chambres et salles*. Another complication is caused by the description of the same room by different names, such as the royal bedchamber at Vincennes which is variously called in an inventory of 1379-1380, the *chambre du roy*, the *grant chambre du roy* and the *chambre haulte*[9].

Christine de Pisan in her biography of Charles V wrote a detailed description of a day in his life, which provides an invaluable contemporary insight into the role of the different rooms[10]. Each of the six main rooms and six smaller rooms in his lodgings and the public rooms on the ground floor had its special function in the ceremonial and private life of the King. His day started with a morning levée and private prayer that took place in his night chambers. He then descended the *grande vis* into the courtyard to make his appearance in public, first attending High Mass in the *grande chapelle* in the south range and then making himself available for his subjects, rich and poor alike, to approach and personally present their petitions. The accessibility of the King to his subjects was an old French tradition and as a result they were freely admitted to enter his palaces[11]. This privilege had its limits, and the division that architecturally separated the palace into public and private areas must have also had a social significance, for the courtyard and the public rooms were open to the general public, but the King's lodgings, as Christine de Pisan observed, was reserved for princes and nobles and other visitors to the court.

On specially appointed days, the King attended his Council. The great Council when events were intended to be heard publicly was held in the *Grand Chambre*, but the day-to-day councils met inside the royal lodgings. There was a similar choice between the public and the private sides for the King to dine. On the occasion of great feasts he dined in public in the *grand salle*, if however he wished to be « assez à privé » he would take his meal in his bedchamber, but normally he dined in the *salle* of his lodgings, where he would eat alone at his table unless other princes were present.

At the end of his meal, the King moved into the *chambre à parer* to spend the next two hours dealing with the affairs of state and receiving the numerous visitors that came from abroad and from all parts of his kingdom (fig. 9). This chamber was the centre of Court life ; it contained the great ceremonial state bed, and was the venue for events of major importance such as the 2 1/2 hour political speech delivered by Charles V before the Emperor Charles IV[12]. To accomodate the great crowds of ambassadors, princes and nobles that packed its space, this chamber was by far the largest measuring 19 m. 59 by 11 m. 76 at the Louvre and up to 30 m. at the palais des ducs at Bourges (fig. 5b, 6). The second chamber, the *chambre de retrait*, served as

---

9. *Inventaire du Mobilier de Charles V*, éd. J. Labarte, Paris, 1879.
10. Christine de Pisan, *Livre des faiz et bonnes mœurs du sage roy Charles V*, éd. S. Solente, Paris, 1936-1940, vols. I (specially pp. 42-48) and II.
11. *Op. cit.*, n° 1.
12. *Op. cit.*, n° 3, vol. II, pp. 249-255.

as secluded extension of the *chambre à parer*, being used for the King's Council and for private meetings and discussions[13].

At the end of the session in the audience chamber Charles V moved into his *chambre* for a rest. Even this chamber was not totally private, for the King appears to have received visitors in whichever room he was at the particular time of their arrival. However his chamber differed from the rest of the royal lodgings in that visitors needed special permission to enter, and the crowds of nobles, who could freely move around his other chambers and his *salle*, had to stop at its threshold. A similar slight separation of the chamber is discernible in the architecture of two castles built at the turn of the fourteenth and fifteenth centuries. The ducal chambers at Poitiers Palace and at La Ferté-Milon were not only contained in their own tower but their level, reached by a spiral staircase, was a few steps higher than that of the *chambre de retrait* (fig. 7)[14].

It was considered essential for the King's health that a special time, away from the heavy demands of state, be set aside during the afternoon. Accordingly a series of smaller rooms were provided for his leisure and recreation. Five of them, identifiable from an inventory, survive in the King's Tower at Vincennes, occupying the turrets that project out from the central royal chamber on the second floor (fig. 8)[15]. The *petite chapelle* and the garderobe had a long tradition as being part of the royal lodgings, but by the second part of the fourteenth century the number of these small rooms had been increased. They included an oratory adjoining the chapelle, which was used by the King during Vespers, a *retrait* which provided the complete privacy that the chamber itself lacked, and the *estude*, where his finest books and jewels were stored. In addition at the Louvre, Charles V's famous library was housed behind his day chamber in the three top floors of the tour devers la Fauconnerie. At Vincennes these small rooms were all approached directly from the King's chamber and will have created an area of comfort and seclusion where the King could relax, converse with his closest friends and study his collections of treasures. To keep his privacy intact, the *petite chapelle* in the north-east turret was provided with a gallery linked to the main staircase so that the clergy arriving to celebrate Mass by-passed the King's chamber.

The Queen Jeanne de Bourbon also kept an important Court surrounded by her ladies, even on occasions attending the Council, and her day followed an order of ceremonial that was very close to that of the King[16]. Her position and her style of life qualified her for a lodging of importance, and at the Louvre she had on the first floor the same range of five chambers, salle and small private rooms as the King on the floor above, lacking only his *estude* and library. The inferior position of the Queen Jeanne de Bourbon's lodging had undoutedly an hierarchical significance for the same arrangement was repeated in at least three other royal castles dateing from the thirteenth century to the fifteenth[17]. Their night chambers were linked by a small spiral staircase, whose projecting turret is visible in the *Très Riches Heures*, but it is doubtful whether the two spirals leading off their *chambres à parer* and their day chambers pro-

---

13. In 1366 when a problem arose over the Duke of Brittany's hommage that was being discussed in the *chambre à parer* at the Hôtel Saint Pol, the assistants of both sides moved into this smaller chamber to try to work out a solution, R. Delachenal, *Histoire de Charles V*, Paris, 1909-1931, vol. III, p. 174.
14. At La Ferté-Milon, that belonged to the duc d'Orléans, the two chambers and the cage of the staircase that linked them still survive in the ruins ; at the duc de Berry's palace at Poitiers a similar relationship can be observed in the old plans.
15. For a recent reconstruction of their disposition, see M. Whiteley, « Les pièces privées de l'appartement du roi au château de Vincennes », *Bulletin Monumental*, 1990, pp. 83-85.
16. Christine de Pisan, *The Treasure of the City of Ladies*, translation S. Lawson, Harmondsworth, 1985, pp. 59-63.
17. At the château at Pontoise, the palais de la Cité in Paris, and in the old royal lodgings in the « donjon » at the château of Amboise.

vided more than a shared circulation to the courtyard for, as Christine de Pizan pointed out, it was not « the custom among higher nobility for ladies to be commonly in the presence of their husbands ». She confirms that their main meeting ground during the summer months was in the royal gardens which at the Louvre were privately linked to their *chambres à parer* by a small spiral, galleries and a bridge over the moat.

Several of the ceremonies recorded during the reign of Charles V were based on old traditions, but it is evident from a variety of descriptions that around the middle years of the fourteenth century these ceremonies were given a new importance and formalisation. It was obviously to accommodate this development that the royal lodgings were extended in size and their rooms arranged on one floor. It is possible that this significant change had already been introduced at the palais de la Cité during the 1350s in the lodgings of Jean le Bon (1350-1364) and of the duc de Normandie (later Charles V), (fig. 1) but this development probably originated at Avignon[18].

Palais des Papes, Avignon

The papal palace at Avignon was the most important court in western Europe during the second quarter of the fourteenth century[19]. The palace had been extensively rebuilt and enlarged by Benedict XII (1334-1342) and Clement VI (1342-1352) and its interior disposition completely re-organised (pp. 44-46, figs. 2, 5).

Although Avignon was outside the French kingdom, the several visits made by Philippe VI and Jean le Bon to the papal Court during the papacy of Clement VII maintained a close social contact. Variations between ecclesiastical and secular ceremonies made distinctions in their interior arrangement inevitable, however there are similarities between the papal and royal lodgings. In both the number of rooms was increased so that each function was provided with its individual room, and in both the disposition of the rooms was changed making the main rooms in sequence on the one floor. The main chambers in the papal lodgings differed from the French system in having only two rooms, the *camera paramenti* and the *camera pape*. However the Pope, like the French King, had his personal dining room, and the small private rooms, the *studium*, *capella secreta*, garderobes, and the library, were similar to those at the Louvre and at Vincennes not only in their number and type but also in their arrangement in towers that were directly accessible from the papal chamber[20] (p. 46, fig. 5).

---

18. Eight different rooms are recorded in the King's lodging in the 1428 inventory, Guerout, *op. cit.*, n° 2, vol. III, pp. 44-47, but there is no documented evidence to confirm if all of them were built at the same period.
19. L.-H. Labande, *Le palais des Papes et les monuments d'Avignon au XIVᵉ siècle*, Marseille, 1925, 2 vols : S. Gagnière, *Le palais des Papes d'Avignon* (Caisse Nationale des Monuments Historiques), Paris, 1965 ; M. Dykmans, *Le cérémonial papal de la fin du moyen âge à la Renaissance*, Brussel et Rome, 1983-1985, vols. III, IV.
20. The small rooms are directly linked to the papal chamber by corridors and staircases enclosed in the thickness of the walls, and in the Tour de la Garderobe (marked « i » on plan) by a spiral staircase.

Ducal palaces

At the end of the fourteenth century and the beginning of the fifteenth century the lack of a powerful royal Court due to the minority and later the mental instability of Charles VI (1380-1422) gave a new importance and power to the royal Dukes. In order to provide a grand display in keeping with their new status, a great deal of activity and money was spent enlarging and embellishing their numerous castles.

The surviving documents of some of the most important castles show that the principal change in their interior distribution occurred in the ducal lodgings, which were expanded and altered to conform with the royal prototypes[21]. The division made between the public and private sides of the château was repeated, and the main entrance led to the ducal lodgings and was approached by a *grande vis*, that was inspired by the example at the Louvre (figs. 6, 11)[22]. Within the lodgings the sequence of three main chambers was arranged on a single floor, a chapel and a dining room were added, and at the Tour Maubergeon at Poitiers the series of small private rooms were arranged in turrets, similar to those at Vincennes, round the duc de Berry's chamber (figs. 6, 7, 8).

Confirmation of the degree of standardization of the contents of the lodgings of a great prince during this period is provided by two chronicles. Their descriptions are not of large palaces, but of the royal barge in 1378 and of the camp of the Duke and Duchess of Burgundy in 1414 during a month's stay in the forest of Argilly. The first describes how the royal boat was set up « à manière de une maison ou sont sale, deux chambres tout à cheminées, et plusieurs autres de retraiz (small private rooms) et nécessaires (laitrines) » ; the second at the camp records, « il y avoit dedans les dites tentes la salle, la chapelle, chambres à parer et à couchier et tout l'estat du duc et de la duchesse autant que fussent logiez en l'une de leurs bonnes villes »[23]. Such a camp is illustrated in an early fifteenth century miniature (fig. 10). Two groups of tents in the foreground can be identified from their pennants as belonging to the Emperor and to the French King. Each of these groups consists of several tents that correspond in their size and shape to the lodgings in the royal residences.

In smaller châteaux, as in the royal barge and the Burgundian camp, the *chambre de retrait* was omitted. In the larger châteaux, where the extended lodgings was generally adapted into an old site, the position and the arrangement of the three chambers became the main priority. To retain the quasi-privacy of the royal or ducal chamber, this room was always situated at one end of the lodgings. As a result the public chambers and the salle, to which the members of the Court had free accesss (shown by capital letters in the diagram on page 49) were grouped together in the centre of the range[24]. In certain châteaux this created problems for the position of the *grande vis* providing the entrance into the first chamber. At the Louvre, where the space in front of the *chambre à parer* was limited, the problem was resolved by extending out the base of the staircase tower into the dry moat of the *donjon* (fig. 5a). In a different solution at the château of Saumur, the *grande vis* was built in the corner of the

---

21. Sections of the building accounts survive for the castles at Saumur, Lusignan, Riom and for the castle and palace at Poitiers.
22. *Op. cit.*, n° 4, p. 150.
23. The barge is described in *op. cit.*, n° 3, vol. II, p. 245 ; the camp in Jean Le Fèvre, dit de Saint Rémy, *Histoire de Charles VI*, éd. Le Labourer, Paris, 1663, vol. II, pp. 74-75.
24. The quasi-private chambers are singled out by being in script.

courtyard and a gallery was added on the first floor leading the visitor back to the centre of the range.

The Courts of the Dukes of Burgundy, whether in Burgundy, Paris or in Flanders, were the most closely modelled on that of Charles V. It was Philippe le Hardi (d. 1404) who commissioned Christine de Pisan at the beginning of the fifteenth century to write the biography of his brother Charles V with the aim that his « belle manière de vivre » would not be forgotten. Many of the recorded Burgundian ceremonies are those formalised by Charles V, but with the difference that under Philippe le Bon (1419-1467) their presentation both in the daily ceremonies and in the spectacular feasts became increasingly rigid and ostentatious[25]. The same influence can be observed in the internal disposition in the number and type of rooms that were built at the palais des ducs at Dijon and at the palais Rihour at Lille, which were newly built by Philippe le Bon during the 1450s and 1460s (fig. 11)[26]. The three chambers of the ducal lodgings were each given a special role at the morning levée segregating the different ranks of courtiers waiting to great the emergence of the Duke, the « escuyers » were limited to the first chamber, the « chevaliers » to the second and only the « grands chambellans, les plus proche du duc » could enter into the ducal chamber[27]. However during the course of the second half of the fifteenth century there were changes in the arrangement of the diningroom of Charles le Téméraire (d. 1477). The 1467-1468 accounts for his hôtel at Bruges record a *salette* preceeding the ducal chamber, a development found later in both the Angevin and royal Courts, that suggests that this room was being used both as dining room and as reception room[28].

Little is known of the ceremonial at the Court of the Duke of Berry (d. 1416) but from the grandeur of his architecture it must have been equally magnificent. His official residence, the palais des ducs at Bourges, was conceived on an immense scale (fig. 6)[29]. The *grande salle*, which filled the full height of the building, was 51 m. in length with a single span covering its width of 16m., and the adjoining chamber measured 30 m. A particular feature of the Berry palaces, found at Bourges, Riom and Poitiers, was the arrangement of two sets of chambers one above the other. On the ground floor the larger chamber, called variously the *chambre basse*, the *chambre basse à parer* or the *grande chambre de parement*, the smaller one the *chambre du Conseil*, formed part of the public rooms extending behind the great hall. Above on the first floor, the rooms served as the first two chambers of the ducal lodgings. A display of grandeur is also evident in the architectural details of the great halls. During the reign of Charles V fireplaces with double hearths and richly decorated with sculpture had been introduced as a symbol of a prince's prestige at the lord's end of the hall. At the palaces at Bourges and at Poitiers, this type of fireplace was made into a more impressive feature by

---

25. The most relevant of an extensive bibliography : O. Cartelleri, *The Court of Burgundy*, London, 1929 ; J. Calmette, *Golden Age of Burgundy — The Magnificent Dukes and their Court*, London, 1962 ; Olivier de la Marche, *Mémoires*, éd. H. Beaune et J. d'Arbaumont (Société de l'Histoire de France), Paris, 1883-1888, 4 vols. ; G. Chastellain, *Chroniques des ducs de Bourgogne*, éd. J.A. Buchon, Paris, 1827, 2 vols. ; and Alienor de Poitiers, « Les Honneurs de la Court », *Mémoires sur l'ancienne chevalerie considérée comme un établissement politique et militaire*, éd. J. La Curne de Sainte-Palaye, Paris, 1759, vol. II, pp. 183-267.
26. Y. Beauvalot, *Dijon, Palais des États*, Lyon, 1964, pp. 5-17 ; A. Kleinclausz, « L'hôtel des ducs de Bourgogne à Dijon », *Revue de l'art ancien et moderne*, 1910, n° 27, pp. 179-190, 276-286. Max Bruchet, « Notice sur la construction du Palais Rihour à Lille », *Bulletin de la Commission historique du département du Nord*, 1922, n° 31, pp. 209-298.
27. Chastellain, *op. cit.*, n° 25, vol. II, pp. 79-81.
28. L. Laborde, *Les ducs de Bourgogne. Études sur les lettres, les arts, et l'industrie pendant le XVe siècle. Seconde partie, preuves*, Paris, 1851, vol. II, pp. 312-313.
29. A. de Champeaux et P. Gauchery, *Les travaux d'art exécutés pour Jean de France, duc de Berry*, Paris, 1894, pp. 21-29, 63-65 ; P. Gauchery, « Mémoire historique et descriptif du palais construit à Bourges par Jean de France, duc de Berry », *Mém. de la soc. des Antiquaires du Centre*, 1897, vol. XXI, pp. 75-101.

the addition of a third hearth and at Poitiers by the immense decorated window behind (fig. 15). The high table, which previously had been raised on two or three wooden steps, was elevated even higher on a *tribunal*, a permanent dais with stone steps that stretched across the end of the hall. This spacious high platform enabled the Duke and his noble guests to participate in the feasts but at the same time kept them separated from the general public that packed the main part of the hall.

The style of life favoured by the cultured and pleasure-loving roi-René (1437-1480) made the Angevin Court the least formal of the three. He introduced smaller more comfortable lodgings even in his large châteaux[30]. At his principal residence at Angers, the first chamber of his lodgings is called the *salle de parement* in the 1471-1472 inventory[31]. A *salle* had invariably during the medieval period denoted a room for eating, and the change in title from *chambre* to *salle de parement* implies that the function of state room and dining room were being combined. Certainly the number of formal rooms in his lodgings was reduced at his châteaux at Tarascon and at Baugé. The dual character of this room is confirmed in a text by Alienor de Poitiers that described the room preceeding the bedchamber of the comtesse de Charolais, Charles the Bold's wife, as a *grande chambre ou salle*[32].

In contrast the number of small rooms that were reserved for roi-René's leisure hours were increased in number. At Angers they include not only his small chapelle, *retrait*, *estude*, garderobes, and a *haut retrait*, that was probably his library, but also two *chambres du petit retrait*. The two last chambers reflect the King's artistic interests for they were obviously used as studios by his most favoured artists and constituted an unusual intrusion into the area of a palace that was reserved for the personal use of a prince. It is probable that these leisure rooms were housed on the first and second floors of a new wing that was built behind the King's chamber on the first floor (figs. 12, 13). This section of the château was certainly intended for the King's private use as the galleries and spiral staircase built in front of these small rooms provided the private circulation between his bedchamber, his garden and his secret exit out of the château that is found in other princely residences[33]. The arrangement of these private rooms would have marked a new departure, for they were not only larger in size and number but they were joined together in a cohesive block, thereby differing from the earlier system of projecting turrets. A similar compact grouping on two floors of these small rooms still exists behind roi-René's chamber at the château of Baugé.

Royal castles of the fifteenth century

The English conquest of large areas of the kingdom, including the occupation of Paris for a period of sixteen years from 1420, forced the move of the royal Court to

---

30. F. Robin, *La Cour d'Anjou-Provence : la vie artistique sous le règne de René*, Paris, 1985 (specially pp. 99-121).
31. A. Lecoy de la Marche, *Extraits des Comptes et Mémoriaux de roi-René pour servir à l'histoire des Arts au XVᵉ siècle*, Paris, 1873, pp. 265-70.
32. Alienor de Poitiers, *op. cit.*, n° 26, p. 255.
33. A similar circulation was provided for the King in the second half of the fourteenth century at the palais de la Cité and at the château of the Louvre, Whiteley, *op. cit.*, n° 6, p. 69 ; M. Whiteley, « The relationship between the château, garden and park, 1300-1450 », dans *L'environnement du château et de la villa*, colloque de Tours 1992, forthcoming). It is possible to make a reconstruction of the recorded leisure rooms of the King roi-René fitting them into the surviving rooms on the first and second floors.

Bourges and from there it later settled in the Loire valley. After the expulsion of the English, Charles VII (1422-1461) did achieve a Court of considerable political importance but he was never interested in the social side, often preferring to stay in a castle belonging to one of his subjects. According to descriptions written by the Milanese ambassadors attached to the Court of Louis XI (1461-1483), the organisation of the King's day ressembled that of Charles V but his ceremonial display was parsimoniously frugal and frequently interrupted by his disappearance on extended hunting trips[34]. In the castles of these two kings at Loches, Chinon, Langeais and Plessis les Tours, the rooms on both the public and the residential sides were strikingly modest in comparison to the ducal Courts.

The only building work of distinction to be undertaken in a fifteenth century royal castle occured during the 1490s at Amboise, which became the principal residence of Charles VIII (1483-1498)[35]. The size of his household, which was quadruple that of Charles VII, resulted in an extensive enlargement of the old palace. New buildings for both the royal accommodation and the great hall were added outside the confines of the old courtyard (fig. 14). Continuing the late medieval tradition of separating the public and private sides, the great hall was on the north and the King's lodgings on the south in the *grant corps de maison* (later called the *Logis des Sept Vertus*), as the 1495-1496 building accounts confirm[36].

The main changes concerned the size and contents of the interior. During the fourteenth century and the first half of the fifteenth the great halls in the principal châteaux had served an important role. Huge feasts that were open to the general public were regularly held as an outward display of the prince's power and prestige, and as a result the length of these halls varied between 50 and 73 metres at the palais de la Cité in Paris (fig. 4). The last one to be built was during the 1450s by Philippe le Bon of Burgundy at the palais Rihour at Lille (fig. 11). At Amboise the length of the new great hall measured less than 25 metres. Further changes are apparent inside the royal lodgings. The *grande vis*, as du Cerceau's plan shows, still provided the entrance into a central room on the first floor (fig. 14). The names of the rooms are identified in a document of 31 mars 1498 (n.st.), the first and largest was the *grant salle* which measured roughly 12 1/2 metres in length, and leading off on either side a chamber with its garderobe[37]. One of these chambers, called the *grande chambre*, was obviously the King's bedroom but the role of the other is obscure[38]. Charles V's style of life during the 1360s and 1370s had required a total of six large rooms and eight smaller ones in his lodgings at his principal palace of the Louvre. The huge reduction in the space

---

34. G. Soldi Rondini, « Aspects de la vie des cours en France et de Bourgogne par les dépêches des ambassadeurs milanais (seconde moitié du XVᵉ siècle) », *Adelige Sachkultur des Spätmittelalters*, international Conference, Krems an der Donau, 1982, pp. 195-208.
35. Dr. F. Lesueur, *Le Château d'Amboise* (Petites Monographies des Grands Édifices de France), Paris, 1935 ; Y. Labande-Mailfert, *Charles VIII et son Milieu (1470-1498) — La Jeunesse du pouvoir*, Paris, 1975 ; L. de Grandmaison, « Compte de la construction du château d'Amboise (1495-1496) », *Congrès archéologique de France*, 1910, n° 77, vol. II, pp. 305-334.
36. Material was supplied by Jehan Galocheau le jeune « pour servir à faire des franges au ciel de la chambre du Roy estant aud. grant corps de maison », de Grandmaison, *op. cit.*, p. 322. Other descriptions in the accounts support this position for the King's lodgings, and as Lesueur (*op. cit.*, pp. 58-59) pointed out it was only from the eighteenth century that the *Logis des Sept Vertus* was called the « logis de la Reine », and the building on the north side called the « logis du Roi ».
37. A. Spont, « Documents relatifs à la reconstruction du château d'Amboise 1495-1498 », *La Correspondance — historique et archéologique*, Paris, 1894, n° 1, pp. 367-372. This *grant salle* in the King's lodgings must not be confused with the *grande salle* on the public side. During the late medieval period both the first chamber and the bechamber were often qualified by the adjective *grant*, referring generally to the importance of the room.
38. Mme. Evelyne Thomas, who has made a detailed study of the château of Amboise, has been able to identify the rooms in the King's and Queen's lodgings : E. Thomas, « Les logis royaux d'Amboise », *Revue de l'art*, 1993, n° 100, pp. 44-57.

provided for Charles VIII at his principal residence can only be explained by the long neglect of the fifteenth century kings of an important ceremonial display. In the fourteenth century each function had been provided with its own separate space, at Amboise the different rooms must have served several roles with the *grant salle* combining, as in the Angevin and Burgundian residences, the King's dining room and his room of state.

The symbol of an imposing fortress portraying the political power of a prince in the kingdom of France had changed by the fourteenth century, and the royal image was represented by an impressive palace and by the magnificence of the ceremomial. This development resulted in an increased concentration on the interior, the public and private sides of the palace were separated and the royal lodgings were transformed into a stage for the daily display of majesty and provided with a private area for the King's relaxation. To accommodate the royal ceremonies and the great numbers of visitors that were attracted to the Court of Charles V, more and larger rooms were arranged in a continous sequence on the same floor. Their disposition became the model for the numerous ducal residences that were built during the late fourteenth century and early fifteenth. The continuity of these traditions was interrupted by the political upheavals of the 1420s and 1430s and a simpler style of royal life was evolved within more modest residences.

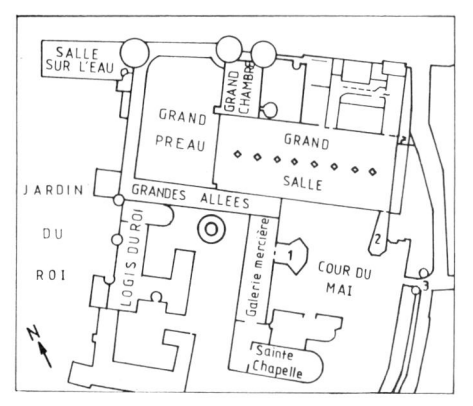

1. First floor plan of the palais de la Cité (second half 14th century): *grands degrés* (1), *degrés de la grande salle* (2), *grande porte* (3).
After reconstruction by J. Guérout.

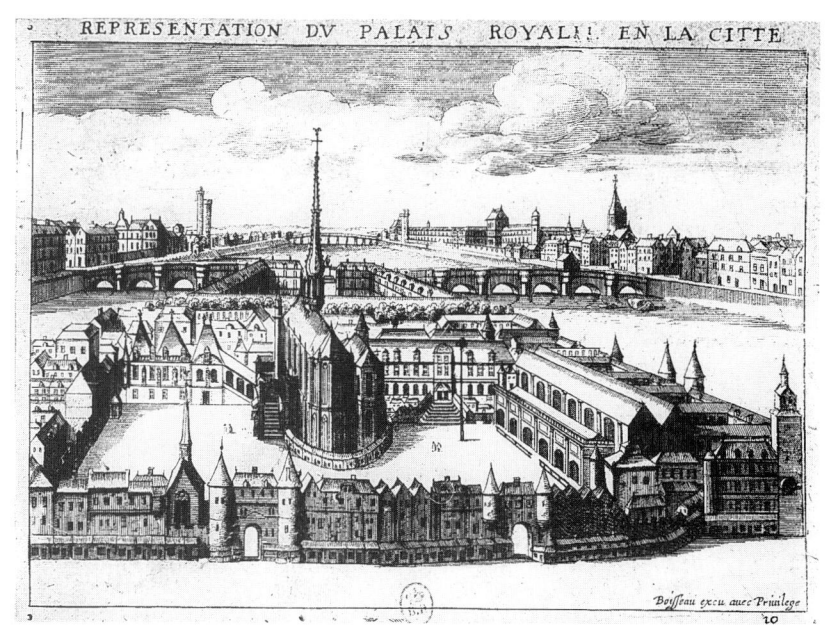

2. Palais de la Cité.
Engraving c. 1650 by Boisseau.

3. Cour du Mai, palais de la Cité.
The *grands degrés* and Philippe le Bel's dooway providing the entrance to the King's lodgings; above at roof level the lodgings of the duc de Normandie (later Charles V), added 1350s.
Detail of the Retable du Parlement (c. 1453-1454) (Musée du Louvre).

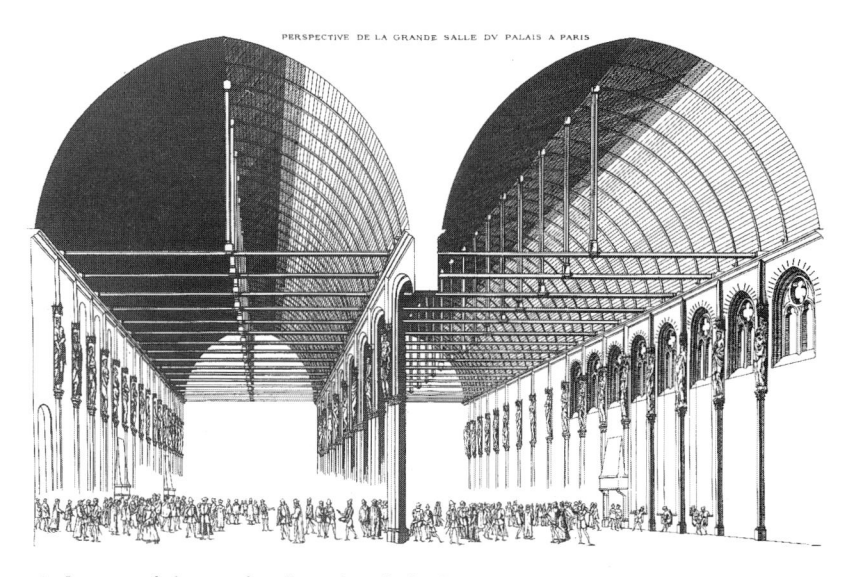

4. Interior of the *grande salle*, palais de la Cité.
Engraving c. 1580 by J. Androuet Du Cerceau.

58   M. WHITELEY

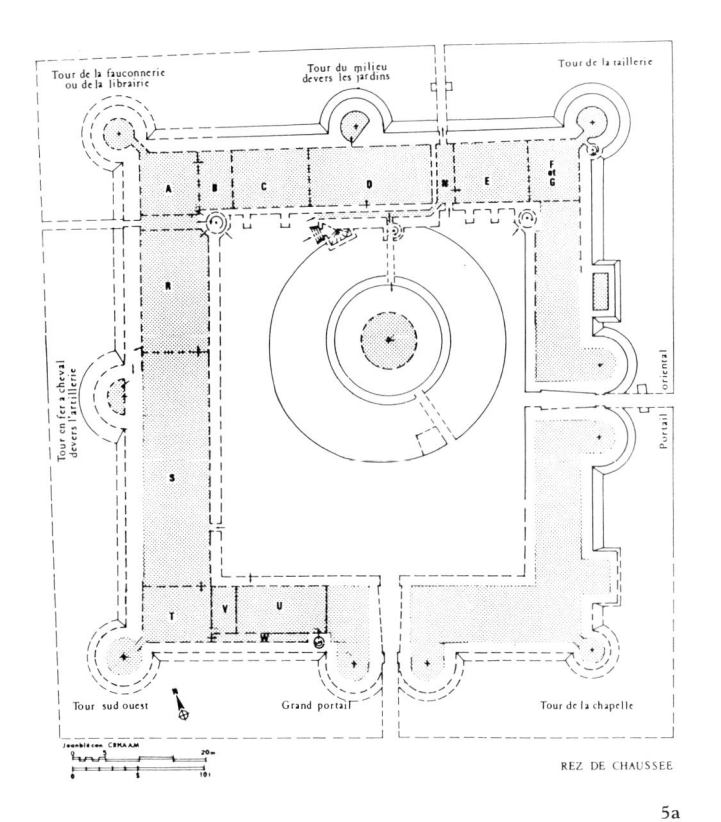

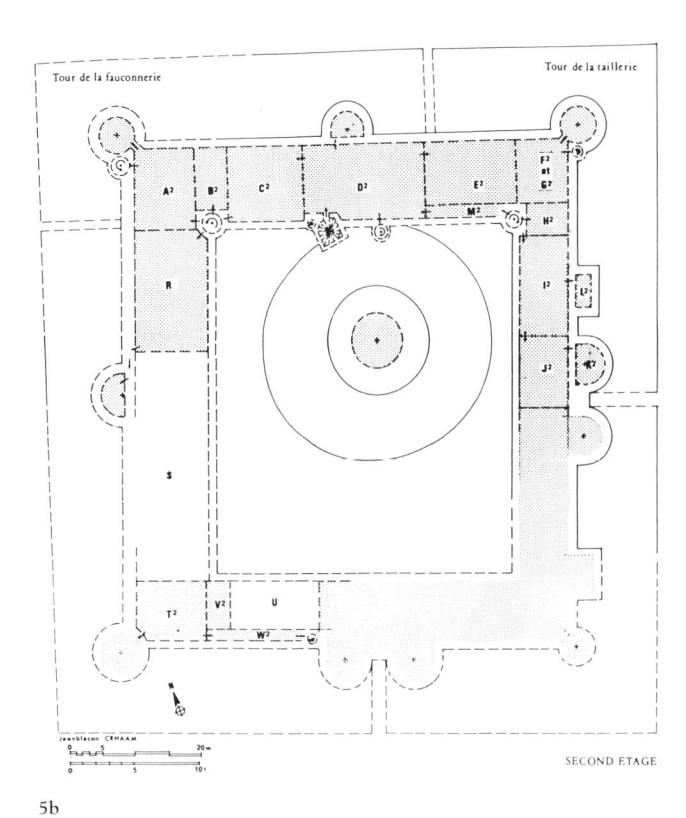

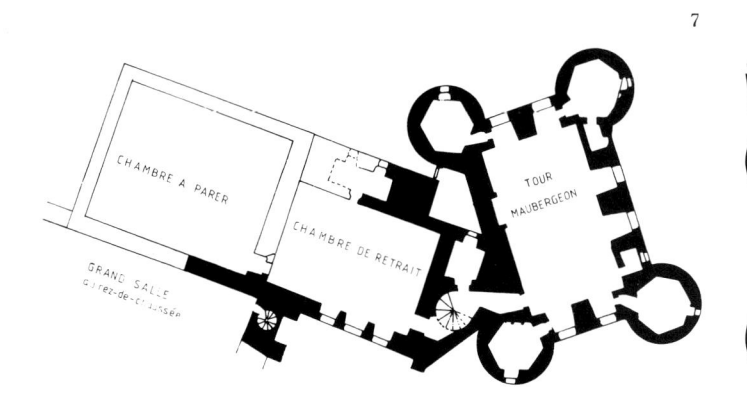

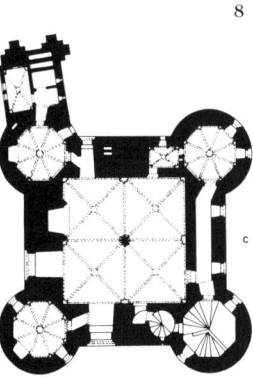

5. Plans of the Louvre (1364-1380).
a. ground floor ; *grande chambre du Louvre* (R), *grande salle* (S), old royal lodgings (T), *grande chapelle* (U), *grande vis* (centre N., range façade), corridor leading to garden bridge (N)
b. second floor, detail of King's lodgings in north range ;
chambre du roi (A²), chapelle and oratoire (B²), chambre de retrait (C²), chambre à parer (D²), salle du roi (E²), two chambres (F² et G²).
Reconstruction by M. Whiteley and J. Blécon (drawing J. Blécon, C.R.N.S., C.R.H.A.A.M.).

6. Ground floor plan of the palais des ducs at Bourges.
The *grande salle* and two public chambers, above which were the first two chambers of the ducal lodgings.
After reconstruction by P. Gauchery.

7. Plan of the palais at Poitiers.
The duc de Berry's lodgings on the 1st floor with the ducal chamber in the Tour Maubergeon; the *grande salle* on the ground floor.
Reconstruction.

8. 2nd floor plan of the donjon at Vincennes (1360s).
Chambre du roi (centre), principal staircase (S.E. turret), chapel (N.E. turret) and adjoining oratory, retrait (N.W. turret), estude du roi and latrine (N.W. extension), garderobe ? (S.W. turret).

ROYAL ET DUCAL PALACES IN FRANCE

9. Miniature (c. 1410) of a royal château. The *chambre à parer*, where Pierre Salmon presents a book to Charles VI, is approached from the main entrance that faces the castle gateway across the courtyard. Bibl. Nat. Ms. fr. 23279.

10. Miniature (c. 1404) of a meeting between the Emperor and the French King. Bibl. Nat. Ms. fr. 12559.

11. Palais Rihour at Lille. 1st floor public rooms on right; 1st floor ducal lodgings with separate entrance at end of courtyard facing the palace gateway. Engraving 1638 by Harrewyn.

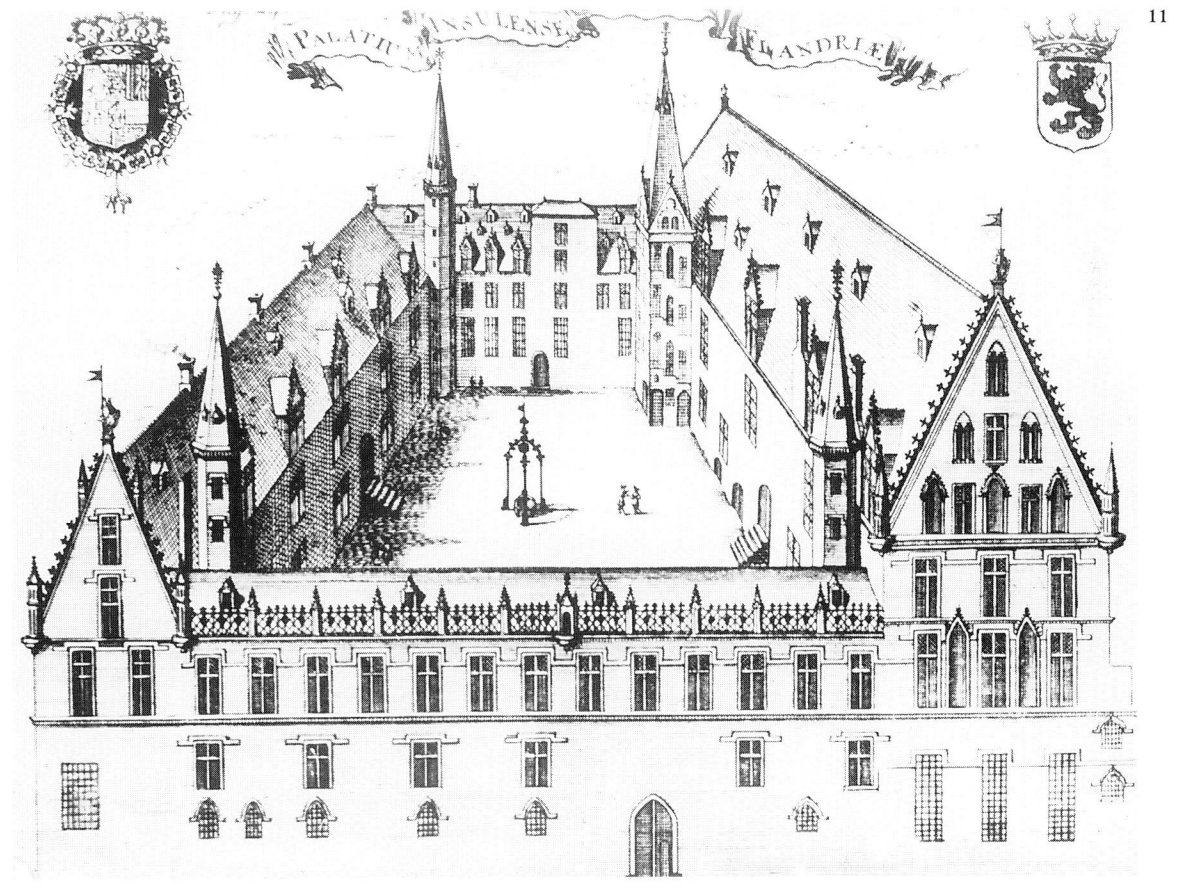

ROYAL ET DUCAL PALACES IN FRANCE 61

12
13

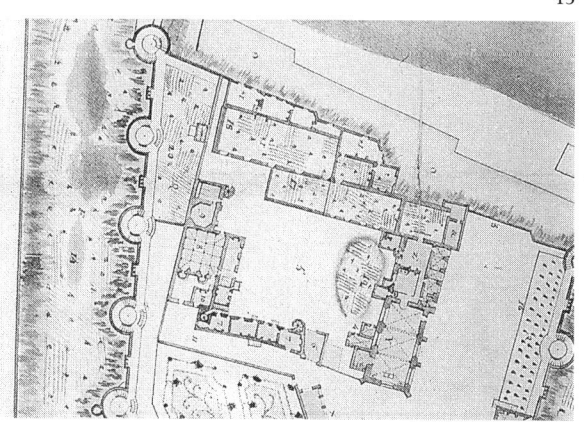

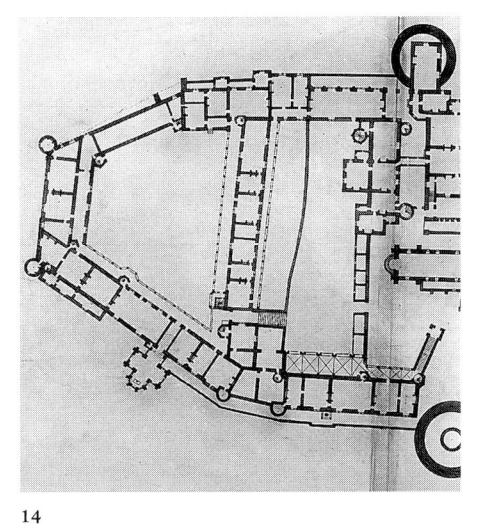

12. Château of Angers.
Galleries and staircase tower built c. 1450 along the exterior façade of the east wing. The gallery at first floor level was linked to Roi-René's chamber.

13. Château of Angers, plan ca. 1750. The gallery is to the right, above the chapel.

14. Plan of château of Amboise.
Charles VIII's *grande salle* in northern block (top plan); Logis des Sept Vertus in southern block. Detail of drawing by J. Androuet Du Cerceau, British Museum.

15. The dais end of the *grande salle* at the palais at Poitiers.

Les logis du roi
de France au XVIe siècle

par Françoise BOUDON et Monique CHATENET

Au XVIe siècle, la cour de France est nomade. Sous François Ier, les séjours dans les villes ou les châteaux royaux dépassent rarement un mois[1].

Cette population itinérante compte sans doute de 10 000 à 15 000 personnes — une ville moyenne de l'époque. Elle comprend d'abord le roi et sa famille, les princes du sang, les princes « étrangers », ceux de l'Église, et les grands dignitaires de la Couronne. Chacun possède sa Maison, c'est-à-dire une foule d'officiers ou de dames dont certains appartiennent aux plus illustres familles du royaume. La Maison du roi rassemble les offices de la chapelle, la chambre, l'hôtel et ses « six mestiers », la vénerie, la fauconnerie, etc.[2]. Elle est complétée par ce que l'on pourrait appeler la Maison militaire (les bandes des Cent gentilshommes, les Suisses, la garde écossaise...). Viennent ensuite les organes du gouvernement, de la justice et de la police, ainsi que les représentants des puissances étrangères. Ces personnages éminents ont naturellement eux-mêmes une abondante domesticité et sont accompagnés par une foule de marchands et d'artisans « suivant la cour ». Tout cela compose le long des routes et des rivières du royaume un cortège immense et pittoresque qu'Antoine Caron a immortalisé d'une plume alerte[3] (fig. 1).

Outre les difficultés du transport et du ravitaillement, le déplacement de telles foules pose, on l'imagine, des problèmes aigus de logement : l'inconfort des étapes est un *leitmotiv* de la correspondance[4]. Même quand le roi est « en séjour » dans l'une de ses résidences ordinaires, l'hébergement reste problématique. Il est vrai que le nombre des logements que contiennent les châteaux royaux — 80 environ à Saint-Germain-en-Laye ou à Chambord[5] — est sans commune mesure avec celui des personnes à loger. Dans leur immense majorité, les courtisans reçoivent des « étiquettes » les autorisant à s'installer chez l'habitant dans les villes ou villages avoisinants.

---

1. Cette communication a pour origine une étude engagée sur le thème de la « Mise en scène de la personne royale au XVIe siècle » par A.-M. Lecoq (responsable scientifique), F. Boudon et M. Chatenet, dans le cadre d'une A.T.P. du C.N.R.S. : *« Genèse de l'État moderne »*.
2. Pour les offices de la maison du roi, voir : G. Zeller, *Les institutions de la France au XVIe siècle*, 1948, pp. 100 sq. et R.J. Knecht, « The court of Francis I », dans *European Historical Review*, t. 8, janvier 1978. Pour des listes d'officiers, voir : Arch. nat., K. 1713, et Bibl. nat., Ms. fr. 7853-7854.
3. Publ. dans le catalogue de l'exposition *L'École de Fontainebleau*, Paris, 1972, n° 44, sous le titre inexact de « Fête au château d'Anet. »
4. Voir le célèbre passage des mémoires de B. Cellini, *Vie de B. Cellini écrite par lui-même*, 1965, t. 2, pp. 32-33, et R. Knecht, *Francis I*, Cambridge, 1982, p. 98.
5. M. Chatenet, « Une demeure royale au milieu du XVIe siècle. La distribution des espaces au château de Saint-Germain-en-Laye », dans *Revue de l'Art*, n° 81, pp. 20-30. J. Martin-Demézil, « Chambord », dans *Congrès archéologiques... Blésois et Vendômois*, 1981, pp. 112-114 (16 novembre 1566).

Les logements au château

La répartition des logements est connue par le règlement général de la Maison du roi du 1er janvier 1585[6]. Ce texte, bien qu'un peu tardif pour notre propos, semble refléter les usages de la première moitié du siècle, comme le prouve l'étude du château de Saint-Germain-en-Laye, seule résidence royale dont on puisse restituer intégralement la distribution[7]. Les préséances y sont déterminées à la fois par le sang et par la charge. Après le roi et sa famille sont logés les titulaires des principaux offices des Maisons royales et les grands dignitaires de la Couronne, les cardinaux et les princes « mariés ayant leur femme à la cour ». Puis viennent les princes non accompagnés de leur femme, les officiers de la Couronne, les conseillers et secrétaires de « affaires », les médecins, gentilshommes de la chambre, officiers de bouche, etc.

Quant aux logements, leur hiérarchie est déterminée à la fois par la position et la forme. Les plus prisés sont naturellement les plus proches des logis royaux. A Saint-Germain en 1550, une distinction nette est faite d'une part entre les trois étages et le rez-de-chaussée du château, d'autre part entre le « château » et la « basse-cour ». Au deuxième étage du château, où habitent les souverains (fig. 3), on trouve la sœur du roi, le chevalier d'honneur de la reine (Jean d'Albon de Saint-André), la surintendante des enfants et confidente de Catherine de Médicis (Catherine Gondi, dame Du Perron) ainsi que le tout-puissant connétable de Montmorency, « compère » du roi et Grand maître de son hôtel[8]. Le troisième est réservé aux enfants de France, à leurs gouverneurs et gouvernantes, tandis qu'au premier (fig. 4) habitent les courtisans les plus en vue : le maréchal et la maréchale de Saint-André, le duc et la duchesse d'Aumale, le prince et la princesse de Sedan, la duchesse de Montmorency, le cardinal de Guise et, bien entendu, Diane de Poitiers, qui loge juste au-dessous de la reine. Il faut noter de plus que le logis du maréchal de Saint-André, premier gentilhomme de la chambre et favori notoire, présente un escalier privé communiquant directement avec la garde-robe du roi (fig. 4, F) ; quant au logis de la favorite, il est relié par une galerie « secrète » à l'escalier privé de Henri II[9] (fig. 4, C 13). Les habitants du rez-de-chaussée, en revanche, sont des personnages un peu moins importants (Diane de France, fille bâtarde de Henri II, la marquise du Maine, fille cadette de Diane de Poitiers, les enfants du connétable de Montmorency) ou moins bien en cour, tels les cardinaux de Tournon et de Ferrare ou l'amiral d'Annebaut, favoris du roi défunt. Enfin, dans les logis de la basse-cour placés au-dessus des cuisines et des offices, quelques grands personnages, comme les princes de Vendôme et de Châtillon, côtoient les moins prestigieux mais indispensables notaires et secrétaires du roi (Villeroy, Clausse, Bochetel).

Les logis se distinguent aussi par leur forme. Ceux de la famille royale d'abord, qui possèdent une salle, privilège également accordé à Montmorency et à Diane de Poi-

---

6. M. Chatenet, « Henri III et l'ordre de la cour. Évolution de l'étiquette à travers les règlements généraux de 1578 et 1585 », dans *Henri III et son temps*, actes du colloque international du C.E.S.R. tenu à Tours en octobre 1989, Paris, 1992, pp. 133-139. Le règlement de 1585 a été publié par Griselle, *Supplément à la maison du roi Louis XIII*, Paris, 1912, pp. 10-14.

7. M. Chatenet, « Une demeure royale... »

8. A Fontainebleau à la même époque, le connétable habite également à l'étage du roi, dans le logis de la porte Dorée. Sous François Ier, il en était de même au Louvre en 1530. M. Chatenet, « Le logis de François Ier au Louvre », dans *Revue de l'Art*, n° 97, 1992, pp. 72-75.

9. Brantôme, *Œuvres*, Éd. L. Lalanne, t. IX, pp. 710-711, parle des « galleries cachées de Sainct-Germain, Blois et Fontainebleau et petits degrez echapatoires » grâce auxquels Henri II allait rejoindre discrètement les dames de ses pensées.

tiers. La salle étant principalement le lieu des repas, sa présence dans un logement signifie que le titulaire « tient une table » ; c'est le cas pour le maréchal de Montmorency, la « table du Grand Maître » accueillant normalement les ambassadeurs et les invités de marque[10]. Quant au statut quasi officiel de la favorite, qui n'apparaît dans aucun texte mais que semble signaler la salle, il est confirmé par une mention de la « cuisine de Madame de Valentinois érigée de neuf » dans la basse-cour en 1547, au moment où disparaît celle « qui a par cy devant servi à Madame d'Estampes »[11].

A une deuxième catégorie appartiennent les autres logis du château, qui n'ont pas de salle et disposent d'une grande chambre d'environ 50 m², précédant deux ou trois pièces annexes : une garde-robe et un ou plusieurs cabinets. Le cabinet, pièce intime dont on fera très grand usage dans la seconde moitié du siècle, n'a alors qu'un rôle secondaire ; à Saint-Germain, plusieurs « cabinets de la garde-robe » sont d'ailleurs ménagés à l'intérieur d'une garde-robe par des cloisons en bois.

Se distinguent enfin les logis de la basse-cour, qui n'ont qu'une seule annexe — une garde-robe — et dont les chambres paraissent de dimensions nettement plus modestes.

La distribution était beaucoup moins rudimentaire qu'on pourrait l'imaginer aujourd'hui, après la disparition des cloisons de charpente qui, dans bien des châteaux, assuraient le dégagement des pièces. Ainsi, à Saint-Germain, les logements sont tous indépendants les uns des autres, grâce à de très nombreux escaliers en vis ; leurs cabinets et garde-robes sont parfaitement « désassujettis » par des couloirs ou « allées ». On remarquera aussi que les chambres des couples mariés qui, ayant deux charges à la cour ont droit à deux logements, communiquent directement par une garde-robe, un cabinet ou, si elles ne sont pas au même étage, par un escalier privé[12].

L'aile sud de la basse-cour avait, semble-t-il, une disposition régulière avec, au-dessus d'un rez-de-chaussée occupé par des cuisines et offices, une succession de logements identiques desservis par un long couloir derrière façade reliant deux escaliers. Ce parti s'inspire sans doute de celui des auberges. On en retrouve le principe, avec quelques variantes de distribution, dans d'autres châteaux royaux, en particulier à Villers-Cotterêts (fig. 2) et Fontainebleau dont les dispositions ingénieuses, remarquées par Serlio et gravées par Du Cerceau, ont inspiré plusieurs projets de la seconde moitié du siècle[13].

Les logis de François Ier

Les châteaux royaux doivent non seulement permettre de loger commodément les principaux courtisans, mais aussi et surtout former le cadre adéquat du cérémonial ordinaire et extraordinaire.

---

10. Bibl. nat., Nouv. acq. fr. 7225, fol. 41, règlement général de 1578 : « la table qu'on appelle du grand Me, laquelle a esté instituée pour recevoir et traicter les estrangers qui arrivent à la cour... »
11. Bibl. nat., Ms. fr. 4480 : compte de construction du château de Saint-Germain-en-Laye, 1547-1550, partiellement publ. par L. de Laborde, *Les comptes des bâtiments du roi*, Paris, 1880, t. II, pp. 291-296. A Fontainebleau, une cuisine a pu être aménagée vers 1540 pour Mme d'Étampes au rez-de-chaussée de l'aile couverte en terrasse fermant la cour de la Fontaine.
12. M. Chatenet, « Une demeure royale... » Voir en particulier au premier étage, les logis A et B (prince et princesse de Sedan), F et G (maréchal et maréchale de Saint-André) H et I (duc et duchesse d'Aumale). Le logis de la duchesse de Montmorency communique par l'escalier de la garde-robe G avec celui du connétable situé au-dessus.
13. *Sebastiano Serlio on Domestic Architecture*, New York, 1978, Livre VI [manuscrit de Columbia], pl. XL, XLIII, XLIV, XLV. Il faudrait ajouter les offices de Chambord, représentés et décrits par Du Cerceau dans *Les plus excellents bastiments*.

La journée royale, sous François Ier, suit un scénario en grande partie hérité du Moyen Age : lever, conseil, messe, dîner, audience, « passe-temps », souper, coucher. Tous ces épisodes se déroulent en présence des plus grands seigneurs, le retour de la messe, le dîner et l'audience étant même accessibles à un très large public. Le rituel est lui aussi une survivance médiévale, et certaines coutumes, telles l'essai de la « licorne » aux repas du roi, paraissent désuètes aux contemporains[14]. La Renaissance se marque surtout par le nombre des courtisans, le luxe éblouissant des vêtements et des décors, le faste des fêtes. Certes, plusieurs épisodes de la journée royale ont évolué. Le roi n'assiste plus guère au conseil du matin ; il préfère un entretien informel dans sa garde-robe ou son cabinet avec quelques conseillers ou secrétaires — c'est ce que l'on appelle « les affaires »[15]. Mais ce sont sans doute les femmes qui ont le plus profondément transformé la vie de cour. De plus en plus nombreuses, de plus en plus influentes, elles prennent désormais une part importante dans le cérémonial quotidien, avec la visite du roi aux dames après le dîner, les passe-temps sportifs qui suivent (jeu de paume, lices, etc.), dont les femmes sont les spectatrices assidues, et les bals qui se tiennent au moins deux fois par semaine pour les jeunes filles à marier (les « filles de la reine »). Néanmoins, la cour de France conserve au XVIe siècle une familiarité, une absence d'étiquette au sens bourbonien du terme, qui frappent les observateurs étrangers.

Cette familiarité est à double titre un héritage : d'une part, les souverains du XVe siècle — Louis XI en particulier — ont, par convenance personnelle, réduit l'étiquette au minimum ; d'autre part, de toute antiquité (ou en tout cas depuis saint Louis et son célèbre chêne), le roi de France affecte de symboliser l'intime communion qui l'unit à ses sujets[16].

Cette simplicité — toute relative — se traduit directement dans la forme du logis royal. Celui de François Ier à Saint-Germain se compose d'une salle, où les courtisans ont très librement accès, suivie d'une chambre, dont l'entrée est théoriquement réservée aux grands seigneurs, accompagnée seulement de deux pièces plus intimes : une garde-robe et un cabinet. La garde-robe, lieu où sont conservés les « habillements » et où couchent les valets de chambre[17], est encore, au début du règne de François Ier, une pièce où le roi reçoit les grands au matin. Au cours du règne, cette fonction se reporte progressivement sur le cabinet, pièce d'apparition récente où l'on se retire pour traiter d'affaires, se reposer ou prier[18]. L'ensemble est desservi par deux escaliers : à une extrémité

---

14. Ambroise Paré s'est moqué de cette vieille coutume. Barbara Ketchum-Wheitorn, *The French Kitchen*, Philadelphie, 1983.
15. Tommaseo, *Les ambassadeurs vénitiens...*, t. I, p. 513 (ambassade de Michel Suriano, 1561) : « Le conseil des affaires a été fondé par François Ier qui n'aimait pas avoir beaucoup de conseillers... Il s'appelle le conseil des affaires car le roi le tenait avec ses plus intimes à l'heure de son lever et en satisfaisant même à ses nécessités corporelles, ce qui s'appelle en français les affaires. »
16. Zeller, *op. cit.*, p. 97 cite à ce propos un édit de 1523. « Entre les rois de France et leurs sujets, il y a toujours eu plus grande conglutination, lien et conjonction de vraye amour qu'en quelconque autre monarchie chrétienne. » Louis XIV ne s'exprimera pas autrement : « Il y a des nations où la majesté du roi consiste à ne point se laisser voir et cela peut avoir ses raisons parmi les esprits qu'on ne gouverne que par la crainte ; mais ce n'est pas le génie de nos Français et s'il y a quelque caractère singulier dans cette monarchie, c'est l'accès libre et facile des sujets à leur prince » (voir l'excellent article de H.M. Baillie, « Etiquette and the Planning of the State appartments in Baroque Palaces », dans *Archaeologia*, vol. Cl, 1967, p. 182).
    Au XVIe siècle la même origine est déjà exprimée par V. Carloix, *Mémoires sur la vie du maréchal de Vieilleville*, Paris, 1836, t. I (ambassade en Angleterre sous Henri II), pp. 154-155, et t. III, p. 7 (ambassade à Vienne sous Charles IX). Voir aussi à ce propos R.J. Knecht, *The court of Francis I...*
17. Le premier Gentilhomme de la chambre doit, lui, coucher dans la chambre du roi, ce qui explique d'ailleurs la position de la chambre de Saint-André à Saint-Germain, près d'un petit escalier montant à la garde-robe du roi (fig. 3, F). Sous François Ier, la garde-robe est encore une pièce où se tient le roi au matin. Ainsi, le 22 avril 1531, le roi y reçoit le secrétaire de François de la Témoïlle qui lui apporte des lettres de son maître. Voir A. Rubble, « La cour des Enfants de France sous François Ier », dans *Notices et documents publ. par la Soc. de l'histoire de France*, 1884, p. 323.
18. D'après Havard, *Dictionnaire de l'ameublement...*, Le mot « cabinet » apparaît dans un inventaire de la vaisselle d'or d'Anne de Bretagne à Blois en 1505. Le cabinet d'Anet est ainsi décrit par Philibert de L'Orme (*L'Architecture*, to 88 ro) : « Il est nécessaire... d'accompagner les chambres des Roys et des grands Princes et seigneurs d'un cabinet à fin qu'ils se puissent retirer en leur privé et particulier, soit pour escrire ou traicter affaires en secret, ou autrement. »

du logis, un grand escalier public donne accès à la salle ; à l'autre, une petite vis privée ou « secrète » relie le cabinet à l'extérieur du château et offre au roi des sorties discrètes. Le logis de la reine est conçu de la même façon. Mais il comporte une chapelle située à une extrémité de la salle, celle du château étant ordinairement réservée au roi. Les pièces « privées » n'y sont pas plus nombreuses que chez le roi : deux cabinets de petite taille, l'un étant relié à un pont-escalier descendant directement au jardin. Quant à la partie « publique », la salle de la reine, elle est précédée par un large escalier, moins vaste cependant que celui du roi qui doit, pour les réceptions des ambassadeurs notamment, être garni d'archers présentant les armes, lointains ancêtres de nos gardes républicains alignés, sabre au clair, sur le perron de l'Élysée[19].

Le vieux Louvre et Fontainebleau sont, avec Saint-Germain, les résidences les plus fréquemment habitées par François Ier. Une lettre de Nicolas de Neufville permet de restituer le logis de François Ier au Louvre : le roi disposait d'une salle ouvrant sur une chambre suivie d'une garde-robe (schéma ci-dessous). De l'autre côté de la salle étaient disposés trois cabinets, le dernier relié à un escalier privé descendant à l'extérieur du château[20]. Malgré l'incommodité de la vieille demeure, le roi disposait donc d'un espace « public » identique à celui de Saint-Germain et d'un espace « privé » (si tant est que ce terme ait une signification à l'époque) plus important quoique mal situé.

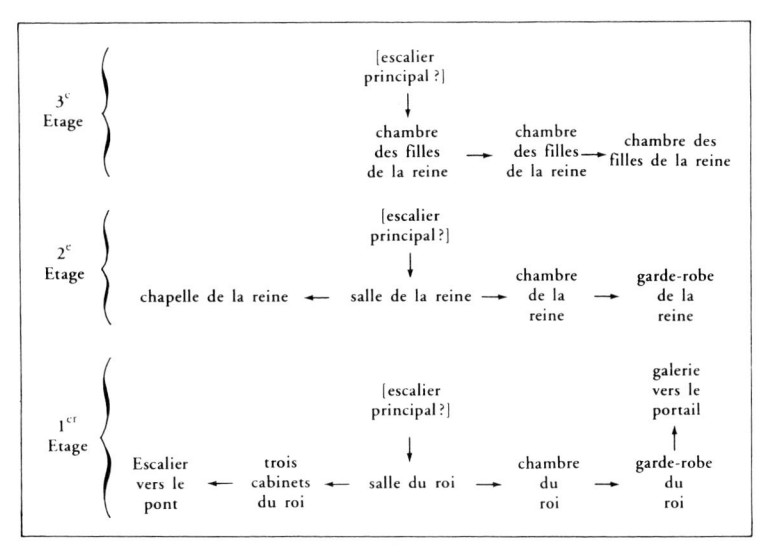

Le logis de François Ier au Louvre

A Fontainebleau, le roi occupe successivement deux logis, le premier à peine dix mois, de la fin de l'année 1530[21] à la mort de sa mère en septembre 1531, le second de façon définitive de la fin de 1531 à sa mort en 1547[22].

Le programme distributif donné en 1528 définit sans grand détail autour de la cour Ovale trois logis dévolus à chacun des membres de la famille royale : François Ier, Louise de Savoie et « messieurs les enfants » (fig. 5). Le roi s'installe dans le corps d'hôtel nord,

---

19. Voir le règlement général de 1578 cité plus haut et Th. Godefroy, *Le cérémonial françois*, Paris, 1649, t. II, p. 149 sq. : description du baptême de Louis d'Orléans en 1549 à Saint-Germain : des archers, postés dans l'escalier et dans la cour, font la haie entre la salle du roi (où est dressé le lit de parement du jeune prince) et la chapelle.
20. M. Chatenet, « Le logis de François Ier... »
21. Les planchers des « trois corps d'hostel » (où est installé le roi) sont posés à la fin octobre ou au début de novembre 1530 (marché du 25 octobre 1530. Laborde, *Comptes...*, t. I, p. 76).
22. J. Blécon et F. Boudon achèvent une étude sur la distribution du château de Fontainebleau au XVIe siècle.

face à la porte Dorée, entre ses enfants dans le pavillon est et sa mère, à l'ouest, dans la « grosse vieille tour ». La piété filiale semble pousser en effet François Ier à renoncer au logis qui lui revient de droit au donjon. Sur certains points, les deux logis se valent : la vieille et sombre chambre de saint Louis où loge Madame, celle du roi, une pièce neuve à double exposition, toutes deux de surface comparable (70 m²) sont dotées chacune d'une salle et d'un cabinet hors-œuvre donnant sur le jardin et relié à celui-ci par un escalier dérobé (le cabinet de Madame grand et neuf, celui du roi, d'une surface inconnue, aménagé dans une des vieilles « tournelles » de la courtine). La salle de Madame, précédant sa chambre du côté de la porte Dorée, semble bien étudiée : ses liaisons avec la chambre et avec la galerie, où sont aménagés une chapelle et un cabinet, sont à peu près définies[23]. De la salle du roi, le devis de 1528 ne dit rien ; étant donné les dispositions ultérieures, il est vraisemblable que les deux logis communiquent par leurs pièces privées ; en ce cas, la salle du roi est placée à l'est de la chambre. Les deux salles, celle de Madame et celle du roi, sont accessibles depuis la cour Ovale par deux escaliers en vis hors-œuvre de même importance.

Une seconde étape voit la transformation de la circulation sans déplacement des logis. Au début d'août 1531[23bis], le roi décide de remplacer la petite vis menant à son logis par un grand degré monumental (fig. 6). Ce changement répond à l'idée que François Ier se fait désormais de Fontainebleau : non plus une simple demeure de chasse, mais bien sa résidence principale. Dans ces conditions, le parti arrêté en 1528 d'escaliers identiques tout autour de la cour — et, partant, de l'impossibilité d'identifier immédiatement le logis royal — n'est plus admissible. Un escalier monumental, signe du lieu où loge le roi, est construit en avant de l'aile nord, mettant solennellement en communication la cour d'honneur et la salle du roi. On comprend bien ainsi les dispositions spectaculaires de ce grand degré : c'était un *escalier des Ambassadeurs* avant la lettre où l'on postait les archers des gardes lors des entrevues officielles. On comprend aussi une des raisons de son « rechangement » en 1541, après l'installation de la reine Éléonore (1531) dans l'ancien logis du roi sans aménagement autre que décoratif : en raison de sa position très effacée à la cour, la reine n'avait nullement l'usage d'un tel escalier.

La troisième étape est constituée par le déplacement du logis de François Ier, peu après septembre 1531. On a souvent considéré que ce changement a été motivé par le prestige attaché au donjon de saint Louis. Il y eut vraisemblablement une raison beaucoup plus puissante : la proximité de la galerie dont le roi décide immédiatement l'annexion à son usage propre. La fermeture du passage public au rez-de-chaussée[24], le déplacement d'une porte à l'étage[25], autant de moyens simples mais efficaces pour réserver au roi l'ancien organe de circulation qui reliait, par la salle de Louise, le château à l'abbaye. Car c'est bien d'un espace privé qu'il s'agit désormais. Un ambassadeur d'Angleterre le rapporte : on accédait à la galerie par la chambre du roi — et toute pièce ainsi accessible est en principe privée. De plus, nous dit l'ambassadeur, le roi « en

---

23. L. de Laborde, *Comptes...*, t. I, p. 43). Cependant on hésite encore sur la destination de l'espace entre salle et chambre : « en l'angle dessus dit de la grosse tour à l'endroit du premier estage d'au dessus du reez de chaussee faut faire... un demy rond en forme d'allee en saillie hors œuvre pour entrer dudit corps d'hostel de Madame en ses chambres dedans icelle tour, ou pour en faire de petits cabinets » (*ibid.*, p. 35).
23 bis. Marché de maçonnerie du 5 août 1531 mentionné dans celui du 10 mars 1540 (Laborde, Comptes, I, pp. 210-211).
24. En 1528, un passage avait été aménagé au rez-de-chaussée de la galerie pour le chemin de servitude entre le village et l'étang. En 1531, ce chemin est interdit aux villageois (J.-P. Babelon, *Châteaux de France au siècle de la Renaissance*, Paris, 1989, p. 206).
25. Le déplacement de la porte est déduit des textes contemporains, allusifs : Madame sort de sa chambre pour aller par sa salle dans la galerie (Laborde, I, 43) ; le roi s'y rend directement depuis sa chambre. Relation de l'ambassadeur d'Angleterre Henry Wallop-Calendar of state Papers, Londres, t. VIII, pp. 479-486.

gardait lui-même la clef »[26] — la pièce était donc ordinairement fermée. Enfin, il suffit de lire la correspondance diplomatique pour le constater : la visite de la galerie prolongée par celle de l'appartement des bains situé au-dessous — et auquel on accède par un escalier étroit — est un traitement que François Ier offre systématiquement à ses hôtes de marque[27]. D'ailleurs, la restitution de la distribution à la fin du règne confirme le caractère strictement privé de la « galerie dorée »[28] : un ensemble de terrasses établies entre la cour Ovale et la nouvelle basse-cour dégage alors entièrement la galerie. François Ier possède beaucoup de châteaux mieux conçus, mieux construits que Fontainebleau ; il n'en possède aucun où il puisse jouir d'un logis si spacieux, si luxueux et si bien distribué.

Les deux installations successives du roi ont pour ultime conséquence le bouleversement en profondeur du système de circulation du château. A une date indéterminée entre la fin de 1531 et 1541 — mais sans doute plus proche de 1531 —, les vis hors-œuvre édifiées en 1528 dans la cour ovale sont détruites et remplacées par une coursière continue. Ainsi est assurée — d'une façon très simple — ce qui manquait jusqu'ici au château : une circulation horizontale indépendante des logis royaux. Comment, dans ces conditions, le roi accédait-il à son logis ? Peut-on imaginer François Ier, si près, en 1531, de jouir d'un degré monumental, accepter ensuite pendant dix ans d'emprunter soit une vis ordinaire soit une coursière en plein vent pour atteindre son somptueux logis ? Il est donc probable que l'installation du roi au donjon entraîne la construction immédiate d'un escalier proche de la chambre royale. Ce degré a existé : deux documents du XVIIe siècle attestent l'existence, au sud de la salle du roi — « la petite salle où sa Majesté mange »[29] — d'un escalier intérieur tournant inscrit dans une cage triangulaire[30]. Reste à savoir si ce nouvel escalier royal pouvait soutenir la comparaison avec le premier[31].

Si l'on peut aisément déterminer la place des logis autour de la cour Ovale, certains détails des distributions nous échappent. Des questions importantes restent sans réponse, comme la liaison entre les logis du roi et de la reine. Entre les deux existe, dès 1528 et jusqu'à l'aménagement de la belle Salle ovale, une « zone tampon » sans doute modifiable à volonté à l'aide de cloisons[32] et pour cette raison impossible à restituer. Cependant, sa fonction d'annexe au logis royaux est indéniable : elle sert en quelque sorte à aménager progressivement l'intimité des lieux depuis la chambre du roi,

---

26. Wallop, op. cit. « from thense (The King) browght me into his gallery, keping the key ther of theym self.
27. Outre la visite de Sir John Wallop citée ci-dessus, voir *Letters and papers...*, t. XXI, 1546 (2), p. 705 : 3 août 1546 et J. de Lestoquoy, *Correspondance des nonces... 1535-1540*, p. 440 (3 février 1539), *1541-1546*, p. 102 (1er décembre 1541).
28. Nom porté dans un devis de maçonnerie du 23 août 1558 : M. Roy, *Artistes et monuments de la Renaissance en France*, Paris, 1929, t. I, p. 276.
29. Lettre de G.B. Gambara, ambassadeur de François II de Gonzague, 28 décembre 1539 (M.H. Smith, « La première description de Fontainebleau », dans *Revue de l'Art*, 1991, n° 91, pp. 44-46).
30. L'escalier est représenté sur le plan de Stockholm, et confirmé par le plan de 1682 (A.N. N III Seine et Marne 89) et les plans du début du XVIIIe siècle (A.N., O¹ 1420, 7 et A.N., O¹ 1421, 92). L'escalier est démoli vers 1740 (A.N., O¹ 1421, 93. Plan daté de 1742-1743, nouvel aménagement de cuisine) ; subsistent la porte d'accès du rez-de-chaussée et celle du 1er étage du côté de la cour Ovale, aujourd'hui transformée en croisée. Au rez-de-chaussée, la mouluration du linteau est si exactement liée au dallage de la coursière qu'on doit admettre comme contemporains l'escalier du roi et la coursière. Bray avait pressenti l'existence de cet escalier (« Le premier grand escalier du palais de Fontainebleau... », dans *Bulletin monumental*, 1940, p. 201) sans chercher la confirmation de son hypothèse dans les plans anciens, ce qu'a fait J.-P. Samoyault, « Le château de Fontainebleau sous Charles IX », *Hommage à Hubert Landais*, Paris, 1987, p. 119.
31. Le nouvel escalier du roi n'a rien qui force l'admiration : en 1556, Gaspar de Vega affirme sans ambages que « dans tout le palais on ne trouverait) pas un bon escalier » (G. de Vega, « Informe sobre los palacios de Francia, mayo de 1556 », publ. par F. Iniguez-Almech, *Casas reales y jardines de Felippe II*, Madrid, 1952, p. 166, 16 mai 1556).
32. En 1567, Primatice passe marché avec deux maîtres menuisiers pour établir entre autres les « cloisons pour faire séparation d'entre les garderobes du roi et de la reine » (marché inédit retrouvé par Mme Catherine Grodecki).

accessible aux Grands, et la chambre de la reine, d'accès plus restreint comme le prouve le témoignage d'un contemporain en 1551[33].

Tels sont donc les principaux logis de François Ier. Les autres semblent avoir eu des dispositions similaires. A défaut de Blois et de Villers-Cotterêts, imparfaitement connus[34], on peut ajouter Chambord : le logis de l'aile orientale, établi peu avant la mort du roi, est semblable à ceux de Saint-Germain ou du vieux Louvre, avec une chambre précédée d'une salle et suivie d'une grande garde-robe ainsi que de plusieurs cabinets[35]. Il faut remarquer toutefois que deux châteaux royaux, Madrid et La Muette, ne présentent pas de logis de ce type, pas plus que Chambord avant 1538. Au donjon de Chambord, à Madrid, à La Muette — les trois « châteaux de chasse » de François Ier — il n'y a pas de logis du roi *stricto sensu* : tous les logements ont la même forme, aucun ne possède de salle, aucun n'est privilégié par sa taille ou sa position. Sans revenir sur un sujet déjà amplement débattu, il faut réaffirmer la spécificité de ces résidences où le roi, accompagné de la fameuse « petite bande », laissait sommeiller le cérémonial[36].

A ces trois exceptions près, les logis de François Ier ont donc une forme aisément identifiable. D'évidence, on y reconnaît encore le binôme chambre — salle du Moyen Age ainsi, d'ailleurs, que celui : offices de la chambre — offices de l'hôtel de la Maison du roi. Au logis oriental de Chambord, la chambre du roi est située dans une tour, avec ses garde-robes et cabinets, tandis que la salle est placée dans ce que l'on appelle alors un « corps d'hôtel ». Même phénomène à Saint-Germain où les chambres et les salles sont situées dans des corps de bâtiments distincts et où, malgré les toits en terrasse, on appelle « pavillon du logis du roi » et « pavillon du logis de la reine » les corps de plan carré contenant les chambres, tandis que les salles sont situées dans les « corps d'hôtel du logis du roi » et « corps d'hôtel du logis de la reine ». A Fontainebleau et à Villers-Cotterêts, on voit aussi, dans une certaine mesure, la trace de cette tradition que l'on retrouvera au Louvre de Henri II.

Autre caractéristique essentielle : le couple grand escalier public menant de la cour à la salle, et petit escalier « secret » descendant du cabinet à l'extérieur du château. On le trouve dans tous les logis du règne (Chambord, le vieux Louvre, Fontainebleau, Villers-Cotterêts, Saint-Germain), que le grand escalier soit une vis hors-œuvre (Chambord, Blois), un escalier rampe-sur-rampe dans œuvre (Villers-Cotterêts, Saint-Germain) ou un perron extérieur (Fontainebleau). Ces caractères fondamentaux du logis royal français se retrouvent dans les grandes réalisations du règne de Henri II : le Louvre, Anet et Fontainebleau.

---

33. Le roi utilise le logis de la reine quand il veut s'assurer du secret d'un entretien. Ainsi, en 1551 à Fontainebleau, le maréchal de Vieilleville apprend-il sa nomination au conseil privé dans le propre cabinet de la reine. Au matin, Vieilleville, convoqué par le roi, entre « en la salle de la royne où ils se promenerent gueres que la gouvernante des filles entr'ouvrit la porte de la chambre et feist signe à Monsieur de Vieilleville de venir. (...) Étant entré, il trouva le roy desja tout prest, mais devisant avecques la royne qui s'achevoit d'habiller. (...) Le roy luy commanda d'entrer au cabinet de la royne (...) [dont] la fenestre respondoit sur ung jardin. (...) Le roi dit qu'il estoit venu coucher là exprès avec la royne [car], quand il est là, (...) personne au monde (...) même M. le connestable, ne se presente ou s'ingere de frapper à la porte ou d'y entrer. (...) La chambre est close à toute sorte de gens, mesme aux valets de chambre ». L'entrevue terminée, le roi sortit de la chambre de la reine « par une petite porte qui respond sur la chappelle » et Vieilleville rejoignit d'autres courtisans dans la salle de la reine. (V. Carloix, *op. cit.*, t. 1, pp. 364-369).
34. La distribution de ces deux châteaux n'est connue qu'à la fin du siècle. F. et P. Lesueur, *Le château de Blois*, Paris, 1914-1921. C. Riboullot, *Villers-Cotterêts. Un château royal en forêt de Retz*, Paris-Amiens, 1991 (coll. Cahiers de l'Inventaire), pp. 42-50.
35. J. Martin-Demézil, *op. cit.*
36. M. Chatenet, *Le château de Madrid au bois de Boulogne*, Paris, 1987, pp. 89-92.

Règne de Henri II : l'apparition de l'antichambre

Au début du règne de Henri II, le logis royal connaît une modification capitale, avec l'insertion d'une antichambre entre la salle et la chambre du roi. Telles sont, en effet, les dispositions d'Anet et du nouveau Louvre.

A Anet, nous dit Philibert de L'Orme, la « trompe fut faicte par une contraincte, à fin de pouvoir accomoder un cabinet à la chambre où le feu Roy Henry logeoit estant audit chasteau... Car après la salle estoit l'antichambre, puis la chambre du Roy, et auprès d'elle, en retournant à costé, estoit en potence la garderobbe ».[37] Au Louvre, l'antichambre du logis du roi est mentionnée en toutes lettres dans un marché de 1551, par ailleurs très laconique sur les dimensions de cette nouvelle pièce[38]. Mais on peut la restituer grâce aux dimensions de son plafond remonté ailleurs et, partant, rétablir le détail du logis du roi arrêté dans ses grandes lignes au printemps de 1551, et dans le détail en 1553 quand est décidé le parti du pavillon du roi. Elle est située au premier étage, côté douves, entre la « salle haute » et la chambre du roi, près de la garde-robe royale qui la flanque côté cour (fig. 7).

A Fontainebleau, où Philibert de L'Orme travaille à un projet de logis pour le roi dans la grande basse-cour, la place de l'antichambre ne paraît pas si assurée. Vers 1550, Henri II commande à Philibert un château neuf de forme régulière à partir d'éléments antérieurs transformés. Dans ce nouvel ensemble devait se développer un logis royal complet (salle, chambre et annexe), un second logis pour le connétable et l'église abbatiale selon un schéma régulier et monumental, de part et d'autre d'un vestibule central magnifié par son accès, l'escalier en fer à cheval (parti qui n'avait guère été exploité depuis les célèbres prototypes de Saint-Maur et du Grand Ferrare). La volonté de bouleversement des espaces intérieurs est évidente. De L'Orme ne propose rien moins que de retourner le château : ce qui n'était qu'une basse-cour devient cour d'honneur, ce qui n'était probablement d'un accès secondaire à l'arrière du château devient entrée monumentale du logis royal. Le chantier progresse lentement. Il débute en 1556 par la transformation du pavillon des Poêles où l'on installe la chambre du roi et ses annexes (fig. 8). La chambre occupe les deux tiers de l'ancienne salle, une pièce jamais mentionnée (la garde-robe[39] le reste ; le cabinet est construit en retour d'équerre sur la terrasse. La chambre est plus grande (98 m²) et plus claire que celle du donjon, les vues en sont plus belles, mais les accès sont toujours ceux de l'époque de François Ier : une succession de « chambres et garderobes »[40] doublée du côté de la cour de la Fontaine par une circulation extérieure. En août 1558 on décide de la seconde tranche des travaux, la modernisation de l'aile en avant du pavillon des Poêles pour fournir enfin au roi

---

37. Philibert de L'Orme, *L'Architecture*, liv. IV, chap. 1 f° 88 ro.
38. C. Grodecki, « Les marchés de construction pour l'aile Henri II du Louvre (1546-1558), dans *Archives de l'art français*, t. XXVI, 1984, pp. 19-38, marché récapitulatif de la maçonnerie CXXII, 165, 17 avril 1551 : « faire et lever au-dessus desd. colonnes et arceau [du tribunal] le pan de mur tout contremont qui fera séparation de la salle haute, antichambre et de la garde-robe ». Sur la minute, le mot « antichambre » est ajouté dans la marge et d'une autre écriture parce que, comme l'explique C. Grodecki (communication verbale), il ne s'agit pas d'une rédaction *a novo* mais de la mise à jour d'un acte passé antérieurement. La preuve est ainsi administrée qu'avant 1551 Lescot n'a pas encore formellement donné corps à l'antichambre dans la distribution du logis royal.
39. La garde-robe est mentionnée dans un fragment de compte. AN. AB XIX 3038, dors. 13, f° 59 ro et vo.
40. M. Roy, *op. cit.*, Marché du 23 août 1558.

un logis complet et des accès convenables. On ne connaît que par déduction le parti arrêté : seules sont mentionnées au devis les maçonneries à démolir et à reconstruire. Tout ce qui est conservé est tu. Au premier égage, quatre refends sont abattus pour permettre l'aménagement d'une « salle » communiquant directement par son extrémité orientale avec le vestibule. De l'autre extrémité, rien n'est dit. On ne peut donc — dans l'état actuel de la documentation — rien savoir de l'espace que de L'Orme voulait aménager entre la nouvelle salle et la chambre du roi. Sans doute, puisqu'en toute hypothèse la salle ne pouvait s'étendre jusqu'à la chambre du roi (ses proportions — plus de 40 m de long sur 9 m de large — auraient été bien étranges), Philibert pensait-il utiliser un espace préexistant pour assurer entre la salle et la chambre un sas indispensable. Était-ce une antichambre ? On peut le penser. Pourquoi de L'Orme, si généreux d'innovations techniques, structurelles et décoratives pour cette aile (stéréotomie de l'escalier, ordre dorique monumental en façade, introduction de la pierre de Saint-Leu) aurait-il boudé l'innovation distributive ?

La présence d'une antichambre à Fontainebleau est d'autant plus vraisemblable, qu'à celle d'Anet citée plus haut, il faut en ajouter deux autres, également de Philibert : l'antichambre du château Neuf de Saint-Germain-en-Laye connue par les textes et celle, non attestée mais restituable avec une quasi certitude, du château de Saint-Léger-en-Yvelines[41].

La date d'apparition de l'antichambre peut donc être clairement établie. Néanmoins, son origine et son usage sous Henri II restent mystérieux. L'origine italienne du terme — « anticamera » — est indéniable. L'italianisme a même été dénoncé en son temps[42]. Toutefois on ne peut affirmer que l'emprunt ait été fait directement à l'Italie, en dépit de l'*anticamera* mentionnée par Serlio sur les plans du Grand Ferrare[43], car une « *antecámara* » apparaît aussi à la cour d'Espagne dès 1536[44]. Quant à l'usage de la pièce sous Henri II, nous n'en avons trouvé nul témoignage. On sait que, sous Henri III, l'antichambre sert à la fois de salle d'attente permettant de régler les entrées au matin dans la chambre du roi, et de salle à manger. *A priori*, ce dernier usage paraît le plus ancien : le mot « antichambre » serait alors venu simplement se substituer à celui de « sallette » (dite aussi « petite salle » ou « seconde salle »), lieu de repas dont font mention plusieurs textes des XVe et XVIe siècles[45]. Et pourtant, il est difficile de ne pas mettre en rapport l'apparition de l'antichambre avec une réglementation du lever et des « affaires » instaurée par Henri II à laquelle fait allusion L'Aubespine[46]. En ce cas, l'allongement de la partie « publique » du logis royal (c'est-à-dire la partie placée devant la chambre) correspondrait à une évolution du cérémonial.

---

41. Pour le château Neuf de Saint-Germain, voir M. Roy, *op. cit.*, p. 379 (devis du 11 février 1557 n. st.). Pour Saint-Léger, voir F. Boudon et J. Blécon, *Philibert de L'Orme et le château royal de Saint-Léger en Yvelines*, Paris, 1985.
42. E. Huguet, *Dictionnaire de la langue française du XVIe siècle*, 1925. L'italianisme a été dénoncé par Étienne Pasquier (*Recherches*, VIII, 3) : « il y avoit plus de raison de dire Avant-chambre que ce que nous disons Antichambre ».
43. *Sebastiano Serlio on Domestic Architecture*, op. cit., pl. XI. Noter que l'« *anticamera* » du Grand Ferrare, dessinée par un Italien (Serlio) pour un Italien (le cardinal de Ferrare) diffère fondamentalement des antichambres royales françaises car elle n'est pas précédée d'une salle mais ouvre directement dans un vestibule. En revanche, l'antichambre mentionnée sur le plan du 1er étage du château d'Ancy le Franc (*ibid.*, pl. XVII) correspond parfaitement à l'usage français. Peut-être, comme l'a très judicieusement suggéré F.C. James, était-il prévu un logis royal dans ce château. Ce serait alors, avant Anet, le premier logis royal à antichambre.
44. Nous remercions V. Gérard-Powell de nous avoir apporté cette précision.
45. Le problème des sallettes mériterait un plus long développement. Il faudrait examiner, en particulier, la distribution de Villers-Cotterêts où une pièce, dont on ignore malheureusement le nom d'origine, est insérée entre la grande salle (qui est plus qu'une « salle du roi » ordinaire) et la chambre du roi. Le cas pourrait être rapproché du château de Madrid ou la « grande salle » est suivie d'une « sallette », ou de l'aile nord de Châteaudun qui possède aussi une « grande salle » et une « sallette ».
46. C. de L'Aubespine, « Histoire particulière de la cour du roi Henri II », dans *Archives curieuses...*, 1re série, t. 3, p. 282.

Règne de Charles IX :
Les Tuileries et Fontainebleau

A la mort de Henri II, le projet de Philibert de L'Orme à Fontainebleau est abandonné, sans peut-être même avoir reçu un commencement d'exécution. Mais la partition archaïque de l'aile, toujours intacte, ne pouvait convenir longtemps à Catherine qui, abandonnant son logis de la cour Ovale, s'installe vers 1560 dans le pavillon des Poêles, plus retiré. Primatice, qui reprend les travaux en 1564, pourrait avoir arrêté avec elle un parti distributif désormais canonique avec antichambre. Car si l'aile achevée en 1566 comporte bien trois pièces entre le vestibule et la chambre du pavillon des Poêles, comme des descriptions du début du XVIIe siècle permettent de le penser, la distribution nouvelle du logis de la reine mère comportait au moins une antichambre, sinon même une antichambre double. Cette longue suite en enfilade évoque irrésistiblement les appartements des cardinaux romains. Elle rappelle aussi, sans doute en raison d'une commune source d'inspiration, le célèbre projet des Tuileries dont Du Cerceau nous a conservé le témoignage (fig. 10) : de part et d'autre l'escalier central de l'aile ouest des Tuileries présente deux appartements symétriques qui, comme à Fontainebleau, comportent chacun quatre pièces en enfilade et s'achèvent par un pavillon. La composition est toutefois amplifiée par l'introduction de pièces plus nombreuses dans le pavillon (des cabinets ?), et les quatre pièces de l'enfilade, avec leur taille décroissante, sont encore plus directement inspirées des palais romains. Tout porte à croire que, dans les deux cas, Catherine de Médicis a voulu, comme l'écrit Philibert, « prendre la peine, avec un singulier plaisir, d'ordonner le département de sondit palais, pour les logis et lieux des salles, antichambres, chambres, cabinets, et galleries, et me donner les mesures des longueurs et largeurs »[47].

Plus pragmatique, la solution adoptée par le Primatice à la cour Ovale en 1570-1571 (fig. 9) souffre un peu de la comparaison avec ce projet grandiose[48]. Le dessin, cependant, en est savant. Avec un talent consommé, l'architecte établit à partir de la chambre de saint Louis qui sert de « rotule » à l'ensemble, deux unités distributives. Au nord, le doublage de l'aile permet d'agrandir considérablement les deux logis royaux et d'ajuster enfin convenablement l'espace entre la chambre du roi et celle de la reine. Mais la distribution de cette partie — si essentielle — est trop conjecturale sinon dans son dessin[49], du moins dans l'usage qu'on fait des pièces[50] pour rien assurer de précis. Au sud, Primatice réussit non sans difficultés[51] à articuler une suite de salles conduisant

---

47. Philibert de L'Orme, op. cit., livre I, chap. VIII f° 20ro.
48. L'histoire de cette partie du château a été complètement renouvelée par l'article de J.-P. Samoyault, op. cit.
49. Pour restituer le plan de cette aile au 1er étage, ni les dessins ni les gravures de Du Cerceau ne sont utilisables ; en revanche, le plan de Stockholm (vers 1606-1609, National museum, Coll. Tessin-Harleman 23), dressé au rez-de-chaussée uniquement pour cette partie du château, donne une représentation qui concorde avec le plan du 1er étage de 1682 (Arch. nat., N III Seine-et-Marne 89).
50. Aucun texte n'a encore été découvert qui permette de préciser la destination des pièces de l'appartement double en profondeur sous Charles IX et Henri III. Celle donnée par B. Jestaz « Étiquette et distribution intérieure dans les maisons royales de la Renaissance », dans *Bulletin monumental*, 146-II, 1988, p. 115) est une extrapolation faite à partir du règlement général de 1585 et de la position de certaines pièces sous Louis XIII.
51. Pour établir les pièces rectangulaires à l'étage, il fallait rattraper par de forts épaississements de maçonnerie l'obliquité des vieilles murailles du côté de la cour Ovale. Au rez-de-chaussée, Primatice s'est contenté de multiplier les cloisons en tous sens pour éviter les porte-à-faux.

de la chambre du roi au grand escalier de la cour de la Fontaine. Après le sas de la « petite salle du roi » aussi appelée « salle où il mange », contiguë à la chambre, on atteint l'escalier monumental soit directement par « l'antichambre », soit par la salle de bal (la « grande salle neuve » puis « salle de la belle cheminée »). Dans ces dispositions, la chambre du roi — s'il s'agit toujours de celle de saint Louis[52] — est précédée de deux pièces seulement ; mais étrangement, c'est la salle et non l'antichambre qui est placée devant la chambre. Quelle que soit la raison de leur appellation illogique, ces deux pièces, de taille moyenne et que les irrégularités de la vieille construction ne permettent pas de placer en enfilade, font un peu mesquin. Néanmoins, une fois achevés ces travaux au terme d'un long chantier, Charles IX, sans rien perdre des avantages offerts par les anciennes installations — en particulier l'usage exclusif de la galerie Dorée —, dispose enfin d'un ample logis parfaitement adapté au cérémonial. L'habileté du Primatice se manifeste plus encore dans la disposition de l'escalier monumental extérieur qui donne accès au logis. Le nouvel escalier des Ambassadeurs autorise en effet deux parcours : un parcours *ordinaire* par la volée de gauche qui mène directement à « l'antichambre » *(sic)* du roi, et un parcours *extraordinaire*, par la volée de droite et la « grande salle neufve », qui permet de placer toutes les haies d'archers nécessaires et transforme un appartement médiocre en une suite somptueuse[53].

Henri III : les règlements généraux de la Maison du roi

On ne peut attribuer à Henri III de réalisation architecturale comparable à celles que l'on vient de citer, et pourtant il est impossible de traiter des logis royaux du XVIe siècle sans évoquer l'étrange fondateur de l'étiquette française des Temps modernes. Car c'est lui qui, par deux règlements généraux rédigés en août 1578 et janvier 1585, a transformé — sur le papier en tout cas — la vie quotidienne du roi de France en une sorte de spectacle permanent dont la mise en scène théâtrale magnifie le prince et fixe hiérarchiquement la place de chaque courtisan[54].

Le règlement général de 1578 ne modifie pas la forme de la suite royale composée, comme celle de Henri II, de salle, antichambre, chambre, garde-robe et cabinet. Mais l'usage qui est fait de ces pièces donne aux espaces une tout autre signification. L'antichambre sert désormais à trier ceux qui ont le privilège de pénétrer dans la chambre — en trois « entrées » successives — et ceux qui doivent attendre que le roi sorte de son appartement pour le voir. Chacun est ainsi classé selon son rang, ou plus encore,

---

52. Pour B. Jestaz, La chambre de saint Louis est occupée par la chambre d'État et la chambre du roi est reportée plus au nord ; cette restitution affaiblit considérablement la logique distributive de l'aile de la Belle cheminée et la place qu'y tient la chambre de saint Louis.
53. Th. Godefroy, *op. cit.*, t. II, p. 713 : Visite de l'archiduc et de l'archiduchesse d'Autriche à Blois en décembre 1501. Contrairement à la tradition justement analysée par Mary Whiteley, la grande salle médiévale de Blois précédait directement la salle du roi, ce qui permit en 1501 d'y faire passer les visiteurs entre deux rangs d'archers. A ce propos, nous pensons, à la différence de B. Jestaz (*op. cit.*, p. 109 sq.), que la relation de cette visite permet bel et bien de restituer les logements des archiducs ; les visiteurs étaient logés au premier étage de l'actuelle aile Louis XII dont les dispositions coïncident parfaitement avec les indications du texte.
54. M. Chatenet, « Henri III... »

comme certaines dispositions du règlement le laissent clairement entrevoir, selon la faveur dont il jouit auprès du monarque.

Le règlement de janvier 1585 introduit en revanche un bouleversement complet de « l'appartement »[55]. La chambre du roi est désormais précédée de quatre pièces : salle, antichambre, chambre d'État, chambre d'audience (fig. 11). Cette modification spatiale correspond à un développement du système des « entrées », les quatres pièces servant à trier les courtisans qui ont droit, au matin, de pénétrer dans la chambre — ou de s'en approcher. L'enfilade devient l'expression matérielle de la distance séparant les sujets de leur roi, un parcours initiatique aboutissant à la chambre, sorte de sanctuaire monarchique dont le lit, symbole de pouvoir et de justice, constituerait le tabernacle.

Si, formellement, l'enfilade tire d'évidence son origine des palais des cardinaux romains, son introduction à la cour de France doit vraisemblablement davantage à l'Espagne. Le cérémonial de Philippe II prévoit lui aussi quatre pièces devant le « sanctuaire » du monarque espagnol — « l'*aposento* » — dans la même intention de souligner la distance séparant les sujets de leur souverain[56]. Il faut noter toutefois que la suite est utilisée très différemment par le roi de France. Malgré un caractère naturellement distant, Henri III ne renonce pas à incarner la « conglutination et conjonction de vraye amour » liant le roi très chrétien à ses sujets. Sa vie reste publique : chaque jour il traverse ses appartements et la cour de son château pour se rendre à la messe, puis il dîne en public, protégé toutefois de la foule par des « barrières » et des archers[57].

Le cérémonial de 1585 avait un inconvénient : il était inapplicable. D'une part, la noblesse n'avait pas l'intention d'accepter spontanément une manifestation de supériorité de la part d'un monarque alors incapable d'exercer son autorité — des libelles le firent savoir[58]. D'autre part et plus prosaïquement, les appartements existants ne présentaient pas un assez grand nombre de pièces et les deniers manquaient pour en établir d'autres. Pendant une courte période néanmoins, le cérémonial fut appliqué. On apprend par les remarques narquoises de certains ambassadeurs qu'une chambre d'État et une chambre d'audience sont aménagées au Louvre en janvier 1585 ; le 24 février suivant, Henri III y reçoit solennellement l'ordre de la Jarretière des mains du comte de Derby[59]. Mais après cette date, on ne trouve plus mention d'une telle suite, et le logis de Blois n'avait pas de chambres d'audience et d'État quand Henri III y fit tuer le duc de Guise en 1588[60].

Henri IV, puis Louis XIV devaient revenir à l'appartement créé par Henri II[61]. L'épisode de Henri III pourrait donc paraître sans lendemain. Pourtant, tous les recueils sur le cérémonial de France rassemblés au XVIIe et au XVIIIe siècle contiennent les règlements généraux de 1578 et 1585, et le système des « entrées » de l'étiquette bourbonienne doit manifestement beaucoup au dernier des Valois.

---

55. Le terme « appartement » apparaît dans le règlement de 1585, remplaçant celui de « logis » que l'on trouve dans tous les documents antérieurs. La « reconstitution hypothétique des appartements du roi et de la reine à Fontainebleau suivant le règlement de 1585 » proposée par B. Jestaz (*op. cit.*, note 49), est intéressante, mais rien ne prouve que cet aménagement ait été réalisé, Henri III n'ayant pas habité Fontainebleau à cette époque.
56. Pour l'étiquette de Philippe II, voir l'ouvrage, déjà ancien, de L. Pfandl, *Philippe II d'Espagne*, réed. 1981, p. 139 *sq.*.
57. Pour les barrières que Henri III fit mettre autour de sa table, voir M. Chatenet, « Henri III... »
58. J. Boucher, *La cour de Henri III*, 1986, p. 15.
59. Bibl. nat., Ms. fr. 4321, fol. 31 *sq.*. Le cortège passa sous la « porte du Louvre », puis traversa successivement la « cour », le « grand escalier », la « salle » (salle haute), « l'antichambre », la « chambre d'estat » et la « chambre d'audience » avant d'entrer dans la « chambre royale » où le roi se tenait « dans ses barrières sur son haut daiz appuyé sur une chaire ».
60. P. Chevalier, *Henri III*, 1985, p. 666.
61. P. Verlet, *Le château de Versailles*, 1985, pp. 83 et 208. L'appartement officiel de Louis XIV en 1674 ne possédait qu'une « salle des gardes » (ou salon de Mars) et une « antichambre » (salon de Mercure) devant la chambre. Il faut attendre 1693 pour voir apparaître une « seconde antichambre ».

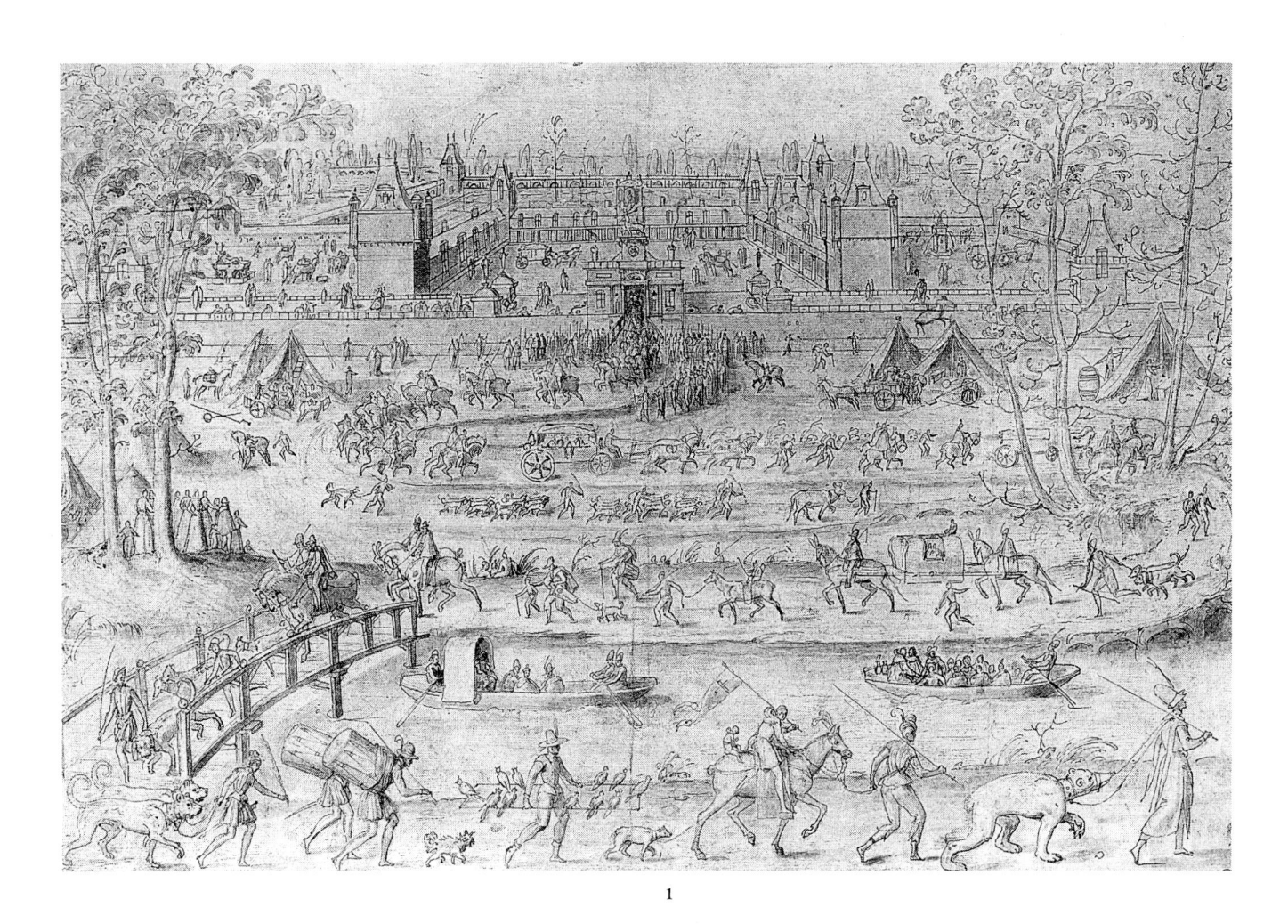

1. A. Caron. La cour quittant le château d'Anet. Musée du Louvre.

2. Villers-Cotterêts.
Le château et la basse-cour.
Du Cerceau, *Les plus excellents bastiments de France*, T. II.

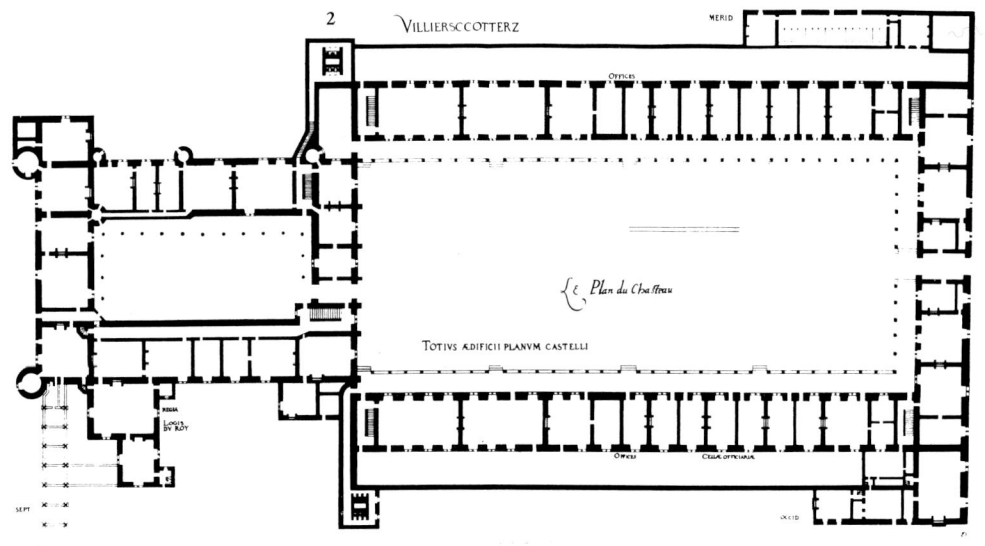

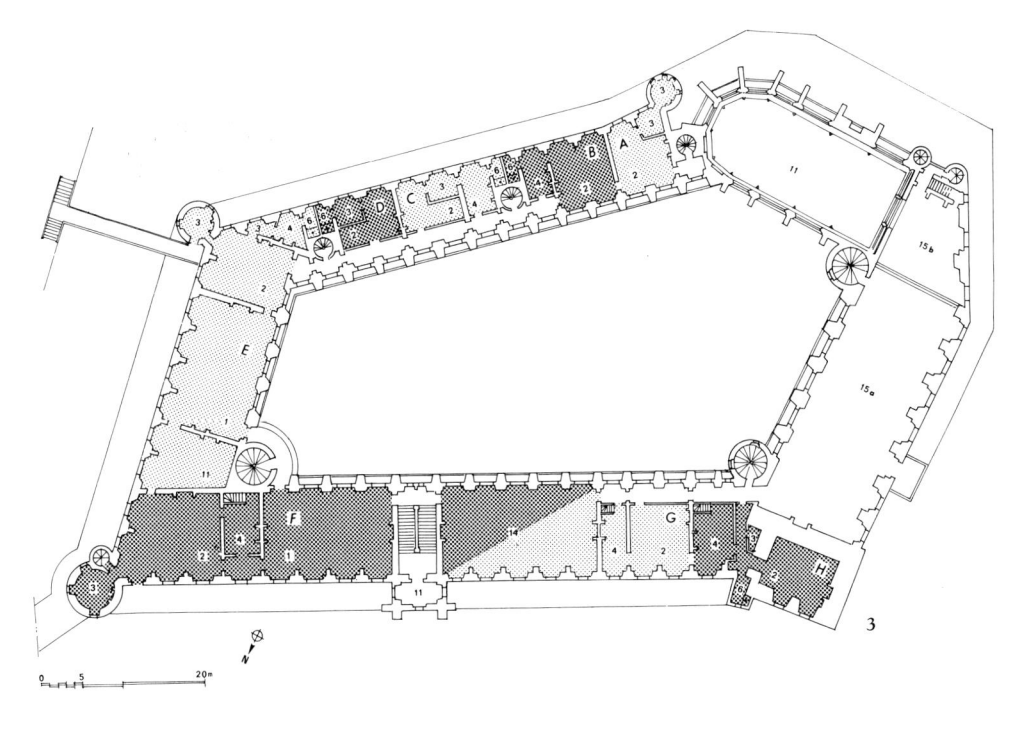

3. Saint-Germain-en-Laye. Distribution au deuxième étage. Dessin J. Blécon, C.N.R.S.-C.R.H.A.A.M.
Logis : Mme de Dampierre (A ?), Mme du Perron (B), Isabelle de France en 1548 (C), Jean d'Albon de Saint-André (D), la reine (E), le roi (F), le connétable de Montmorency (G), Marguerite de France (H).
Pièces : 1 Salle, 2 Chambre, 3 Cabinet, 4 Garde-robe, 6 Retrait, 11 Chapelle, 14 Salle du conseil, puis salle de Montmorency, 15 Grande salle du bal : a, parterre, b, tribunal.

4. Saint-Germain-en-Laye. Distribution au premier étage. Dessin J. Blécon, C.N.R.S.-C.R.H.A.A.M.
Logis : princesse de Sedan en 1549-1550 (A), prince de Sedan (B), Diane de Poitiers (C), « Me Pierre » (D), logis servant pour garder les tapisseries du roi (E), maréchal de Saint-André (F), maréchale de Saint-André (G), duc d'Aumale (H), duchesse d'Aumale (I), duchesse de Montmorency (J), cardinal de Guise (K).
Pièces : 1 Salle, 2 Chambre, 3 Cabinet, 4 Garde-robe, 6 Retrait, 11 Chapelle, 13 Galerie, 14 Garde-meuble, 16 Pont, 17 Forge de l'horloger, 18 Oratoire.

LES LOGIS DU ROI DE FRANCE AU XVIe SIÈCLE

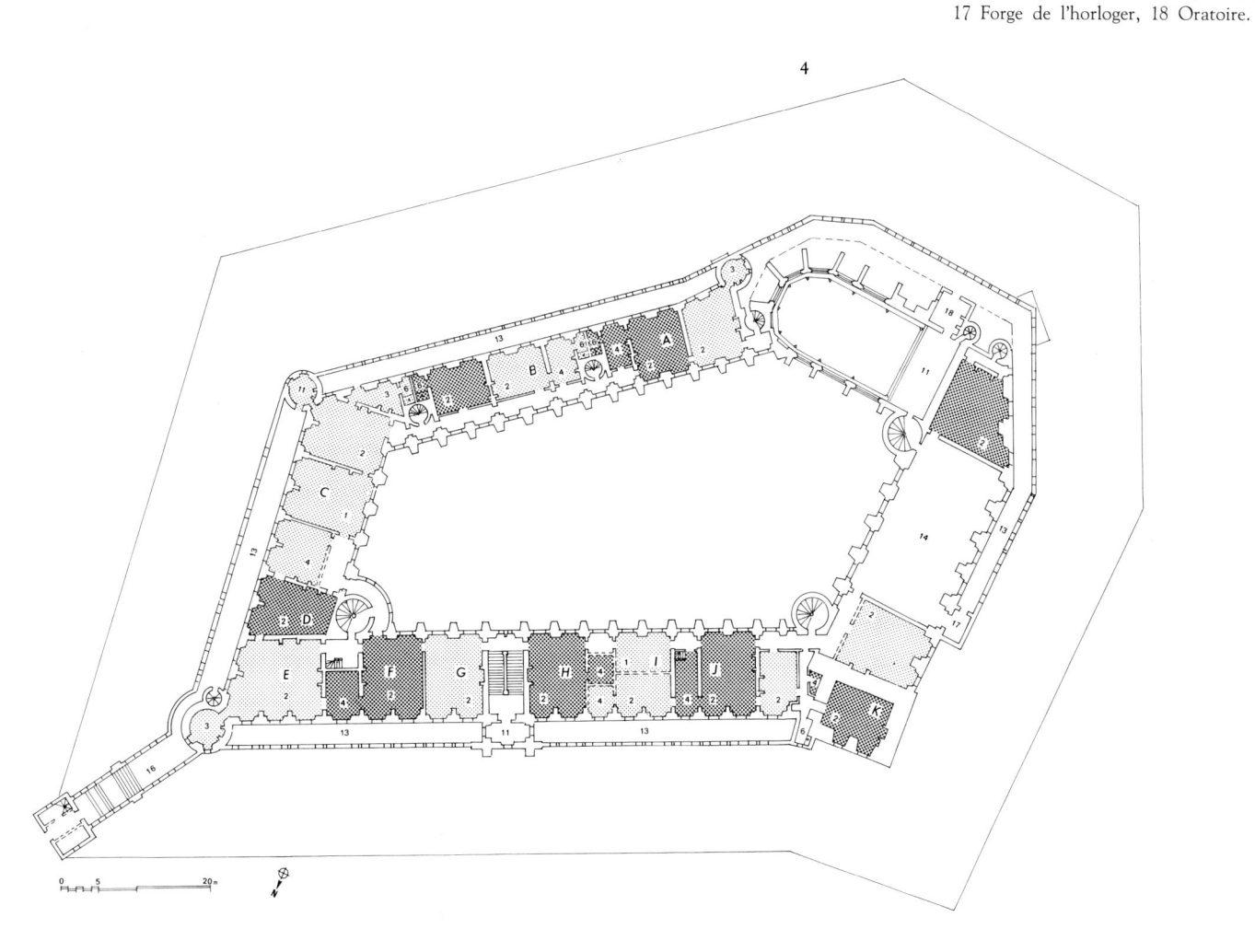

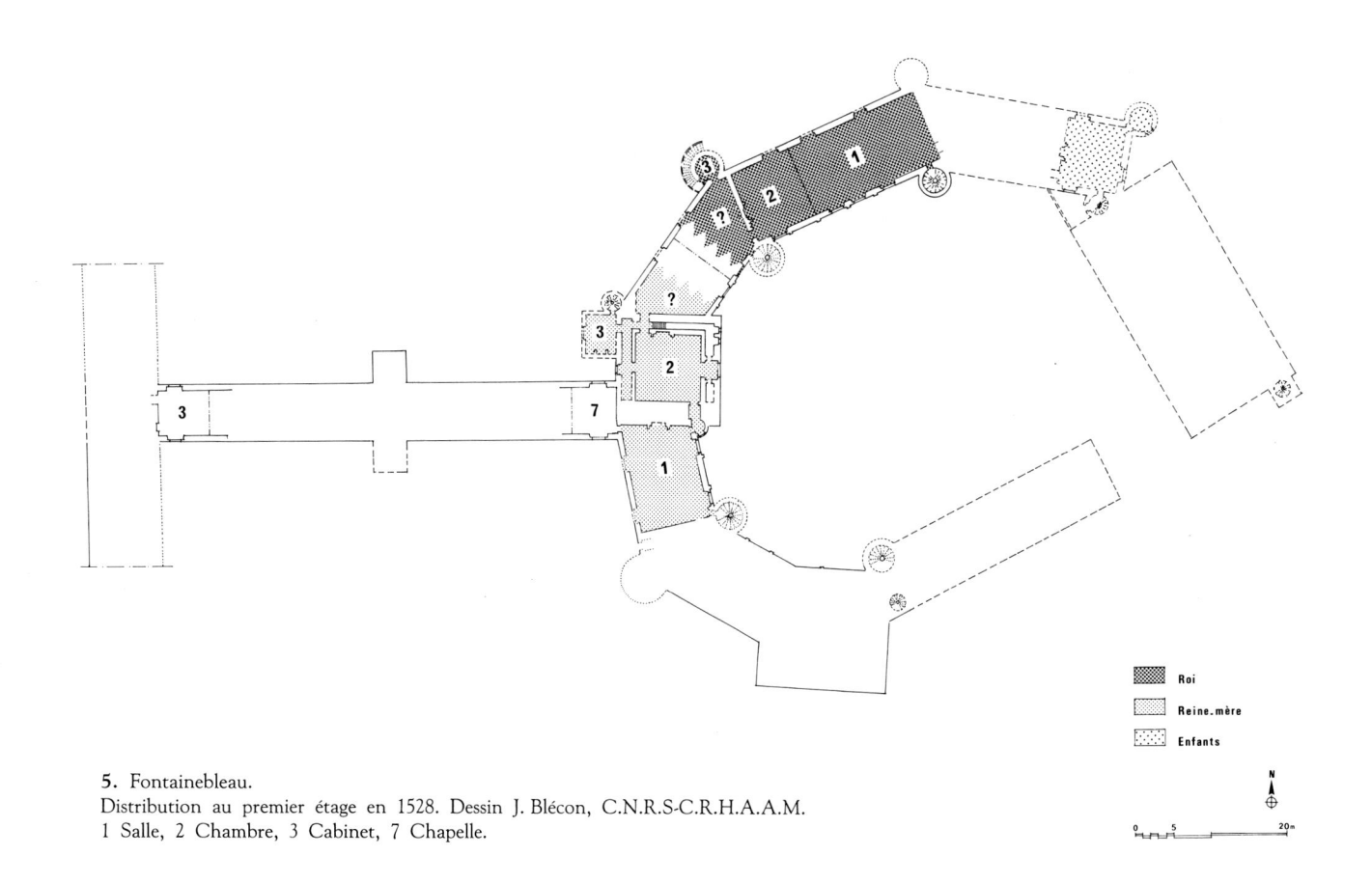

5. Fontainebleau.
Distribution au premier étage en 1528. Dessin J. Blécon, C.N.R.S-C.R.H.A.A.M.
1 Salle, 2 Chambre, 3 Cabinet, 7 Chapelle.

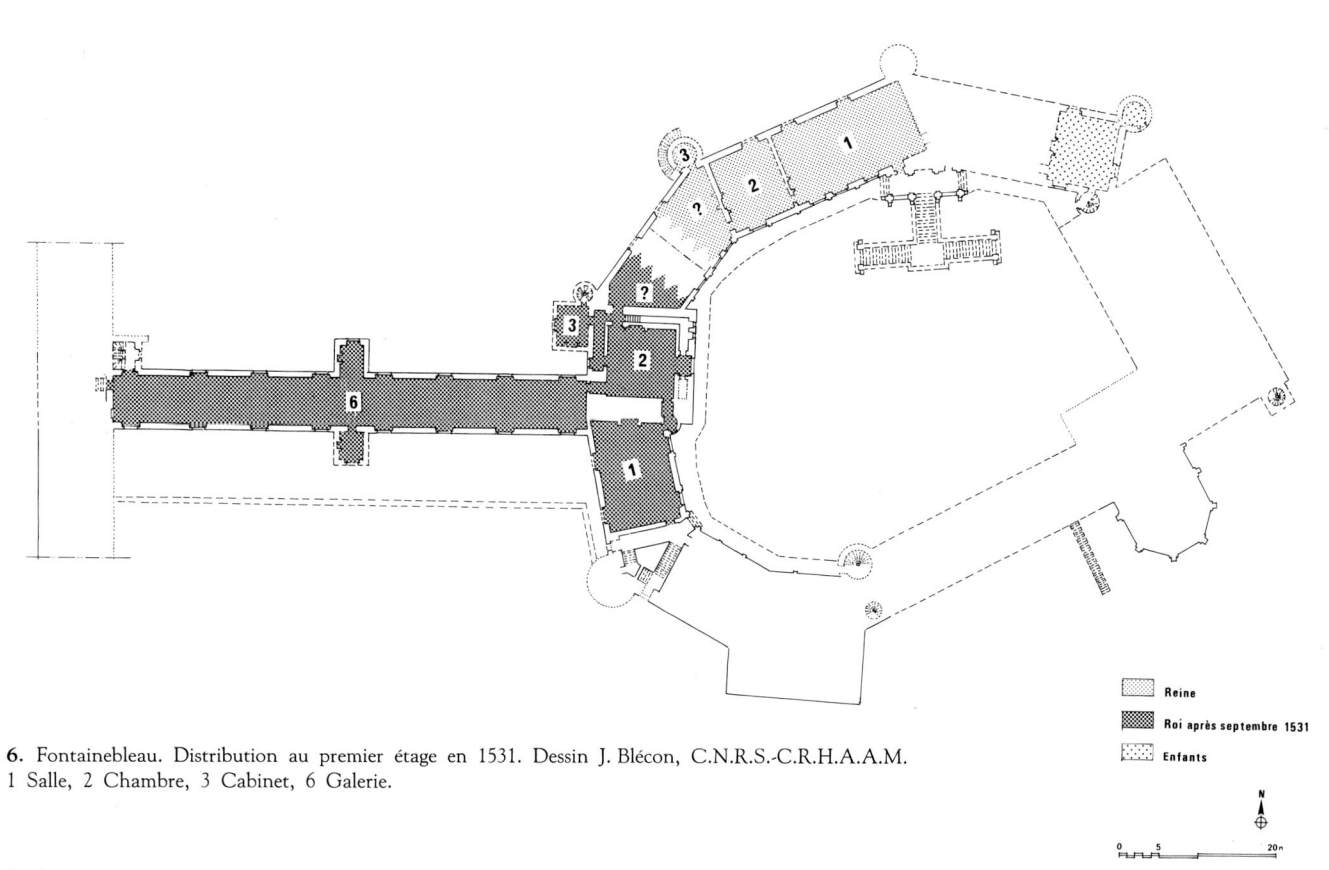

6. Fontainebleau. Distribution au premier étage en 1531. Dessin J. Blécon, C.N.R.S.-C.R.H.A.A.M.
1 Salle, 2 Chambre, 3 Cabinet, 6 Galerie.

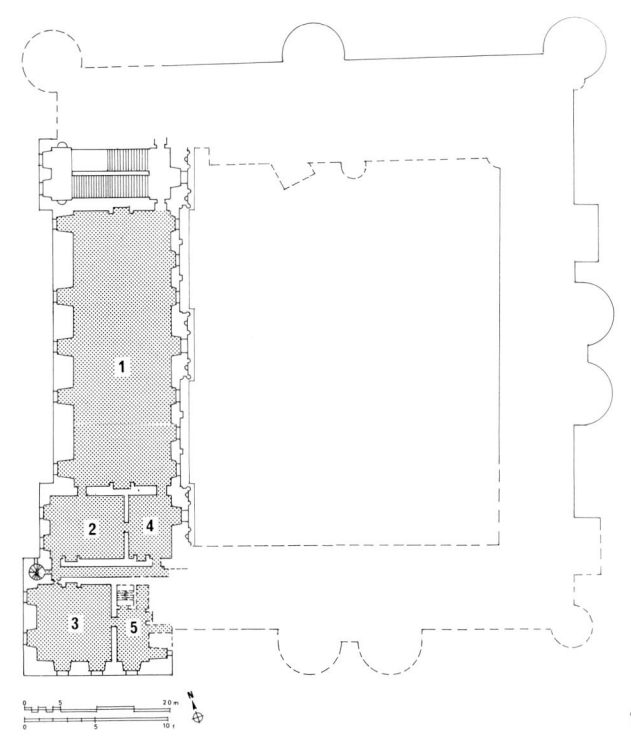

7. Louvre.
Distribution au premier étage en 1553.
Dessin J. Blécon C.N.R.S.-C.R.H.A.A.M.
1 Salle haute, 2 Antichambre, 3 Chambre, 4 Garde-robe, 5 Cabinet.

8. Fontainebleau.
Distribution au premier étage en 1558.
Dessin J. Blécon, C.N.R.S.-C.R.H.A.A.M.
1 Salle, 2 Chambre, 3 Cabinet, 4 Garde-robe, 5 Antichambre, 6 Galerie.

LES LOGIS DU ROI DE FRANCE AU XVIe SIÈCLE

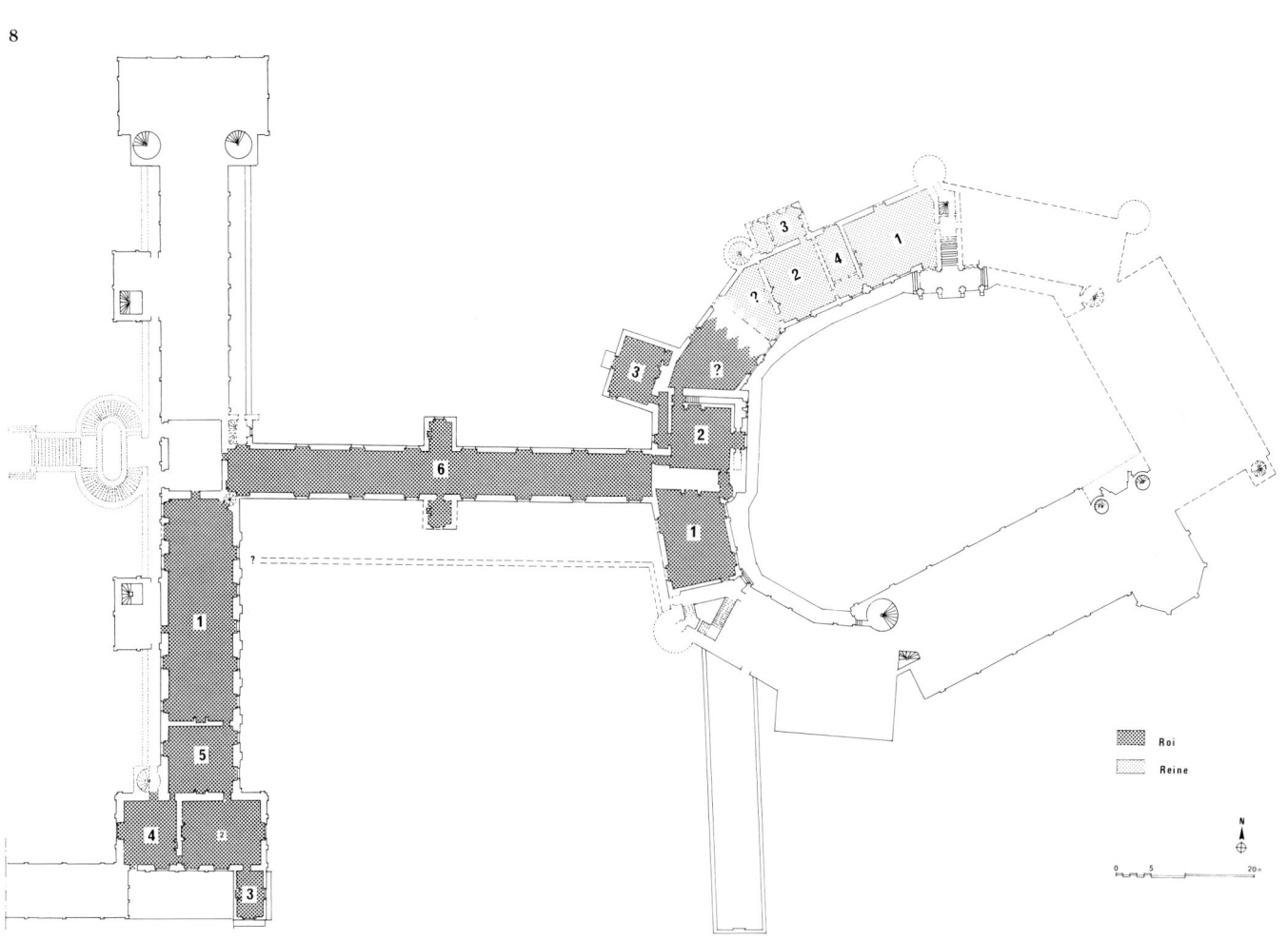

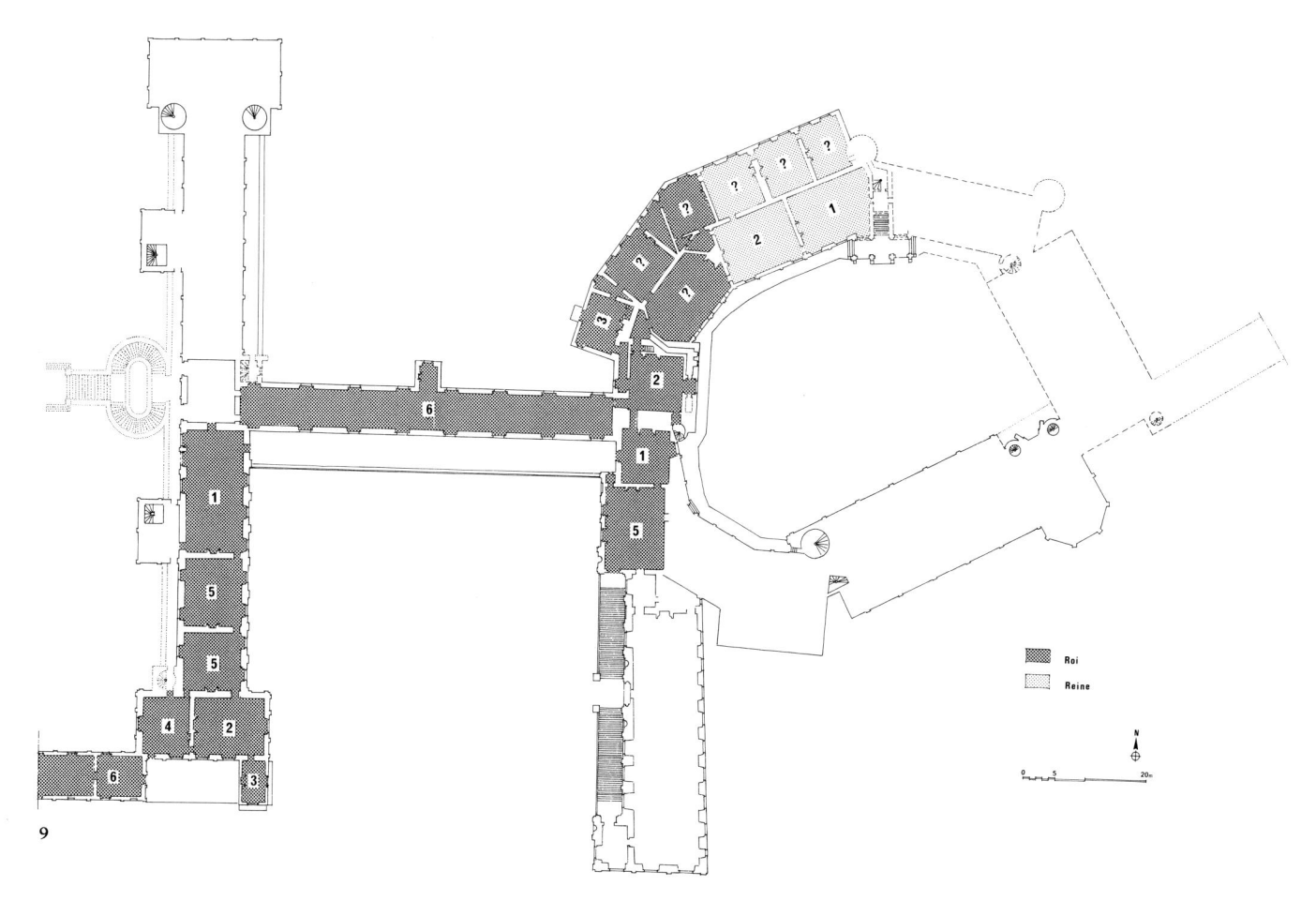

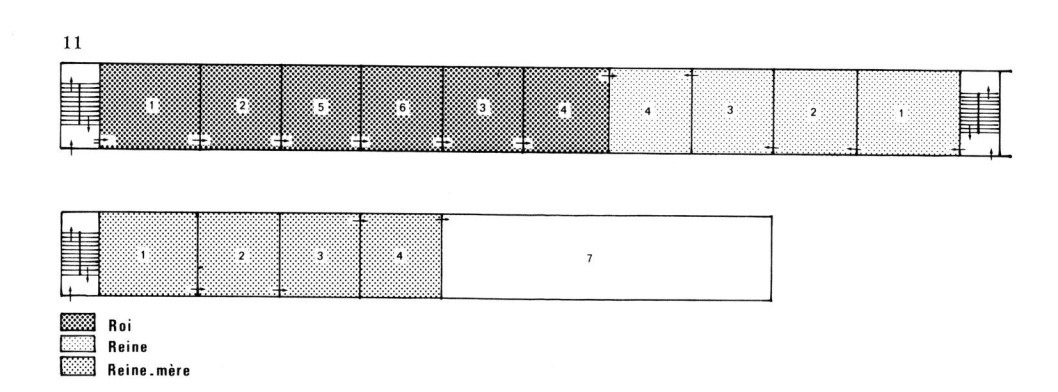

9. Fontainebleau.
Distribution au premier étage en 1571.
Dessin J. Blécon,
C.N.R.S.-C.R.H.A.A.M.
1 Salle, 2 Chambre, 3 Cabinet, 4 Garde-robe, 5 Antichambre, 6 Galerie.

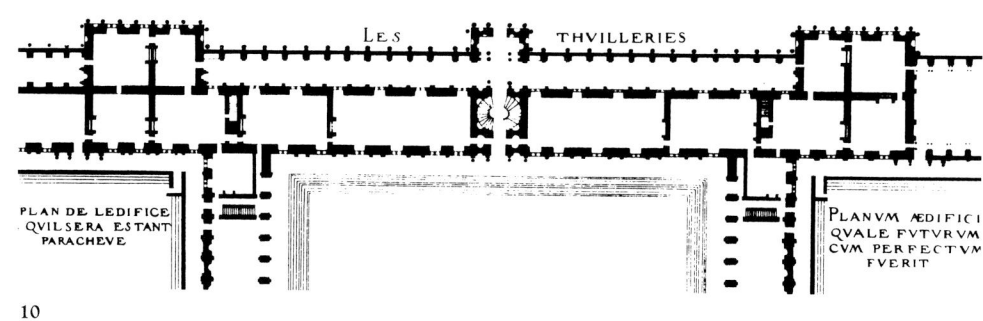

10. Les Tuileries.
Du Cerceau, *Les plus excellents bastiments de France*, T. II, détail.

11. Les appartements royaux d'après le règlement de janvier 1585. 1 Salle, 2 Antichambre, 3 Chambre, 4 Cabinet, 5 Chambre d'État, 6 Chambre d'Audience, 7 Galerie.

Les résidences royales à l'épreuve des fêtes

Les courts-circuits du charpentier

par Anne-Marie LECOQ

Dans l'histoire de l'architecture et de la vie de cour aux XVe et XVIe siècles, il me paraît urgent de redonner toute son importance à un personnage négligé : le charpentier du roi.

Un certain nombre de documents obligent à l'admettre, les rois de France, à cette époque, ne sont pas toujours satisfaits des commodités offertes par leurs diverses résidences. D'une part, ils voyagent de plus en plus et ils sont obligés de faire étape dans des bâtiments où rien n'a été prévu pour loger leur royale personne. D'autre part, dans leurs demeures, ils sont entourés de courtisans de plus en plus nombreux[1] et, dans les villes où ils passent, ils font accourir en foule les partisans enthousiastes et les simples curieux. Ils sont donc victimes de la « presse » — non pas le quatrième pouvoir, mais la bousculade —, ils ne parviennent pas à circuler comme ils voudraient et lorsqu'ils donnent des fêtes, de plus en plus magnifiques, les chapelles ou les « grandes salles » de leurs châteaux se révèlent trop petites. Ils sont donc obligés de recourir constamment aux bons soins et aux petites astuces du charpentier, accompagné de son collègue le tapissier.

Escaliers extérieurs

En octobre 1497, Charles VIII se rend de Tours à Moulins, avec retour par un autre chemin. Quelques débris des comptes de la maison du roi pour ce voyage ont subsisté[2].

---

1. Le nombre des officiers de la Maison du roi augmente considérablement au début du XVIe siècle, en particulier sous les règnes de Charles VIII et de François Ier : 318 en 1490, 366 en 1495, 540 en 1523, 661 en 1537. Sous Henri III, on atteindra le chiffre de 1 064 officiers en 1574 et 1 096 en 1584. Le nombre des officiers et dames de la reine augmente dans les mêmes proportions, en particulier sous Anne de Bretagne et Catherine de Médicis. Voir R.J. Knecht, « The Court of Francis I », *European Studies Review*, VIII (1978), pp. 1-22, et *Francis I*, Cambridge, 1982, pp. 89 et s. ; J. Bouchet, *La cour de Henri III*, s.l., 1986, pp. 39-40 ; M. Chatenet, « Cérémonial ordinaire et logis royal en France au XVIe siècle », dans *Études sur la mise en scène de la personne royale au XVIe siècle*, rapport d'activité présenté au C.N.R.S. dans le cadre de l'Action thématique programmé *Genèse de l'État moderne*, 1987 (inédit).
2. Archives départementales de la Vienne. Débris d'un registre de comptes de la maison de Charles VIII, trouvé dans la doublure de la couverture d'un registre de cens et rentes de la commanderie d'Amboise pour l'année 1507. Je remercie J. Guillaume de m'avoir signalé ce document, Y. Labande-Mailfert, auteur de la découverte, d'avoir bien voulu m'autoriser à en faire état, et M. Chatenet de m'avoir aidée à le lire.

Il sont tout à fait explicites. Dans les demeures où le roi doit passer la nuit, depuis le château de sa sœur, Jeanne de France, à Lignières jusqu'à de simples hôtelleries dans de très petits bourgs, des travaux sont effectués en hâte avant son arrivée. On s'occupe apparemment beaucoup du lit royal : on casse les châlits, on place un marchepied... Et l'on rompt allégrement les murailles. Il s'agit quelquefois d'ouvrir une porte et de faire communiquer deux pièces qui deviendront la chambre et la salle du roi. Mais le plus souvent on transforme en porte une fenêtre de la chambre (toujours située à l'étage) ou bien l'on perce une ouverture dans une galerie voisine de celle-ci. Précisons, pour la bonne réputation de Charles VIII et pour le pittoresque de la situation, qu'une fois le roi parti, on nettoie et l'on indemnise l'hôte ou l'hôtesse pour « le débris et gastement de son logis et de ses chasliz »...

Devant l'issue ainsi pratiquée dans la muraille, on posait un grand degré confectionné par les charpentiers et les maçons, qui permettait de descendre (les comptes ne parlent jamais de monter) directement dans une cour, un jardin, ou même une rue.

Voici, par exemple, le bout de compte décrivant l'escalier du château de Bannegon :

> « ... pour avoir faict et faict faire ung grant degré de cinq toyses de long pour decendre de la chambre du roy par une fenestre dedans une court près des faulces brès pour sortir dedans les jardins par des[sus] ung pont qui est au travers des f[ossés] dud. chasteau pour cinq grans pies[ses de] boy[s] carré de chascune cinq toyses de long pour faire une gallerie pou[r] pourter led. degré au prix de xv s. piesse... »

Pourquoi ces escaliers extérieurs apparemment indispensables à Charles VIII ? Pour disposer d'une seconde issue en cas de danger et pouvoir fuir des conjurés qui auraient bloqué l'issue ordinaire ? Pour pouvoir s'échapper discrètement par l'arrière et éviter la foule ? Il faudrait alors rappeler à ce sujet la coutume des rois de France d'avoir toujours dans leurs demeures un escalier et une issue privés[3]. Ou tout simplement pour pouvoir circuler plus vite et plus dignement dans un logis ancien, étroit et tortueux ?

C'est ce problème de circulation, en tout cas, qui est évoqué à propos du château de Pavie où, selon Pasquier Le Moyne, François Ier avait fait faire en 1515 un escalier de bois extérieur « pour monter en sa chambre et salle sans tourner par les galleryes »[4].

Et de même en décembre 1539, pour l'entrée de Charles-Quint à Poitiers, l'empereur était logé à l'évêché,

> « Et pour entrer plus aysement en la grand salle haulte du dict logist, on avoit faict ung pont de boys, sur lequel on eust poeu aller a cheval, & au bout dicelluy y avoit une gallerie de bouys carrée & par dessus un pavaillon, qui couvroit ladicte carrée, & la porte qu'on avoit faicte pour entrer en la dicte salle...[5]. »

Tous ces dispositifs peuvent paraître surprenants. Mais il faut sans doute les rapprocher de certains appendices faits pour durer, comme le degré du château de Montargis[6],

---

3. M. Chatenet, « Une demeure royale au milieu du XVIe siècle. La distribution des espaces au château de Saint-Germain-en-Laye », *Revue de l'Art*, n° 81, 1988, p. 29 et n. 70.
4. Pasquier Le Moyne, *Le couronnement du Roy François...*, Paris, 1520, cité par B. Jestaz, « Étiquette et distribution intérieure dans les maisons royales de la Renaissance », *Bulletin monumental*, CXLVI (1988), 2, p. 111.
5. *S'ensuient les triumphantes et honorables entres faictes [...] a la sacree Maieste Imperiale Charles V de ce nom tousiours auguste es villes de Poictiers et Orleans...*, Lille, s.d. (1539), f° C₂. Variante dans T. et D. Godefroy, *Le cérémonial françois*, Paris, 1649 [désormais cité : T. et D. Godefroy], t. 2, p. 756 : « un pont de bois, sur lequel on *pouvoit* aller a cheval ».
6. M. Whiteley, « Deux escaliers royaux du XIVe siècle : les "grands degrez" du palais de la Cité et la "grande viz" du Louvre », *Bulletin monumental*, CXLVII (1989), 2, p. 134 et n. 19.

où la grande salle au premier étage était flanquée d'un escalier extérieur (trois courtes montées conduisant à une volée unique) qui permettait d'y accéder directement depuis la cour (fig. 1).

Appartements d'apparat

En octobre 1533, la ville de Marseille reçut à la fois le roi, la reine, les trois fils et les filles de France, et le pape Clément VII et sa nièce Catherine, venue épouser Henri, le second fils du roi. François Ier et Clément VII en profitèrent pour se concerter à propos des Turcs et surtout des luthériens. Une foule incroyable se trouva donc soudain rassemblée dans une des villes les plus étroites et serrées du royaume (au port, par exemple, il y avait des rues de 3 m de large). Selon un témoin oculaire, Honoré de Valbelle, dont le journal constitue la source principale des festivités de 1533[7], la ville était pleine à craquer, « dans les rez-de-chaussée et les boutiques on faisait des écuries » et « tous les châteaux près et loin de Marseille étaient encombrés de chevaux ». Le seul espace un peu vaste qui fût disponible était la place Neuve, dégagée dans la seconde moitié du XVe siècle, près du port[8].

Du 20 août environ jusqu'à l'arrivée du pape le 12 octobre, d'importants travaux furent effectués par les charpentiers, menuisiers, maçons, plâtriers et peintres, sous la responsabilité du Grand Maître, Anne de Montmorency[9].

Pour faire le logis du roi, on déménagea les archives de la ville qui étaient conservées dans la salle de réunion du Conseil, au premier étage de l'hôtel de ville (qu'on appelait la Loge, parce que la « loge » des marchands occupait le rez-de-chaussée), et ce afin de disposer d'une chambre digne du souverain. Il est probable qu'on utilisa aussi une maison (si ce n'est plusieurs) derrière la Loge, de l'autre côté de la rue, avec une jonction grâce à un pont de bois. Un tel pont exista, en tout cas, entre la fin du XVIIe siècle, date à laquelle fut construit le nouvel hôtel de ville, et 1786, où il fut remplacé par une arche de pierre couverte.

---

7. Voir le Père A. Hamy, S.J., *Entrevue de François Ier avec Clément VII à Marseille, 1533. [...] Réception, cérémonies. D'après le journal d'Honoré de Valbelle*, Paris, 1900 (trad. fr. d'après un ms. original en provençal). Voir aussi T. et D. Godefroy, t. 1, pp. 816-819 (d'après une relation imprimée) et pp. 820-823 (d'après une relation manuscrite). Un bref passage figure en outre dans les *Mémoires de Martin Du Bellay*, éd. Bourrilly et Vindry, t. 2, pp. 226-231, qui confond la « grande salle » de la place Neuve et les galeries de circulation joignant les différents logis : « Ledit sire de Montmorency avoit faict preparer dedans la ville deux palaiz, l'un pour le Pape, l'autre pour le Roy ; et y avoit entre les deux une rue sur laquelle il avoit faict edifier de charpenterie une grande salle par laquelle on alloit d'un logis en l'autre, et estoit la dicte salle grande et fort à propos pour tenir le consistoire du Pape et des Cardinaux et aussi pour faire les assemblees de Sa Sainctete et du Roy, et le tout tendu de fort riches tapisseries. » Cette erreur se retrouve chez certains historiens modernes.
8. A. Bouyala d'Arnaud, *Évocation du vieux Marseille*, Paris, 1959, pp. 53 et 165-166.
9. Honoré de Valbelle (cité n. 7) écrit d'abord : « De la dépense que l'on fait à la place Neuve, il n'en chaut parler, car, selon l'opinion commune, elle dépassera 3 000 écus tant en maçonnerie qu'en charpente et plâtrerie et peinture ; je vous promets que c'est une grande chose ; qui dit que ce sera conservé, qui dit qu'on la détruira vite ; la fin fera tout. » Puis, la fête finie, il écrit : « Mardi 9 novembre, on commença à détruire le palais du pape fait sur la place Neuve. Monseigneur le maître Christophe le fit détruire avec mon frère Jean de la Cépède [dont le fils avait épousé la fille d'Honoré de Valbelle]. Et ils firent porter tout le bois au Jardin du Roi [ancienne demeure de plaisance du roi René sur la rive sud du bassin du port], et on porta toute la pierre et les tuiles et généralement tous les décombres ; et de la pierre ils firent bâtir au Jardin du Roi et on fit un couvert fermé et là fut mise toute la boiserie. »

Le logis du pape exigea des travaux plus considérables. On boucha les issues de la place Neuve en ne laissant subsister que deux rues pour y accéder, fermées par des portes. Au sud, sur toute la longueur de la place, on construisit une grande salle et une chapelle. Sur les trois autres côtés de la place, on établit des « galeries et terrasses » pour « aller s'ébattre à l'entour » et deux escaliers. Avec des « poutres et beaucoup de tuiles », on ferma « tout le jour de la place Neuve à l'extérieur », ce qui veut dire que portes et fenêtres des maisons donnant sur la place furent bouchées, pour la tranquillité et la sécurité du pape. Le reste de la place Neuve, avec sa fontaine, devint ainsi la cour du « palais » pontifical. C'est dans la grande salle et la chapelle que le pape et les cardinaux se réunirent en consistoire, que le pape et le roi se rencontrèrent, que le roi puis la reine et les enfants de France vinrent faire obédience à Clément VII. C'est là aussi que fut célébré le mariage d'Henri et de Catherine, et qu'il y eut, le 1er novembre, grand-messe pontificale avec bénédiction du peuple. Celui-ci avait été admis à pénétrer dans la « cour » du « palais » et même à visiter la salle, où était exposée la tapisserie reproduisant la *Cène* de Léonard de Vinci, que le roi offrait au pape.

Mais il fallut aussi établir les appartements privés du pontife. Ce sont « les logements joignant lesdites salle et chapelle » qui servirent « de chambre et garde-robes ». Or ces « logements » étaient en fait trois maisons : l'ancienne maison du roi René et de Bernardin des Baux, donnée par le roi à Montmorency, la maison d'un certain Jean Blancart et celle d'un certain Vassal. Entre la première et la seconde, mitoyennes, on avait percé un passage dans la muraille, et entre la seconde et la troisième, séparées par une rue, on avait fait un pont de bois. Un autre pont de bois, qui s'avançait jusque dans la mer par-dessus le quai et où le pape accosta, aboutissait là.

Entre les deux logis, celui du roi et celui du pape, on allait « de maison en maison » — mais les sources ne précisent pas comment. En tout cas, le 8 octobre, quand le roi, incognito, vint voir l'avancement des travaux, « il vint descendre à la maison près de Blancart, puis il monta à la maison ou palais qui était fait sur la place Neuve pour la venue du pape ; de là, il alla de maison en maison jusqu'à sa maison qui est près de la Loge ». Et le jour du mariage, toute la famille royale et la jeune épousée « allèrent ainsi de maison en maison depuis la maison du roi jusqu'au palais du pape ».

La transformation de maisons en éléments d'un appartement digne d'un roi ou d'un pape de passage est attestée à nouveau en novembre 1570, pour le mariage de Charles IX et d'Élisabeth d'Autriche. La source est Papire Masson[10]. Le mariage eut lieu, comme on sait, à Mézières,

> « lieu qui de soy pour cet effet estoit fort incommode, tant pour estre pressé, que pour estre ville plus propre pour la guerre, que non pas pour y recevoir une grande Reyne, et faire des Festins. Toutesfois comme la puissance des Roys de France est telle, que par dépense et artifices de leurs sujets, ils rendent toutes choses propres et capables de leurs désirs : le tout fut préparé en sorte, que d'une Ville de guerre on en fit une Ville de Triomphe ; des maisons pour loger des simples soldats en fut fait (en joignant beaucoup de maisons ensemble) un grand et précieux Palais, enrichy de toutes sortes d'excellens meubles, que sa Majesté commanda y estre portez ».

---

10. Repris dans T. et D. Godefroy, t. 2, p. 29.

Galeries de circulation

L'établissement de « ponts » de bois entre la résidence princière et l'église où a lieu une cérémonie, ou entre deux résidences, est une pratique attestée partout. Elle peut s'expliquer à la fois par le désir d'échapper à la « presse » (la foule entassée dans des espaces souvent étroits), de ne pas gâter les somptueux vêtements de cérémonie dans la boue des rues et des places, et d'être mieux vu de tous.

A Florence en 1436, pour le Concile de l'Union des églises réuni par Eugène IV, le cortège se rendit à la cathédrale sur un pont entièrement couvert d'un « ciel », formant comme un « *baldacchino continuo* »[11]. A Bruges en 1478, pour le baptême de Philippe d'Autriche, fils de l'empereur Maximilien, il y avait des « hours » à hauteur d'homme, qu'Aliénor de Poitiers décrit longuement[12]. Ils allaient de la maison où logeait l'enfant à l'église, en traversant la place du marché. A Bologne en 1530, pour le couronnement de Charles-Quint, un pont fut établi entre le Palazzo Pubblico et San Petronio (fig. 2). Le cortège sortit du palais par une fenêtre du premier étage et parvint jusqu'au chœur de l'église sans jamais mettre pied à terre[13]. Une fesque de la villa Sforza à Pesaro donne une image très lointaine de cette disposition. A Madrid, en 1571, pour le baptême du prince Don Fernando, un « *pasadizo* » sortait d'une fenêtre de l'appartement des infantes à l'Alcazar, passait par-dessus le fossé et traversait la place (où les membres de la Cour, assis dans des tribunes, assistaient au spectacle), jusqu'à l'église San Gil[14].

En France, c'est exactement la même chose. Un pont entre l'évêché et Notre-Dame est établi pour tous les mariages princiers : en avril 1558 pour le dauphin François et Marie Stuart, en janvier 1559 pour Charles II de Lorraine et Claude de France, en juin 1559 pour Philippe II, représenté par le duc d'Albe, et Élisabeth de France, en août 1572, pour Henri de Navarre et Marguerite de Valois.

Comme à Bologne en 1530, ce pont devait d'abord mener jusqu'au « théâtre » disposé devant la façade de la cathédrale et où se déroulait devant la foule une partie de la cérémonie, puis continuer jusqu'au chœur. Cela est sûr en tout cas pour les noces de 1572, où nos sources sont particulièrement précises :

> « Pour faire la Cérémonie avec ordre, l'on dressa un échaffaut qui alloit depuis la Maison de l'Evesché jusque devant la grande porte de l'Église Nostre-Dame, devant laquelle en fut dressé un autre haut eslevé pour célébrer les Espousailles. De ce grand échaffaut l'on descendoit en un plus bas, qui estoit le long de la Nef de l'Église, et qui alloit jusques au Chœur d'icelle : Du Chœur il y en avoit un autre qui alloit jusques à la porte de l'Église, qui est à main gauche pour aller à l'Evesché ; et cet échaffaut estoit pour sortir de l'Église, comme l'autre estoit pour y entrer[15]. »

---

11. M. Fagiolo, « L'Effimero di Stato. Strutture e archetipi di una città d'illusione », dans *La città effimera e l'universo artificiale del giardino*, Rome, 1980, pp. 17-18.
12. Aliénor de Poitiers, *Les Honneurs de la Cour* (rédigé autour de 1480), éd. G.B. de La Curne de Sainte-Palaye, dans *Mémoires sur l'ancienne chevalerie*, t. 2, Paris, 1781, p. 234.
13. G. Conti, « L'incoronazione di Carlo V a Bologna », dans *La città effimera...*, op. cit., pp. 43-45.
14. Voir A. Camara Munoz, « El poder de la imagen y la imagen del poder. La fiesta en Madrid en el Renacimiento », dans *Madrid en el Renacimiento*, cat. de l'exp., Alcala de Henares, Université, octobre-décembre 1986, p. 77.
15. T. et D. Godefroy, *op. cit.*, t. 2, p. 45.

Dans ses mémoires, l'héroïne de la journée évoque elle-même

> « les eschaffaux dressez à la coustume des nopces des filles de France, depuis l'evesché jusques à Nostre-Dame, tendus et parez de drap d'or, le peuple s'estouffant en bas à regarder passer sur cet eschaffaut les nopces et toute la cour »[16].

On mesure bien à travers ces lignes les progrès accomplis depuis 1368. En décembre de cette année-là eut lieu le baptême du dauphin Charles, fils de Charles VI, à Paris, à l'église Saint-Paul (l'enfant était né à l'hôtel Saint-Paul). On avait établi des barrières de bois dans la rue devant l'église et dans l'église autour des fonts, « pour mieux garder qu'il n'y eust trop grande presse de gens »[17]. Le cortège sortit de l'hôtel Saint-Paul « par la porte qui est plus près de ladite Église » et entra dans l'église par la grande porte, où le clergé l'attendait. Mais les choses se gâterent après la cérémonie et le cortège dut effectuer une sortie discrète et peu reluisante pour échapper à la foule :

> « Et après fut reporté ledit Enfant audit Hostel de S. Pol par la porte et cimetière de ladite Eglise, et par un huys par lequel l'on entroit audit Hostel, pour la presse qui estoit devant ladite Église. »

Au XVIe siècle, le bon peuple s'écrase toujours dans les rues et sur les places, mais les princes sont au-dessus des têtes, à la fois séparés de la foule et mieux visibles pour tout le monde.

A Marseille en 1533, on dut très probablement aller « de maison en maison » grâce à des « ponts » ou « échaffauts » du type de ceux qui viennent d'être mentionnés. Cela est sûr, en tout cas, à Cambrai, en 1529, lors de la rencontre et des conciliabules qui aboutirent à la « Paix des Dames » : entre l'hôtel Saint-Paul où était logée Louise de Savoie et l'abbaye Saint-Aubert où était logée Marguerite d'Autriche, il y avait

> « une gallerie qui venoit d'ung logis en l'autre, pour parlementer l'une à l'autre quand bon leur sembleroit »[18].

Comme pour les escaliers permettant l'accès direct par l'extérieur, il y aurait des rapprochements à faire entre ces dispositifs provisoires établis par les charpentiers et des constructions en dur ou semi-dur, destinées en tout cas à survivre à la fête : le rapprochement s'impose ici avec le « Corridor » vasarien des Offices joignant le Palazzo Vecchio au Pitti et qui fut réalisé à l'occasion des noces de François de Médicis et de Jeanne d'Autriche en 1565 (fig. 3).

Dans les châteaux aussi, il pouvait être nécessaire de faciliter le passage des cortèges. Les rois vivant dans des demeures en chantier, les fêtes obligeaient à passer par des zones inachevées. Le charpentier intervenait alors pour combler les lacunes des maçons et rendre la demeure praticable malgré tout. On prendra comme exemple le baptême de François, fils aîné du dauphin Henri et futur François II, à Fontainebleau, le 10 février 1544. Il s'agit simplement, dans ce cas, de la pose d'un escalier de bois, mais l'épisode a l'avantage de toucher à des points mal connus de la chronologie bellifontaine : les étapes de la construction de la chapelle du Roi et de la salle de bal.

---

16. Marguerite de Valois, *Mémoires et autres écrits*, éd. Y. Cazaux, Paris, 1971, p. 52.
17. Voir T. et D. Godefroy, t. 2, pp. 137-138.
18. *La triumphe de la paix celebree en Cambray, avec la declaration des entrees et yssues des Dames, Roix, Princes, et Prelatz, faicte par Maistre Jehan Thibault, Astrologue de l'Imperiale Maieste et de Madame*, Anvers, s.d. (1529), f° A iv v°.

Selon le père Dan[19], le baptême a été célébré dans l'église des mathurins ou trinitaires. Il en est trop heureux, étant lui-même trinitaire et ne ratant jamais une occasion de chanter la grandeur de son ordre. Mais sa seule source sur la fête est l'*Histoire de nostre temps* de Guillaume Paradin (1550) qui, chacun le sait, n'est pas des plus sérieuses. Pour nous, la seule source sûre est le livret décrivant la cérémonie et imprimé pour la circonstance[20]. Les archers, dit ce texte, au nombre de trois cents et plus, tenant chacun une torche allumée,

> « se trouverent chacun en son ordre le long de la gallerie, par laquelle estoit ordonné le passaige pour aller en la chapelle preparée pour faire ledict baptesme. Laquelle chappelle estoit triumphamment garnye et tendue de tappisserye d'or et d'argent et de soye et au meillieu dicelle y avoit ung chef composé en rondeur qui estoit ordonné pour les fons dudict baptesme. Et quant a ladicte gallerye elle estoit tendue de tappisserye aussi de soye et de velloux, avec des chappeaulx de triumphes ou estoient apposées les armoyries du Roy et de monseigneur le Daulphin et de ma dame la Daulphine. Et sur les six à sept heures dudict jour au soir [...] fut porté mondict seigneur le duc en une salle contigue et joignant la Chambre de Madame sa mere tendue de tappisserye aussi d'or d'argent de soye. [...]
>
> Et premierement a l'entour de ladicte gallerye et depuis la porte d'icelle salle la ou fut prins ledict seigneur jusques a ladicte Chappelle estoient lesditz archiers de la garde et gentilz hommes de la maison du Roy et de monseigneur le daulphin ayans lesdictes torches pour conserver l'ordre dudict baptesme a ce qu'il n'y eust interruption. Et y avoit une descente de boys qui menoit de ladicte gallerye en ladicte chappelle fossoyée à l'entour du bas a ce que l'on n'empeschast ledict ordre ».

Pour le livret imprimé, donc, le baptême eut lieu dans la « chapelle », c'est-à-dire la *chapelle* de la cour Ovale, et non pas dans l'*église* de la Trinité. En fait, ce n'est guère étonnant. La véritable chapelle du château était bien la chapelle Saint-Saturnin et de plus, n'en déplaise au père Dan, elle était plus prestigieuse que l'église de la Trinité, car plus ancienne, ayant été fondée par Louis VII et consacrée par saint Thomas Beckett. Et d'ailleurs, par la suite, les baptêmes d'enfants royaux à Fontainebleau eurent bien lieu dans la chapelle de la cour Ovale : celui d'Élisabeth, fille du dauphin Henri, en 1546 (même si, là encore, le père Dan prétend que la cérémonie eut lieu « en l'Église de la Saincte Trinité »[21]), et celui du dauphin Louis et de ses sœurs, dont on reparlera plus loin, en 1606. Notons, d'autre part, que si la « gallerie, par laquelle estoit ordonné le passaige pour aller en la chapelle » était la galerie François Ier, avec ses stucs en forte saillie, il serait vraiment curieux qu'on l'ait recouverte de tapisseries. En fait, il s'agit de la vieille galerie de 1528 (fig. 4), celle qui courait à l'étage, au-dessus des cuisines, au sud de la cour Ovale et qu'on aperçoit sur la vue de la porte Dorée et de la cour de la Fontaine vers 1540 peinte dans la galerie François Ier. En 1544, donc, il n'est encore fait aucune mention de la salle de Bal.

---

19. Le Père P. Dan, *Le Trésor des Merveilles de la maison royale de Fontainebleau*, Paris, 1642, p. 221 : « ... les cérémonies de ce baptême, qui furent alors faites en l'Église des Mathurins de ce chasteau, dit Paradin... ». G. Paradin : *Histoire de nostre temps*, Lyon, 1550, p. 131.
20. *C'est le triumphant baptesme de monseigneur le duc premier filz de monseigneur le daulphin*, Paris, 1544 (feuillets non chiffrés). Repris dans T. et D. Godefroy, t. 2, pp. 143-144.
21. Le Père P. Dan, *op. cit.*, p. 223 (repris par T. et D. Godefroy, t. 2, pp. 147-148) : « les Princes, Seigneurs, et la Noblesse, ordonnez pour accompagner cette petite Princesse, commencèrent à sortir du Departement du Roy [...] et ayans traversé la petite galerie, entrèrent en l'Église de la Saincte Trinité ». Voir au contraire G. Paradin, *op. cit.*, p. 143 (que le Père Dan, cette fois, ne suit plus...) : « ... commencèrent à sortir du logis du Roy tous en bel ordre, ceux qui estoient deputez pour faire compaignie à ceste noble infante, après lesquelz vint Milort Chenay [...] portant entre ses bras l'enfant ; et s'en vint tout du long de ceste grande gallerie, jusques à la chapelle neuve dudit lieu... ».

En arrivant de la galerie, il fallut descendre un étage, à l'aide de l'escalier de bois du charpentier. Cela indique que le baptême se déroula dans la chapelle basse Saint-Saturnin. La chapelle haute du Roi n'était donc pas à cette date dans un état d'achèvement suffisant pour qu'on puisse s'y installer, même avec des toiles imperméables en guise de couverture[22].

D'un point à l'autre de la demeure royale, comme d'un point à l'autre de la ville, le charpentier va également poser des « ponts » pour le passage des cortèges. Ainsi à Amboise le 25 avril 1518, pour le baptême du dauphin François. Le « lit de parement » de l'enfant avait été dressé dans la chambre de sa grand-mère, Louise de Savoie, située quelque part dans les bâtiments occidentaux, et la cérémonie devait avoir lieu dans la collégiale Saint-Florentin. Le cortège traversa donc tout le château, en passant par les deux cours, sur un « pont » haut d'un mètre et large de trois, qu'un témoin italien appelle une « rue »[23]. Il était, nous dit-on, « tout tapissé de tapiz veloux turquins »[24] et couvert : une voûte de buis décorée de chapeaux de triomphe prenait appui sur des piliers portant des torches.

Comme on l'a dit plus haut, le baptême du dauphin Louis (et de ses deux sœurs), le 14 septembre 1606, eut lieu à Fontainebleau, dans la chapelle de la cour Ovale. Ou plus exactement, à proximité immédiate de la chapelle, parce que celle-ci « y fut trouvée petite »[25]. Les « lits de parement » étaient dressés cette fois dans l'aile occidentale de la cour de la Fontaine (fig. 5). Le cortège amenant les enfants passa le long de la galerie François Ier, franchit une porte percée à cette occasion pour passer dans l'antichambre du roi, et sortit par la fenêtre de l'antichambre (au premier étage). Cette fenêtre devenue porte ouvrait sur un pont de bois, qui aboutissait à un grand « échaffaut » dressé devant la porte Dauphine, où se trouvaient la tribune des musiciens, les bancs des invités d'honneur, les Suisses avec leurs torches, etc., et l'autel. Les fonts baptismaux avaient été établis au-dessus de la porte « Dauphine » (qui doit son nom à ce baptême). Celle-ci ne comportait alors que la partie basse, construite vers 1601/1602 à partir du remploi d'une porte antérieure déplacée. Les fonts étaient surélevés de trois degrés et couverts d'un grand dais blanc (le dôme actuel est plus tardif mais conserve, en somme, l'idée du dispositif cérémoniel). Tout le public, massé à la fois dans la cour Ovale et dans la future cour des Offices (1609), put ainsi voir le spectacle.

Grandes salles de fêtes

En 1606, c'est la chapelle qui était trop petite. Mais le plus souvent, c'est la « grande salle » du château ou du palais qui paraissait insuffisante pour le bon développement de la fête. Là encore, le charpentier intervenait.

La solution consistant à transformer la cour en salle de fête dut apparaître très vite. En 1380 déjà, pour le sacre de Charles VI à Reims, on festoya dans une cour :

---

22. Rappelons qu'une clé de voûte de la chapelle haute porte la date de 1546 et que le toit fut posé en 1548 (A. Blunt, *Philibert de L'Orme*, Paris, 1963, p. 73).
23. Lettre de Bernardino Chiozo à Piero Antonio Bataia, d'Amboise, le 26 avril 1518, recueillie par M. Sanudo, *Diarii*, t. 25, Venise, 1889, col. 405 : « *E fu facto una strada aposta di asse larga 3 braza et alta braza uno* » (le bras milanais = environ 60 cm).
24. *Le Baptesme de monseigneur le Daulphin de France...*, s.l.n.d (non paginé). Repris par T. et D. Godefroy, t. 2, p. 140.
25. T. et D. Godefroy, t. 2, p. 173. Les nombreuses sources sur le baptême de 1606 sont rassemblées pp. 169-192.

« Après la Messe on vint au Palais [de l'archevêque] : et pource que la Salle estoit trop petite pour recevoir tel peuple, on avoit fait en la court du Palais un haut et grand traict sur hautes estages, et là fut le disner fait et ordonné[26]. »

L'utilisation de la cour pour donner de l'ampleur à une fête ou à une circonstance solennelle (par exemple la réception de la soumission et du serment de fidélité des Génois par Louis XII à Gênes en 1507)[27] apparaît comme une constante aux XVe et XVIe siècles. On n'en donnera ici que quelques exemples.

A Amboise en 1518 eurent lieu successivement le baptême du dauphin François, dont il a été question plus haut, le 25 avril, et le mariage du duc d'Urbin avec Madeleine de La Tour d'Auvergne, le 2 mai. Deux fois de suite, festins et bals se déroulèrent dans la cour occidentale :

« Aussi fut la grant court toute tendue et couvertte en forme de pavillons de toilles semées de fleurs de lys soubstenues de corde attachées à troys grans mastz de basteaulx et tout autour d'icelle grant court tapisserie aux hystoyres de plusieurs choses antiques[28]. »

Ce que confirme et précise un témoin italien, dans une lettre recueillie par Sanudo : « Et la première cour du château, qui est la plus grande, était couverte d'une toile, et après le baptême cette toile fut enlevée et elle fut recouverte d'une toile d'azur toute peinte avec des lys, et l'on dansa en dessous toute la nuit, et l'on fera en dessous le mariage du duc d'Urbin[29]. » Le charpentier et le tapissier pouvaient donc, éventuellement, rivaliser avec les marins du roi en dressant des mâts de bateaux, en tendant des cordages et en faisant monter et descendre des toiles à volonté...

Rappelons simplement ici les fêtes données dans la cour du Clos-Lucé le 18 juin 1518 et dans celle de la Bastille, le 22 décembre de la même année, que nous avons eu l'occasion d'étudier ailleurs[30] (figs. 6, 7). Et signalons, pour compléter notre survol, deux fêtes qui se déroulèrent sous des pavillons de toile avec mâts de bateau.

En juin-juillet 1541 eurent lieu au château de Châtellerault de grandes fêtes pour le mariage de Jeanne d'Albret avec le duc de Clèves. Le roi, oncle de la mariée, y participa. La *Chronique du Roy Françoys premier de ce nom* de Sébastien Piccoté décrit en détails le pavillon établi dans la cour du château :

« Le lundi ensuyvant, estant adverty que le tout estoit en bon ordre au chasteau de Chastellereault, [le roi] partit dudict lieu de la Berlandière, après avoir souppé, et entra audict chasteau environ les sept heures du soir, où desjà estoyent les flambeaux ardans en un grand pavillon artificiellement faict en la grand court dudict chasteau, le plus magnificque qu'il est possible de veoir ; au meilleu duquel estoit ung mas de plus de soixante piedz de hault [= 19,20 m] ; ledict pavillon estoit pavé de boys par le bas, et, par le hault, tout couvert en rond de drap bleu azuré à la haulteur dudict mastz, et tout autour estoyent

---

26. T. et D. Godefroy, t. 1, p. 157 (la source est Froissart).
27. T. et D. Godefroy, t. 1, p. 717 (la source est Jean d'Auton) : « Dedans la grande Cour du Palais de Gennes fut dressé un grand échaffaut, touchant aux degrez de l'entrée de la porte par où l'on monte en la Salle dudit Palais : Et sur celuy échaffaut un autre petit échaffaut, sur lequel estoit une haute chaire préparée pour le Roy, et couverte de drap d'or ; et le dessus couvert d'un poisle semé de fleurs de lys, et le bas couvert d'un drap pers, semé aussi de fleurs de lys. Et là aux deux costez estoient bancs et chaires mises pour asseoir les Seigneurs du Sang, et les Cardinaux qui là estoient. Aux deux costez estoient les Gentils-hommes et les Archers de la Garde à deux rangs, prenant dudit échaffaut en tirant jusques à la porte de l'entrée du Palais, pour faire là entrer le peuple, et garder la presse. »
28. *Le Baptesme de monseigneur le Daulphin de France*, op. cit. n. 24.
29. Lettre de Bernardino Chiozo, cit. n. 23, dans M. Sanudo, *op. cit.*, col. 406.
30. A.-M. Lecoq, « Une fête italienne à la Bastille en 1518 », dans *« Il se rendit en Italie ». Études offertes à André Chastel*, Rome, Paris, 1987, pp. 149-168.

belles galleries fermées de petis pilliers à cleires voyes pour veoir, au-dedans richement estouffez, et au-dessus d'iceulx pilliers et tout autour dudict pavillon estoyent chappeaulx de triumphes, en chescun desquelz estoyent escussons des armes du Roy, du duc de Clèves, et princesse de Navarre ; et plus hault estoit tendu tout autour de fort riches tappisseries. A l'ung des coustez estoyent sept à huict haultz degrez tous couvers de riches tapisseries, qui estoit le lieu pour le repos des dames, et au droict desdictz degrez estoit tendu moictié de velours cramoisi et drap d'or, et par le dessus ung grand ciel ou poille de mesme, de la longueur desdictz desgrez, riche à merveilles, et dessoubz ledict pavillon pendoit grand nombre de beaulx chandelliers croisez de quatre grands flambeaulx de cire, qui rendoient aussi grand clarté comme si se fust en plain jour. Sur l'une des galleries dudict pavillon estoyent dressez deux eschaffaulx où estoyent les joueurs de trompettes, tabourins de Suisses [etc.] qui donnèrent la sonnade au Roy quand il entra audict pavillon[31]. »

Le bal et les fiançailles le premier soir, le mariage, le souper et le bal costumé le lendemain et, deux jour après, les cérémonies de la Fête-Dieu prirent place sous ce pavillon. Seul le déjeuner qui suivit le mariage eut lieu « en une salle dudict chasteau ».

Le 3 juillet 1546 eut lieu à Fontainebleau le baptême d'Élisabeth, fille aînée du dauphin Henri. La fête coïncidait avec le traité de paix entre la France et l'Angleterre et Henry VIII, choisi comme parrain, s'était fait représenter par son Amiral et son Grand Trésorier. Il y avait beaucoup d'Anglais et aussi d'Espagnols à la cour, et le roi fit très bien les choses, comme le souligne Guillaume Paradin (corroboré ici par d'autres sources)[32] :

« Pour faire et célébrer ledit baptesme, avoit fait faire le Roy grand et somptueux appareil à Fontainebleau, ayant mandé tous les Princes et Princesses de ce Royaume, lesquelz se trouvèrent au jour prefix et ordonné, auquel fut la cour du donjon de Fonteinebleau toute du long et du large tant haultes que basses galleries aornée et tapissée de si somptueuse et riche tapisserie, que la moindre chose et plus vile qui y fust, estoit or et soye. Au mylieu de ladicte court estoit un theatre de bois enlevé de grand artifice, avec portaux à l'antique, aux frizes desquels estoit escrit : AUDIERUNT REGES VERBA ORIS EIUS. Et estoient les dits portaux tous couverts de lierre et verdure, avec force escussons, armoyez des armes de France et Angleterre, qui pendoient à chappeaux et rainceaux de triomphe par le dessus et à l'entour du dit theatre, au mylieu duquel estoit enlevé un hault mas, tout revestu de lierre, attaché avec lames et lemnisques d'or cliquant depuis le hault jusques en bas, au dessus dudit mas estoit attaché à grand cordage un grand voile de drap ou sarge de couleur celeste, tendue en mode d'un ciel, tout estellé de petites estoilles dudit or cliquant, lesquelles souz le dit ciel rendoient une plaisante lueur. Et au bas dudit mas estoit un grand buffet apends à neufz estages, en forme piramidale : au dessus duquel pendoit un riche poile ou ciel de drap d'or frizé. Dessus ce buffet estoit la vaisselle Royale toute d'or, et une infinité de vases antiques [...], tellement que François et Anglois confessoient n'avoir jamais veu chose qui meritast d'estre tant prisée. »

Une fois de plus, les rois de France, selon les mots de Papire Masson, rendaient « toutes choses propres et capables de leurs désirs ». Et cela par le truchement du charpentier qui, inlassablement, posait et déposait les planches sur lesquels montait, pour se montrer au peuple des villes ou à la foule des courtisans, la majesté royale : tantôt le grand escalier du music-hall, tantôt le pont du kabuki, tantôt la piste et le chapiteau du cirque...

La « politique-spectacle » ne date pas d'aujourd'hui.

---

31. Ed. G. Guiffrey, Paris, 1860, pp. 367-368.
32. *Histoire de nostre temps*, op. cit., n. 19, p. 143. Autres sources sur le « théâtre » de la cour Ovale : lettre de Guron Bertano au cardinal Sancta Fiore, du 4 juillet 1546, dans *Letters and Papers, Foreign and Domestic, of the Reign of Henry VIII*, vol. XXI, part. 1, Londres, 1908, p. 603, n° 1216 ; lettre de l'ambassadeur Saint-Mauris à Charles-Quint, du 16 juillet 1546, conservée dans les archives de Simancas (Espagne), citée par L. Châtelet-Lange, « La "*forma ovale si come costumarono li antichi romani*" : salles et cours ovales en France au XVIe siècle », *Architectura*, 1976, pp. 137-138.

1. Jacques Androuet Du Cerceau, le château de Montargis, détail : le grand escalier extérieur. Dessin. Londres, British Museum.

2. Restitution du dispositif mis en place pour le couronnement de Charles-Quint à Bologne en 1530 (d'après G. Conti, 1980). A. Palazzo Pubblico : premier étage. B. San Petronio : 1) pont de bois ; 2 et 3) chapelles en bois de S. Maria inter Turres et de S. Gregorio ; 4) plate-forme imitant la *Rota porfiria* de Saint-Pierre de Rome ; 5) tribunes à gradins pour les spectateurs ; 6) chapelle en bois de S. Maurizio ; 7) orgue ; 8) emplacement des musiciens ; 9) trône pontifical ; 10) trône impérial ; 11) fontaine ; 12) arc de triomphe.

3. Le « Corridor vasarien » reliant le Palazzo Vecchio et le palais Pitti, établi à l'occasion des noces de François Ier de Medicis et de Jeanne d'Autriche en 1565 (d'après G. Fanelli, 1980).

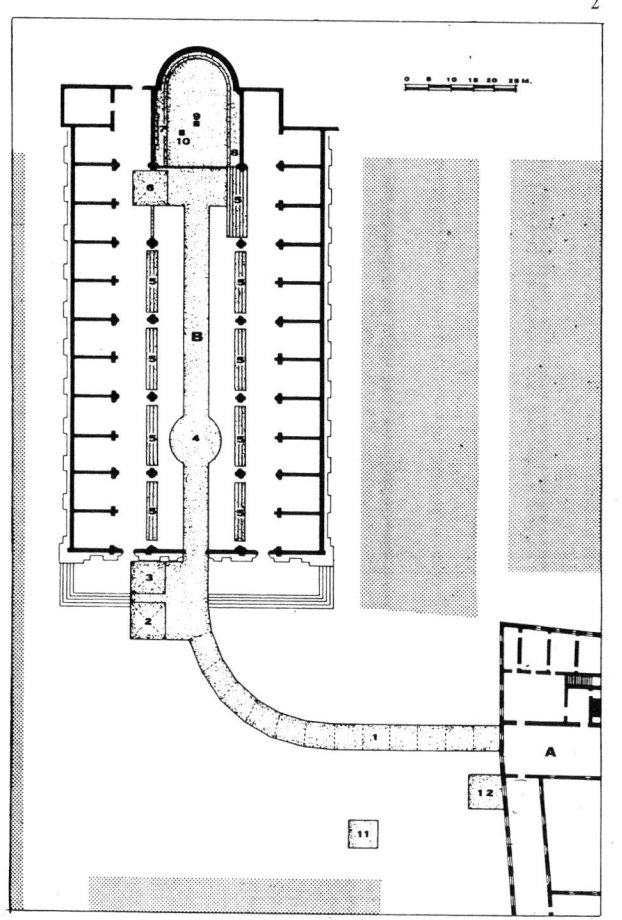

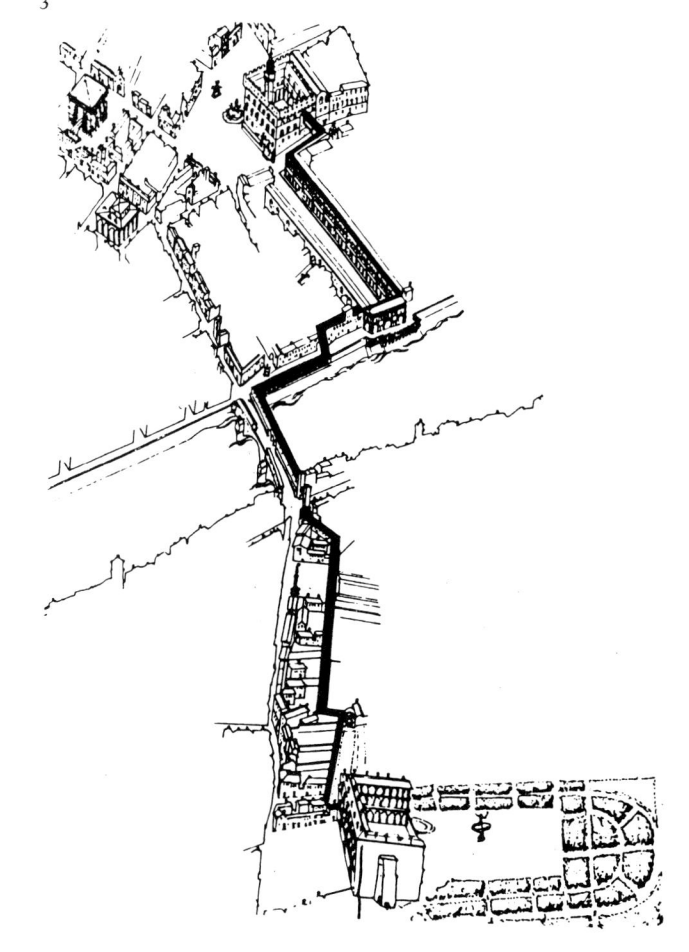

LES RÉSIDENCES ROYALES À L'ÉPREUVE DES FÊTES

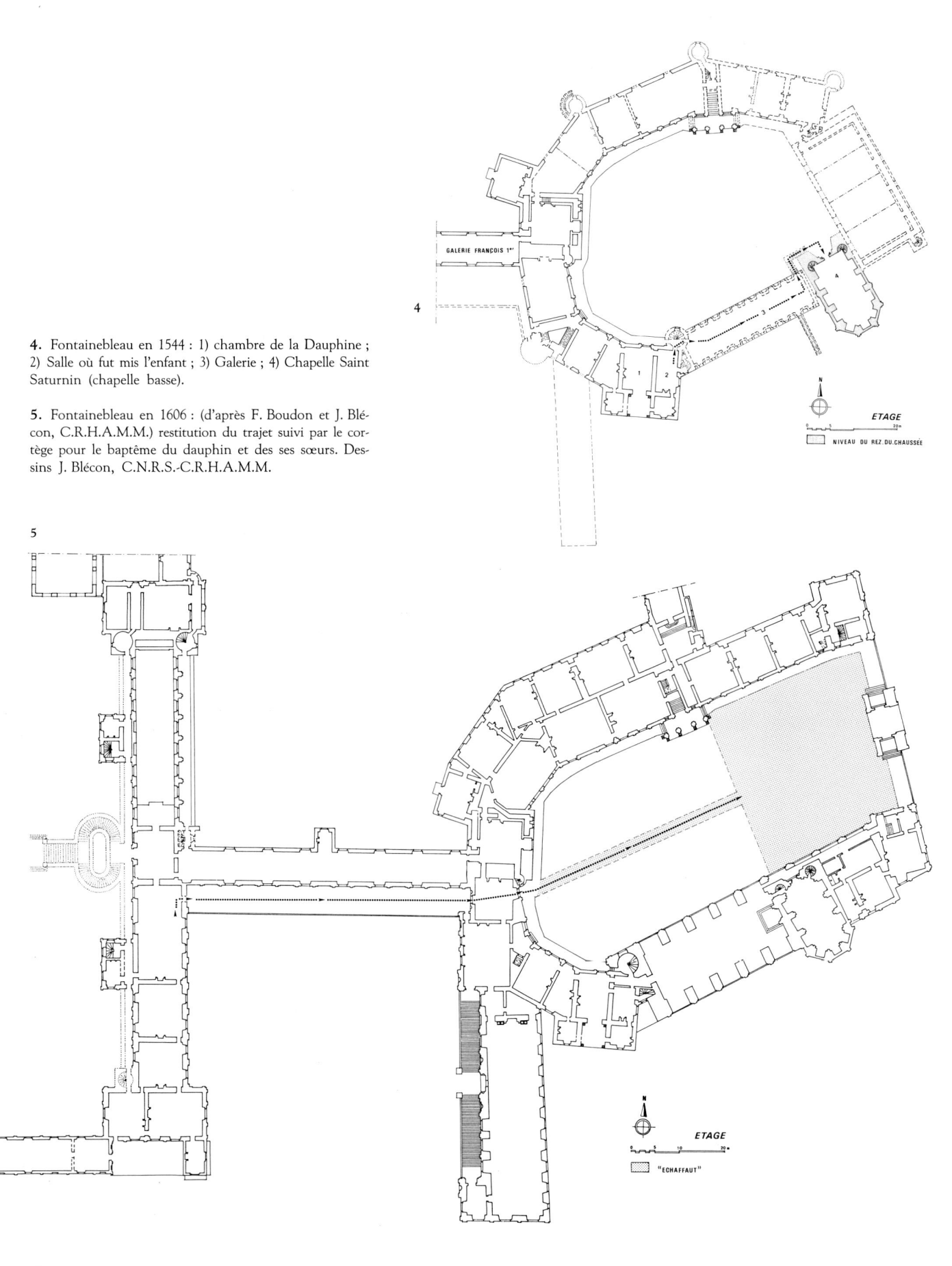

4. Fontainebleau en 1544 : 1) chambre de la Dauphine ; 2) Salle où fut mis l'enfant ; 3) Galerie ; 4) Chapelle Saint Saturnin (chapelle basse).

5. Fontainebleau en 1606 : (d'après F. Boudon et J. Blécon, C.R.H.A.M.M.) restitution du trajet suivi par le cortège pour le baptême du dauphin et des ses sœurs. Dessins J. Blécon, C.N.R.S.-C.R.H.A.M.M.

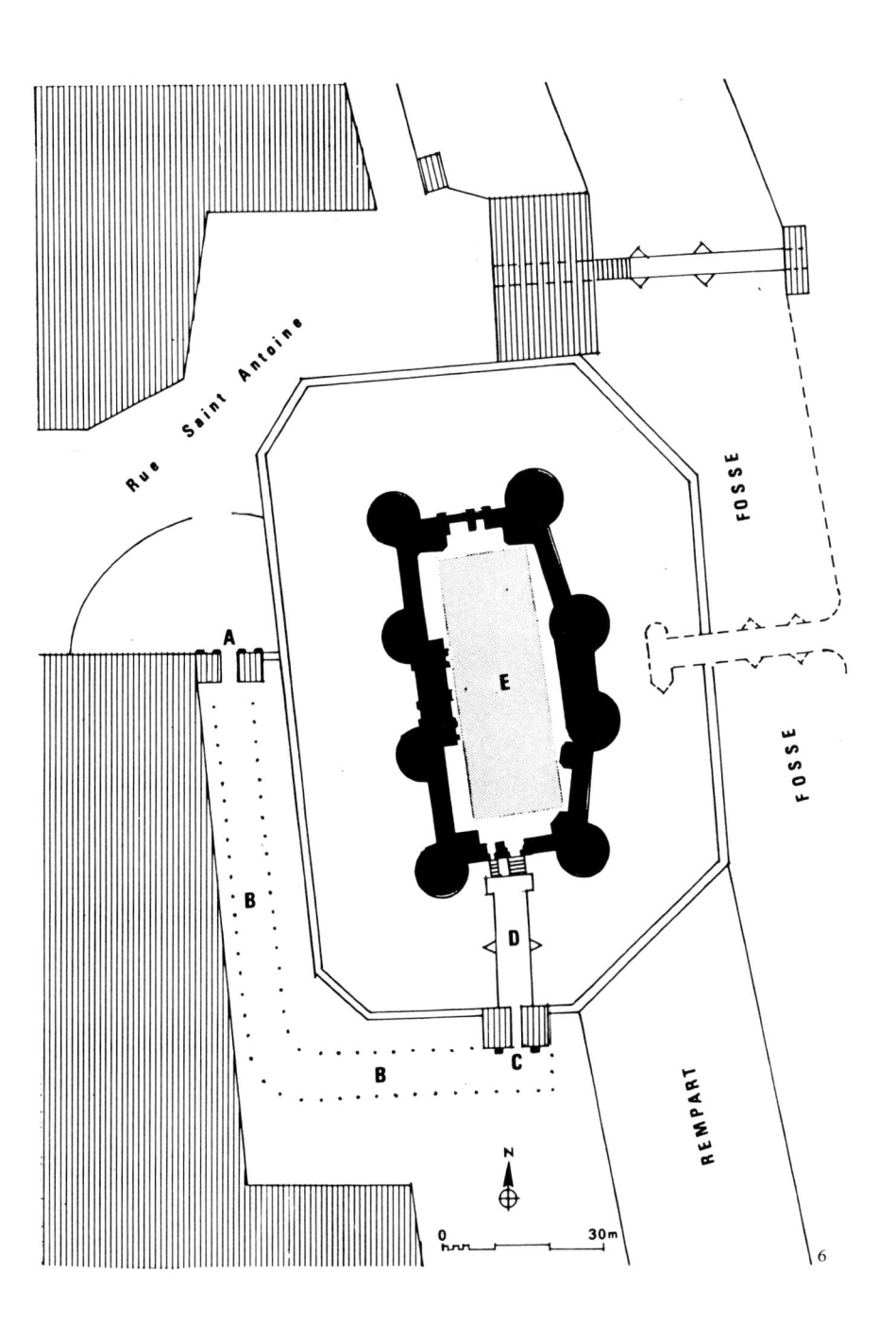

6. Fête de la Bastille, le 22 décembre 1518, essai de restitution du dispositif. A : arc d'entrée de la galerie ; B : galerie d'accès ; C : arc d'entrée du pont dormant ; D : pont dormant ; E : salle de fête.

7. Fête de la Bastille, salle provisoire dans la cour, essai de restitution en plan. R) siège du roi ; M) siège de Marguerite d'Angoulême, duchesse d'Alençon ; C et L) loge d'honneur pour la reine Claude et Louise de Savoie ; B) buffet de vaisselle d'or ; b) buffet de vaisselle d'argent.

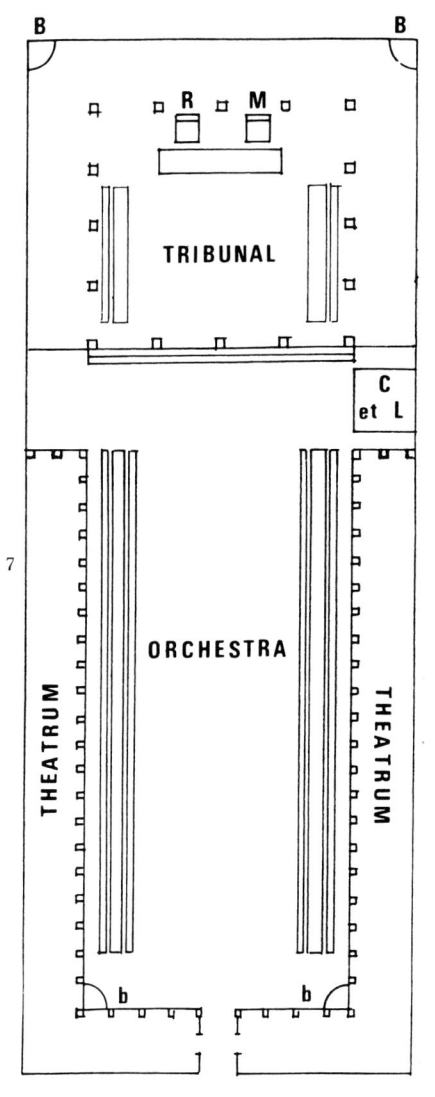

LES RÉSIDENCES ROYALES À L'ÉPREUVE DES FÊTES

The Palaces of Henry VIII

by Simon THURLEY

Henry VIII was by far the most prolific builder to sit on the English throne. On his death in 1547, he owned 67 houses, more than any other English monarch before or after him. In 1509 on his accession, the inherited from his father, Henry VII, 23 royal houses. During the 38 years of his reign Henry VIII acquired 44 new houses for royal occupation, more than one house a year for each year of the reign. This vast number of houses was far more than anyone could realistically hope to use, let alone properly maintain. During the reigns of his children there was a gradual dispersal of houses ; Edward and Mary disposing of 17 and Elisabeth of 8 more. James I and Charles I rid the crown of a further 19 houses, so that by 1649, 100 years after the death of Henry VIII, the 67 royal houses had been reduced to only 23[1].

There was a great deal of specialization amongst Henry's 67 or so houses (the term palace was, on the whole, reserved for the king's principal house and seat of government at Westminster). The very largest houses, Whitehall, Greenwich, Richmond, Eltham and Hampton Court were London based, and were the exception to the rule. They were enormus sprawling complexes of buildings clustered round courts providing accomodation for several hundred people. In contrast, the majority of his houses were substantial fortified manor houses, mostly within a few days ride from London. There was also a substantial group of houses further afield, mainly in areas of good hunting[2].

Some of the king's houses could be termed *progress houses*, buildings specially positioned in hunting grounds and visited with reasonable frequency during the summer. The houses of Woodstock (Oxfordshire), Woking (Surrey) and Ampthill (Bedfordshire) were examples of this type. Other houses were rarely used by the King and were granted to his wives and children. Baynards Castle in London and Havering-at-Bower (Essex) were houses granted to each of Henry's queens. Other than the nursery houses of Hunsdon and Ashridge, several other substantial houses were granted to his children. Therefore the total of houses regularly used by the full court was far smaller than the overall total would suggest[3].

Most of the King's houses were acquired in the ten years between 1530 and 1540 and the majority of them were acquired from his subjects and from the church ; very few houses were wholly built from new. Only 6 % of his houses were entirely new buildings ; most of the King's houses were, in fact, extensions and alterations of existing buildings. The existing houses were obtained from a variety of sources. Two important batches came from great ministers ; Cardinal Wolsey gave 5 houses to the King in 1530, and the Archbishop of Canterbury, Thomas Cranmer, gave the King a similar number

---

1. H.M. Colvin ed., *The History of The King's Works* IV, London, 1982, pp. 7-8.
2. H.M. Colvin, *op. cit.*, n. 1, fig. 1, p. 4.
3. S. Thurley, *English Royal Palaces 1450-1550*, Unpublished PhD thesis, Courtauld Institute of Art, London, 1990, pp. 304-11.

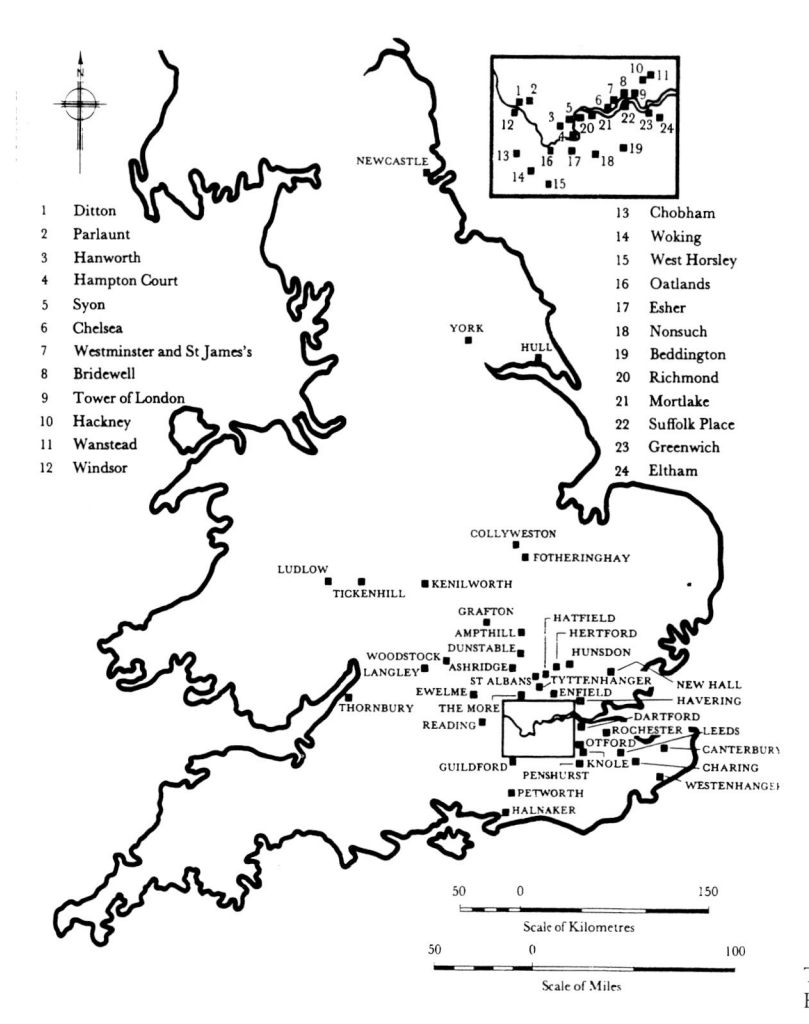

1 Ditton	13 Chobham
2 Parlaunt	14 Woking
3 Hanworth	15 West Horsley
4 Hampton Court	16 Oatlands
5 Syon	17 Esher
6 Chelsea	18 Nonsuch
7 Westminster and St James's	19 Beddington
8 Bridewell	20 Richmond
9 Tower of London	21 Mortlake
10 Hackney	22 Suffolk Place
11 Wanstead	23 Greenwich
12 Windsor	24 Eltham

The Royal houses in the reign of Henry VIII (1509-1547).

in the 1530s. A further significant group of buildings (about 15 % of the total) came from supressed monastic houses, but by far the largest number of houses, roughly a third, were either bought, exchanged or forfeit to the king[4].

The historian of Henry VIII's houses is faced with many problems, the most serious of which is that few of the buildings survive today. After the King's death in 1547 there was a rapid dispersal of houses and by 1649 only 23 remained. By 1800 the number of surviving houses was less than 10[5]. Greenwich, the most heavily used Tudor royal palace, had been replaced by a seaman's hospital. Whitehall, at the time the biggest palace in Europe, is now a collection of government offices. Of Eltham, another big London palace, only the Hall remains. Of Richmond, Henry VII's finest palace, only the gatehouse survives. Indeed of the original group of Henrician houses substantial remains exist only of two, Hampton Court and St. James's.

The historian's problems are increased by the fact that a Hampton Court only half the palace survives; the important half, that containing the King's and Queen's lodgings, was rebuilt by Sir Christopher Wren in the late seventeenth century and of it no trace remains. At St.James's where the royal lodgings do still survive, they were extensively altered by Wren in 1702-3. Therefore the principal sources of evidence for Henry VIII's building activities are archaeology and documentary research. The records

---

4. S. Thurley, *op. cit.*, n° 3, pp. 205-207.
5. H.M. Colvin, *op. cit.*, n. 1, pp. 7-8.

of the sixteenth century Office of Works (the organisation which built and maintained the King's houses) are very full. Much recent work has been done on these manuscripts and a great deal has been learnt from them[6]. Recent archaeological excavations have also increased our knowledge of the palaces ; several sites having been excavated including Whitehall, Greenwich and Richmond. However, both excavation and documentary research have limitations. Archaeology can only provide a ground plan and not a plan of the upper floors where the main royal lodgings were. The documents are more useful in interpreting the royal lodgings but without a proper plan the evidence is of limited use.

The lack of evidence is all the more frustrating as, during the reign of Henry VIII, the plan of the English royal palace underwent a critical change which was to infuence the form of royal buildings well into the eighteenth century. The central element in this change was the emergence of a new area of the palace devoted to the king's private use. An area which did not exist before 1530 due to political and organisational constraints, and one which after 1530 became the most important area in the palace. The change can be charted by briefly considering the plans of three of Henry's palaces, Bridewell, Hampton Court and Nonsuch.

Bridewell

Bridewell palace is one of Henry VIII's least known buildings mainly because, only 30 years after it was built, the crown gave it away to the City of London to be a hospital. It was begun in 1515, on a piece of land just outside the city of London, just off modern day Fleet Street. It was built in an district in which the crown already had interests, and on land belonging to Cardinal Wolsey. Initially it was a building of one courtyard and a gallery but this was later extended to two courtyards, the eastern one housing the kitchens and service buildings[7].

The building continued to be used by Henri VIII until about 1530. Soon after the King's first divorce, he abandoned Bridewell and reserved it for the accomodation of French ambassadors whose main London house it became until 1550. In 1666 it was burnt, but not destroyed, by the Great Fire of London and was finally demolished in the 19th century.

Two early sixteenth century views of the palace survive (fig. 1) and these, together with an eighteenth century survey and other documents, reveal its original form. There was an inner courtyard, from which a gallery ran towards the river Thames. The outer courtyard was connected via a second gallery to the house of the mendicant order of Blackfriars. The royal lodgings were grouped around the inner court of the building, divided into a king's side and a queen's side. The King's side was connected to the river by the long gallery (fig. 3).

The king had two main reception rooms. The watching chamber, and the presence chamber. This led off to his privy chamber and presumably onto his bedroom. Further important rooms such as the council chamber and the king's closet or private

---

6. *The History of the King's Works* (H.M. Colvin, *op. cit.*, n. 3) is the most important of these.
7. D. Gadd and T. Dyson, « Bridewell Palace Excavations at 9-11 Bridewell Place and 1-3 Tudor Street, City of London 1978 », *Post Medieval Archaeology*, 1981, n° 15, pp. 1-79. S. Thurley, *op. cit.*, n. 3, pp. 94-107.

chapel were situated in the great gallery. The queen's lodgings we know less about but they almost certainly reflected the King's arrangement exactly. They were sited on the first floor but their upper parts occupied the second floor. An internal stair linked the King's and queen's lodgings[8].

There were clearly other private rooms belonging to the King and Queen, for these are mentioned in repair accounts. They cannot have been situated on the main floors as these were taken up with the public reception rooms. Any private lodgings must have been below the main rooms on the first floor.

Thus it seems that the King and Queen had identical sets of lodgings facing each other across a courtyard. There were two public rooms, the watching and presence chambers and one private room, the privy chamber. Any further private rooms must have been on the floors below. Accomodation was, therefore, very limited and the compact plan of the palace left little space for the King and Queen to have any privacy. It was essentially a house of 8 rooms, four for the King and 4 for the Queen, and in this way it was not very different to Henry VIII's other early houses, all of which shared the lack of extensive private accomodation for the king[9].

The plan of these early buildings represented interests and requirements of Cardinal Wolsey's generation and not of the Henry VIII's. Wolsey's schooling had been under Henry VII and his buildings were conditioned by the requirements of Henry VII's reign. Bridewell had been built entirely under the supervision of Wolsey and therefore represented Wolsey's outdated views on planning rather than Henry VIII's planning needs[10]. Wolsey's influence was, in fact, responsible for the lack of privy accomodation for the King through his hostile attitude to the King's Privy Chamber. The privy chamber was not only a room in the King's palace but more importantly it was the household department which had most contact with the King's person.

The Privy Chamber

The English Privy Chamber[11] had been set up by Henry VII sometime around 1495 to bring England into line with French and Burgundian household organization. It was manned with the equivalent of the French *valets de chambre* headed by a *premier valet*. Like their French counterparts the valets were not noble. They served the King in his privy chamber and acted as his administrative and personal assistants[12].

The Privy Chamber was of little political importance in the reign of Henry VII, but under Henry VIII it suddenly became a political force. This was mainly due to the fact that Henry VIII removed the nonentities who had served in the Privy Chamber under Henry VII, and filled it with his young noble friends. These men became, after 1518, Henry's *Gentilhommes de la chambre* in imitation of Francis I's Privy Chamber.

The increase in status of the Privy Chamber after 1518, was a great threat to Wolsey.

---

8. This follows the reconstruction in S. Thurley, *op. cit.*, n. 3, pp. 94-105.
9. For a discussion of Henry VIII's other early palaces see S. Thurley, *op. cit.*, n. 3, pp. 89-126.
10. S. Thurley, *op. cit.*, n. 3, pp. 94-106.
11. Capitalised « Privy Chamber » denotes the organization, in lower case « privy chamber » denotes the room.
12. D.R. Starkey, *The King's Privy Chamber, 1485-1547*, unpublished PhD dissertation Cambridge, 1973, is the standard work on the king's Privy Chamber, but for an excellent summary see D. Starkey, « Intimacy and Innovation: the rise of the Privy Chamber 1485-1547 », D. Starkey ed., *The English Court*, London, 1987, pp. 71-118.

He had hitherto enjoyed the king's sole trust, but the emergence of a Privy Chamber filled with influential courtiers, to which he had no access, was bound to cause friction. Indeed it created two centres of power and political patronage at court, one centred on Wolsey and the other on the Privy Chamber. Throughout the 1520's there was great tension between Wolsey as chief minister, and the Privy Chamber as an alternative centre of power[13].

Wolsey, by a series of reforms, tried to limit the influence of the Privy Chamber and retain own his ascendency. At first he tried physically to eject favourites from the Privy Chamber, later he tried to pack it with his own men, and finally he put a limit of 15 people on its membership. All these moves had the effect of stunting the growth of the Privy Chamber as an organisation prior to Wolsey's fall in 1530[14].

This all had important architectural implications. Under Henry VII and Wolsey, the privy chamber, as a room, was the centre of the king's business and private life — his social and political life was conducted outside the privy chamber in the public (or *outward*) rooms of the palace. However, with the re-formation of Henry VIII's Privy Chamber, now filled with his friends and confidants, the privy chamber became the centre of the king's social life and of political intrigue.

Under Wolsey, any attempt by the king to form a separate area of the palace in which the privy chamber could flourish behind Wolsey's back, was stopped by Wolsey's reforms. But after Wolsey's fall in 1530 the the way was open for just such an area to be created. After 1530 the increase in numbers within the privy chamber and the broadened scope of activities carried on within it demanded an increase in the number of rooms available. The 8-room plan of early palaces, like Bridewell, therefore rapidly became outdated.

Hampton Court

The architectural effects of the expansion in the territory required by the privy chamber can be best seen in the development of the plan at Hampton Court (figs. 2-5). Here, this tendency to retreat from the social and political life of the outward rooms into the intimacy of the privy lodgings, can be clearly seen.

At Hampton Court in the early 1530s the king was living in a suite of four rooms in a similar arrangement to those at Bridewell. He was provided with two public rooms, the watching and presence chambers and two private rooms, the privy and bed chambers. He also had access to a gallery. The queen was living above him on the second floor. There was no private accomodation. One of Henry's first works at Hampton Court was to build on a private bedroom, bathroom and study for himself, in a attempt to increase his private accomodation. Between 1530 and 1538 there was continuous building at Hampton Court in an attempt to create an arrangement which would provide the King with accomodation suitable both for public ceremonial and for his private life with the Privy Chamber[15].

---

13. On this point see in addition D. Starkey, « Court and Government », C. Coleman and D. Starkey ed., *Revolution re-asessed*, Oxford, 1986, pp. 33-6.
14. S. Thurley, *op. cit.*, n. 3, pp. 152-155.
15. S. Thurley, « Henry VIII and the Building of Hampton Court ; A Reconstruction of the Tudor Palace », *Architectural History*, 1988, vol. 31, pp. 1-51.

Eventually by 1538 a solution had been found. The King had built a new courtyard to the east of the original range which was to contain private accomodation for the King and Queen. The original outward rooms to the west were now only used for big court gatherings, and the King and queen had subsidiary entertainment rooms that could be used for everyday public events. Beyond these rooms was the privy gallery off which opened the King and Queen's private lodgings.

It was the emergence of the privy gallery which was the critical development, for it formed an exclusive section of the palace to which only the personnel of the King's and Queen's Privy Chambers had access. It created exactly what Wolsey had been trying to avoid, an area of the palace where the king's favourites could enjoy the King's sole attention un-interrupted. Access to this area was only from the King's and Queen's privy chambers and therefore the staff of the Privy Chamber could regulate who was to see the king.

The contrast with Bridewell was very marked. At Hampton Court there was a plan with three zones, one for the public state occasions, one for everyday public life and a third large zone reserved for the king and his friends. At Bridewell, admittedly a smaller palace, the whole emphasis was on the public rooms, there was no specially sealed off zone for the use of the sole king and his Privy Chamber.

Nonsuch

In 1538, on the 30th aniversary of his accession, Henry VIII began to build his last palace, Nonsuch in Surrey. Like Bridewell it was to be built on a new site and there were no pre-existing buildings to influence its form. It was totally demolished in 1682 and not a single brick or stone now remains above ground. However there is much evidence as to the form of Nonsuch palace. Several paintings and drawings survive and two full written accounts describe the arrangement of its rooms. In addition to these, the palace was fully excavated in 1959 and this has produced an excellent ground plan[16].

The plan was very simple (fig. 4). There were three courts: an outer court providing lodgings for courtiers, a kitchen court, and the inner court around which the principal lodgings were ranged. Nonsuch was not a full scale royal palace like Hampton Court or even Bridewell. It was essentially a grand hunting lodge, and probably was only ever intended for relatively short visits and not the two month stays that the biggest palaces catered for. As such it did not have extensive lodgings for courtiers or a great hall, for instance. But despite these factors, which clearly make it a special case, a comparison between the plan of Nonsuch and the earlier palace of Bridewell is valuable[17].

Figure 6 is a reconstructed plan of the royal lodgings at Nonsuch drawn up from the excavated plan and from the surviving detailed descriptions of the palace, which include the measurements of many rooms. It shows that the King's lodgings were entered from the inner court by a staircase which, in fact, led up from the guard or watching chamber on the ground floor. The first room was the presence chamber, and

---

16. H.M. Colvin, *op. cit.*, n. 1, pp. 179-205. J. Dent, *The Quest for Nonsuch*, 2nd ed., London, 1970.
17. S. Thurley, *op. cit.*, n. 3, pp. 239-244.

beyond this was the privy chamber entered by a short passage, off which were two closets. The privy chamber led into the privy gallery and also into two private living rooms for the king. Beyond these two was the King's bedchamber. Much less is known of the Queen's side but it was probably arranged in exactly the same manner; the rooms progressing from the presence chamber to the privy chamber and on to the gallery and the queen's bedchamber. The privy gallery connected the two privy chambers and behind it lay the range of privy lodgings[18].

This plan is very similar to the plan developed at Hampton Court in the 1530's. Both houses have the royal lodgings facing each other across a courtyard; both have the privy gallery running between the two ranges and both have the privy lodgings springing off the privy gallery.

Clearly, this arrangement was found most convenient by the King. It certainly allowed him to have a water-tight compartment into which he could retreat away from the court, which continually surged around him. It was a very different arrangment to that built at Bridewell 23 years earlier. If the two plans are compared it can be seen that the Bridewell plan leaves no space for the King's private rooms at first floor level at all (fig. 3). The Nonsuch plan, however is at least half devoted to the provision of private lodgings for the king and queen. In the 25 years between the building of Bridewell in 1515 and the completion of Nonsuch in 1540, a revolution in planning had taken place.

*
* *

The increasing tendency of the king to isolate himself from the main body of the court, by providing for himself a separate part of his palace in which he could live in a self-contained manner in the company of his Privy Chamber, was critical for the development of the English royal palace. It was a development which went hand in hand with the political rise of the Privy Chamber, both as an institution and as the men who served the king's person and controlled access to his presence. The expansion of the Privy Chamber only became possible after the death of Wolsey in 1530, and it is only after this date that the privy lodgings, centred on the privy gallery, develop.

Henry VIII's move away from public life was a decisive break with tradition. His father, Henry VII, would have recognised the 8/room plan at Bridewell in the 1520's but not the elaborate privy lodgings at Hampton Court of the 1540's. The revolution in planning, which took place in the 1530's, was not to be reversed. Henry VIII's buildings remained the core of English royal palaces until the late 17th century. And even then, when Sir Christopher Wren was busy replacing the Tudor Fabric of palaces like Hampton Court and St. James, he was recreating the plan developed in the 1530's in a more modern guise[19].

Much of this continuity was a result of the fact that the architectural revolution of the 1530's was also an organisational one. The form of household organisation created in those years lasted in very much the same form until the nineteenth century — the unchanged function of the royal household preserving the architectural form of the palaces. It is only in very recent times, with the decline in importance of the court, that the plan of the English royal palace has lost its meaning.

---

18. *Ibid.*
19. S. Thurley, *The Royal Lodgings at Hampton Court 1515-1547*, Courtauld institute of Art MA. Report London, 1987, fig. 2.
    Since the above article was written, see Simon Thurley, *The Royal Palaces of Tudor England*, New Haven and London, 1993.

1. Bridewell Palace. Detail of woodcut of 1561-1566, attributed to Agas.

2. Hampton Court. View from the south by A. van den Wyngaerde, 1558.

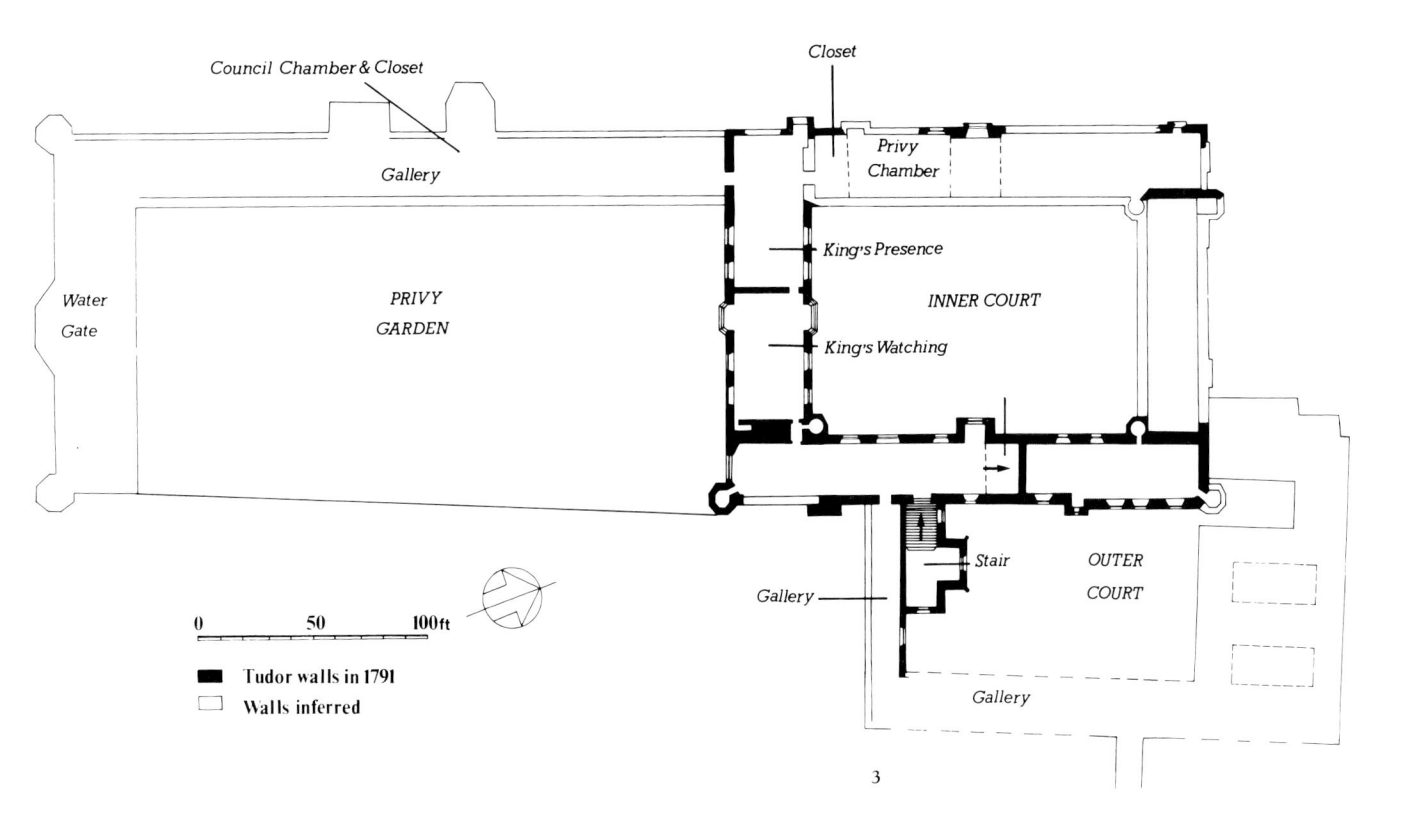

3. Bridewell Palace. Plan of the second floor and half storey.

4. Nonsuch Palace, 1538-1547. The first floor plan of the inner court.

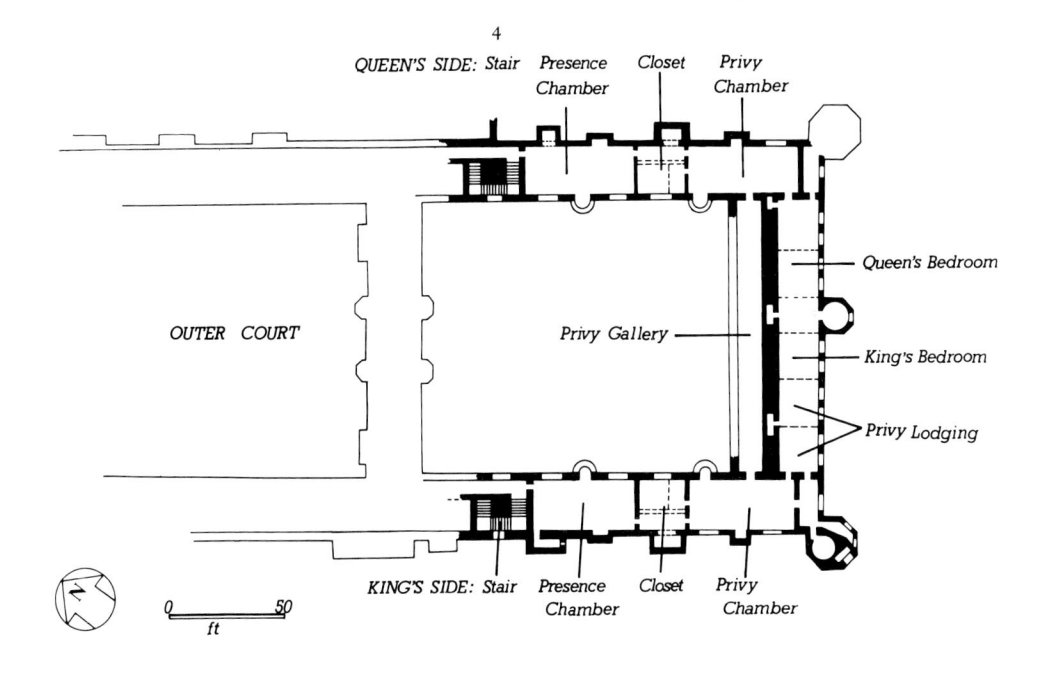

THE PALACES OF HENRY VIII

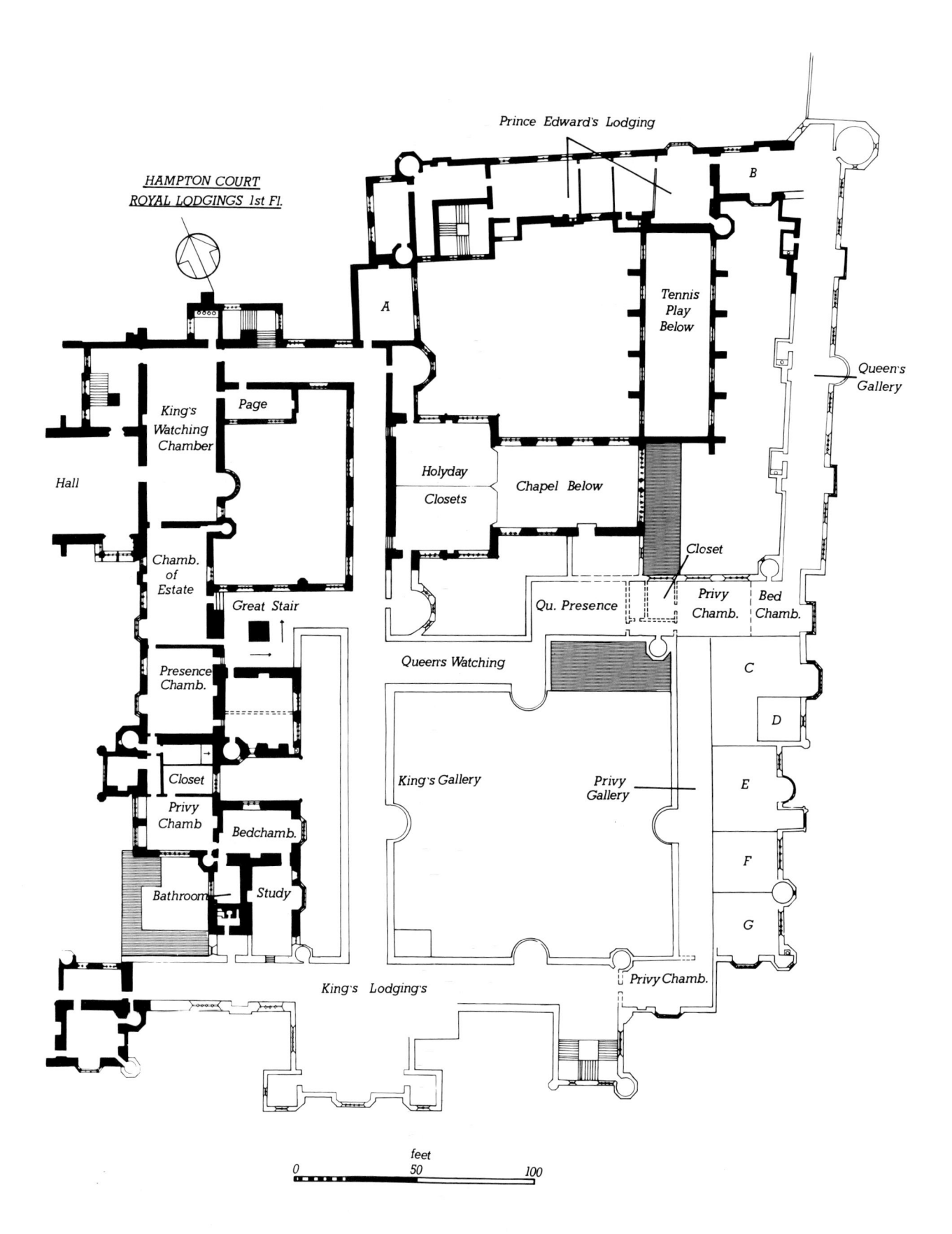

5. Hampton Court. First floor plan, 1547. A: Council Chamber, 1529; B: Council Chamber, 1540; C: Queen's bed chamber; D: tower on east front; E: Privy chamber; F: Withdrawing chamber; G: King's bed chamber.

Le palais de Charles-Quint à Bruxelles

Ses dispositions intérieures
aux XVᵉ et XVIᵉ siècles
et le cérémonial de Bourgogne

par Krista DE JONGE

Le 4 novembre 1517, lors de son premier voyage en Espagne, Charles-Quint visita sa mère Jeanne de Castille à Tordesillas. D'après le récit de Laurent Vital, la reine-mère lui avait fait préparer un appartement comprenant une première salle « toute tendue d'une belle riche tapisserie historiée par personnaiges du mistère de la Bible », ensuite « une aultre salle ou grant chambre ordonnet pour disner le Roy », la chambre à coucher tenant à la première salle, et la « retraicte »[1]. Puis « il y avoit une aultre chambre, en allant de la chambre du Roy vers le quartier de monseigneur de Chieuvres »... Le « quartier » d'Éléonore, la sœur du roi, se composait en revanche d'une « salle où elle devoit mengier » suivie de « la chambre où elle debvoit couchier ».

La disposition de l'appartement royal avait apparemment été dictée par le cérémonial de la Cour de Bourgogne. L'*Ordonnance* du 25 octobre 1515 explique que les entrées dans les deux espaces — ou, le cas échéant, le seul espace — précédant la chambre à coucher du roi étaient soumises à un règlement assez strict : les gentilshommes étaient admis dans la première chambre ou salle avant la chambre à coucher, tandis que les pensionnaires, chambellans et maîtres d'hôtel pouvaient avancer jusqu'à la deuxième, personne ne pouvant entrer dans la chambre à coucher sans y avoir été invité par le roi, à l'exception des grands maîtres, du chancelier et des chevaliers de la Toison d'Or[2]. Le cérémonial de Bourgogne n'ayant pas changé sur ce point depuis le temps du père de Charles-Quint, Philippe le Beau[3],

---

1. Laurent Vital, *Premier voyage de Charles-Quint en Espagne, de 1517 à 1518*, dans L.-P. Gachard, C. Piot, *Collection des voyages des souverains des Pays-Bas*, t. III, Bruxelles, 1881, pp. 132-133.
2. *Ordonnance de Charles, prince d'Espagne, archiduc d'Autriche, duc de Bourgogne, etc., pour le gouvernement de sa maison, Bruxelles, 25 octobre 1515* (Bruxelles, Archives Générales du Royaume, Papiers d'État et de l'Audience n° 23/2, fol. 14), publié par L.-P. Gachard, *Collection des voyages...*, t. II, Bruxelles, 1874, p. 497.
3. Le même règlement apparaît déjà dans l'*Ordonnance et état de l'hôtel de l'archiduc Philippe le Beau, fait à Gand le 1ᵉʳ février 1499* [1500 n. st.], A.G.R., Papiers d'État et de l'Audience, n° 22/5, fol. 130 et dans l'*État de l'hôtel de Philippe-le-Bel, duc de Bourgogne, en l'an 1496, à Bruxelles*, Bruxelles, Bibliothèque Royale (ms. publié par le baron de Reiffenberg, « Suite de la notice des manuscrits conservés, soit dans des dépôts publics, soit dans des bibliothèques particulières (...) », *Bulletins de la commission royale d'histoire*, 1ʳᵉ sér. XI (1845-1846), pp. 716-717). Les ordonnances de 1515 et de 1499 reprennent en grande partie celle de 1496 [1497 n. st. ?], souvent de façon littérale. Citons la dernière : « Item, voulons que ordre soit tenu ès entrées de nos chambres, tant des pensionnaires, chambellans, maîtres d'hôtel et gentilshommes, à savoir : qu'il y aura une chambre devant celle où nous coucherons, en laquelle chambre seront les huissiers qui garderont la porte, et y entreront tous pensionnaires, chambellans, maîtres d'hôtel et gentilshommes, et si au lieu où nous serons y ait deux chambres devant la nôtre où nous coucherons, nous voulons qu'en la première entrent les gentilshommes, et en l'autre proche de la nôtre entreront les pensionnaires, chambellans et maîtres d'hôtel, et sinon entreront tous en une.

la suite de trois chambres mise à la disposition du roi à Tordesillas correspond à ce qui était dû à un duc de Bourgogne[4].

Ces données aident à comprendre la disposition beaucoup plus complexe du corps-de-logis du palais du Coudenberg à Bruxelles, résidence principale de l'empereur aux Pays-Bas, dont il avait hérité en 1506[5]. Ce palais fut détruit par un incendie dans la nuit du 3 au 4 février 1731[6], les caves de la « Cour Brûlée » sous l'actuelle place Royale mises à part[7].

En 1506 le palais[8] comprenait un bâtiment d'entrée précédé d'une avant-cour (les « Bailles ») puis, à gauche, le « Grand Sallon de la Cour », c'est-à-dire la grande salle construite par Philippe le Bon entre 1451 et 1461[9], à droite les communs et, au fond de la cour, le corps-de-logis. Dans l'angle de la cour, entre le « Grand Sallon » et l'aile principale, au-dessus de la vieille enceinte de la ville, se trouvait l'ancienne chapelle de la duchesse Jeanne de Brabant, datant de la deuxième moitié du XIVe siècle. Le corps-de-logis avait été construit par Philippe le Bon entre 1431 et 1436[10] et transformé par son fils, Charles le Téméraire, en 1468-1489[11] (fig. 1).

Item, quand nous serons levez, les valets de chambre ouvriront notredite chambre, garderont la porte et y laisseront entrer lesdits pensionnaires, chambellans et maîtres d'hôtel et nuls autres sans notre ordonnance, et ne pourra nul que ce soit nous servir et venir en notredite chambre de retraite, si ne le faisons ordonner, sur peine d'être royez » (transcription de Reiffenberg).

4. Voir nn. 2 et 3. A. De Ridder, « Les règlements de la cour de Charles-Quint », *Messager des sciences historiques de Belgique*, 1893, 1894, 1895, 1896 ; id., *La Cour de Charles-Quint*, Bruges, 1889 ; O. Cartellieri, *La Cour des ducs de Bourgogne*, Paris, 1946, pp. 87 sq. A propos des ordonnances de la Maison de Bourgogne, voir également W. Paravicini, « Soziale Schichtung und soziale Mobilität am Hof der Herzoge von Burgund », *Francia* V (1977), pp. 127-182 ; id., « Die Hofordnungen Herzog Philipps des Guten von Burgund. I. Die hofordnungen Herzog Johanns für Philipp, Grafen von Charolais, von 1407, 1409 und 1415. II. Die verlorene Hofordnung von 1419/1421. Die Hofordnung von 1426/1427. III. Die Hofordnungen für Herzogin Isabella von Portugal von 1430 », *ibid.*, X (1982), pp. 131-166 ; XI (1983), pp. 257-302, XIII (1985), pp. 191-212.
5. P. Saintenoy, « Les arts et les artistes à la Cour de Bruxelles », *Mémoires in-4° de l'Académie royale de Belgique, Classe des Beaux-Arts*, 1932, 1934, 1935. P. Seynaeve, « Le Palais du Coudenberg », *Bruxelles au XVe siècle*, Bruxelles, 1953, pp. 239-243. F. Anzelewski, « A propos de la topographie du Parc de Bruxelles et du quai de l'Escaut à Anvers de Dürer », *Bulletin van de Koninklijke Musea voor Schone Kunsten*, VI (1957), pp. 87-107. [Colonel] de la Kethule de Ryhove, « Les mystérieux souterrains de la place royale ont des siècles de souvenirs », *Les cahiers historiques* 4e sér. 1967, n° 46, pp. 1-48. R. Meischke, F. Van Tyghem, « Huizen en hoven, gebouwd onder leiding van Anthonis I en Rombout II », *Keldermans. Een architectonisch netwerk in de Nederlanden*, s' Gravenhage, 1987, pp. 146 sq. A. Smolar-Meynart, A. Vanrie et al., *Le palais de Bruxelles. Huit siècles d'art et d'histoire*, Bruxelles, 1991. Pour le contexte, voir A. Smolar-Meynart, « De vestiging van het hof van Filips de Goede en van de bestuursinstellingen in Brussel : een hoofdstad in wording », *Rogier Van der Weyden. Rogier de le Pasture. Officiële schilder van de Stad Brussel. Portretschilder aan het Hof van Bourgondië*, Bruxelles, 1979, pp. 15-23.
6. P. Saintenoy, « La gouvernance générale de l'Archiduchesse Marie-Élisabeth d'Autriche et l'incendie du Palais de Charles-Quint à Bruxelles en 1731 », *Annales de l'Académie royale d'Archéologie de Belgique* XXX (1921), pp. 24-29.
7. De la Kethule de Ryhove, op. cit., n. 5, pp. 37 sq.
8. Nous ne disposons que de plans postérieurs aux importantes transformations de l'aile principale survenues au début de XVIIe siècle : Bruxelles, Archives Générales du Royaume, *Cartes et plans, inventaire manuscrit* [A.G.R. ms] nos 1324, 1326, 1325, 1329, 1342, 1330, 1331 et *Cartes et plans manuscrits* [A.G.R. impr.], nos 509, 510, 567.
9. A. Henne, A. Wauters, *Histoire de la ville de Bruxelles*, Bruxelles, 1975 (rééd.), III, p. 370. P. Saintenoy, op. cit., 1934, n. 5, pp. 30 sq. P. Seynaeve, op. cit., n. 5, pp. 242-243.
10. Bruxelles, Archives Générales du Royaume [A.G.R.], *Chambre des comptes*, n° 27395.
11. Bruxelles, A.G.R., *Chambre des comptes*, n° 2423, fol. 153 v.-171 r.

L'état du XVᵉ siècle[12]

D'après les comptes, l'appartement ducal se trouvait au premier étage. En 1468-1469, il comprenait une suite de plusieurs espaces : la petite salle ou salle à manger, la chambre du duc ou chambre à coucher, et la « retraite ». Cette suite — le noyau même de l'appartement, que nous retrouvons plus tard à Tordesillas — était desservie par un petit escalier en vis, par laquelle Charles le Téméraire pouvait descendre à l'appartement des bains au rez-de-chaussée ainsi qu'au jardin et par laquelle il pouvait rejoindre les cabinets et la bibliothèque, situés au deuxième étage, ainsi que l'appartement de la duchesse, composé de la même façon que le sien. La grande salle d'audience du duc se trouvait au premier étage, en dessous de celle de la duchesse. Entre cette salle et la chambre du duc se trouvaient l'ancienne salle à manger de son père et une chambre de parement. La (nouvelle) « chambre à manger » et la chambre du conseil, situées à l'autre bout du corps-de-logis, étaient reliées à l'escalier d'honneur par une petite galerie voûtée (« alleye ») au-dessus du passage vers le parc. L'escalier ou « grande vis » se trouvait dans une tour hors-œuvre à base carrée surmontée d'une flèche octogonale en pierre, située au centre de la façade sur cour, à côté du passage vers le parc (fig. 2).

Le nombre de pièces constituant l'appartement ducal suprend, mais le palais Rihour à Lille, construit entre 1453 et 1473[13] (fig. 8), et le palais des comtes de Flandre à Bruges, reconstruit par Isabelle de Portugal à partir de 1445-1446[14] (fig. 9) — deux autres résidences disparues des ducs de Bourgogne — semblent avoir possédé des appartements aussi importants et complexes. Le fonctionnement de la suite centrale s'explique par le cérémonial, mais il est nettement plus difficile de comprendre — par exemple — la

---

12. Pour l'état du XVᵉ siècle, voir K. De Jonge, « Der herzogliche und kaiserliche Palast zu Brüssel und die Entwicklung des höfischen Zeremoniells im 16 und 17. Jahrhundert », *Jahrbuch des Zentralinstitutes München* V (1989-1990), pp. 128-159 et id., « Het paleis op de Coudenberg te Brussel in de vijftiende eeuw. De verdwenen hertogelijke residenties in de Zuidelijke Nederlanden in een nieuw licht geplaatst », *Revue belge d'archéologie et d'histoire de l'art*, LX (1991), pp. 5-38.

13. D'après les inventaires du 8 janvier 1483 (n. st.) et du 31 octobre 1520, publiés par M. Bruchet, « Notice sur la construction du palais Rihour à Lille », *Bulletin de la Commission historique du Département du Nord*, XXXI (1922), pp. 265 sq. et pp. 276 sq., l'appartement du duc comprenait, à partir de la chapelle (accotée à l'extrémité de l'aile du duc) : la « premiere chambre suyant la chappelle » (1520), la « Chambre de la Tour quarrée » (1483) ou « seconde chambre suyant » (1520), située en toute probabilité près de l'escalier d'honneur, qui était logé dans une tour carrée hors-œuvre, la « garde robe de ladicte chambre » (1483), la « grant Chambre de feu mons. le duc Philippe » (1483) ou « IIIᵉ chambre suyant qui fait sallette » (1520), qui était probablement la salle à manger, la « Petite Chambre de Monseigneur » (1483) ou « IIIᵉ chambre suyant que c'est la Chambre du roy » (1520), c'est-à-dire la chambre à coucher, la « garde robe de la dicte chambre » (1483), la « Grant chambre auprez de la dicte chambre » (1483) ou « Vᵉ derniere chambre du Quartier du Roy » (1520), qui servait peut-être de « retraite ».

14. Le palais des comtes de Flandre à Bruges avait été transformé et élargi à partir de 1445-1446 (voir A.G.R., *Chambre des comptes* nᵒˢ 27389-27394). Les représentations les plus anciennes sont le plan de Bruges de Marcus Gerards (1562) et la gravure du *Flandria Illustrata* de A. Sanderus, Amsterdam, 1641, t. I, 1. V. D'après les comptes, l'appartement du duc (état de 1467-1468) comprenait au premier étage, à part l'ancienne grande salle des comtes de Flandre (A.G.R., *Chambre des comptes*, nᵒ 1795, cité par A. de Laborde, *Les ducs de Bourgogne*, II, t. II, Paris, 1851, p. 300), la « petite salle » ou « sallette » à côté de la chapelle (A.G.R., *Chambre des comptes*, nᵒ 27393, fol. 2 r.-v., 6 r., 8 v., 17 v.), la « grande chambre », située sur la grande vis dans l'allée derrière la « sallette » et chapelle (*ibid.*, nᵒ 27392, fol. 2 v., nᵒ 27390, fol. 3 r., 13 v., 15 r., 17 r., 18 v.-19 r., 20 r.), ensuite la chambre (*ibid.*, nᵒ 27392, fol. 4 v., 5 r., 7 r.), une « chambrette » ou « petite chambre... ou monseigneur tient son retrait » dans la tour hors-œuvre vers le jardin, et au-dessus de celle-ci d'autres « petites chambres » analogues, desservies par une vis, chacune avec une latrine ou « retrait » séparé (*ibid.*, nᵒ 27392, fol. 2 v., 3 r., 4 v., 6 v., 7 r., nᵒ 27390, fol. 11 v.). En 1467-1468, on mettait un « lit de parement » dans la « grande chambre » ou « sallette où il tient estat » ; la chambre du duc contenait un « grand lit », et la « chambrette de retrait », « où il couche », un autre lit (A. de Laborde, *op. cit.*, t. II, p. 312). A l'étage du comble se trouvait le « comptoir » (*ibid.*, nᵒ 27390, fol. 18 r.). A van Zuylen van Nyevelt, *Épisodes de la vie des ducs de Bourgogne à Bruges*, s.l., s.d., pp. 245 sq. Voir également n. 76.

fonction exacte de la « grande chambre de parement », faisant suite — en toute probabilité — à la salle d'audience[15], ou encore la « pale », un espace à usage cérémoniel (?) situé près de la « grande vis »[16].

Il est néanmoins clair que Philippe le Bon disposait déjà d'au moins deux et probablement trois pièces précédant sa chambre et servant au triage des visiteurs : la grande salle d'audience, la chambre de parement (on pourrait le supposer) et la salle à manger. Une des tourelles d'angle de la grande salle a dû contenir un escalier en vis, puisque la fonction de cet espace nécessitait un accès direct depuis la cour. Par la construction de la « grande vis » et de nouvelles pièces à usage public — dont une nouvelle salle à manger — près du passage vers le parc, Charles le Téméraire avait en quelque sorte inversé l'orientation originale de l'appartement, doublant les routes d'accès à la chambre ducale. En revanche, le domaine privé du duc, concentré autour de la petite vis, était resté le même : il comprenait, outre sa chambre, la « retraite », plusieurs cabinets (« contoire ») et la « chambre qui contient sa bibliothèque » (« librairie »), les derniers se trouvant au deuxième étage, au-dessus de la chambre et de la « retraite ».

Le palais de l'empereur

Parmi les nombreuses transformations subies par le palais au cours du règne de Charles-Quint, seul le renouvellement des « Bailles » (1509-1521) et la construction de la nouvelle chapelle (1522-1538 et 1548-1552), à l'emplacement de l'ancienne chapelle de Jeanne de Brabant, ont été étudiés récemment[17]. L'extension du corps-de-logis, discutée il y a plus de cinquante ans par Paul Saintenoy[18], n'a pas reçu l'attention qu'elle mérite. En 1533, Marie de Hongrie, sœur de l'empereur et gouvernante des Pays-Bas, a en effet commandé de nouveaux appartements et une grande galerie, appelée plus tard « galerie des Empereurs » : ces pièces, achevées en 1537, se sont ajoutées au corps-de-logis réalisé par les ducs de Bourgogne (fig. 3).

---

15. Voir les comptes de 1431-1436 (Bruxelles, A.G.R., *Chambre des comptes*, n° 27395, fol. 37 r.-v.) : *de grote camere van parement* (« grande chambre de parement »). Cette pièce correspond peut-être à *de camere dair mÿn genedich heere hem pleeght te cleedene*, « la chambre où monseigneur se vêtit d'habitude », mentionnée dans les comptes de 1468-1469 (Bruxelles, A.G.R., *Chambre des comptes*, n° 2324, fol. 169 r.). Au château de Tervueren, résidence principale des ducs de Brabant au début du XIVe siècle, les appartements ducaux comprenaient, au début du XVe siècle, une salle à manger, une chambre de parement et une chambre, suivi de quelques espaces plus petits. R.M. Müller, *Het hertogelijk kasteel van Tervuren in de middeleeuwen, archivalisch en iconografisch onderzoek*, Katholieke Universiteit Leuven, 1990.
16. Il y avait en effet une grande et une petite « pale », tout comme dans le palais d'Anglebert II de Nassau à Bruxelles, construit vers 1500 (voir l'inventaire de 1568, Bruxelles, A.G.R., *Chambre des comptes*, n° 593, fol. 249 ; S.W.A. Drossaers, Th. H. Lunsingh Scheurleer, *Inventarissen van de inboedels in de verblijven van de Oranjes en daarmede gelijk te stellen stukken 1567-1795. I. Inventarissen Nassau-Oranje 1567-1712*, s'Gravenhage, 1974, pp. 25 sq.). D'après Olivier de la Marche, le trône cérémoniel dans la salle d'audience était d'habitude couvert d'une « palle » (tapis ou baldaquin) : le nom de la pièce pourrait se référer à ce type d'objet. Voir M. Petitot, éd., *Les mémoires de messire Olivier de la Marche*, Paris, 1825, t. II, p. 482. P. Saintenoy, *op. cit.*, 1934, n. 5, p. 38, n. 1. Dans la relation du premier voyage de Philippe le Beau en Espagne, en 1501, par Antoine de Lalaing, sieur de Montigny, le mot « palle » indique le baldaquin que l'on tenait au-dessus du souverain. L.-P. Gachard, *Collection des voyages des souverains des Pays-Bas*, t. I, Bruxelles, 1876.
17. R. Meischke, F. Van Tyghem, *op. cit.*, n. 5, pp. 146 *sq.* et pp. 150 *sq.*
18. P. Saintenoy, *op. cit.*, 1934, n. 5, pp. 270 *sq.* Voir toutefois *Le palais de Bruxelles, op. cit.*, n. 5, pp. 61-62.

L'appartement de Marie de Hongrie

D'après les comptes, les nouvelles pièces construites par la reine de Hongrie comprenaient, au premier étage, une chambre (« camere ») éclairée par trois fenêtres sur le côté long et une quatrième sur le côté court, à côté de la cheminée[19], puis un petit cabinet (« contoir ») supporté par deux arcades[20], l'ensemble étant desservi, côté cour, par un escalier qui donnait également accès à la galerie. Cet escalier — un escalier à retours de plan carré ou rectangulaire, à quatre noyaux formés par des colonnes superposées[21] — se trouvait en façade : il était éclairé par deux fenêtres à croisée au premier étage et surmonté par un pignon à pas de moineaux[22]. L'espace situé entre l'escalier, la chambre de la reine et la galerie, donnant également sur la cour, était appelé « corridor » (« ganck »)[23]. On entrait dans l'escalier par une porte ornée de colonnes[24].

La nouvelle chambre, le cabinet et la galerie faisaient donc suite aux pièces situées au bout de l'aile du XVe siècle dans un avant-corps carré couronné de pignons jumelés[25] (fig. 4). Bien qu'il n'ait pas justifié la fonction qu'il propose (« chambre de parement »), Saintenoy a eu raison d'inclure dans l'appartement de la reine l'espace carré qui avoisine la nouvelle chambre dans les plans du XVIIIe siècle. Cet espace, qui correspond à l'avant-corps, était toutefois divisé en plusieurs pièces à l'époque de Charles le Téméraire[26]. Les comptes de 1533-1537 ne fournissent pas de renseignements sur la partie « ancienne » de l'appartement de la reine, mais une source négligée jusqu'ici nous permet de préciser le nombre et la fonction des pièces qui précédaient la nouvelle cham-

---

19. Bruxelles, A.G.R., *Chambre des comptes*, n° 27400, fol. 93 v. : « Item noch heeft de voirst Jan Raes ghemaect inde camere vand(er) coninghinne een plat schutsel van opten houck aende schouwe totten houck voor de cruysvenstere ende voort die lange zijde voor die drie cruysvensters totten ande(re) houcke met alle die vier cruysvensters binnen rontsom(m)e geschut alzo dat behoort (...) ». Voir également fol. 17 v., 77 r., 83 r., 91 r., 91 v., 93 v., 100 r.
20. *Ibid.*, fol. 15 r., 83 r., 91 r., 93 v., 98 r., 100 r. P. Santenoy n'a pas compris que le petit cabinet — qui devrait mesurer à l'origine environ 4 m sur 4 m — avait été élargi au début du XVIIe siècle jusqu'à la profondeur de 7,80 m environ, indiquée dans les plans A.G.R. ms. 1324 et 1326 (voir n. 8), et doté d'une nouvelle façade alignée sur celle de la chambre voisine. Ainsi a pu croire que la pièce était une antichambre, ce qui est certainement faux. Comme on peut voir dans le dessin pour *Le mois de Mars (Les chasses de Maximilien)* au Louvre (Cabinet des dessins, inv. n° 20160), il s'agissait d'un petit volume carré situé dans l'angle entre la chambre de la reine et la grande galerie, supporté par deux arcades perpendiculaires et couvert d'un toit-terrasse bordé de créneaux.
21. *Ibid.*, fol. 16 v., 82 r., 83 r., 142 r. Le nouvel escalier était, d'après les comptes, un escalier tournant ou un escalier en vis (« wendelsteen »), supporté par quinze arcs, c'est-à-dire un type assez commun à l'époque. L.-F. Genicot, « Escaliers du XVIe siècle en Belgique », *L'escalier dans l'architecture de la Renaissance. Actes du colloque tenu à Tours du 22 au 26 mai 1979*, Paris, 1985, pp. 179-187.
22. A.G.R., *Chambre des comptes*, n° 27400, fol. 16 v., 93 r. Le pignon n'a pas été représenté dans le plan publié par G. Braun et F. Hogenberg, *Civitates orbis terrarum*, Cologne, 1575 (?), I, 14.
23. *Ibid.*, fol. 105 v. Voir surtout A.G.R. ms. 1324 (daté de 1725) et A.G.R. ms. 1326.
24. *Ibid.*, fol. 93 r. Toutes les portes dans la « nouvelle maison » et dans la galerie sont d'ailleurs « antiques », donc probablement à colonnes : « Item noch vj antyke dueren aent nieu huys ende inde nieuwe gallerie (...) » (*ibid.*, fol. 17 v.).
25. La situation devient plus claire quand on compare les deux dessins pour *Le mois de Mars*. Le dessin de Leyde, attribué à Barend van Orley (Rijksuniversiteit Leiden, Prentenkabinet, inv. n° 2047), représente le palais vers 1527, après l'ouverture du chantier de la chapelle (à l'extrémité droite du corps-de-logis) et avant l'intervention de Marie de Hongrie. Les espaces aménagés par Charles le Téméraire (la nouvelle salle à manger, etc.), se trouvaient probablement dans l'avant-corps couronné de pignons jumelés à l'extrémité gauche de l'aile principale. La réplique d'atelier conservée au Louvre (voir n. 20), par contre, montre les changements survenus entre 1530 et 1560 environ (ajoutés à l'encre noire) : l'achèvement de la chapelle, la construction de nouveaux appartements et de la grande galerie.
26. D'après les comptes (voir n. 11), la « petite salle » ou nouvelle salle à manger de Charles le Téméraire mesurait 33 pieds sur 29 : elle était donc plus petite que le grand espace carré indiqué dans les plans du XVIIIe siècle. Dans cette partie du corps-de-logis se trouvaient, de plus, la « chambre à côté de la chambre à coucher », la « salle du Conseil » et — près du passage vers le parc — la « pale ». Il faut également tenir compte du fait que le corps-de-logis, état du XVe siècle, était beaucoup moins profond qu'au XVIIIe siècle : le mur de refend qui divise le bâtiment en longueur sur A.G.R. ms. 1324 et 1326, correspond en grande partie à la façade sur cour du XVe siècle. Ceci est confirmé, entre autres, par la largeur du « galetas » aménagé sous le toit en 1468-1469 (27 pieds). K. De Jonge, *op. cit.*, 1991, n. 5, p. 11. L'extension nouvelle de Marie de Hongrie s'alignait sur cette façade, de sorte que l'escalier prenait jour sur la cour (voir n. 22).

bre, sans qu'il soit possible de restituer leur disposition exacte. En 1566, le capitaine Francesco de' Marchi de Bologne publia un récit du mariage d'Alexandre Farnèse, fils de Marguerite de Parme, gouvernante des Pays-Bas, avec Marie de Portugal[27]. Le mariage avait été célébré à Bruxelles avec beaucoup d'éclat au tournant de l'année 1565 (n. st.). Le palais du Coudenberg ayant servi de décor de fête, de' Marchi nous fournit — de façon indirecte — d'importants renseignements sur son fonctionnement.

L'appartement principal — c'est-à-dire celui de Marie de Hongrie, occupé alors par Marguerite de Parme[28] — comprenait *quattro gran camere, & una sala*[29]. La salle des gardes et une autre chambre — elle aussi de dimensions assez importantes, puisqu'elle était ornée d'une série de dix-huit tapisseries illustrant l'histoire de Romulus et Remus et les origines de Rome[30] — étaient voisines de cette suite.

Il est intéressant de comparer cet appartement, du point de vue de la disposition, aux autres, bien qu'il soit plus difficile de déterminer leur situation exacte. L'appartement de Marie de Portugal se trouvait au deuxième étage, probablement au-dessus du précédent, puisqu'il avait exactement la même disposition[31]. Alexandre Farnèse et son père, le duc Ottavio, logeaient par conséquent dans la partie ancienne du corps-de-logis. Le jeune marié disposait apparemment d'une suite analogue, composée de quatre chambres et d'une salle[32], qui se trouvait peut-être au deuxième étage dans la partie réservée autrefois à la duchesse de Bourgogne. Dans ce cas, on peut identifier l'appartement du duc Ottavio — qui comprenait deux chambres et une salle[33] — à l'ancien appartement ducal au premier étage[34]. En effet, de' Marchi mentionne à ce propos la *galleria*

---

27. *Descrittione particolare del Capitan Francesco de' Marchi da Bologna, delle gran feste, et trionfi fatti in Portogallo, et in Fiandra nello sposalitio dell'Illustrissimo, & Eccelentissimo Signore, il Sig. Alessandro Farnese, Prencipe di Parma, e Piacenza, e la Serenis. Donna Maria de Portogallo*, Bologne, 1566. (Voir G. Venturi, *Memoria intorno alla vita ed alle opere del capitano Francesco Marchi*, Modena, 1816.) De' Marchi a dédié une grande partie de son récit à la description des tapisseries — beaucoup d'entre elles créées à l'occasion du mariage — dans les appartements principaux. D'après les inventaires de 1536, 1544 et 1555-1558, il y avait deux groupes distincts dans le palais à l'époque de Marguerite de Parme, le groupe Farnèse et un autre, plus ancien, qui avait appartenu aux ducs de Bourgogne. (Je remercie Guy Delmarcel pour ces renseignements.) K. De Jonge, « Rencontres portugaises. L'art de la fête au Portugal et aux Pays-Bas méridionaux au XVIe et au début du XVIIe siècle », *Portugal et Flandre* (Europalia 91 Portugal), Bruxelles, 1991, pp. 88 sq.
28. L'appartement de « Madama » se trouve en effet près de la grande galerie. F. de' Marchi, *op. cit.*, n. 28, fol. 13 r.-v., fol. 31 r. : « Alli quattordici di Genaio si fece una terza giostra nel palazzo regale davanti della Gran Galeria dove sono gli appartamenti di Madama (...). » En contrebas de la grande galerie et de l'appartement de Marie de Hongrie, côté parc, s'étendaient des lices. Voir par exemple la gravure *Le koert de Bruxelles* de Barthélémy de Mompere (vers 1560). L. Lebeer, « Note concernant la plus ancienne vue générale gravée de la Cour de Brabant à Bruxelles », *Annales de la société royale d'archéologie de Bruxelles*, LVIII (1981), pp. 143-149.
29. F. de' Marchi, *op. cit.*, n. 27, fol. 15 v. : « Poi negli appartamenti di Madama vi era una tapezzaria d'oro, argento, e seta, nella quale sono per ordine figurate tutte le belle, e leggiadrie poesie dell'Eneide di Virgilio, e questa è la prima volta, che ella è stata attacccata alle muraglie, & addobba quattro gran camere, & una sala ; e dove sta la guardia di sua Altezza vi erano quattordici pezzi di tapezzaria di Biscaia di seta, & oro ne' quali erano tutte le prodezze, o come volgarmente si chiamano forze di Ercole ; et in un'altro appartamento un' altra tapezzaria di diciotto pezzi tutti d'oro, argento, e seta, e questa haveva l'istoria di Romolo, e Remo, cioè il nascimento loro, l'edificatione di Roma, & altri loro gesti. »
30. Chacune des « chambres » (*camere, appartamenti*) mentionnées par de' Marchi contient un grand lit d'apparat fourni d'étoffes précieuses et ne peut donc être un cabinet. De plus, les ensembles de tapisseries dans ces « chambres » semblent souvent si importants que l'on est amené à supposer que la « chambre » elle-même était assez spacieuse (le nombre de tapisseries dans une pièce ne fournit évidemment aucune indication sur ses dimensions exactes).
31. F. de' Marchi, *op. cit.*, n. 27, fol. 15 v.-16 r., fol. 20 v.-21 r.
32. *Ibid.*, fol. 15 v., fol. 16 r. : « Et in quattro gran camere dell'appartamento del Prencipe vi erano quattro ricchissimi letti ... »
33. *Ibid.*, fol. 16 r. : « Et in due camere dell'appartamento del Duca Ottavio due letti un di tela d'oro vaghissimo, & uno di damasco cremisino fra(n)giato d'oro. » Voir aussi n. 34.
34. Les appartements d'Alessandro et d'Ottavio Farnèse étaient liés l'un à l'autre, car de' Marchi décrit une suite de tapisseries qui continuait de l'un à l'autre (*ibid.*, fol. 15 v.) : « Et in un' altro appartamento pur del Prencipe quindici pezzi di tapezzaria d'oro, e seta, che rappresentavano le guerre di Troia, & il suo eccidio, come le discrive Omero, e Virgilio ; et il rimanente di queste battaglie era negli appa(r)tamenti del Duca Ottavo, & nelle altre camere pur del suo appartamento vi era il duello di Golia, e David tutto d'oro, argento, e seta ; e nella sala una tapezzaria

minore, c'est-à-dire la petite galerie de Charles le Téméraire, ornée de tapisseries anciennes qui « représentaient les guerres faites par les ducs de Bourgogne à ceux de Liège »[35]. En résumé, on pourrait donc supposer que l'appartement de Madame et celui de son époux se trouvaient au premier étage, de part et d'autre de la petite galerie au-dessus du passage vers le parc, et que cette distribution se répétait au deuxième étage. L'accès principal des appartements se trouvait évidemment près de la « grande vis » de Charles le Téméraire.

Il ne faut en effet pas confondre l'entrée du corps-de-logis avec celle de la grande salle et de la chapelle, comme l'a fait Saintenoy[36]. Le perron du « Grand Sallon » de Philippe le Bon, avec un escalier double à montées convergentes surmonté d'un baldaquin gothique, survit à toutes les transformations successives du palais jusqu'à l'incendie de 1731[37]. C'est là que Marguerite de Parme accueillit sa bru quand celle-ci visita le palais pour la première fois, le 11 novembre 1565[38]. L'entrée du corps-de-logis proprement dite était au contraire située en bas de la tour-escalier de Charles le Téméraire, à gauche du passage vers le parc, et fut détruite entre 1598 et 1610[39] (fig. 5). On montait directement au premier étage par le « grand degrez », construit selon toute probabilité vers 1538-1539 : une gravure du *De leone Belgico* nous montre un escalier à deux montées convergeant vers un repos, d'où part une troisième montée perpendiculaire aux deux premières[40]. Comme le confirme le récit de Juan Calvete de Estrella (1549), le

d'oro, et seta de' gesti di alcuni Imperadori (...). » L'ancien appartement ducal au premier étage et celui de la duchesse au deuxième étage communiquaient en effet, dans le sens vertical, par la « petite vis » côté jardin. D'après de' Marchi, les dames dormaient au-dessus (*ibid.*, fol. 15 v.) : « ... e disopra dove stanno le dame à dormire, & à mangiare vi erano diverse tapezzarie bellissime di lana, e di seta parte istoriate, parte à verdure, & à groteshe, & à fogliami, e tutte nuove. » Il s'agit probablement du galetas aménagé par Charles le Téméraire au-dessus de l'appartement de la duchesse, où se trouvait la « chambre des demoiselles » (voir A.G.R., *Chambre des comptes*, n° 2423, fol. 153 v. 155 r., 164 r., 166 v., 169 v. et surtout fol. 164 v.). K. De Jonge, *op. cit.*, 1991, n. 12.

35. *Ibid.*, fol. 15 v. : « Nella Galleria minore vi erano tapezzarie, che rappresentavano il gran guerre, che i Duchi di Borgogna fecero con quelli del paese di Liege. » Tant cette série que ceux des *Guerres de Troie* et *David et Goliath* dans les chambres d'Ottavio faisaient partie de l'ancienne collection des ducs de Bourgogne (voir n. 27). De' Marchi nous explique d'ailleurs que l'aménagement de cet appartement n'avait pas été changé à l'occasion du mariage, à l'opposé des trois autres (*ibid.*, fol. 16 r.) : « Hor tute le tapezzarie, letti, & altri fornimenti, che sono nelli tre appartamenti di Madama, del Prencipe, e della Prencipessa sono tutti stati fatti hora da nuovo, & à queste nozze la prima volta posti in opera (...). »

36. P. Saintenoy, *op. cit.*, 1934, n. 5, pp. 268 *sq.*

37. Voir par exemple la gravure *Curia Brabantiae. La cour des Brusselles* dans l'atlas de J. Blaeu, *Novum ac magnum theatrum urbium Belgicae foederate*, Amsterdam, 1649 (édition de C. Beudeker, Amsterdam, 1718), ou bien *Aulae Bruxellensis Forum Interior*, gravure de Erycius Puteanus dans *Bruxella septenaria*, Bruxelles, 1646. Dans une légende qui accompagnait un plan (perdu) du début du XVIIe siècle, on parle d'« une montée magnifique de moderne pour doiz la dite Cour monter en la grande salle » (A.G.R., *Cour brûlée*, cité par P. Saintenoy, *op. cit.*, 1935, n. 5, pp. 20-21).

38. F. de' Marchi, *op. cit.*, n. 27, fol. 13 r. : « Hor giunta al palazzo regalee ella [Marie de Portugal] fu aiutata da molti Signori à dismontar del cocchio, e condotta per la scala alla già sala di Madama, con la quale era il Prencipe sposo, l'Ambasciadore del Re dei Spagna Don Diego di Gusman, la Contessa di Aghemont, la Prencipessa di Orange, (...) Sua Altezza era accompagnata dal Conte di Mansfelt, dal Vescovo di Angra, dalla Contessa di Mansfelt, e dal Signor Don Diego di Mendozza Portughese, seguitando di mano in mano il Sig(nor) duca Ottavio, & dietro gli altri gran Signori dell'ordine del Tosone, che l'erano andati à incontrare, & nell'entrare in sala Madama usci fuori della porta della cappela, e la venne fin alla scala à incontrare (...). » Ainsi le Grand Sallon « servait de vestibule à la chapelle », comme plus tard au XVIIe siècle (Charles Lemaistre, *Relation de mon voiage de Flandre, de Hollande et de Zélande fait en mil six cent quatre vint et un* (Annales littéraires de l'université de Besançon 213), Paris, 1978, pp. 225-226). La scène a été représentée dans un ms. anonyme conservé à la Bibliothèque de l'Université de Varsovie, *Pourtraictz au vif des Entrees Festins Joustes & Combatz matrimoniaux...*, après 1566. K. De Jonge, *op. cit.*, 1991, n. 27, p. 98, n. 34 et ill. 33.

39. Au début du XVIIe siècle, l'ancien corps-de-logis fut doublé, côté cour, d'une nouvelle suite de chambres, afin d'accomoder le cérémoniel plus complexe introduit par l'archiduc Albert de Habsbourg ; on le rehaussa également d'un étage. (Voir K. De Jonge, *op. cit.*, 1989-1990, n. 12.) Entre 1598 et 1610, on détruit les constructions situées entre la « Chambre de Vostre Alteze », le « Conseil d'Estat » et la chapelle, ce qui comprenait également la tour-escalier de Charles le Téméraire et le « grand degrez » à contrebas de cette tour. (A.G.R., *Papiers d'État et de l'Audience*, n. 197, fol. 111, cité par P. Saintenoy, *op. cit.*, 1935, n. 5, p. 13).

40. M. Eyzinger, *De leone Belgico*, Cologne, 1583, pp. 36-37. Gravure de Frans Hogenberg illustrant les événements du 6 avril 1566 (une délégation de 500 nobles présenta une requête à Marguerite de Parme). Voir n. 42.

repos était surmonté d'un arc-de-triomphe couronné de trois statues : au centre, l'empereur, tenant glaive et sceptre (sur le socle, « CAROLUS QUINTUS IMPERATOR ROMANUS »), à gauche, Hercule étraignant Antée (« VICTORIA »), à droite, Hercule tenant une de ses colonnes (« PLUS ULTRA »)[41]. Cette décoration, conçue par Pierre Coecke d'Alost et Jean Dor et exécutée par Jean Guilgot, conférait un caractère « impérial » à l'escalier[42] (fig. 5).

Tout comme l'appartement de Charles le Téméraire — occupé par le duc Ottavio — le nouvel appartement de la reine de Hongrie — occupé par Marguerite de Parme — avait en somme deux voies d'accès distinctes depuis la cour, l'une partant de l'escalier « impérial » à travers une suite de pièces jusqu'à la chambre, l'autre — plus directe, mais, comme on verra, tout aussi publique — par l'escalier de la galerie, aboutissant tout près de la chambre et du cabinet.

Comment peut-on différencier davantage les « quatre chambres et une salle » situées entre l'entrée « impériale » et la grande galerie ? Un autre texte de Francesco de' Marchi nous apprend que deux « salles » précédaient la chambre de Madame depuis l'entrée[43]. La « seconde salle » qui précédait immédiatement la chambre de Madame doit être située dans — ou pourrait même être identifiée à — l'espace carré représenté dans les plans du XVIIIe siècle (A.G.R. ms. 1324 et 1326) dont il a été question plus haut. Entre celle-ci et l'entrée se trouvaient par conséquent la « première salle » de l'appartement, ainsi que la salle de garde et — peut-être — la salle du conseil[44]. Le récit du capitaine de' Marchi ne permet pas de les différencier davantage, mais d'après les *Ordonnances* que nous avons citées dans l'introduction, les deux salles précédant la chambre à coucher servaient en premier lieu au triage des visiteurs selon leur rang. De plus, la description du logis de Charles-Quint à Tordesillas semble indiquer que la « seconde salle » (ou grande chambre) était une salle à manger et non une « chambre de parement », comme l'avait cru Saintenoy.

Un terme de comparaison : les appartements de Binche

Les rares renseignements que nous avons sur les autres résidences de Marie de Hongrie — avant tout le château de Binche — tendent à confirmer cette interprétation.

---

41. J.C. Calvete de Estrella, *El felicisimo viaje del (...) principe Don Phelippe, Hijo d'el Emperador Don Carlos Quinto Maximo, desde España à sus tierras de la baxa Alemana : con la descripción de todos los Estados de Brabante y Flandes*, Anvers, 1552, réed. J. Petit (Société des Bibiophiles de Belgique, 7, 10, 11, 15, 16), Bruxelles, 1873-1884. L'escalier d'honneur est également représenté sur le plan de Bruxelles de Braun et Hogenberg (n. 22).
42. K. De Jonge, *op. cit.*, 1989-1900, n. 12. A.G.R., *Chambre des comptes*, n° 4227, fol. 217, n° 4228, fol. 147, publié par E. D'Hondt, « Extraits des comptes du domaine de Bruxelles des XVe et XVIe siècles concernant les artistes de la Cour », *Miscellanea archivistica Studia*, 4, 1989, pp. 66-68, nos 96-97.
43. Lettre à G.B. Pico, Bruxelles, le 18 mars 1565, à propos de la préparation du grand tournoi organisé par la ville de Bruxelles à l'occasion des noces. A. Ronchini, éd., *Cento lettere del capitano Francesco Marchi Bolognese conservate nell'Archivio governativo di Parma*, Parme, 1864, pp. 19-20, n° XI : « Tutto questo fu appresentato alli 4. di febraro in Brusselle nel palazzo Reale, nella gran sala dove si danzava, alla presenza dell'Altezza di Madama e dello ill(ustrissi)mo sig(nor) principe di Orange e dello ill(ustrissi)mo sig(nor) contre di Horno ammiraglio e dello ill(ustrissi)mo sig(nor) conte di Mansfelt e del sig(nor) conte di Mega e del sig(nor) conte di Ostrate, tutti dell'Ordine del Tosone, e di molti altri signori. Fu appresentato cosi : che sei trombetti vennero alla gran porta, e dieron cenno come veniano con uno eraldo : poi vennero alla prima sala e sonarono : poi entrarono nella seconda sala, dove era S.A. in su la porta della camera sua, e li altri principi fori non molto lontano da S.A., dove le dame danzavano : e cosi li trombetti sonarono, e furono presentate le lettere e i manifesti allo ill(ustrissi)mo sig(nor) principe di Orange. »
44. A propos de la salle de garde (« dove stà la guardia di sua Altezza »), voir n. 29. La *camera del consiglio regale* est mentionnée par de' Marchi dans la *Descrittione particolare...*, n. 27, fol. 29 r. Si elle correspond à celle des ducs de Bourgogne, on peut la situer près de la « grande vis » et de la « petite galerie » au-dessus du passage vers le parc. La gravure du *De leone Belgico* (voir n. 40) suggère également que la salle de garde et la chambre du conseil se trouvaient près de l'escalier d'honneur.

Binche a disparu, mais la disposition des appartements principaux a été décrite par Juan Cristoval Calvete de Estrella, Jean de Vandenesse et Vicente Alvarez à l'occasion des fêtes organisées par la gouvernante en 1549 pour Philippe II et son père[45] (fig. 7 et couverture). Tout comme à Bruxelles, nous retrouvons une grande salle au rez-de-chaussée de l'aile principale et, à son extrémité, la chapelle, qui communiquait avec l'appartement du prince Philippe. Celui-ci disposait d'une salle à manger, ornée d'une estrade surmontée d'un dais somptueux, d'une chambre à coucher avec un lit de camp et un dais, et d'un petit cabinet de plan carré contenant un coffre à linge. La disposition du rez-de-chaussée a été confirmée — de façon partielle — par les fouilles du début de ce siècle[46].

Le premier étage était desservi par une galerie à toit-terrasse qui longeait le bâtiment côté cour, au bout de laquelle se trouvait l'escalier. Au milieu de la galerie s'ouvrait une grande salle — située au-dessus de celle du rez-de-chaussée — mise à la disposition de l'empereur[47]. A l'extrémité de la salle se trouvait une cheminée monumentale, flanquée à droite d'une estrade avec dais et à gauche d'une porte menant à la « salette » (Vandenesse) ou « petit salon ou antichambre où dînait l'empereur » (Calvete de Estrella), lui aussi pourvu d'une estrade avec dais. Ensuite venait la chambre à coucher : le lit de camp était placé sur une estrade entourée d'une balustrade et surmontée d'un dais. Une garde-robe (Alvarez, Calvete de Estrella) ou « autre chambre » (Vandenesse), un cabinet (Alvarez, Calvete de Estrella) ou « petite retraicte » (Vandenesse), deux cabinets plus petits — l'un servant « à mectre la chayère percée » (Vandenesse) — et plusieurs chambres pour les serviteurs — peut-être à l'étage supérieur des tours — complétaient la suite[48].

L'appartement d'Éléonore de France était situé à l'autre bout de la salle et comprenait une salle carrée, une « salette » (Vandenesse) avec estrade et dais « où mange Sa Majesté », une chambre à coucher et plusieurs petits espaces avec un oratoire et une garde-robe. Nous ne savons rien sur la disposition de l'appartement de Marie de Hongrie au deuxième étage.

Ces données permettent de définir l'appartement-type de la Cour de Bourgogne au XVIe siècle comme suit : une petite salle ou chambre (« salette », d'après Vandenesse) qui sert de salle à manger lors du dîner en public, suivie d'une chambre à coucher, où peut également avoir lieu le dîner en privé, et — formant la zone privée de l'appartement — d'une « retraite » ou cabinet plus important, d'un ou de plusieurs cabinets plus petits, d'une garde-robe et de quelques petits espaces pour les serviteurs. Cette suite part d'un espace public, une grande salle qui sert aux audiences publiques — où l'on admet,

---

45. J.C. Calvete de Estrella, *op. cit.*, n. 41. J. de Vandenesse, *Sommaire des voyaiges faictz par Charles, cinquiesme de ce nom (...) depuis l'an mil cincq sens et quatorze jusques le XXVe de may de l'an mil cincq cens cinquante-ung inclusivement (...)*, réed. L.-P. Gachard, *Collection des voyages des souverains des Pays-Bas*, t. II, Bruxelles, 1874, pp. 53 sq. V. Alvarez, *Relación del camino y buen viaje que hizo el Principe de España D. Phelipe (...)*, réed. M.-T. Dovillée, Bruxelles, 1964.
46. E. Devreux, « Les châteaux de Binche », *Annales du Cercle archéologique de Mons*, LIV (1935-1936), pp. 3-21.
47. Nous connaissons son aspect grâce à un dessin actuellement conservé à la Bibliothèque Royale de Bruxelles. Voir A. Van de Put, « Two Drawings of the Fêtes at Binche for Charles V and Philip II 1549 », *Journal of the Warburg and Courtauld Institutes*, III (1939-1940), pp. 49-55 ; A.E. Popham, « The Authorship of the Drawings of Binche », *ibid.*, pp. 55-57.
48. A propos du château de Binche et des fêtes de 1549, voir également R. Hedicke, *Jacques Dubroeucq de Mons*, Bruxelles, 1911, 2e éd. ; D. Devoto, « Folklore et politique au château ténébreux », *Les fêtes de la renaissance. II. Fêtes et cérémonies au temps de Charles-Quint*, Paris, 1960, pp. 311-328 ; D. Heartz, « Un divertissement de palais pour Charles-Quint à Binche », *ibid.*, pp. 329-342 ; R. Wellens, *Jacques Du Broeucq, sculpteur et architecte de la Renaissance, 1505-1584*, Bruxelles, 1962, pp. 96 sq. ; M. Biname, *Trois châteaux construits par Jacques Dubroeucq : Boussu, Binche, Mariemont*, Université Catholique de Louvain, 1968, pp. 81 sq. ; C. Loriaux, *Jacques du Broeucq (+ 1505-1584)*, Gembloux, 1971, pp. 19 sq. ; M. Capouillez, « Historique et description des châteaux de Boussu, Binche et Mariemont », *Jacques du Broeucq, sculpteur et architecte de la Renaissance*, Mons, 1985, pp. 185 sq. ; S. Glotz, « Les "triomphes" de Binche, en août 1549 », *ibid.*, pp. 191-204.

par conséquent, tout visiteur — aux bals et aux repas de fête, qui réunissent toute la Cour.

Il faut donc imaginer ainsi l'appartement de la reine de Hongrie au palais de Bruxelles : « quatre grandes chambres et une salle » comme l'a dit de' Marchi, ou bien — différenciées d'après leur fonction — la salle d'audience, la salle à manger, la chambre à coucher, suivies de deux pièces de moindre importance — la « retraite » ou chambre de caractère privé et le cabinet, et — peut-être à un autre étage — la garde-robe et des chambres pour les dames d'honneur[49]. On note très peu de changements dans l'organisation de l'appartement par rapport à l'époque de Philippe le Bon et de Charles le Téméraire : les témoignages que nous avons cités semblent ignorer la chambre de parement, mais il n'est pas exclu que les « quatre chambres et une salle » de Bruxelles comprennent également une telle pièce, située près de la salle à manger[50]. Soulignons que la suite ne comprend pas d'antichambre proprement dite, quoique les deux salles aient également cette fonction : seul les sources espagnoles — Calvete de Estrella et Alvarez — emploient ce terme, tandis que les sources « bourguignonnes », tel que Vandenesse, ne semblent même pas le connaître[51].

La galerie des Empereurs

Le nouvel appartement de la reine de Hongrie se modelait, tout compte fait, sur les exemples du XVe siècle — à condition que l'on fasse abstraction de la grande galerie (fig. 4). Or celle-ci constituait, à coup sûr, l'élément le plus original du palais bruxellois : reliée à la chambre à coucher et au cabinet, accessible en même temps depuis la cour, elle semblait à la fois faire partie du domaine privé de la reine et des espaces publics destinés aux gens de la Cour. De' Marchi affirme que ce grand espace, éclairé par quinze fenêtres, servait de salle de fête et de banquet[52], ainsi que de *loggia* quand il y avait des joutes dans les lices du parc[53]. Il peut donc être comparé, sur le plan de la fonction, au « Grand Sallon » de Philippe le Bon et aux salles des appartements[54]. Cependant, les cérémonies officielles très importantes — telle que

---

49. Les comptes de 1533-1537 font mention de garderobes et de deux chambres destinées à certains personnages de la cour (A.G.R., *Chambre des comptes*, n° 27400, fol. 6 v., 55 v., 74 r., 77 r., 91 r., 92 r., 93 v., 100 r., 111 v.), sans toutefois préciser si elles se trouvaient dans la partie ancienne du corps-de-logis ou dans l'extension nouvelle, ni à quel étage.
50. Voir n. 15.
51. Même en décrivant les résidences espagnoles de Philippe II, tel que l'Alcázar de Madrid (autour de 1560), Vandenesse emploie le terme de « salette » (J. de Vandenesse, *Journal des voyages de Philippe II, de 1554 à 1569*, rééd. L.-P. Gachard, C. Piot, *Collection des voyages des souverains des Pays-Bas*, t. IV, Bruxelles, 1882, pp. 77-78). Depuis 1536, l'appartement royal de ce palais comprenait pourtant une *antecámara* : notion toujours inconnue aux Pays-Bas vingt-cinq ans plus tard. (Voir V. Gérard, *De castillo a palacio. El Alcázar de Madrid en el siglo XVI*, Bilbao, 1984, pp. 52 sq. et la contribution du même auteur à ce volume.) Ce n'est qu'à la fin du XVIe siècle, lors des transformations commandées par l'archiduc Albert de Habsbourg, qu'une « antichambre » apparaîtra dans le palais de Bruxelles. (Voir K. De Jonge, *op. cit.*, 1989-1990, n. 12, pp. 274-275).
52. F. de' Marchi, *op. cit.*, n. 27, fol. 13 v. : « E levandosi sù Madama la prese per la mano, e la condusse a gli appartamenti suoi, e poi a una gran galeria, dove era apparecchiato una lunga tavola con un bellissimo banchetto, con tante musiche, e si diverse, che non si sentivano altro, che suoni, e canti tutto il tempo, che durò il banchetto. » Voir également fol. 15 r. et fol. 28 v.-29 r. Voir J. de Vandenesse, *Journal des voyages de Philippe II (...)*, n. 51, p. 67 (juin 1559) : « Ce faict, vindrent disner avec Sadicte Majesté en la galerie haulte, sur ung hault passet. »
53. *Ibid.*, fol. 29 v. et sq. (joute du 12 décembre 1565). Voir également J.C. Calvete de Estrella, *op. cit.*, n. 41 (tournoi du 11 mai 1550).
54. Tous ces espaces servaient tour à tour lors des grandes fêtes. De' Marchi nous raconte, par exemple, que le 18 novembre 1565, la Cour se déplaçait du « Grand Sallon », où avait eu lieu un banquet suivi d'un bal, à certaines salles du premier étage, pour prendre le dessert, et ensuite aux salles dans l'appartement de Marie de Portugal à l'étage au-dessus, où étaient servies les confiseries envoyées par les magistrats d'Anvers (*op. cit.*, n. 27, fol. 20 v.-21 r.).

l'abdication de Charles-Quint en 1555 — continuaient à avoir lieu dans le « Grand Sallon ».

Quel exemple a pu inciter la gouvernante à rajouter à son palais une galerie *lunga passi ottanta, e larga dieci*[55], formant un corps de bâtiment presque autonome ?

On ne peut exclure la possibilité d'une influence française : vers 1530, François Ier avait construit une galerie aussi importante à Fontainebleau. Celle-ci, toutefois, faisait partie de l'espace privé du roi, puisque seuls les visiteurs de haut rang pouvaient admirer son décor somptueux, réalisé par Rosso et Primatice entre 1533 et 1540. De plus, elle servait à relier l'appartement royal au couvent des Trinitaires situé près du château puis au château Neuf bâti à son emplacement[56], tandis que la galerie de Bruxelles ne menait à rien, s'achevant près des ruines du *Borgwal*, une ancienne fortification[57]. Malgré cette différence de fonction, il a pu exister une relation entre les deux galeries du point de vue formel[58] : la décoration des grandes salles de Binche et de Mariemont indique en tout cas que l'art bellifontain a connu un certain succès à la cour de Marie de Hongrie dans les années quarante[59].

Un autre élément pourrait étayer cette hypothèse : l'escalier « impérial », de type traditionnel[60], mais qui revêt à Bruxelles une forme nouvelle. L'arc de triomphe élevé sur le repos rappelle en effet le premier exemple Renaissance connu de « grand degré » : le premier escalier de la cour Ovale de Fontainebleau, réalisé à partir de 1531[61]. Au château de Boussu, construit par Jacques Dubroeucq pour Jean de Hennin, grand écuyer, à partir de 1539, se trouvait d'ailleurs un autre escalier presque identique à celui de Fontainebleau[62]. Le château royal pourrait donc avoir inspiré à la fois la galerie et l'arc élevés par Marie de Hongrie au palais de Bruxelles.

---

55. F. de' Marchi, *op. cit.*, n. 27, fol. 15 r.
56. S. Béguin *et al.*, « La galerie François Ier au château de Fontainebleau », *Revue de l'Art* 1972, n°s 16-17 ; S. Pressouyre, « Remarques sur le devenir d'un château royal : Fontainebleau au XVIe siècle », *L'information de l'histoire de l'art* XIX (1974), 1, pp. 25-37 ; J.-P. Babelon, *Châteaux de France au siècle de la Renaissance*, Paris, 1989, pp. 189 sq.
57. P. Saintenoy, *op. cit.*, 1934, n. 5, pp. 37-38 a suggéré — sans preuves toutefois — que la galerie des Empereurs aurait pu servir d'issue de secours, « la galerie en question se rapprochant de la porte de Namur et permettant ainsi de gagner les dehors en cas de tumultes ou d'émeutes ».
58. Malheureusement, le peu que nous savons du décor architectural de la galerie — quatre cheminées monumentales, peintes avec des figures *à l'antique* par François Borreman en 1539 — ne permet pas de conclusion définitive sur ce point (voir les documents publiés par S. Schneebalg-Perelman, *Les chasses de Maximilien*, Bruxelles, 1982, pp. 158-159).
59. Jozef Duverger avait déjà cru reconnaître l'influence de Fontainebleau dans l'architecture des châteaux de Binche, Boussu et Mariemont (J. Duverger, « Marie de Hongrie, gouvernante des Pays-Bas, et la Renaissance », *Évolution générale et développements régionaux en histoire de l'art. Actes du XXIIe congrès international d'Histoire de l'Art. Budapest 1969*, Budapest, 1972, I, p. 722). A mon avis, cette influence se manifestait surtout dans le décor, comme le laisse supposer le dessin de la grande salle au premier étage du château de Binche, cité dans la note 47.
60. Pour les exemples les plus prestigieux du XIVe siècle, voir M. Whiteley, « Deux escaliers royaux du XIVe siècle : les « grands degrez » du palais de la Cité et les "grande viz" du Louvre », *Bulletin Monumental* CXLVII (1989), 2, pp. 133-154. A Montargis, par exemple, le degré du XVe siècle — couvert plus tard — consistait en trois courtes volées menant à un repos, d'où partait une troisième volée plus longue, conduisant à la grande salle au premier étage. Pour un exemple anglais, voir le palais de Bridewell (Londres), où Henri VIII avait fait construire entre 1521 et 1528 un degré en forme de T à côté de la chapelle, menant à la chambre devant le *great hall* (H.M. Colvin, éd., *The History of the King's Works, IV. 1485-1660 (Part II)*, Londres, 1982, pp. 57-58). Au palais de Bruxelles même, un degré cérémoniel menait au « Grand Sallon » de Philippe le Bon (1451-1461) (voir n. 37). Il faut également mentionner l'escalier de la grande salle du château de Breda (après 1536). Voir M.D. Ozinga, « De strenge Renaissance-stijl in de Nederlanden naar de stand van onze tegenwoordige kennis », *Bulletin van de Koninklijke Nederlandse Oudeheidkundige Bond* 6e sér. XV (1962), 1, ill. 7.
61. A. Chastel, « L'escalier de la cour Ovale à Fontainebleau », *Essays in the History of Architecture presented to Rudolf Wittkower*, Londres, 1967, pp. 74-80.
62. L'escalier de Boussu avait un plan en T : deux montées convergentes menaient à un repos supporté par un arc de triomphe, d'où partait une troisième volée perpendiculaire qui aboutissait sous le portail de la galerie ouverte du premier étage. (Voir le dessin d'Adrien de Montigny dans les *Albums de Charles de Croy*, t. V, 1607, fol. 59.) L'arc qui s'ouvre sous le repos mène à un passage voûté conduisant aux écuries du rez-de-chaussée (d'après les notes ajoutées aux éditions françaises de L. Guicciardini, *Description de tout le Pays-Bas*, cité par R. Hedicke, *op. cit.*, n. 48, p. 292 et M. Capouillez, *op. cit.*, n. 48, p. 184. Notons que ces notes parlent de « rampes » au lieu d'« escalier »).

Du point de vue fonctionnel, une comparaison avec les *long galleries* anglaises semble s'imposer[63], en particulier avec le premier grand exemple, la galerie de la Reine à Hampton Court, contemporaine de celle de Bruxelles (1533-1537)[64]. A la fois galerie de communication — elle reliait la chambre de la reine à l'appartement de son fils — et *Spaziersaal* ou salle d'agrément indépendante[65], celle-ci se présentait comme un corps de bâtiment imposant et presque autonome[66]. L'absence d'un escalier propre implique que la galerie est partie intégrante de l'appartement de la reine, située au début de la suite privée : on y accédait à partir de la *bedchamber*, après avoir traversé les pièces publiques de l'appartement (*watching chamber, presence chamber, privy chamber, withdrawing chamber*). A Bruxelles, par contre, il était possible de rejoindre la galerie sans avoir à traverser l'appartement royal.

Au contraire de l'exemple bruxellois, les *long galleries* ne semblent pas avoir servi souvent de salle de fête publique et indépendante. Quelques exemples de l'époque de Henri VII et de Henri VIII, et en particulier les galeries construites par Warham et Wolsey, ont pourtant eu cette fonction[67]. Puisqu'il s'agit-là des premières galeries-salle d'apparat mentionnées par les sources anglaises[68], il faut tenir compte de la possibilité que ce type de galerie, plus prestigieux que la simple galerie de communication et de récréation, venait d'ailleurs, peut-être même du monde « bourguignon ». En effet, l'emploi d'une galerie comme espace de fête est attesté par des sources « bourguignonnes » du XVe siècle, et la galerie-salle avec escalier indépendant existait déjà dans les résidences de Philippe le Bon et de Charles le Téméraire aux Pays-Bas. Rappelons-nous que tant Wolsey que Henri VII connaissaient bien la cour bourguignonne, et que l'influence flamande était très importante à la cour Tudor[69].

Les résidences les plus importantes de Philippe le Bon aux Pays-Bas étaient Bruges, Lille et, surtout vers la fin du règne, Bruxelles[70]. Au palais Rihour de Lille (1453-1473), la galerie occupait le premier étage de l'aile sur la place Rihour, au-dessus de la porte postérieure (fig. 8). Elle s'étendait ainsi de l'aile des Dames, occupée par les appartements de la duchesse et de sa suite, à l'aile de la Gouvernance, occupée par la grande salle. Sur le quatrième côté de la cour se trouvait l'aile du Duc, avec la porte principale sur la rue du Palais, le grand escalier menant à l'appartement du duc et la chapelle. La

---

63. R. Coope, « The Gallery in England. Names and Meanings », *Architectural History* XXVII (1984), pp. 46-55 ; *id.*, « The "Long Gallery" : its origins, development, use and decoration », *ibid.* XXIX (1986), pp. 43-72.
64. H.M. Colvin, J. Summerson, « Hampton Court », dans H.M. Colvin, éd., *op. cit.*, n. 60, p. 137 ; S. Thurley, « Henri VIII and the building of Hampton Court : A reconstruction of the Tudor Palace », *Architectural History* XXXI (1988), pp. 28 *sq*.
65. W. Prinz, *Die Entstehung der Galerie in Frankreich und Italien*, Berlin, 1970, éd. ital. Modène, 1977 et les critiques de V. Hoffmann dans *Architectura* I (1971), pp. 102-112 et de F. Büttner dans *Architectura* II (1972), pp. 75-80 ; H.M. Colvin, éd., *op. cit.*, n. 60, pp. 17-21. Voir également n. 63.
66. D'autres exemples de galeries presque autonomes dans les résidences anglaises : la galerie du palais de Bridewell (1515-1522), qui s'étendait de la *great chamber* à la Tamise (H.M. Colvin, éd., *op. cit.*, n. 60, p. 56) ; la galerie à The More (1530 et *sq*.), qui menait au jardin (*ibid.*, p. 165) ; les galeries du palais de Whitehall, en particulier la *stone gallery* et la *privy gallery* (après 1529) (*ibid.*, pp. 302 *sq*.).
67. La *stone gallery* de Whitehall servait de salle de banquet lors de la visite du duc de Montmorency en 1559 : témoignage tardif mais important. S. Béguin, J. Guillaume, A. Roy, *La galerie d'Ulysse à Fontainebleau*, Paris, 1985, p. 41, n. 84. Plus tard encore, Roger North (cité par R. Coope, *op. cit.*, 1986, n. 63, p. 59) soulignait la différence entre les galeries de récréation et les galeries « d'état » à fonction publique ; la *long gallery* appartenait au domaine privé ou constituait le « terrain neutre » entre les espaces publics et les espaces privés. Voir également H.M. Colvin, éd., *op. cit.*, n. 60, p. 19.
68. *Ibid.*, p. 17 : les premières références à une galerie dans les résidences royales anglaises dateraient du règne de Henri VII.
69. *Ibid.*, pp. 21 *sq*. A propos de Richmond, par exemple, voir G. Kipling, *The Triumph of Honour. Burgundian Origins of the Elizabethan Renaissance*, Leiden, 1977, pp. 4-7 : « this novel Flemish palace »... Pour les premières galeries anglaises, voir également R. Coope, *op. cit.*, 1986, n. 63, pp. 44 *sq*.
70. R. Vaughan, *Philip the Good. The Apogee of Burgundy*, Londres, 1970, pp. 136-137. W. Paravicini, « Die Residenzen der Herzöge von Burgund, 1363-1477 », *Fürstliche Residenzen im spätmittelalterlichen Europa*, Sigmaringen, 1991, pp. 207-263.

galerie n'appartenait donc ni au logis de la duchesse, ni à celui du duc, mais constituait avec la grande salle la partie publique du palais[71]. Un accès indépendant lui était assuré : à chaque bout, elle était desservie par un escalier en vis, situé dans l'angle de la cour[72].

La disposition de la galerie de Lille était comparable à celle de la galerie des Cerfs du palais ducal de Nancy, construite vers 1511-1512[73]. Celle-ci s'étendait le long de la rue sur le côté sud du palais, reliant ainsi l'aile ouest, qui contenait plusieurs appartements, à l'aile est, occupée par une salle et d'autres appartements (comme à Lille, l'appartement principal se trouvait de l'autre côté de la cour, dans l'aile nord). Complètement détachée de l'appartement principal dont l'accès — la grande vis appelée le « Rond » — se situait dans l'angle nord-est du palais, elle était desservie, comme à Lille, par un escalier en vis logé dans une tour carrée dans l'angle sud-ouest de la cour. Il ne s'agissait donc pas d'une galerie privée du type de la galerie de François Ier à Fontainebleau, mais d'une galerie d'apparat, comme l'a déjà souligné Nicole Reynaud. A l'encontre de Lille, il n'y avait toutefois pas de communication directe entre la galerie et la salle de l'appartement principal — la salle du duc occupait la moitié nord de l'aile est seulement — ni avec la grande salle du commun, qui s'étendait le long de la rue vers l'ouest, les espaces contigus à la galerie étant des espaces privés (chambres et cabinets). Pour se rendre de l'appartement principal à la galerie, il fallait en effet traverser la cour en diagonale, ou bien la contourner au moyen des coursières qui reliaient les deux escaliers au premier étage, longeant les ailes nord et ouest[74].

Lors du mariage de Charles le Téméraire et Marguerite d'York en 1468, il y avait eu un banquet dans la « galerie » du palais de Bruges[75]. L'ancienne résidence, transformée par étapes entre 1445 et 1470, comprenait en effet plusieurs « nouvelles galeries », en plus plusieurs « allées » ou galeries de communication[76] (fig. 9). Certaines méritent une description plus détaillée, puisqu'elles font comprendre que le terme de « galerie », du moins dans le contexte bourguignon, évoquait des réalités architecturales très variées — l'espace allongé rattaché au corps de logis n'étant qu'une possibilité parmi d'autres — ainsi que des fonctions très diverses.

Une « double galerie » de type inusité avait été construite comme annexe à l'hôtel Vert, la résidence privée du duc, contiguë à l'ancien palais des comtes de Flandre

---

71. D'après l'inventaire de 1520 (n. 13), le « Quartier de Madame » consistait en quatre chambres au premier étage, comptées à partir de la dernière chambre du « Quartier du Roy ». La quatrième — la plus publique, appelée « sallette » — se trouvait donc près de la grande galerie. De même, les pièces les plus publiques de l'appartement du duc se trouvaient près de la grande salle.
72. Voir la vue d'ensemble dans L. Butkens, *Supplément aux Trophées tant sacrés que profanes du duché de Brabant*, La Haye, 1726, t. I, p. 24.
73. N. Reynaud, « La Galerie des Cerfs du Palais ducal de Nancy », *Revue de l'Art*, 1983, 61, pp. 7-28 ; J. Guillaume, « La galerie des cerfs de Nancy : restitution du système décoratif », *ibid.*, 1987, 75, pp. 43-48. J.-P. Babelon, *Châteaux de France au siècle de la Renaissance*, Paris, 1989, pp. 96-98.
74. Voir Vincenzo Scamozzi, *Taccuino di Viaggio da Parigi a Venezia (14 marzo-11 maggio 1600)* (extraits traduits et publiés par P. Chové dans *Pays lorrain*, 1982, 2). (Je remercie Jean Guillaume pour cette documentation.)
75. Voir la description du mariage par Olivier de la Marche (M. Petitot, éd., *op. cit.*, n. 16, pp. 311 sq.).
76. Une première « allée » se trouvait « derrière la chapelle » et datait de 1385-1386 (Lille, *Archives départementales du Nord, Premier compte de Jaque Screyhem, receveur général, depuis le dimanche XVI jour de march, l'an 1385 jusques au X jour de march l'an 1386 inclus*, n° 29, dans A. de Laborde, *op. cit.*, n. 14, t. I, Paris, 1849, p. 5). Elle traversait probablement le corps-de-logis entre la chapelle et la salle à manger d'une part (partie reconstruite en 1456-1459), et l'ancienne grande salle d'autre part, menant à la chambre du duc, au nouvel oratoire et l'escalier en vis (A.G.R., *Chambre des comptes*, n° 27393, fol. 2 r., 6 v., 11 r., 16 v., 17 v., 21 r.). Une deuxième « allée », côté jardin, reliait l'appartement du duc à celui de la duchesse : construite en 1446-1448 (A.G.R., *Chambre des comptes*, n° 27290, fol. 6 r., 10 v., *ibid.*, n° 27392, fol. 7 v.), renouvelée en 1456-1459 (*ibid.*, n° 27393, fol. 2 v., 7 r.), elle reçut sa forme définitive en 1467-1468 (A.G.R., *Chambre des comptes*, n° 1795, cité dans A. de Laborde, *op. cit.*, n. 14, t. II, p. 315), visible dans le plan de Bruges de Marcus Gerards (1562). Voir également nn. 86 et 14.

(1446-1449)[77]. Elle consistait en deux espaces allongés parallèles, communiquant par une porte au rez-de-chaussée. Elle s'élevait sur deux niveaux, l'étage supérieur s'ouvrant au bout en deux grandes fenêtres vers le jardin, chaque étage ayant sa cheminée au centre du mur de refend longitudinal[78]. On y accédait, depuis le corps-de-logis, par une « allée » longeant la cour entre les deux bâtiments, ou bien depuis la cour par un escalier en vis logé dans une tour hors-œuvre[79]. Dans chaque partie se trouvait une tribune à six arcades, placée sur une estrade de trois marches bordée d'une balustrade[80], comme dans une salle. Lors des fêtes de 1468, elle servait en effet « pour y tenir l'estat de M.S. le chancelier et du conseil »[81]. Puisqu'elle appartenait à la résidence privée, sa fonction normale aurait pu être celle d'une galerie-salle d'agrément, réservée aux divertissements de l'entourage du duc.

Un autre « galerie », construite en 1467, contournait la cour devant le corps-de-logis de l'ancien palais, formant un plan en L[82]. Elle partait d'une chambre près de l'ancien donjon, « joignant la chambre de monseigneur », et allait jusqu'au bâtiment d'entrée, où se trouvait l'escalier (situé dans une tour octogonale hors-œuvre)[83]. Lors des fêtes de 1468, elle servait probablement de salle à manger pour le légat et les ambassadeurs étrangers[84].

La résidence de Bruges comportait donc au moins[85] deux types de galerie différents, chacun ayant toutefois son propre escalier d'accès. La galerie des Empereurs à Bruxelles, du point de vue de la forme, ressemblait davantage au deuxième type, mais sa disposition, au contraire, s'inspirait également du premier. Tout comme le deuxième exemple brugeois, elle se rattachait à l'appartement principal (quoique par le moyen d'un « corridor » qui rappelle en effet les allées du premier exemple) ; d'autre part, elle ne menait à rien, ce qui la rapproche encore davantage au premier. De plus, on peut comparer la disposition de l'escalier par rapport à la galerie. A Bruxelles, l'escalier (et le « corridor ») « formaient rotule » entre la galerie même, la cour et le logis principal, créant ainsi deux voies d'accès d'importance presque égale. Or l'escalier de la deuxième galerie brugeoise ne pouvait servir (du point de vue pratique) à la circulation dans le corps-de-logis, puisqu'il se trouvait à l'autre extrémité de la galerie. Dans le premier exemple,

---

77. L'hôtel Vert se trouvait à l'autre bout du même îlot que le palais proprement dit : son jardin s'étendait jusqu'aux écuries de l'hôtel de la Monnaie à côté de l'ancien palais. Une ruelle traversait l'îlot, séparant le jardin de l'hôtel Vert de celui du palais, et s'arrêtant près du logis ducal (A.G.R., *Chambre des comptes*, n° 27389, fol. 7 r.-8 r. ; *ibid.*, n° 27393, fol. 21 r.).
78. Chaque galerie avait 19 pieds de large. A.G.R., *Chambre des comptes*, n° 27389, fol. 8 v., 12 r., *ibid.*, n° 27393, fol. 3 v.-4 r., 6 r.-v., 9 v., 12 v., 16 v., 18 r.
79. Dans les comptes, « allées » sont nettement distinguées de la « galerie », ce qui souligne le caractère particulier de cette dernière. Une deuxième « allée », plus longue que la première, menait à un retrait. A.G.R., *Chambre des comptes*, n° 27393, fol. 4 r., 12 r., 18 r., 19 v.
80. A.G.R., *Chambre des comptes*, n° 27389, fol. 12 r., *ibid.*, n° 27393, fol. 4 r., 6 r.
81. A.G.R., *Chambre des comptes*, n° 1795 (A. de Laborde, *op. cit.*, t. II, n. 14, p. 318).
82. A.G.R., *Chambre des comptes*, n° 27394, fol. 11 v., 17 v., 21 r. Il s'agissait d'une galerie sur arcades, éclairée de grandes fenêtres qui prenaient jour sur la cour devant le corps-de-logis. Voir la gravure de Sanderus (le nombre d'arcades y a été exagéré) et le plan de Bruges de Marcus Gerards, cités dans la n. 14.
83. La tourelle a disparu en 1963. L. Devliegher, *De huizen te Brugge* (Kunstpatrimonium van West-Vlaanderen, 2-3), Tielt, 1975, 2e éd., pp. 251-252 ; *id.*, « Demeures gothiques de Bruges », *Bulletin de la commission royale des monuments et des sites*, n.s. IV (1974), pp. 64-65.
84. D'après Olivier de la Marche : « ... et en un lieu que l'on dit la gallerie disna le legat, accompaigné des ambassadeurs des roys et des princes qui la estoyent, ensemble de tous les evesques de celle maison... » (M. Petitot, éd., *op. cit.*, n. 16, p. 316). De la Marche ne précise pas de quelle galerie il s'agit, mais le nombre de personnes et la formule employée — *la* gallerie — semblent bien indiquer la galerie la plus importante du palais. Une autre possibilité serait la galerie de la duchesse (voir n. 85).
85. Les comptes mentionnent une troisième « galerie », faisant partie du nouveau corps-de-logis de la duchesse, construit en 1446-1447 et relié à l'ancien corps-de-logis (et à l'appartement du duc) par l'« allée » mentionnée plus haut (n. 76). Les murs de la galerie étaient couverts à l'intérieur de petits carreaux multicolores. Nous ne savons rien de sa disposition, le compte n'étant pas complet. A.G.R., *Chambre des comptes*, n° 27391, fol. 10 v., 11 r., 11 v., 17 r.

par contre, s'annonce déjà la solution de Bruxelles avec ses deux routes d'accès équivalentes.

Si leur disposition si différente nous fait soupçonner une différence de fonction, les deux galeries brugeoises remplissaient néanmoins à l'occasion la même fonction : celle de salle de fête publique. Il faut souligner que le seul exemple de galerie d'agrément à fonction uniquement privée à Bruges, comparable aux exemples français du XVIe siècle et à la *long gallery*, appartenait au groupe des « allées » : située au-dessus de l'allée qui reliait l'appartement ducal à celui de la duchesse, elle faisait partie du domaine privé du duc, qui y conservait ses « mappa mundj » — probablement la célèbre mappemonde de Jan van Eyck — « orloges et autres choses »[86]. En somme, le terme de « galerie » semble avoir eu une connotation publique dans le contexte bourguignon.

A l'origine des « nouvelles galeries » des résidences bourguignonnes aux Pays-Bas se trouvaient probablement les exemples français du XIVe siècle[87]. Depuis cette époque, la galerie était un élément obligatoire des résidences princières et royales. Les précédents étaient connus et admirés : en 1433, Philippe le Bon avait soigneusement fait restaurer les galeries de Mahaut d'Artois au château d'Hesdin, qui comptaient parmi les exemples les plus splendides du siècle passé[88]. A la différence des exemples français, la galerie se fait toutefois plus indépendante dans les résidences bourguignonnes, disposant d'un propre escalier, et s'isole même de l'appartement princier, évolution qui ne s'annoncera en France qu'à partir des années quarante du XVIe siècle[89].

Nous pouvons donc conclure que la galerie des Empereurs de Bruxelles, par sa fonction, ressemble davantage aux galeries des palais des ducs de Bourgogne (et à la galerie des Cerfs de Nancy), qu'aux galeries françaises et anglaises. Seul ses dimensions plus importantes (et peut-être son décor) lui confèrent un caractère plus moderne et la situent dans la série des grandes galeries royales des années trente du XVIe siècle.

---

86. L'étage supérieur de l'« allée » qui reliait les appartements du duc et de la duchesse était en effet appelé « petit galentas » (A.G.R., *Chambre des comptes*, n° 27390, fol. 8 v., 14 v.). Il ne s'agissait pas d'un lieu de passage ; l'espace pouvait d'ailleurs être fermé à clef. Voir également J.K. Steppe, « De Mappemonde geschilderd door Jan van Eyck voor Filips de Goede », *Mededelingen van de Koninklijke Academie voor Wetenschappen. Letteren en Schone Kunsten van België, Klasse der Schone Kunsten* XLIV (1983), 2, pp. 99-101. On pense aux « instruments de musique, mappemonde et de nombreux tableaux » dans la galerie du Roi à Hampton Court (cité par R. Coope, *op. cit.*, 1986, n. 64, p. 48 ; S. Thurley, *op. cit.*, n. 64, pp. 7-8).
87. Voir n. 65. Il faudrait réétudier les transformations du palais de Dijon (1448-1455). A. Kleincausz, « L'hôtel des ducs de Bourgogne à Dijon », *Revue de l'Art ancien et moderne* XXVII (1910), pp. 179-190. P. Gras, *Hôtel des ducs et palais des États de Bourgogne*, Dijon, 1956.
88. A. de Laborde, *op. cit.*, t. I, n. 14, pp. 268-271. R. Vaughan, *op. cit.*, n. 70, pp. 137-139. V. Hoffmann, *op. cit.*, n. 65, pp. 109-110.
89. A Châteaubriant, la grande galerie qui ferme la cour au sud (construite vers 1540), avait un escalier à claire-voie, formant pavillon, au bout. Autrefois elle se prolongeait également sur le côté ouest de la cour. F.-C. James, « Le château de Châteaubriant », *Congrès archéologique de France. CXXVI[e] session. Haute-Bretagne*, Paris, 1968, p. 328, pp. 338-340. J.-P. Babelon, *op. cit.*, n. 73, pp. 245-249. (Je remercie Jean Guillaume pour ces renseignements.)

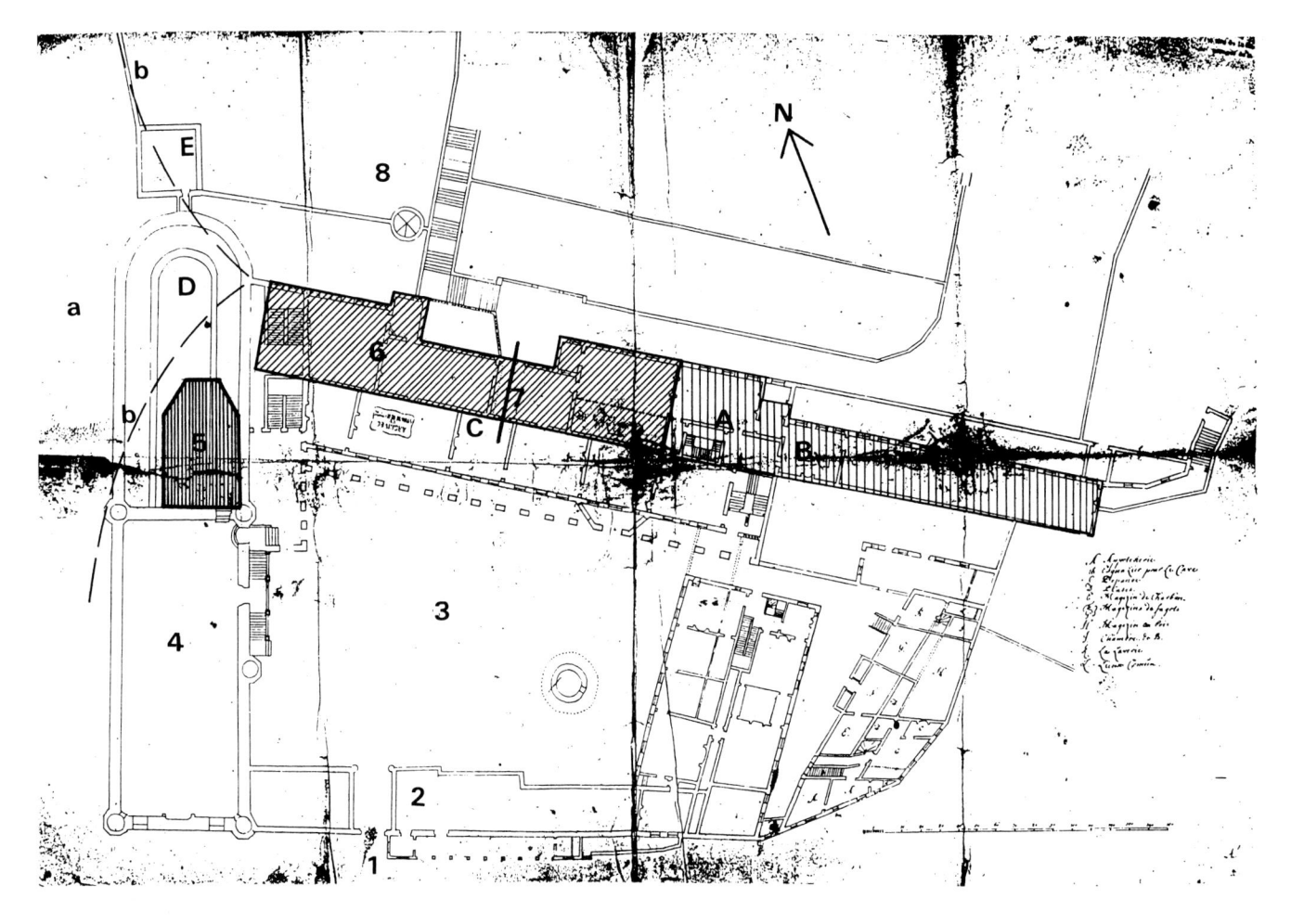

1. Plan du premier étage datant de 1725 (A.R.G. ms. 1324). Bruxelles, Archives Générales du Royaume.

1) entrée principale depuis les Bailles
2) bâtiment d'entrée
3) cour principale
4) « Grand sallon de la Cour » ou grande salle de Philippe le Bon (1451-1461)
5) site de la chapelle de Jeanne de Brabant (avant 13)5)
6) corps-de-logis (1431-1436 et 1468-1469)
7) passage vers le parc de la Warande
8) Warande.

a) Rue Isabelle ou Ingelantstraat
b) ancienne enceinte (tracé hypothétique).

A) appartement de Marie de Hongrie (1533-1537)
B) galerie de Marie de Hongrie (1533-1537)
C) escalier d'honneur (avant 1549) à contrebas de la tour d'escalier de Charles le Hardi (1468-1469)
D) chapelle Saints-Philippe-et-Jean (1522-1538 et 1548-1553)
E) sacristie (1554-1555)

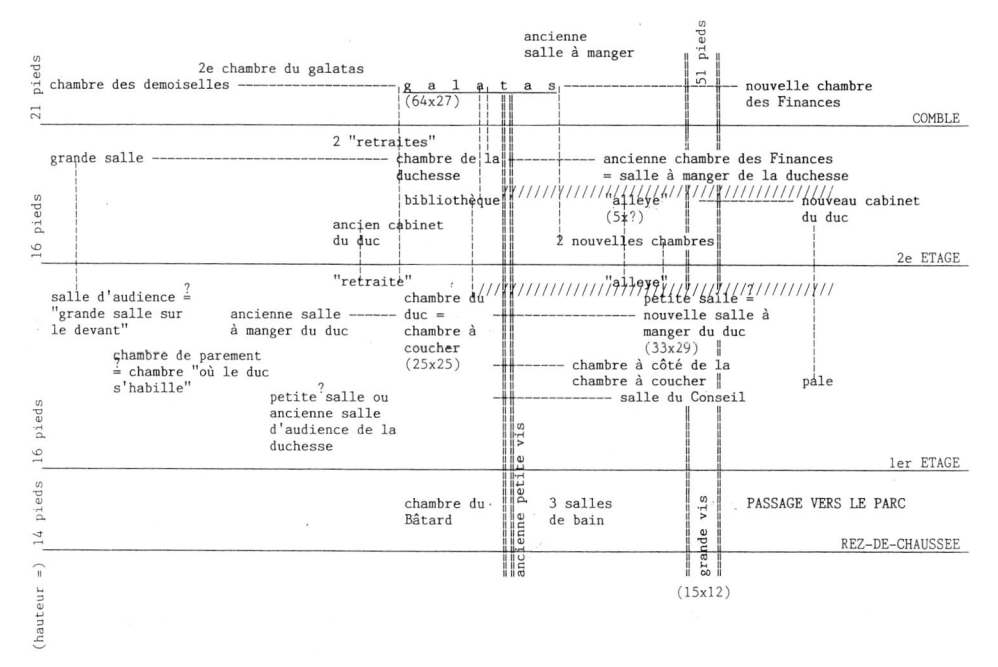

2. Organigramme des différents espaces du corps-de-logis de Charles le Téméraire, d'après les comptes de 1468-1469 (les espaces juxtaposés ou superposés sont reliés par un tireté, les mesures sont indiquées en pieds).

122   K. DE JONGE

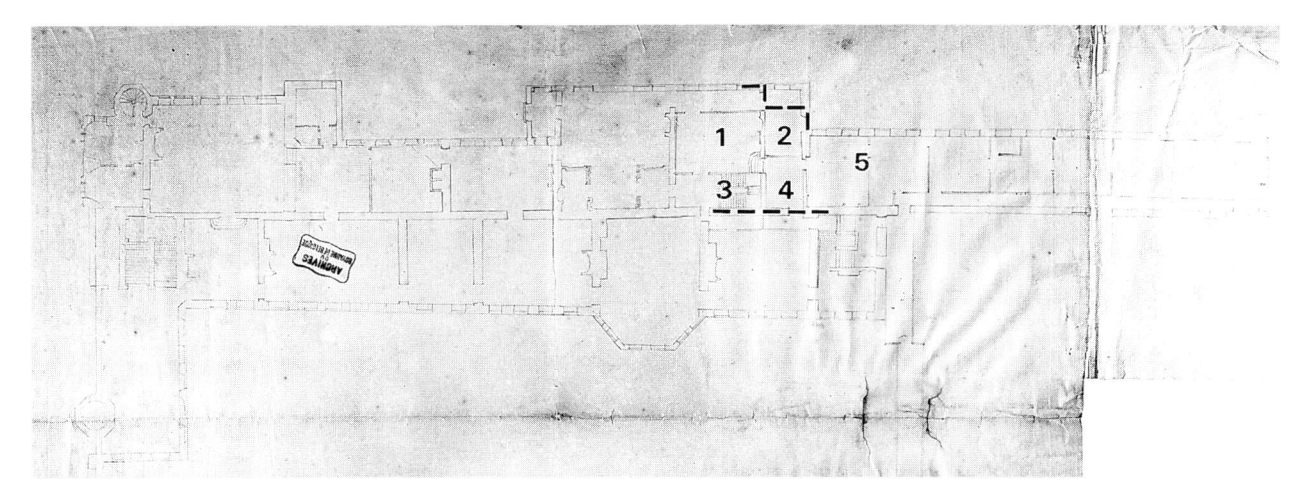

3. Plan du premier étage du corps-de-logis datant du dix-huitième siècle (A.G.R. ms 1326). Bruxelles, Archives Générales du Royaume.
1) nouvelle chambre de Marie de Hongrie
2) cabinet de Marie de Hongrie
3) site de l'escalier
4) « corridor »
5) galerie.
(en tireté : alignement des façades du XVIe siècle).

4. Dessin préparatoire (réplique d'atelier) pour la tapisserie *Le mois de Mars* des *Chasses de Maximilien*, montrant les changements survenus entre 1530 et 1560. Louvre, Cabinet des dessins.

5. Gravure de Hogenberg dans le *De leone Belgico* de Michael Eyzinger, 1583. L'entrée du palais avec, au fond, l'escalier d'honneur et l'arc de triomphe de l'époque de Charles-Quint, la base de la tour de Charles-Quint et — à droite — le passage vers le parc.

6. Détail du plan de Bruxelles de Braun et Hogenberg, ca. 1572.

7. Restitution hypothétique du premier étage du château de Binche, basé sur les comptes, les descriptions et le résultat des fouilles publié par E. Devreux (en gras).
1) grande salle (108 × 50 pieds, Alvarez)
2) salle à manger (50 × 26 pieds, d'après les comptes)
3) chambre (40 × 30 pieds, Alvarez)
4) tour comprenant plusieurs cabinets plus petits aux étages (?)
5) garderobe et cabinet donnant sur la galerie (Alvarez)
6) grande galerie sur arcades à toit-terrasse (162 × 19 pieds, Alvarez)
7) chapelle.

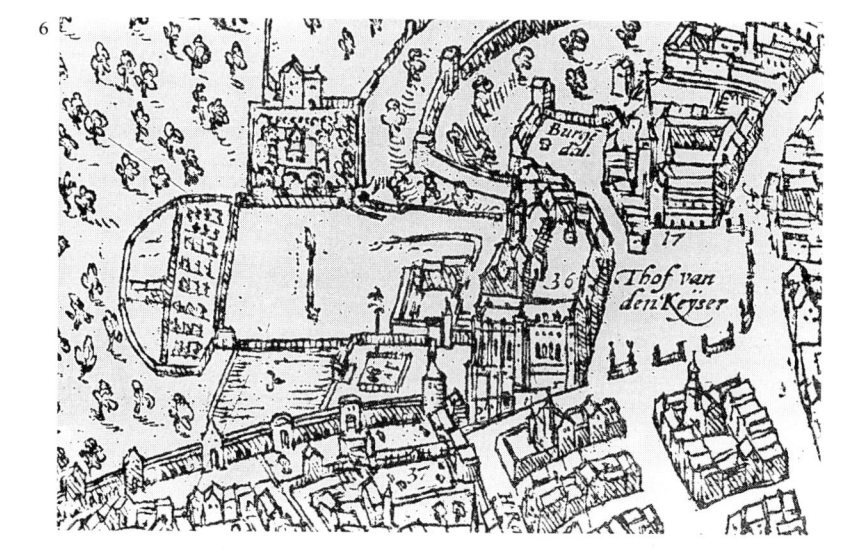

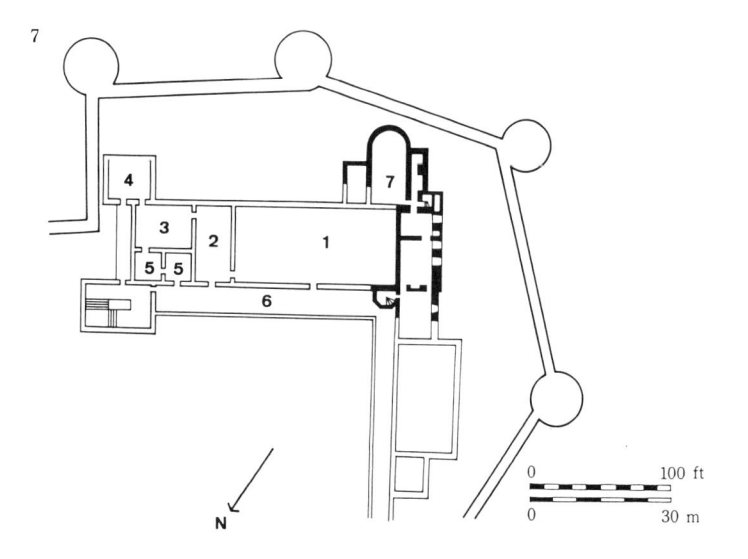

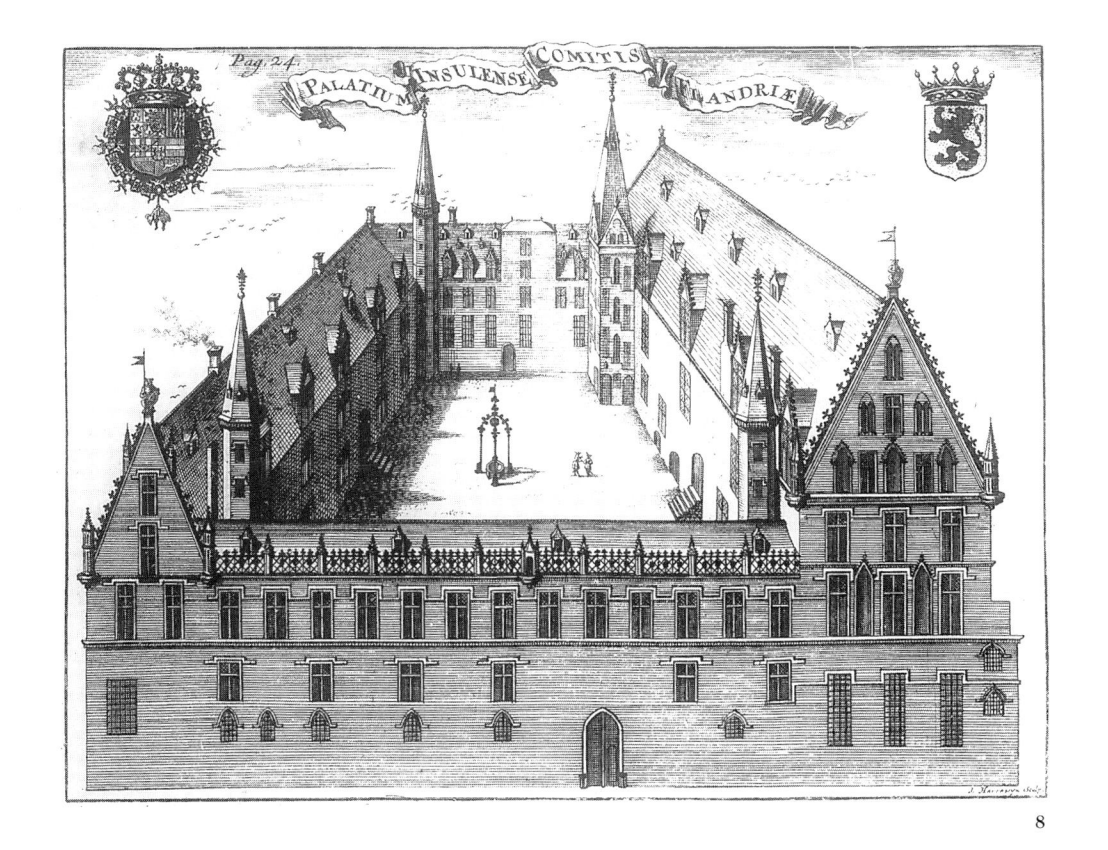

8. Palais Rihour à Lille, d'après L. Butkens. Au premier plan : l'aile de la galerie. Bruxelles, Bibliothèque Royale.

9. Cour des Princes à Bruges, d'après A. Sanderus. En haut à droite : l'hôtel Vert avec sa double galerie. En bas : la galerie sur cour. Bruxelles, Bibliothèque Royale.

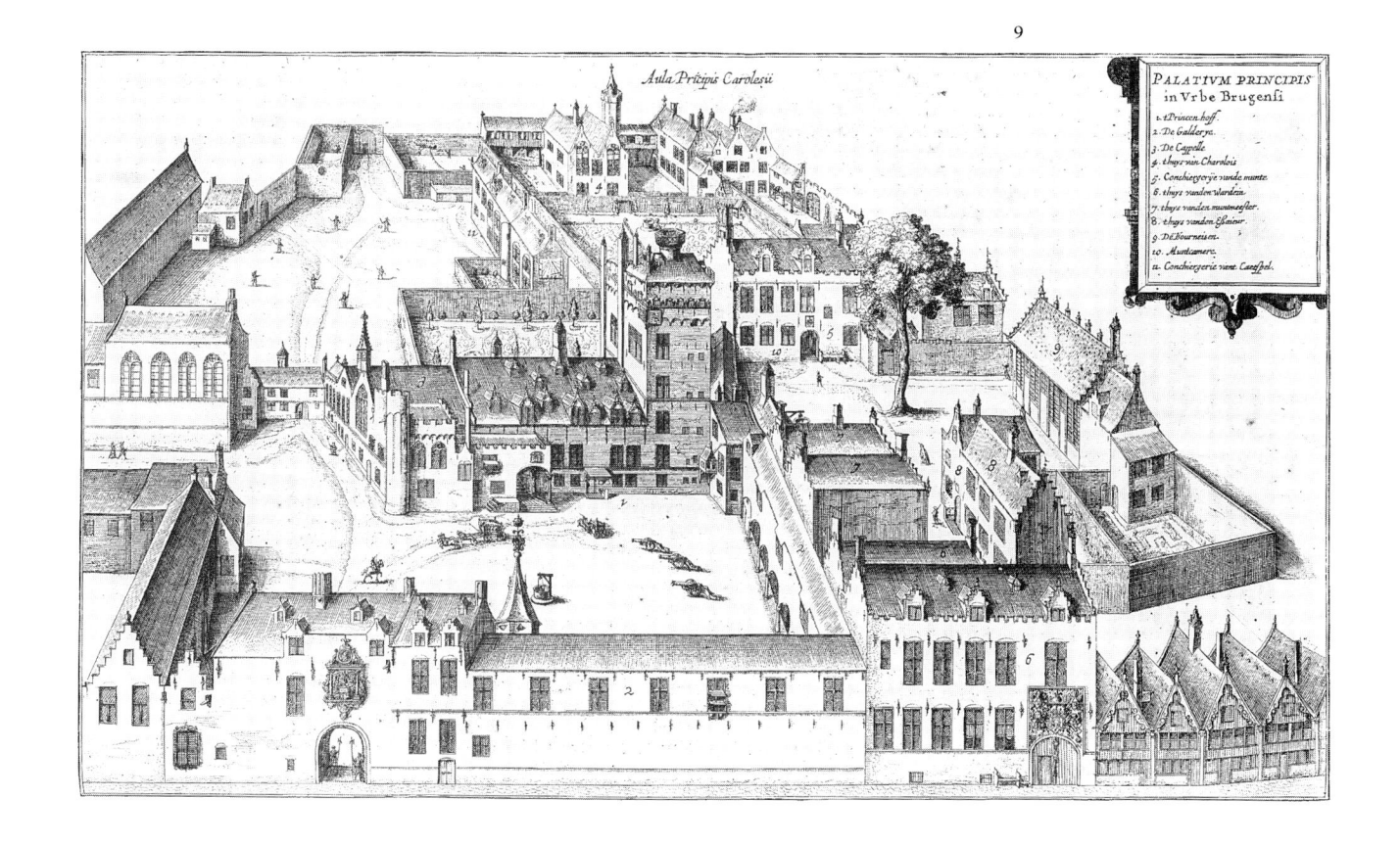

LE PALAIS DE CHARLES-QUINT À BRUXELLES

Women's Quarters in Spanish Royal Palaces

by Catherine WILKINSON ZERNER

We think of a royal palace as masculine. This particularly affects the interpretation of its decoration, which revolves around the idea of the palace as a symbol of male authority, but it involves the entire building. Such palaces have « halls of princely virtue » ; they do not have any halls of feminine virtues, or so we usually suppose[1]. Even Titian's *poesie*, commissioned by Philip II, are usually interpreted from a masculine perspective, although they hung in rooms used by women as well as men. I wish to raise the question of how women might have conditioned palatial architecture — not as patrons of buildings (which is another question) but as users whose needs had to be accommodated by the architecture — and to suggest a few of the ways in which identifiably female patterns of use might have affected the plan, distribution, and decoration. Most of what I have to say concerns the Spanish royal palaces in the sixteenth century ; where these practices originated and how widespread they were remains to be established, although it is probable that some were European arrangements of long-standing indeed, while others were tailored to the needs of the contemporary Spanish situation.

---

1. The term « hall of princely virtue » was coined by Jonathan Brown and John Elliott, *A Palace for a King : the Buen Retiro and the Court of Philip IV*, New Haven and London, 1980. See their discussion pp. 147-156 and notes for reference to the scholarly literature on similar and earlier Italian and French Renaissance halls. It is worth noting that the fourteenth-century chateau of Coucy had two sumptuously decorated halls : a Salle des Preux and a pendant Salle des Preues which are described by Jacques Androuet Du Cerceau, *Les Plus Excellents Bastiments de France*, 2 vols (Paris, 1576, 1579), modern ed. by David Thompson in 1 vol, Paris, 1988, 75 : « Quant aux choses remarquables & dignes d'estre veuës, il y a premierement la grande salle, longue de trente toises, & sept & demie de large, comprins le Tribunal, auquel sont les figures de neuf Preuds. Iognant icelle s'en trouue vn autre, de dix toises & demie sur cinq & demie de large : à la cheminée de laquelle sont les nef Preuses... » The two halls were distinguished by gender (male decoration in the *grande salle* vs female decoration of the other hall, raising the question of whether this reflected differences in the activities carried out in the rooms (eg. dispensing of justice vs dancing or feasting). The halls at Lescot's new Louvre, placed one over the other rather than adjacent, may reflect a similar gendering of interior space. The *Discours des Triumphes du Mariage du Roy Catholique d'Espagne, & de madame Elisabeth, fille du Roy treschrestie[n] Henry ij, de ce nom*, Paris, 1559 describes Henry's entertainment of the Duke of Alba, who was Philip's proxy at the marriage in Paris, noting : « Apres le reuisitant de iour en iour, le Roy pour luy faire honneur le menant aux chambres des dames, auec lesquelles il passoit le te[m]ps aucunesfois luy monstrant choses magnifiques, & choses plus rares de son Royaume, luy do[n]nant admiration de l'esprit Fra[n]cois que pouuoit faire chose si exquise... (fol. iiijv). »

Separation and symmetry: the royal households

Queen and king lived separate lives and had separate households at the Spanish court. This meant an independent budget, staff (*aposentador*, master of the horse, etc.), and servants (porter, cooks, grooms, and guards, etc.), and it required a duplication of the basic set of royal apartments. The queen had a bedroom, alcove, *guarderobe*, antechamber, private dining room, and gallery as a minimum, just like the king. In fact, since each resident member of the royal family had her/his household (although not always as large as the king's), royal suites might have to be replicated throughout a palace, as happened at the Alcázar in Madrid in the early seventeenth century. These social arrangements left obvious traces in the plans of the palaces of Philip II. Of course many of these buildings — the alcázares in Madrid, which is the best documented as to usage, Segovia, and Seville — were old and had been transformed over centuries until their interior arrangements were a veritable warren (fig. 1). It is not easy to find a self-evident pattern of use, but it is possible to pick out the duplication of some distinctive elements[2]. The long galleries attached to a smaller room at one end, which appear in the Alcázar in Madrid, for example, are found also at El Pardo, which was remodeled for Philip in the 1550s, and where we know that the southern one was for the king and the western one for the queen (fig. 2)[3]. At the Escorial, the king's gallery faced east; the only other gallery — the Sala de Batallas — was in the women's side (fig. 3).

It may have been an old practice for the parity and equivalence of the royal households to assume symmetrical form. The royal palace at Perpignan, built in the fourteenth century, already had apartments, known as the king's and queen's symmetrically disposed to either side of the chapel, as in the later remodeled layout of the royal Alcázar in Madrid. When the « courtyard of the queen » was added to this building under Charles V beginning in 1537, it produced two roughly equivalent palaces which are joined along the axis of the main entrance, shared royal chapel, and monumental staircase[4]. Philip II chose to reproduce this bilateral symmetry in two of his new projects. The royal quarters at the Escorial enfold the sanctuary of the basilica, and the apartments of the queen on the north are roughly equivalent to those of the king on the south; and the palace at Aranjuez may have been planned with the same scheme in mind: the king's quarters and garden were on the southern side of the courtyard; while corresponding apartments and garden on the north were known as the queen's (fig. 4).

Symmetry like this suggests Renaissance ideas, but, although the separation of the domestic lives of women from men was a theme in architectural writing beginning with Vitruvius, who speaks of it in Bk VI when he discusses the houses of the Greeks, later

---

2. The interior arrangements of Philip's palaces have not been systematically studied, but see Francisco Iñiguez Almech, *Casas reales y jardines de Felipe II*, Madrid, 1952 and J. Miguel Morán Turina and Fernando Checa Cremades, *Las Casas del rey*, Madrid, 1986 for descriptions and documentation. Studies of particular palaces are cited in the following notes.
3. On El Pardo see Juan José Martín González, « El Palacio de "El Pardo" en el siglo XVI », *Boletín del Seminario de Estudios de Arte y Arqueología de la Universidad de Valladolid*, XXXVI, 1970, 5-41. Two other documents provide information on the interior distribution: J.M. Pita Andrade, « Un informe de Francisco de Mora sobre el incendio del Palacio del Pardo », *Archivo Español de Arte*, XXXV, 1962, 265-270 and F.J. Sanchez Canton, « El Primer inventario del Palacio de El Pardo », *Archivo Español de Arte y Arqueología*, X, 1934, 69-75.
4. See Veronique Gerard Powell, *De Castillo a palacio: El Alcázar de Madrid en el siglo XVI*, Madrid, 1984.

writers were probably as much influenced by architectural practice as by classical texts. Alberti insisted on separate apartments according to sex to the point that he describes an ideal house, especially a princely palace, as two separate houses under one roof, symmetrical about an axis drawn between women and men[5]. But separation did not necessarily mean a symmetrical plan : at El Pardo, the queen's quarters are joined to the king's at a corner and Valsaín was probably similar[6].

Conjugal space : the bedroom and hall

Queen and king lived separate lives, but they also lived a conjugal life. On the private side, there was the matrimonial chamber, separate from the queen's bedroom at the palace in Madrid (fig. 1). The king slept here when he was not sleeping in any of his other bedrooms. It is no. 24 on the plan of the main floor and no, 26 on the plan of the lower floor, which was used in the summer. Since the establishments of queen and king were large, the conjugal bedroom, or queen's bedroom in smaller palaces, was obviously a pivot around which interior arrangements had to turn. Otherwise one or both parties might have to walk through most of a palace to get to it. Alberti also recognized the need for the two households to join at the bedroom ; in his description, it is the only point at which they do meet. In Philip's palaces, the queen's bedroom was part of her quarters and also accessible from the king's.

There may be a corollary to this in the public sphere. In addition to the reception rooms of each separate establishment, which, like the king's or queen's gallery, might occasionally accommodate members of the opposite sex, and specialized spaces like the chapel or staircase which was used by both men and women, there was one room in which queen and king (and women and male courtiers) appeared together. In the Alcázar in Madrid, this was the hall, n° 23 on the main floor plan, the famous « Sala de Comedias » which was used for festivals and theater in the reign of Philip IV[7]. This room was adjacent to the queen's quarters. Why was this ? Was it merely an accident determined by the existing topography of the old building, or was there a reason for the queen to be so near to this hall ?

---

5. Leon Battista Alberti, *On the Art of Building in Ten Books*, trans. Joseph Rykwert, Neil Leach, Robert Tavernor, Cambridge Mass., London, 1988, Bk V, chap II. Francisco de Lozano's Spanish translation, *Los Diez Libros de Architectura de Leon Baptista Alberto*, Madrid, 1582, reprinted ed. by José María de Azcárate, Valencia, 1977, 125 : « Y los miembros de la casa sean del todo distinctos los de la muger y los del varon y los de los ministros. De suerte, que donde quiera aya las cosas que pertenecen no solo al vso sino tambien a la magestad, y no redunde alguna confusion de la muchedumbre delos de la casa. Difficultoso cierto es esto, y que no podreys hazer con vn solo techo. Darse ha pues a cada qual su region, y area, y su entero espacio de techo, pero de tal suerte se juntaron con techos y passadizos, que la muchandumbre de los criados y de los domesticos, mientras se dan prissa a hazer sus officios no se presenten como llamados de vna casavezina... Toda la casa de la muger estara del todo apartada de la casa del varo[n], sino que al cabo el encerramie[n]to y el dormir de la cama matrimonial estaran patentes y co[m]munes al vno y alotro. La casa de ambas cerrarse ha y sera guardada con vna sola puerta, y vn solo portero. »
6. The arrangements at El Pardo were not ideal. Francisco de Mora suggested that advantage be taken of the fire in 1605 in order to rebuild the palace with the queen's bedroom next to the king's quarters.
7. See Museo Municipal, Madrid, *Ivan Gómez de Mora (1586-1648) Arquitecto y trazador del rey y maestro mayor de obras de la villa de Madrid*, Madrid, 1986 with essays and catalogue by Virginia Tovar Martín, which reproduces the text of in the Vatican Library, Barb. Lat., *Relaçion de las cassas que tiene el Rey en España y de algunas de ellas se an echo tracas que sean de ber con esta relaçion. Año de 1626*, 379-397.

I want to suggest that the hall was a feminized space, although I will have to do this in a round-about way. In Bk VI, Vitruvius described the different parts of houses, both Roman and Greek, speaking of *triclinia*, dining rooms, and different types of *oeci*. Puzzled by these descriptions of domestic architecture, sixteenth-century commentators settled on « hall » as the modern equivalent of *oeci*. Palladio, for example, says:

> Several sorts of oeci are described by Vitruvius (it was these halls or salotti in which they made their festivals and entertainments, and where the women worked).

These halls were thought to be the most magnificent of any in the house, lavishly decorated with stucco and painting[8]. Palladio combined Vitruvius's account of Roman *oeci* in Bk VI, chap. iv with a room in a Greek house, described in Chap x, and the interpreted Vitruvius very freely: Palladio's « halls where women work » was adapted from Vitruvius's description of the « large rooms in which mistresses of houses sit with their wool spinners » (VI, vii), and in one respect he contradicted Vitruvius. Speaking of *ciziceni* (which he describes as another type of *oeci*), Palladio interprets it as a hall looking out over a garden and appropriate to relaxation. But Vitruvius says that *ciziceni* were Greek dining rooms facing gardens in the men's part of the house and he specifically says that Greek women did not eat with men[9].

We can get a Spanish perspective on all this from some sixteenth-century Spanish annotations to Philandrier's commentary on Vitruvius, made by an unknown architect who was probably close to the court. The author has this to say of Vitruviu's *oeci*:

> Oecis is the same as *trinclinuium*, I mean in the measurements of the work, and should be considered the room for convivial life, and it is for the men [varones] and has highly decorated ceilings, I mean vaults, and also these are public rooms for giving dances and weddings and receptions, and it is a stage for women and to greet lords and receive guests: that is public rooms[10].

Both Palladio and the Spanish writer reintepreted Vitruvius to define *oeci* as places of public entertainment that involved both women and men — the contemporary equivalent to the old *grande salle* which was stripped of its purely masculine functions like the dispensing of justice — an interpretation that was already suggested by Alberti, who remarked that the hall « took its name from dancing because nuptials and feasts are celebrated in it »[11].

Let me now return to the Alcázar in Madrid and its *oecis*, which was created behind the southern façade during the 1450s[12]. We do not know how it was decorated in the sixteenth century, but, like the hall described in the annotations to Vitruvius, it was a place where queen and king appeared togetgher to receive guests for banquets, weddings and theatrical performances. In 1558, it was known as the « Sala dela Empcratriz. » It was perhaps the only room inside the Alcázar where the public presence of

---

8. Quoted from Andrea Palladio, *I Quattro Libri dell'Architettura*, Venice, 1570, translation by Issac Ware, *The Four Books of Andrea Palladio's Architecture*, London, 1738, reprint with introduction by Adolf Placzek, New York, 1965.
9. Vitruvius, *The Ten Books on Architecture*, translated Morris Hicky Morgan, Dover edition, New York, 1960.
10. Translated from anonymous annotations to a copy of Guillaume Philandrier, M. *Vitruvij Polionis De Architectura Libri X*, Lyon, 1552, in the library of the Real Academia de Bellas Artes de San Fernando in Madrid.
11. Alberti, Bk V, ii. The Spanish translation (p. 123) gives: « la sala, la qual pienso ser dicha aside de faltar, porq[ue] en ella se celebra la alegria de las bodas y combinados ».
12. See V. Gerard, *De Castillo a Palacio*, 58 ff. The appearance and use of the this room is much better documented for the seventeenth century. See Steven N. Orso, *Philip IV and the Decoration of the Alcázar of Madrid*, Princeton, NJ, 1986, 125 ff for reconstruction.

women was officially recognized as necessary to its function. In the early seventeenth century, the royal architect, Juan Gómez de Mora, who drew and described the plans of the building, called it as the « salón grande en que se açen las fiestas de comedias y saraos y comen los Reyes en público en día de bodas de las damas que se cassan em Palaçio[13]. »

How significant was the feminine here ? After all women had to appear somewhere in public if they were not to be locked up ; the hall was not an exclusively feminine space because it was not a women's room, but its dual gender required that it be placed near the queen's quarters (or the queen's quarters near to it) so that king and queen and the queen's ladies could make their appearance from the royal bedroom into the hall. The festival hall at the Alcázar was the public counterpart of the adjacent royal bedroom.

The asymmetry of feminine space :
the queen's quarters and the women upstairs

The independence of the two royal households, which became interdependent at their point of contact in the royal bedroom and festival hall, suggests the equivalence of their domestic space, but in one respect, the queen lived very differently from the king. Although her household included numerous male servants such as those who served the king (chaplain, doctor, pages, cooks, etc.), she was normally waited on only by women. Jehan Lhermitte, who spent several years at the Spanish court, was amazed when he stopped in Paris on his way back to Flanders to see the French queen served at dinner by men and chatting with her courtiers[14]. In Spain, the queen rarely dined in public and never without the king. She lived surrounded by the women of her court. Day after day, Elizabeth of Valois gambled, danced, and even staged theatrical presentations in her private apartments among her women. No man other than the king or the *infante* is mentioned as being present at these occasions[15]. The queen could, of course, receive ambassadors and other male visitors in her apartments, but her daily life was spent in rooms which were occupied exclusively by women. At night, as the protocol of the palace specifies, the porters (male) locked the door to the queen's apart-

---

13. Quoted from *Juan Gómez de Mora (1586-1648)*, « Relaçion de las cassas », 381.
14. Jehan Lhermitte, *Le Passetemps*, 2 vols, ed. Charles Ruelens, Brussels, 1890, vol. 2, 373 F : « me mena ledict Sancerre á la sale de la royne laquelle je viz aussi disner, assise toute seule en hautte chayre et à table haulte à l'advenant services de plusieurs gentilzhommes sans qu'aulcune dame d'honneur, ou damoyselle sienne s'trouva en toutte la salle, que me semblait fort etrange veu qu'en la court d'Espaingne los roynes ne se servent que de leurs demoyselles, et s'assisemt en chayres basses je diz en quarreaux et à table basse et sont servies, comme aussiles royz en plus grande modestie et gravité, si ce n'est quand elles mangent ensemble : alors elles s'assient aussy sur des chayres haultes et se servent avec meilleur ordre, et ceremonie ; ces royz icy le font tour au contraire et n'en usent d'aulcune. Ilz parlent et devisent avec tous et les escoutent... La royne en fist aussi du mesme fort bon semblant à tous discourrant avec l'un at l'autre fort liberalement... La table haulsée et les graces dites Elle se retira vers son quartier et alors vindrent tout à l'heure trois damoyselles d'une autre chambre de là tout prés qui l'accompaingnarent judque à sondict quartier, et avec ce se retira un chascun vers son logis ».
15. See the « Diario privado de Doña Isabel de Valois, redactado por Madama de Clermont » in Agustín G. de Amezúa y Mayo, *Isabel de Valois, Reina de España (1546-1568)*, 3 vols., Madrid, 1949, vol 3, Appendix II, XX, 106-20 which covers the period from 29 April to 6 June 1560.

ments and gave the key to the *Camarera Mayor* (female), enclosing the queen until morning[16]. Only the king had access through his own quarters.

From the point of view of the architecture, the disparity in the situations of king and queen is not that of the freedom to move. The king was also guarded, and it had to be possible to seal off his apartments for security. The difference is that the queen was locked up with her female household who, unlike their male counterparts, slept in the palace. The lodging of these aristocratic women and their servants was a necessary part of the queen's household, and therefore one of its architectural arrangements that had no counterpart in the king's.

These women were numerous. In 1567, Elizabeth de Valois' household included, in addition to the *Camarera Mayor*, the *Guarda Mayor de Damas*, the *Guarda Menor de Damas*, several *dueñas*, ladies *de Camara* and *de retrete*, *labanderas* : 12 Spanish and 8 French ladies in waiting and 8 Spanish and 3 French women *de camara* ; 42 noble and gentlewomen in all, plus their personal serving women[17]. The queen's will, drafted a year earlier, provides bequests for 31 women and an unspecified number of female servants[18]. Except for the servants, these were women from powerful families whose appointments had been made by Philip II after careful deliberation. With few exceptions, the women were single and young and many would eventually be married to courtiers in the festival hall. The Spanish queen thus presided over a household of between 80 and 100 women (since each was allowed to keep a servant) who had to be lodged in rooms that allowed them access to their mistress but sealed them off from the rest of the palace.

The women of the Spanish court were accessories to royal display, as well as important counters in client relationships, and their housing was a major issue in the interior arrangements of any palace. By 1626, Gómez de Mora counted 400 women in the Alcázar at Madrid[19]. Where did these women live ? When Elisabeth of Valois arrived at the Alcázar in 1560, her ladies were lodged on the floor below the queen's apartments, but in Toledo, where the royal couple stayed for the first months of their marriage, the women slept in dormitories at the top of the building[20]. This was soon to be, if it was not before, the preferred location in all of Philip's palaces : at El Pardo, Aranguez, Segovia[21]. The *camaranchones* installed in the attic under the slate roofs over

---

16. « Orden y oficios de la servidumbre de la casa de Doña Isabel », of 1559 (Archivo General de Simancas, Estado-Francia K. 1643, n° 49) in Amezúa y Mayo, *Isabel de Valois*, vol. 3, Appendix II, XIV, 92 F : « En quanto a lo de la puerta de a Cama de su Magd., los porteros an de hazer en todos tiempos lo que el Mayordomo mayor les ordenare, y despues que los porteros se can a sus casas y dexan la puerta a las mugeres, la puerta de la camara de su Magd. no se ade abrir en ninguna manera hasta que el Mayordomo mayor venga o sea la ora de boluer la puerta a los porteros, que esta ora sabra el Mayordomo mayor de Su Magd. quando sea seruido que sea, y lo ordenará assi. »
17. The list of members of the household at Toledo in 1560 is reprinted by Amezúa y Mayo, *Isabel de Valois*, vol. 3, 120-122 see also the author's excellent discussion in vol. 1, part V, « La Casa de la Reina (1560-1561) », 147-170. The queen's household totalled 315 people (including both men and women).
18. Elisabeth's testament of 22 June 1566, Archivo General de Simancas, Patronato Real, leg. 30, fol. 28 in Amezúa y Mayo, *Isabel de Valois*, vol. 3, Appendix II, CXXXIII, 348-361.
19. See *Juan Gómez de Mora (1586-1648)*, « Relaçion de las cassas », 386 : « n° 4, n° 5 : Sobre el quarto deste Alcázar al andar de la bibienda de los Reyes y otros dos altos o suelos bibienda en que están aposentadas las dueñas de ornor, damas, y meninas, las de la Camara y del Retrete de las dos Cassas de la Reyna y Reyna de Vngría, con todas sus criadas mayores y menores, en que tienen sus apposentos, oratorio, tribunas a la Capilla sobre las de Su Magestad y otras comodidades, que serán en número de mujeres de todas calidades 400 personas que se gouiernan debajo de las dos Camareras Mayores y Mayordomo Mayor de la Reyna. »
20. The diary of Elisabeth of Valois (cited above n 14) describes these dormitories. It is clear that they were at the very top of the building because the text reports that one of the queen's French ladies, crazed by the threats of some Spanish nuns, threw herself out the window to her death 20 toises below.
21. Juan Gómez de Mora notes the location of the queen's women in the following palaces : Alcázar de Toledo : « En la planta n° 4, que es alanda del suelo principal, se aposentan las Personas Reales... sobre este suelo ay otros dos,

the royal palace at the Escorial were occupied mainly by women; in the monastic section they housed the novices. As at the other palaces, most of the king's personal servants lived in the Casas de Oficios outside the Escorial proper[22]. With the housing of the women upstairs came a need for vertical circulation between the queen's apartments and the upper dormitories, hence the no less than nine private staircases that Gómez de Mora lists for this purpose in the women's quarters at the Alcázar in Madrid[23].

The lodging of women upstairs in the attic stories, under the high slate or lead-covered roofs of the royal palaces, raises the question of where the women of the court were housed before Spanish palaces had such roofs. There was no attic story in the original plans for the palace of Charles V in Granada; the upper parts at the Alcázar in Madrid were probably added after 1560. Was Philip II following a custom that was already established in Spain, was he replicating the arrangements of northern palaces, or adapting them to the Spanish situation? To answer this requires knowing more about the use of the upper stories in European palaces, in particular the use of the spaces under the roof in Flemish and French palaces from at least the fourteenth through the sixteenth centuries, when such roofs become common in princely buildings. It is possible to suggest, however, that the need for lodging court ladies and Philip's taste for northern roofs were coincidental just before his return to Spain, and that they became coimplicated later in his royal palaces.

In 1559, Philip II and Henri II sealed the Peace of Cateau-Cambresis with Elizabeth de Valois's marriage. As Philip prepared his return, Gaspar de Vega, who had spied out the living arrangements at the French court, reported that the ladies were lodged in the attic story in the new Louvre. Later that year, Philip wrote to order high slate roofs for El Pardo[24]. There is no evidence that Philip's taste for high pitched, northern slate-covered roofs was prompted by his impending marriage to a French princess. He may have been following Flemish custom, or the roofs may have been prompted by other considerations entirely. He adopted them for virtually all the buildings he commissioned later in his reign and so marked a preference cannot have been sustained only by their function in the palaces, since he ordered an enormous roof for the merchants' exchange in Seville where the housing of court ladies was not an issue. At the same time that Philip decided on the roof for Seville, he ordered his archi-

---

que serán n° 5 y 6, en que se aposentan las damas, demás de otros aposentos que se an formado en los desbanes de los tejados para sus criadas (387 F) »; Alcázar de Segovia : « El patio está bien adornado y de ordinario los Reyes posanen lo bajo... En los alto deste Alcázar, se aposentan los demás que ban con los Reyes (388) », which seems to indicate that the upper rooms were for servants of both sexes; El Pardo : « En lo alto deste suelo ay en los desbanes capaçidad para aposentas en diferentes apposentos las damas y criadas que sirben a los Reyes el tiempo que goçan de esta casa (389) »; Aranjuez : « En este Quarto bajo y el alto senalado en la planta n° 2 se aposentan los Reyes y en lo alto las damas (389). »

22. José de Sigüenza, *La Fundación del Real Monasterio del Escorial*, (Madrid, 1603) reprint, Madrid, 1986, Parte II, Discurso XVIII, 384 ff speaks of « lo más alto de los aposentos de esta casa, que son los que están debajo de los tejados, que en castellano llamamos desvanes, tienen buen artificio, anchura, capacidad, alegria... con muchas ventanas » which house novices in the monastic section. Of those over the palace section he says only « hay tránsitos y piezas muy grandes y de ver, y aun de mucho servicio, porque son grandísimos los desvanes; pudiera vivirf en ellos un gran pueblo, y así se hacen diversos aposentos y apartados para la gente de servicio de la casa realy del convento ». A sixteenth-century satire on life at the Escorial, Bibliothèque Nationale, Paris, mas, Port. 23, fols. 515-18 is translated in George Kubler's *Building the Escorial*, Princeton, 1982, Appendix 6, 155-7 ridiculed arrangements that forced the young novices to sleep where they could hear the chattering of the women through the thin partitions.
23. *Juan Gómez de Mora (1586-1648)*, « Relaçion de las cassas », pp. 382ff. In 1626, the Alcázar accomodated the households of the queen and the Queen of Hungary, but it is possible that the number of women at court had increased since the 1560s. If so, this might explain Gómez de Mora's projects for remodelling the attic rooms at the Escorial as prompted by the need to increase the available space for women. The drawings are reproduced Matilde López Serrano, *Catálago de Dibujos I, Trazas de Juan de Herrera y sus sequidores para el monasterio del Escorial*, Patrimonio Nacional, Biblioteca de Palacio, Madrid, 1944, vol I, pl. 30, 31 and by G. Kubler, *Building the Escorial*, Figs. 72, 73.
24. Gaspar de Vega's report in reproduced by Iñiguez Almech, *Casas Reales*, Apendice I, 165-64.

tect, Juan de Herrera, to prepare plans for adding a huge roof to the Italianate royal palace in Granada in order to make space for the women[25].

Elizabeth de Valois seems to have worn a different dress every day in the first months of her marriage, repeating her costume only if the king had not seen it the day before, or if she was hunting[26]. Philip II often said he wished he could live like a simple gentleman on a few hundred ducats a year, and the ceremonial at his country palaces was much simpler than in Madrid, but a large number of women accompanied the Spanish king and the queen on public occasions. When the royal procession left San Gerónimo in 1632, for example, the king was preceded by dignitaries and male family members. He himself was separated by several steps from them, and behind him walked the queen with her head of household, twenty five matrons of honor, and an unspecified number of ladies and maids in waiting, all magnificently dressed. The king shown like a jewel in a setting of women.

It is difficult to say how distinctively Spanish was the arrangement of women's quarters in Philip's palaces. Further research is needed to determine if they were comparable to the distribution in the households of the Spanish nobility or whether they were similar to arrangements at other European courts, or both. The arrangement of living spaces for women at the Spanish Habsburg court obviously reflected the needs of court ceremony and it would therefore be logical if it were related to earlier Flemish and Burgundian court customs, which Charles V and his son brought to Spain, but there is no reason to suppose they were identical. Jehan Lermitte underscored the difference between the behaviour of the queen at the Spanish and French courts, but he did not find the former Flemish. In fact he often notes small details in the deportment of women or in court ceremonial that appeared to him peculiarly Spanish.

---

25. Earl Rosenthal, *The Palace of Charles V in Granada*, Princeton, N.J., 1985 publishes the documentation.
26. See the « Diario privado de Doña Isabel de Valois, redactado por Madama de Clermont » in Agustín G. de Amezúa y Mayo, *Isabel de Valois*.

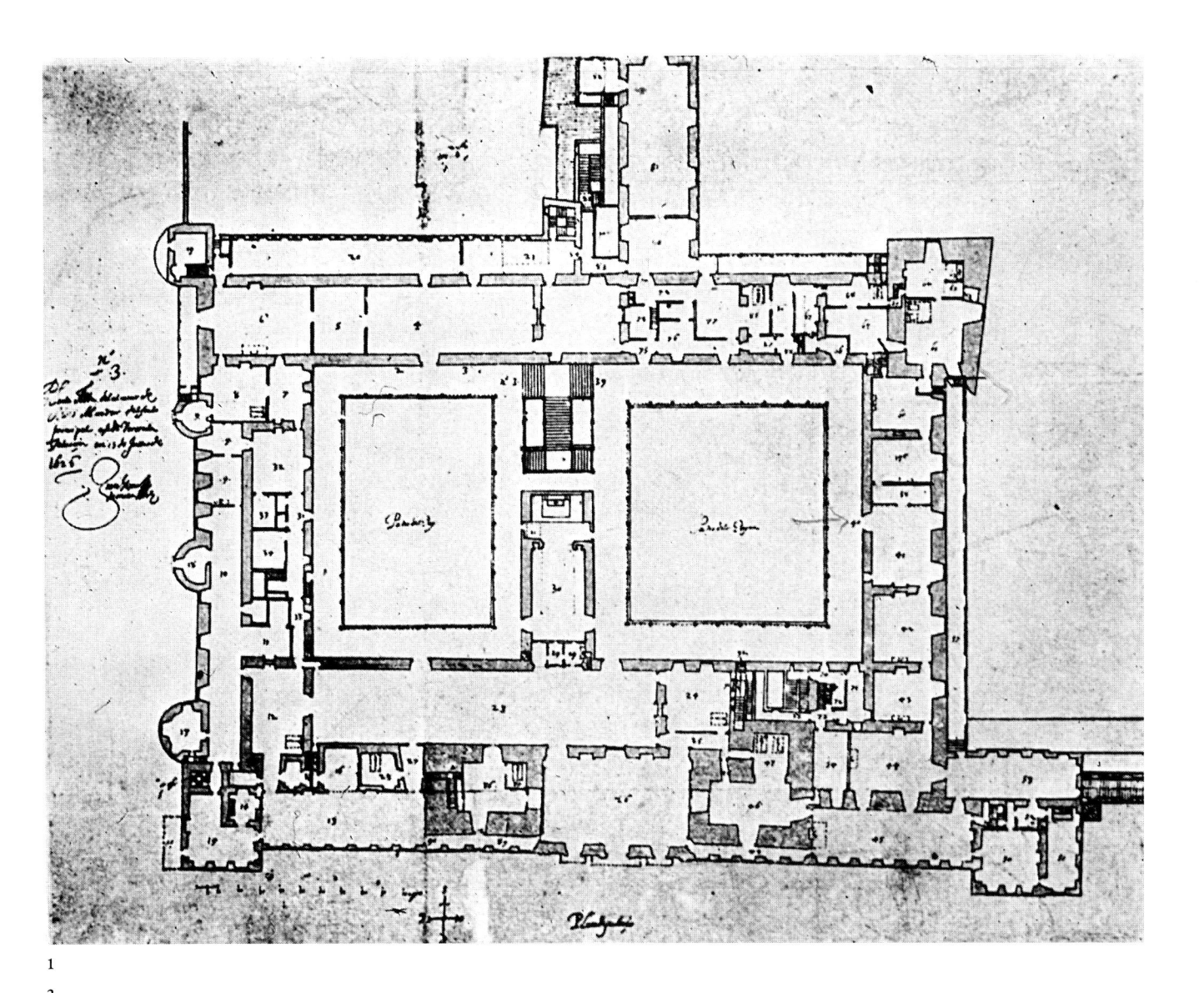

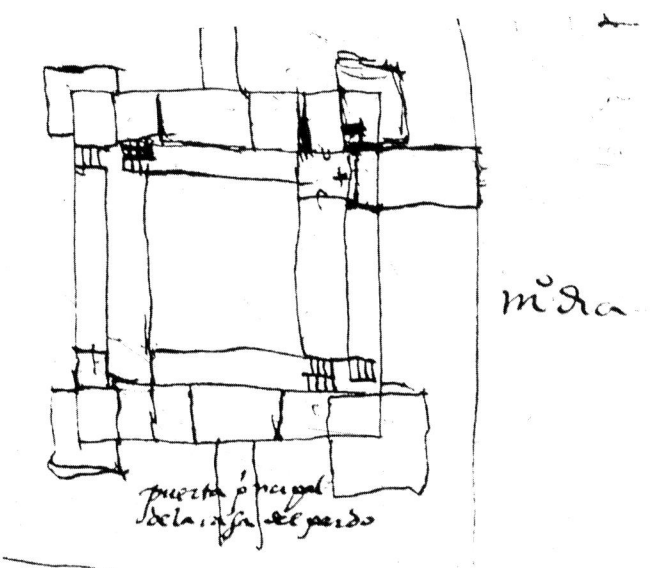

1. Alcazar in Madrid, plan of the main floor (XVIIth century).
2. El Pardo, sketch plan (XVIth century).

WOMEN'S QUARTERS IN SPANISH ROYAL PALACES

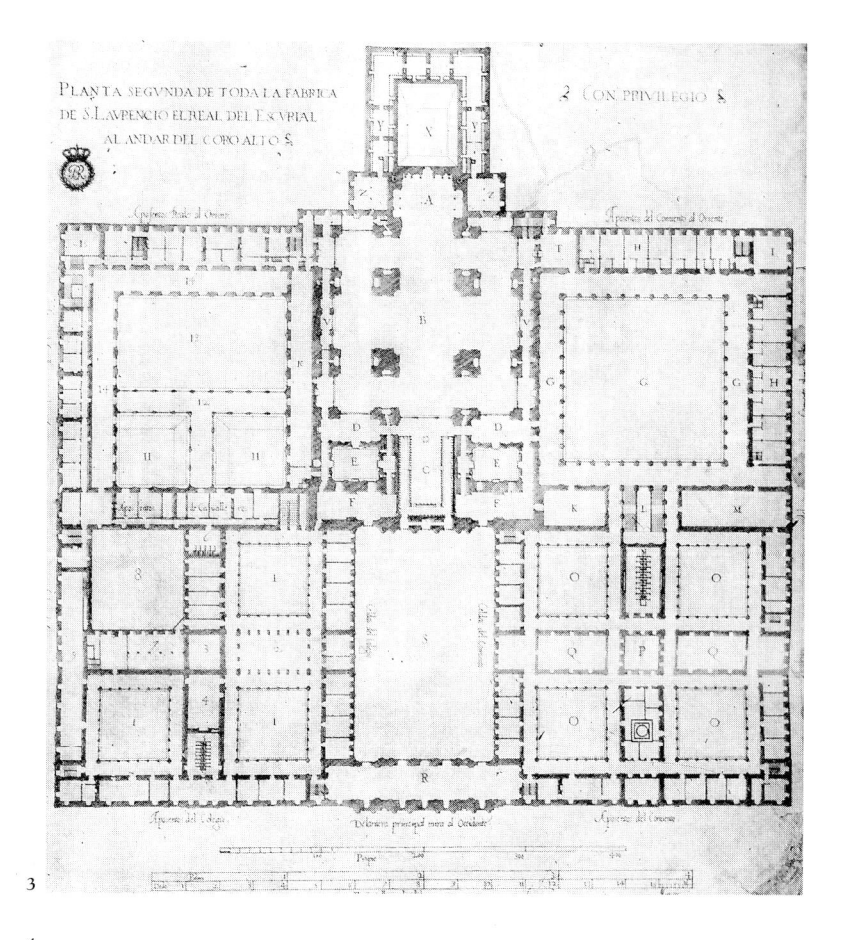

3. The Escorial, plan at level of the choir (1589).

4. Aranjuez, plan of the ground floor.

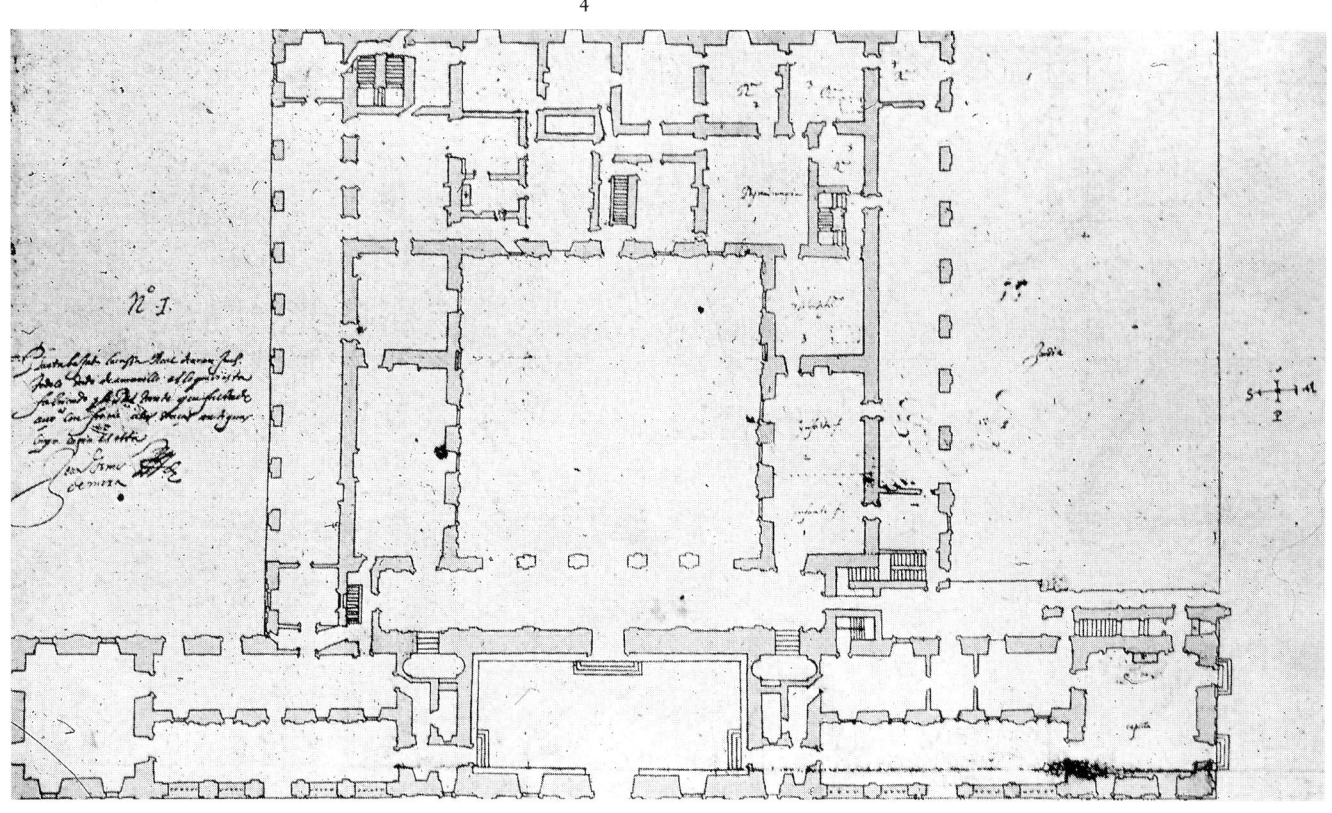

Le palais ducal d'Urbino
Humanisme et réalité sociale

par Andreas TÖNNESMANN

Le rapport de l'architecture et de ses prémisses sociales et politiques constituait l'un des thèmes majeurs des traités d'architecture de la Renaissance. « Il est évident », écrit Leon Battista Alberti, « que les bâtiments ont été érigés pour les hommes. C'est pourquoi, si nous voulons étudier et comprendre à fond les différents types de bâtiments, nous devons tout d'abord nous efforcer de définir en quoi les hommes diffèrent les uns des autres »[1]. Après avoir exposé les sources antiques, Alberti présente sa propre conception de la société, réunissant en un tableau hybride l'utopie platonicienne de l'État et la réalité de l'époque. Le projet rappelle une pyramide : au sommet une élite intellectuelle représentant l'élite du pouvoir, dans la zone inférieure les riches, les petits bourgeois, les couches non affranchies. C'est d'après ce modèle qu'Alberti traite des différents types de bâtiments, partant de l'idée qu'à chaque couche sociale correspond une architecture spécifique répondant aux besoins de celle-ci.

J'aimerais, d'après ces critères, analyser un édifice du XVe siècle, le palais ducal d'Urbino, dont le plan tient manifestement compte des exigences d'une cour post-médiévale et dont l'architecture, reflet des positions idéologiques et artistiques de l'époque, traduit l'avènement d'une conception nouvelle du seigneur par excellence.

En dépit de minutieuses recherches qui aboutirent en 1985 à l'exposition relatant l'histoire du palais[2], celle-ci demeure obscure en bien des points. J'aimerais me limiter à un résumé des faits principaux. A partir de 1450 environ, le comte et futur duc Federico di Montefeltro fait reprendre la construction d'une résidence déjà commencée par son grand-père Guidantonio. En 1466 l'architecte dalmate Luciano Laurana, alors ingénieur à la cour de Mantoue, propose un plan considérablement agrandi qui est aussitôt mis à exécution. Les travaux seront poursuivis à partir de 1474 sous la direction de Francesco di Giorgio Martini qui fait appel à un groupe d'artistes de renom. A la mort du duc Federico en 1482, le palais est pratiquement terminé, à l'exception des façades donnant sur la ville et de la seconde cour.

---

1. L.B. Alberti, *L'Architettura* (= *De re aedificatoria*), ed. G. Orlandi, P. Portoghesi, 2 vols., Milano, 1966, 265 (IV. 1) : *Aedificia hominum esse causa constituta in promptu est. [...] Quod si aedificiorum genera et generum ipsorum partes satis, ut instituimus, annotasse voluerimus, omnis investigandi ratio nobis hinc captanda sit atque inchoanda, ut homines, quorum causa constent aedificia, et quorum ex usu varientur, accuratius consideremus quid inter se differant, quo inde singula clarius recognita distinctius pertractentur.*
2. *Il palazzo di Federico da Montefeltro*, Catalogue d'exposition, éd. M.L. Polichetti, 2 vols., Urbino, 1985 ; voir en outre l'œuvre fondamentale de P. Rotondi, *Il Palazzo ducale di Urbino*, 2 vols., Urbino, 1950 ; *id.*, *Francesco di Giorgio nel Palazzo Ducale di Urbino*, Milano, 1970 ; H. Saalman, dans : *The Burlington Magazine*, 113, 1971, pp. 46 ss.

Le palais et la ville

Au Moyen Age, les Montefeltro résidaient dans différents bâtiments dispersés dans la cité[3]. Leur résidence était située dans la partie sud de la haute-ville : un château fort stratégiquement bien placé mais séparé du centre administratif urbain qui se regroupait plus au nord autour de la *platea comunis* (fig. 2, B). Guidantonio di Montefeltro avait déjà rapproché son nouveau palais de la place, mais il l'avait intégré aux maisons de la rue principale (A.). Ce n'est qu'en 1466 que fut réalisée la percée sur la *piazza* dont le nouveau bâtiment modifia profondément le caractère.

Quel était l'aspect préalable de la place ? Elle était bordée au nord par la façade latérale de la cathédrale, érigée par la commune au XIIe siècle (fig. 2, D). A l'ouest se trouvait le *castellare*, une fortification intégrée plus tard à la nouvelle résidence (E). Le *palazzo del comune* et le siège du chef de la police municipale (*podestà*), ainsi qu'une *loggia* appartenant aux Montefeltro (C) mais mise à la disposition du public complétaient le tout. Cet ensemble de bâtiments reflétait l'histoire constitutionnelle de la ville d'Urbino. Au XVe siècle, l'autorité politique dévolue aux palais communaux était depuis longtemps évanouie. Certes, les institutions existaient toujours, mais les Montelfeltro ayant déjà commencé d'en saper les droits depuis plusieurs générations, Federico en réduisit les compétences à un minimum par un gouvernement autocratique. Jusqu'au milieu du XVe siècle, toutefois, la place n'en n'avait pas moins conservé sa fonction sociale ; elle constituait toujours le centre de la vie publique et son architecture perpétuait le souvenir des traditions républicaines.

La construction de la nouvelle résidence allait faire tomber le cœur de la ville sous la domination directe du prince régnant. En effet, le palais ducal bordait la place sur deux côtés et se prolongeait indéfiniment le long de la rue principale. Une nouvelle cathédrale, édifiée sur l'ordre du duc et servant d'église de la cour, remplaça l'ancienne, la *loggia* fut soustraite aux regards du public, de même que les palais communaux désormais transférés en des endroits moins en vue. Ainsi, la place fut pratiquement transformée en cour d'honneur : le portail principal du palais demeurait la seule ouverture, canalisant de la sorte toutes les allées et venues. La bourgeoisie qui jouait auparavant un rôle principal sur la place, était désormais reléguée au rang de public admis à assister aux manifestations de la cour.

On ne saurait attribuer à un tel bouleversement de la structure municipale d'Urbino une importance seulement locale. En effet, il était tout à fait inhabituel dans les *signorie* d'Italie que le seigneur se laissât guider dans l'établissement de sa résidence par des considérations autres que celles de la sécurité. L'autorité princière, issue presque sans exception de l'usurpation des charges et de l'oppression des institutions républicaines par les seigneurs, était constamment soumise à la menace latente ou parfois ouverte d'une bourgeoisie consciente de ses droits. Vers 1450 il était rare qu'un seigneur put encore se fier à la loyauté de ses sujets, et les conséquences sur l'architecture princière étaient partout identiques. A partir du XIIIe siècle, et plus encore au XIVe et au XVe, les résidences édifiées à l'intérieur des villes — il s'agissait souvent des palais des *podestà* — furent abandonnées pour des châteaux forts situés à la périphérie. Ces châteaux forts

---

3. Pour le développement de la cité d'Urbino voir M. Luni, A.L. Ermeti, « Urvinum Mataurense (Urbino). Dall'insediamento romano alla città medioevale », *Il palazzo di Federico* (*op. cit.*, n. 2), pp. 11-50, ici p. 11 ss. ; M.L. Polichetti, « Nuovi elementi per la storia del Palazzo : restauri e ricerche », *ibid.*, pp. 137-182, ici pp. 163 ss.

faisaient pour la plupart partie du système de défense de la ville, mais fossés, tours, et créneaux étaient tout autant dirigés contre la ville elle-même. Les châteaux de Milan, Mantoue ou Rimini illustrent cette conception.

La « réurbanisation » de la résidence princière fut réalisée pour la première fois à Urbino, mais l'idée apparaît quelques années auparavant dans le traité d'architecture d'Alberti. Au livre IV et au livre V, Alberti élabore un système d'architecture urbaine et domestique étroitement lié à la forme du pouvoir. Chaque régime politique, écrit-il, implique un type particulier d'architecture, exigence qu'il illustre notamment en prenant l'exemple du souverain absolu. Alberti qui distingue les tyrans des rois — ces derniers signifiant ici les bons princes[4] — se réfère ainsi à un concept remontant au début de l'humanisme. Pétrarque s'était déjà insurgé contre l'idée de la monarchie héréditaire, propageant un autre modèle fondé sur les seules vertus du prince[5]. Alberti exige que le bon prince se distingue aussi par son architecture du tyran. Alors que le tyran aura pour résidence un château parfaitement fortifié, le bon prince résidera dans une *domus regia*, située au centre de la ville et facilement accessible, les édifices les plus nobles de la cité — temple, théâtre et palais de l'aristocratie — lui fournissant un cadre adéquat[6]. L'une des vues de la cité idéale provenant du palais d'Urbino (fig. 1) montre le vif intérêt suscité à la cour par ces suggestions : Elle montre en effet les bâtiments que l'on aurait aperçus par la fenêtre de la résidence « royale » conçue par Alberti. Théâtres et arcs de triomphe étaient à l'époque des édifices utopiques, que seul Alberti avait songé à inclure dans sa conception de la cité princière.

D'après le témoignage de Cristoforo Landino, Alberti avait coutume de séjourner l'été à la cour d'Urbino[7]. Il était l'ami du duc Federico et l'on imagine aisément que leurs entretiens portaient principalement sur le projet de construction envisagé. Mais ce contact personnel ne constitue qu'une des raisons pour lesquelles Federico fut le seul prince italien apte à mettre en pratique les idées réformatrices d'Alberti. D'autres conditions particulières à son gouvernement ont joué un rôle non moins décisif. Le condottiere devait son immense richesse aux campagnes qu'il avait entreprises et ses sujets étaient pratiquement exempts d'impôts : les nouvelles constructions et le train de vie de la cour étaient financés par des capitaux étrangers qui accroissaient le prestige de la ville et assuraient sa prospérité[8]. Federico, potentat humaniste, était donc en mesure d'établir un gouvernement se rapprochant de l'idéal de Pétrarque et d'Alberti. Loin d'être menacée, son autorité était populaire, et cette popularité était savamment mise en scène. Vespasiano da Bisticci raconte que Federico — contrairement à l'usage de l'époque — se déplaçait à pieds et sans armes dans la ville, et que les citoyens venaient s'agenouiller devant lui et lui présenter leurs hommages[9] — geste spontané ainsi que le suggèrent les biographies. En réalité, l'arrivée du duc ne se déroulait pas sans annonce préalable. L'étiquette voulait en effet qu'un groupe de hérauts sonnant de la trompette

---

4. József Balogh, « Rex a recte regendo », *Speculum*, 3, 1928, pp. 580-582.
5. F. Petrarca, *Prose*, éd. G. Martelotti *et al.*, Milano/Napoli, 1955, pp. 760-837 (Ep. sen. XIV. 1) ; cf. L.K. Born, « The Perfect Prince. A study in thirteenth and fourteenth-century ideals », *Speculum*, 3, 1928, pp. 470-504.
6. Alberti, *op. cit.* (n. 1), p. 347 (V. 3) : *Namque regum quidem aedes in media urbe aditu facilis, ornatu venusta, lautitie elegans magis quam superba sit condecet [...] Adde quod ad regis aedes spectaculum templum procerumque tecta pulcherrime adiunguntur.*
7. F. Borsi, *Leon Battista Alberti. Opera completa*, Milano, 1973, p. 133 ; Federico da Montefeltro Duca di Urbino, *Lettere di stato e dell'arte*, éd. P. Alatri, Roma, 1949, p. 102 ; C. Maltese, « Federico da Montefeltro e la civiltà urbinate del Rinascimento », *Notizie da Palazzo Albani*, XI.1-2, 1982, pp. 21-31.
8. J. Burckhardt, *Die Kultur der Renaissance in Italien*, Stuttgart, 1966, pp. 43 ss.
9. Vespasiano da Bisticci, *Vite di uomini illustri del secolo XV*, ed. P. d'Ancona, E. Aeschlimann, Milano, 1951, pp. 217 (XXXV) et 218 (XXXVI).

l'accompagnent dans ses déplacements[10]. Il semble que les hommages aient fait partie des us et coutumes d'alors, attestant le « bon gouvernement » du duc.

Le transfert de la résidence au cœur de la cité obligeait le prince à attacher une importance accrue aux devoirs de représentation, ce qui ne demeura pas sans conséquence sur l'architecture de la façade dominant la place (fig. 4). Le revêtement en marbre — postérieur au projet initial, mais appliqué du vivant de Federico sur les anciennes façades de brique[11] — emprunte exclusivement aux ordres classiques : étages et ouvertures sont encadrés de pilastres, répondant ainsi à un autre précepte d'Alberti, pour qui *elegantia* et non *superbia* était l'apanage de la « résidence royale »[12]. Alberti lui-même avait d'ailleur projeté une façade à pilastres pour une demeure patricienne, le palais Rucellai à Florence (1455 environ), mais à Urbino, l'agencement de la façade, la facture plus délicate, la préciosité du matériau et la diversité du décor héraldique correspondent d'avantage aux exigences d'une résidence princière. L'analogie entre l'architecture et la pratique gouvernementale est évidente : Federico substituait à la répression directe le subtil instrument de l'étiquette, et son palais remplaçait les fortifications d'usage par l'élégance du style. L'autorité princière se manifeste désormais par le truchement de l'image : les bas-reliefs qui représentent d'ingénieuses machines de guerre conçues probablement par Francesco di Giorgio (fig. 3).

Outre la façade côté ville, le palais en présente une autre d'importance égale. Elle se dresse sur le flanc escarpé d'une colline à l'ouest de la cité (fig. 6). Au contraire de la façade donnant sur la place, celle-ci a conservé son caractère de forteresse. Les deux tours, crénelées à l'origine, font songer à des châteaux médiévaux tels le palais des Papes d'Avignon. Les trois loggias par contre sont un élément moins habituel, inspiré, peut-être, de la loggia du pape Boniface VIII au Latran. Montrant la volonté du prince d'embrasser son pays du regard, elles répondent à un *topos* littéraire de l'époque[13].

On ne saurait expliquer l'architecture de cette façade sans signaler qu'elle allait entraîner une autre modification de la structure urbaine d'Urbino. Les remparts étaient bordés d'un profond fossé qui protégeait la porte de la ville ; Federico di Montefeltro le fit combler, créant un grand plateau artificiel (fig. 5). L'abandon de cette mesure de sécurité prouve l'importance attachée à l'ordonnance de la place dans la conception architecturale du palais et de la ville. Le duc y fit transférer le marché qui avait jusque-là sa place assignée dans la ville basse : ayant sous les yeux non seulement le pays mais aussi le centre économique de la cité, le souverain contrôlait l'ensemble de son territoire. Ce rapprochement topographique n'était pas, lui non plus, fait pour diminuer la distance entre le prince et la ville. Bien au contraire, le citoyen qui d'en bas levait les yeux sur le balcon supérieur, se sentait inévitablement le sujet de son prince. Dans les documents officiels d'Urbino, l'ancienne désignation *cives* fut d'ailleurs remplacée à cette époque par la notion de *subditus*[14].

---

10. *Ordini et Offitij alla corte del Serenissimo Signor Duca d'Urbino. Dal codice manoscritto della Biblioteca Vaticana N. 1248*, Urbino, 1932, p. 65 : *Voriace essere una compagnia de pifari excellenti cum uno trombone li quali fussino apti a calvachare cum lo signore e servirlo del mestiero loro, et cusì almeno quattro trombetti excellenti, tre tamburini et uno araldo o persevante.*
11. Ceci est confirmé par l'expertise : Les fausses portes et fenêtres du rez-de-chaussée sont pour la plupart placées indépendamment de l'agencement intérieur des pièces dont les ouvertures ont été murées par la suite. Tandis que les encadrements du premier étage faisaient partie du plan initial — ils sont placés dans des niches aménagées dans le mur —, la façade en brique du rez-de-chaussée fut rognée de quelque centimètre pour permettre l'application postérieure du revêtement en marbre.
12. Voir n. 6.
13. Cf. A. Tönnesmann, *Pienza, Städtebau und Humanismus*, München, 1990, pp. 65-66.
14. P. Peruzzi, « Lavorare a corte : 'Ordine et officij. Domestici, familiari, cortigiani e funzionari al servizio del duca di Urbino », *Federico di Montefeltro. Lo stato, le arti, la cultura*, ed. G. Cerboni Baiardi, G. Chittolini, P. Floriani, Roma 1986 (= *Europa delle corti*, Biblioteca del Cinquecento, vol. 30), vol. I, *Lo stato*, pp. 225-296, ici p. 228.

La distance demeura lorsque le duc entreprit ses visites régulières au marché. Il s'informait à cette occasion auprès des marchands de ce qu'ils offraient, mais il n'achetait rien, invoquant son état : « Je suis un seigneur, et n'ai pas d'argent sur moi. Je sais que vous ne me ferez pas volontiers crédit de peur de n'être pas payés[15]. » Vespasiano da Bisticci raconte cette anecdote pour illustrer *l'humanité* de Federico — notion qui ne signifie aucunement ici une suppression de la barrière séparant seigneur et sujets.

Organisation générale du palais

Comme toutes les cours seigneuriales d'alors, celle d'Urbino n'était rien d'autre qu'une grande maison dirigée de façon patriarcale par le seigneur. L'édifice réunissait :
1) les appartements du prince, de son épouse et de ses enfants ;
2) les appartements des hôtes et de leur suite ;
3) les locaux de la *familia*, c'est-à-dire du personnel travaillant à la cour et habitant au palais dans la mesure où le service l'exigeait ;
4) la chancellerie, c'est-à-dire l'administration de la cour et de l'État ;
5) les offices et les écuries.

Réunis sous un même toit, ces différents domaines relevaient d'une seule et unique administration. Les tâches quotidiennes incombant à chacun des membres de la cour obéissaient à des règles strictes, règles qui durent être considérées à l'époque comme un modèle du genre, car elles furent consignées pour la postérité à la mort de Federico[16].

Le document contient une liste qui nous renseigne amplement sur la maison du duc[17]. Il n'existait pas de charges pour les nobles, mais certains d'entre eux vivaient à la cour de façon permanente sans exercer de fonctions définies, de nature militaire ou autre. Le personnel roturier était soumis à une hiérarchie correspondant à sa fonction. A sa tête se trouvaient les cadres administratifs et les lettrés : les conseillers, les auditeurs, les précepteurs du duc qui lui enseignaient la grammaire, la logique et la philosophie, puis les secrétaires et les clercs. Venait en suite le personnel de la chambre et de la table, parmi lequel figuraient les ingénieurs et architectes, ensuite les palefreniers, les maîtres de danse et les chapelains, au bas de l'échelle les garçons d'écurie et les cuisiniers. La liste comporte deux cent une personnes, hormis la Maison de la duchesse, et il faut encore y ajouter les multiples auxiliaires. Vespasiano da Bisticci estimait le nombre total de personnes vivant à la cour à cinq cents[18], soit un dixième de la population d'Urbino à l'époque.

Pour avoir une idée de l'effectif des personnes évoluant au palais on doit aussi tenir compte des visiteurs quotidiens et des nombreux hôtes. Chaque jour des centaines de personnes passaient la porte du palais qui demeurait ouverte de l'aube à la tombée de

---

15. Vespasiano da Bisticci, *op. cit.* (n. 9), p. 217 : *Vidi già il di del mercato, andar lui in su la piazza dove si faceva, e domandare a quelle donne o uomini, quello che volevano di cose ch'avevano a vendere ; di poi si volgeva, e diceva per piacevolezza : io sono signore, e non porto danari ; io so che voi non mi fareste credenza, e aresta paura ch'io non vi pagassi. E così la sua umanità contentava ognuno, così i grandi come i piccoli.*
16. *Ordini et offitij* (*op. cit.*, n. 10) ; cf. l'analyse de P. Peruzzi (*loc. cit.*, n. 14).
17. *Ordini et offitij* (*op. cit.*, n. 10), pp. I-IX.
18. Vespasiano da Bisticci, *op. cit.* (n. 9), p. 215 (XXXIV).

la nuit. Comme il était usage à l'époque, d'importantes parties du palais étaient publiques. Cette ouverture à un grand nombre de visiteurs est pour Alberti le critère d'une résidence princière à la différence d'une maison privée[19]. Le corps principal du palais d'Urbino — entrée, cour, salles du rez-de-chaussée, escaliers et salles de l'étage — était déclaré par le règlement lieux publics *(lochi publici)*[20]. Ceci ne signifie pas pour autant que tout un chacun y avait libre accès. L'accès au palais était en fait un accès contrôlé. Il n'existait qu'un seul portail, surveillée en permanence ; les soldats de la garde dormaient à proximité de l'entrée et suspendaient bien en vue leurs armes aux murs du vestibule (fig. 8, A).

Au XVe siècle, on entendait par *loco publico* les endroits précis où le prince était tenu de représenter. Dans la mesure où le seigneur avait de moins en moins recours à la force militaire pour assurer son pouvoir, la représentation gagnait en importance. Aujourd'hui, on pourrait dire qu'il en faisait sa profession. L'étiquette prévoyait où et comment elle se manifestait et quels en étaient les acteurs et le public. Comme dans toutes les cours le protocole d'Urbino avait pour objet d'assurer le déroulement sans heurt de la journée du duc. Il en découlait un style courtois gouverné par les mots d'ordre *piacevolezza* et *discretione*, mais aussi par *ordine* et *pulizia*. Comme le révèlent les dialogues de Castiglione, le discours courtois avait lieu en ce style, qui semble aussi le refléter dans le classicisme discret de l'art d'Urbino. Le bruit, les mauvaises odeurs, les mœurs grossières, la saleté, conséquences inévitables d'une maison de cinq cents personnes, y étaient mal vues, voir prohibés, ce qui ne manqua pas de se répercuter sur l'architecture. Les sources de tels désagréments furent bannies de l'entourage du duc et reléguées au sous-sol. C'est donc là que l'on avait aménagé sur deux étages les cuisines, les écuries, les entrepôts, les ateliers, ainsi que le logis des domestiques. Certes, il existait depuis longtemps dans l'architecture seigneuriale des communs séparés mais nulle part d'ailleurs, l'on n'était allé jusqu'à escamoter aux regards le moteur économique de la cour et à le faire tourner aussi silencieusement[21].

La cour et l'escalier

C'est le *cortile* qui constituait le centre de la vie publique au palais (fig. 8, B). Avec ses quatre portiques ainsi que son plan symétrique il reprenait certains éléments caractéristiques des palais toscans mais les dimensions remarquables et l'éclairage correspondaient au standard incarné cent ans auparavant par le château des Visconti à Pavie. Federico di Montefeltro séjourna dans ce château modèle en 1468, probablement avec Laurana auquel il remit en ce lieu sa nomination[22].

---

19. Alberti, *op. cit.* (n. 1), pp. 341 s. (V. 2).
20. Ordini et offitij (*op. cit.*, n. 10), p. 63 (XLIII).
21. La même mentalité est illustrée par la réglementation de la charité. Au sujet de l'office du *helemosiniere*, on lit dans le protocole : *El quale ha ad ordinare che i poveri vadino a togliere la helemosina in uno locho de casa remoto, et non siano veduti andare per casa cum boccali e cose immundi, et choisi che non vadino nè a tinelli nè a camera nè in niuno altro locho de chasa per dicto respecto.* Ordini et offitij (*op. cit.*, n. 10), pp. 46-47 (XXXI).
22. Cf. « Federico da Montefeltro. Patente a Luciano Laurana », ed. D. De Robertis, *Scritti rinascimentali di architettura* (ed. A. Bruschi *et al.*), Milano, 1978, pp. 1-22, ici pp. 11 et 22.

Comment utilisait-on la cour du point de vue pratique ? Alberti écrit à ce propos : « Dans la maison, l'atrium » — ici, la cour —, « la salle et les pièces de même type doivent être ordonnées comme les places et les rues principales d'une ville, non pas à la périphérie ou dans un recoin mais bien en vue, et communiquer directement avec les autres parties du bâtiment. C'est là qu'aboutissent les escaliers, c'est là que l'on accueille les invités et qu'on leur rend honneur »[23]. Établissant un parallèle avec l'urbanisme, Alberti souligne la complexité du « palais » en tant qu'édifice, qui selon lui ne peut être résolue que par un architecte apte à différencier les fonctions d'un bâtiment de cette envergure. A Urbino, c'est précisément la cour qui révèle une telle subtilité dans l'ordonnance. Tous les portiques ont quatre mètres de large : sans être trop étroits en tant que déambulatoires, ils sont suffisamment spacieux pour permettre d'échanger des salutations formelles. Toutefois, on n'y organisait pas de repas, à la différence de Florence où l'on avait coutume de se réunir en été sous l'un des portiques des palais, plus large que les autres.

Le style du *cortile* d'Urbino révèle une nouvelle image du prince (fig. 7). Federico di Montefeltro aimait à se présenter sous les traits d'un souverain cultivé : les chapiteaux s'inspirent de l'architecture de la Rome impériale, à la traditionnelle héraldique se substituent des inscriptions lapidaires — autant de signes de cette dignité (*dignitas*) qui est aux yeux d'Alberti le critère du style le plus élevé, réservé aux lieux les plus nobles. La *dignité* se manifeste par la réduction des ornements (à la différence de la *variété*), la préciosité des matériaux et le classicisme des formes. Les inscriptions ornant les entablements sont particulièrement significatives : elles énumèrent les victoires militaires du duc, mais au passé, préférant mettre, au présent, l'accent sur ses qualités de souverain pacifique qui distinguent le bon prince dans l'idéologie humaniste. Dans la pratique, cette attitude se traduit par le bannissement hors du palais de toutes les fonctions militaires, y compris les tournois, qui se déroulaient dans le jardin du monastère de S. Chiara à la périphérie d'Urbino.

Au rez-de-chaussée, à proximité de l'entrée, se trouvait la bibliothèque dont la place de choix montre l'importance qu'elle revêtait à la cour (fig. 8, C-E). Il ne fait aucun doute que les volumes qu'elle renfermait était montrés aux visiteurs. Mais la bibliothèque ne constituait pas seulement un luxe, elle était aussi ouverte à tous ceux qui étaient en mesure de justifier auprès du bibliothécaire du sérieux de leurs travaux[24]. Ce règlement met en lumière la plus importante des conséquences sociales de la réforme humaniste, à savoir les privilèges de l'érudition prenant le pas sur ceux de la classe[25].

Quant à l'escalier, il tranche nettement par son agencement sur ses contemporains (fig. 8, E)[26]. Axé sur le portique d'entrée de la cour, il est plus large, plus commode et mieux éclairé que tous les escaliers italiens rencontrés jusque-là. En effet, quelques années auparavant, le pape Pie II s'enorgueillissait de celui de son palais de Pienza parce qu'il possédait une fenêtre à chaque palier et des marches de hauteur égale... L'escalier était encore négligé des théoriciens. Alberti y voyait un *parasite* et préconisait le retour aux villas de plain-pied de l'Antiquité[27]. La mise en valeur de celui d'Urbino est liée à l'intérêt nouveau apporté à la « mise en scène » des parcours, intérêt qui se manifeste

---

23. Alberti, *op. cit.* (n. 1), pp. 339 s. (V. 2).
24. Ordini et offitij (*op. cit.*, n. 10), pp. 75-76 (LIII) ; cf. Burckhardt, *op. cit.* (n. 8), p. 178 ; P. Dal Poggetto, « Nuova lettura di ambienti federiciani : il Bagno cosidetto 'della Duchessa' e la Biblioteca del duca Federico », dans : Federico di Montefeltro (*op. cit.*, n. 14), vol. II (*Le arti*), pp. 105-117.
25. A. von Martin, *Soziologie der Renaissance* (1932), 3e éd., München, 1974, pp. 56 ss.
26. C.L. Frommel, « Scale maggiori dei palazzi romani del Rinascimento », *L'escalier dans l'architecture de la Renaissance*, Actes du colloque tenu à Tours du 22 au 26 mai 1979, Paris, 1985, pp. 135-143, ici p. 136.
27. Alberti, *op. cit.* (n. 1), pp. 789 s. (IX.2) : *Et recte illi quidem admonent, qui scalas esse aedificiorum perturbatrices praedicant*. Cf. L. Bek, « The Staircase and the Code of Conduct », *op. cit.*, (n. 26), pp. 117-121.

également dans les pièces en enfilade, de même que dans les portes des corridors placées dans le même axe. Il se peut que cette tendance soit le résultat d'un nouvel usage, d'une extension du cérémonial de l'accueil et du départ des hôtes. En effet, jusqu'au premier étage, les volées inférieures de l'escalier invitent, par leurs deux repos et leur élégant décor qui attire le regard, à gravir sans hâte les marches. Celles-ci permettaient désormais à la suite des hôtes d'attendre aisément pendant que leur seigneur, au degré supérieur, écoutait le discours d'accueil, composé en son honneur.

Le premier étage : salles et appartement du duc

L'ordonnance des pièces du premier étage suit l'exemple des palais florentins en concentrant les lieux de représentation à proximité de l'entrée et de l'escalier. De grandeur différente, les deux salles sont désignées dans le règlement par la *sala publica* (fig. 10, B) et le *salotto* (C). Elles précèdent l'appartement du duc ou *camera del duca* comme on le désignait alors (D-I)[28].

L'appartement se distingue de la *sala* sur le plan : le *salotto* ne s'inscrit plus dans le carré du palais, les pièces plus petites forment un avant-corps. Claire et rationnelle jusqu'au *salotto*, la disposition se complique plus l'on avance dans l'appartement. Ces différences architecturales signalent au visiteur qu'en dépit de sa proximité de la zone publique l'appartement du duc constitue un domaine séparé. Il occupe l'étage supérieur d'une tour à ordonnance verticale. Deux escaliers tournants conduisent à un appartement analogue au niveau de la cour qui servait vraisemblablement à l'héritier du trône (fig. 8, G-K)[29]. A l'étage inférieur se trouvent les cuisines et la salle de bain du duc, combinées en raison de l'approvisionnement en eau chaude. Tout en bas, une petite porte secrète donne sur l'extérieur.

Les tours habitées faisaient partie de l'architecture princière traditionnelle. Pourtant, l'aménagement d'une tour au bout d'une suite de deux salles s'inspire d'un modèle concret : le palais de Benoît XII à Avignon (fig. 15) où le *grand tinel* (A) et le *petit tinel* (B) précédaient l'appartement du pape (D-F). La disposition interne de la tour d'Urbino révèle aussi des relations avec Avignon où, au contraire de l'Italie contemporaine, il existait déjà une salle de bains et une *estude* réservées à l'usage personnel du seigneur.

Quant à l'utilisation des pièces du palais ducal, c'est surtout l'affectation de la *sala publica* qui demeure difficile à définir. Son décor lui confère un caractère officiel (fig. 9). Les motifs héraldiques ornant les cheminées et la partie supérieure du mur étaient complétés à l'origine par une série de tapisseries représentant des scènes de la guerre de Troie[31]. L'ensemble visait à glorifier les hauts faits militaires et politiques du seigneur, iconographie adaptée à la fonction de la salle où se déroulaient les manifestations solennelles. Mais la *sala publica* était aussi utilisée dans la vie quotidienne. Il était prescrit

---

28. Ordini et offitij (*op. cit.*, n. 10), pp. 16 ss. (XI) : *Ordini de li officij et servitij de camera circa la persona del signore...* ; cf. Vespasiano da Bisticci, *op. cit.* (n. 9), p. 218 (XXXVII) : *se n'andava in camera a fare le sua faccende*.
29. L'attribution de cet appartement à Ottaviano Ulbadini (L. Fontebuoni, « Destinazioni d'uso dal XV al XX. secolo : Secolo XV », Il palazzo di Federico..., *op. cit.*, n. 2, pp. 185-203, ici p. 192) me semble moins plausible.
30. Les étroites relations entre Urbino et Avignon sont déjà mises en lumière par W. Liebenwein, *Studiolo. Die Enstehung eines Raumtyps und seine Entwicklung bis um 1600*, Berlin, 1977.
31. Rotondi, *Il palazzo ducale* (*op. cit.*, n. 2), vol. I, p. 387.

qu'en hiver un feu brulât en permanence dans les cheminées afin de permettre à la *familia* et aux hôtes de se réchauffer[32]. Dans un autre contexte, l'étiquette décrit sans le localiser le *tinello* dans lequel la majorité de la cour prenait ses repas. A l'extrémité de la salle occupée par des tables et bancs disposés en fer à cheval se trouvait le dressoir. La place des convives obéissait à un ordre strict, rigoureusement observé. Les bonnes manières étaient de rigueur[33]. Le règlement prescrivait aussi que certains groupes du personnel prissent leur repas à leur lieu de travail ou dans leur logis, probablement en raison de leur moindre condition[34]. L'adjonction d'un *tinello* plus petit réservé à l'élite de la cour, créait une distinction sociale supplémentaire[35]. La *sala publica* et le *salotto* étaient les seules pièces du palais à se prêter à cet usage et les similitudes qu'elles présentent avec les salles du palais d'Avignon sont autant d'arguments invitant à y localiser ces *tinelli* caractéristiques de la cour d'alors.

Le fait que la *familia* se réunissait quotidiennement pour prendre ses repas à proximité de l'appartement du duc témoigne du maintien des structures sociales traditionnelles. Mais la division de la maison du duc en couches plus ou moins privilégiées implique de même une hiérarchie au sein de la cour, hiérarchie qui régnait dans la vie quotidienne malgré la survivance fictive d'un modèle patriarcal. Ici déjà se dessine une évolution qui conduira plus tard à une stricte séparation entre la cour et les gens de maison. Les manuels des théoriciens humanistes encourageaient manifestement une telle différenciation sociale par le truchement de l'architecture. Alberti écrit : « Les hordes d'enfants et de servantes avec leurs criailleries doivent être maintenues à distance des seigneurs, de même que toute la saleté des domestiques[36]. »

On connaît exactement le règlement concernant la table du duc. Il pouvait prendre ses repas *in camera* ou encore *in publico*, c'est-à-dire dans le *salotto* (fig. 11), en compagnie de ses hôtes et de la cour. Les portes demeuraient la plupart du temps ouvertes. Lorsqu'on les fermait, en des occasions précises, des gardes les protégeaint de l'assaut des curieux. Les mets du duc, toujours préparés dans la cuisine particulière et servis séparément, demeuraient d'une simplicité voulue. Le linge et le service de table en paraissaient d'autant plus précieux. A la table du duc, des lecteurs mandés à cet effet faisaient la lecture d'œuvres des historiens et des poètes épiques de l'Antiquité ou, pendant le carême, de passages de la bible et des docteurs de l'Église[37].

En plus de ces fonctions, la *sala publica* et le *salotto* jouaient le rôle déterminé lors des audiences durant lesquelles le duc expédiait les affaires gouvernementales. Alberti souligne leur importance pour la disposition des palais ducaux. Ses recommandations s'adressent aux cours contemporaines même lorsqu'il se réfère à des exemples issus de l'Antiquité : « Je lis dans Sénèque que c'est d'abord Gracchus, puis Livius Drusus qui introduisirent la coutume de ne pas accorder à tous les visiteurs une audience au même endroit ; les uns étaient reçus en audience secrète, d'autres en groupe, d'autres encore en audience publique. Ce procédé indiquait le degré d'intimité entre le seigneur et sesvisiteurs. Il serait judicieux de prévoir un grand nombre de portes afin d'avoir diverses possibilités de recevoir les visiteurs ou d'en prendre congé sans offenser ceux qui ne sont pas reçus[38]. »

---

32. Ordini et offitij (*op. cit.*, n. 10), p. 28 (XVIII).
33. *Op. cit.*, p. 32 ss. (XXIII).
34. *Seria più ordine che ancho li famigli da stalla e vile persone mangiasseno uniti da per sè* (*op. cit.*, p. 33).
35. *Et quando se pò voriano essere doi tinelli, uno per gli più principali de la famiglia e uno per gli altri, cum una porta che uno intrasse in l'altro, et da una medesima credenza et medesimi officiali tucti doi se servissino* (*op. cit.*, p. 32).
36. *Atqui parvuli ancillae garrulaeque cohortis strepitus a virorum commertiis secludantur ; et ministrorum omnis inlauticies separabitur.* Alberti, *op. cit.* (n. 1), p. 343 (V. 2).
37. Ordini et offitij (*op. cit.*, n. 10), pp. 12 ss. (VIII) ; Vespasiano da Bisticci, *op. cit.* (n. 9), p. 218 (XXXVI).
38. *Comperio apud Senecam primum omnium Graccum, mox Livium Drusum instituisse non uno loco audire omnes, sed habere turbam segregatam, et alios in secreto recipere, alios cum pluribus, alios cum universis, uti amicos primos et secundos eo*

Le *salotto*, qui occupait une position clef en tant qu'intermédiaire entre le domaine public et le domaine du seigneur, montre qu'à Urbino ces avis ne manquaient pas d'être suivis. En effet, on y accédait soit par la grande salle, soit par le corridor donnant sur la cour ou encore par un appartement voisin probablement réservé aux hôtes de marque (figs. 10, C, et 11). Bien que le *salotto* ne fît pas encore partie de l'appartement du duc et ait été ouvert à de nombreux visiteurs, son décor a pour thème l'amour. Les panneaux de porte s'ornent des *trionfi dell'amore*[39], les frises de la cheminée d'amours, la décoration d'un chapiteau placé comme par hasard au-dessus de l'entrée de la chambre du duc représente le péché originel. Tout cela, certes, n'était que fiction : la vie conjugale ne se déroulait jamais dans cette salle non plus que dans les pièces avoisinantes mais probablement dans l'appartement strictement séparé de la duchesse qui se trouvait dans le vieux *castellare*. Toutefois, le visiteur s'entretenant avec le duc ou attendant une audience secrète devait avoir l'illusion d'être déjà introduit dans la sphère intime du maître de céans.

Cette dissociation entre la fonction figurée et réelle d'une pièce semble anticiper un processus qui culminera plus tard dans l'appartement de parade du roi ou du prince. A Urbino, l'appartement du duc témoigne de la même tendance. Certes, les premières sources emploient toujours le singulier pour désigner la *camera* du duc. En réalité deux pièces (quasi de même importance) méritaient ce nom. La chambre à coucher « privée » donnait sur le jardin et conduisait vers l'appartement de la duchesse (fig. 10, D). Il s'y trouvait un lavabo fixe avec écoulement des eaux. Le règlement indique qu'un urinoir en verre et une toilette transportable complétaient l'installation[40]. Naturellement, l'ameublement comportait aussi un lit, mais l'alcôve avec le grand lit de parade installée aujourd'hui dans un autre endroit du palais (fig. 12) ne pouvaient s'y trouver car la cheminée ne laissait pas assez de place. Au XVe siècle elle devait se situer dans la pièce voisine (fig. 10, E), là où la mentionnent à plusieurs reprises les sources ultérieures[41]. Il se peut que cette seconde *camera*, chambre à coucher fictive, ait été employée pour des audiences secrètes ou d'autres occasions représentatives, affectation que semble confirmer la façon différente dont les deux chambres communiquaient avec les pièces contiguës. De la chambre « privée » on passait en effet dans la *guardacamera* (fig. 10, F), pièce sans fenêtre, sans aucun doute secrète, qui servait de chambre du trésor. La petite plate-forme la prolongeant permettait au duc d'exercer une surveillance discrète sur le jardin (K). De la *guardacamera* partait en outre un passage compliqué conduisant à l'aile abritant les appartements de la duchesse (J). La seconde *camera*, pièce « officielle », conduisait par contre, directement aux autres lieux de représentation : chapelle (I)[42], loggia sud, loggia ouest avec vue sur la place du marché (H), *studiolo* (G).

La nouveauté de cette disposition ne résidait pas dans l'utilisation des pièces d'apparat, mais dans l'apparition d'un domaine personnel, soustrait au contrôle du public. Il y a donc désormais une sphère privée dans la vie du souverain alors que celle-ci s'était déroulée jusqu'alors entièrement sous les yeux de la cour.

Le *studiolo* était la pièce la plus prestigieuse de l'appartement princier[43]. Son précieux

---

   pacto notaret. Id si istiusmodi in fortuna aut licet aut placet, ianuae et diversae fient et plures, quibus alia atque alia parte recipiant ac receptos mittant et quos nolint excludant sine contumacia. Alberti, *op. cit.* (n. 1), p. 345 (V. 3).
39. Pour l'iconographe des portes en marqueterie voir C. Cieri Via, « Ipotesi di un percorso funzionale e simbolico nel Palazzo ducale di Urbino attaverso le immagini », dans : Federico di Montefeltro, vol. II (*op. cit.*, n. 24), pp. 47-64.
40. Fontebuoni, *loc. cit.* (n. 29), p. 199 ; Ordini et offitij (*op. cit.*, n. 10), p. 17 (XI).
41. Fontebuoni, *loc. cit* (n. 29), p. 199.
42. La décoration actuelle remonte au XVIe siècle ; P. Rotondi (Il palazzo..., *op. cit.*, n. 2, vol. I, pp. 276 s.) pense que la pièce était destinée à abriter les archives secrètes du duc.
43. Pour le *studiolo*, voir Liebenwein, *op. cit.* (n. 30) ; pour l'iconographie du décor voir L. Cheles, « The Inlaid Decorations of Federico da Montefeltro's Urbino Studio : An Iconographic Study », *Mitteilungen des Kunsthistorischen Institutes in Florenz* 26, 1982, pp. 1-46 ; *id.*, « 'Topoi' e 'serio ludere' nello Studiolo di Urbino », dans : Federico di Montefeltro..., vol. II (*op. cit.*, n. 24), pp. 269-286.

décor en faisait le cadre idéal des entrevues en tête-à-tête réservées aux visiteurs de rang élevé. En revanche, le *studiolo* ne se prêtait guère à l'étude. Mal éclairé, manquant de place où poser les livres, il était en outre trop exiguë pour que le duc y travaillât en savante compagnie. Par son décor, le *studiolo* était d'ailleur une salle d'apparat. Le registre supérieur du mur s'ornait de portraits d'érudits et de poètes célèbres, le registre inférieur de marqueteries en trompe-l'œil, dont l'une représente le duc lui-même : il a dépouillé son armure et pénètre dans la salle revêtu du manteau du philosophe. Les statues dans les niches incarnent les vertus chrétiennes ; l'écureuil devant un paysage fertile symbolise le bon gouvernement (fig. 13). Entre ces panneaux, des armoires ouvertes découvrent des livres et des instruments dans un désordre voulu, comme abandonnés au cours d'un travail absorbant (fig. 14). Tout cela, de nouveau, n'est que fiction, calculé pour faire illusion sur le visiteur au moment de son entrée. Dans l'exercice du pouvoir le *studiolo* avait ainsi une fonction importante : il ne servait pas de cadre au travail intellectuel, mais exprimait une idée, offrant aux visiteurs de marque, au bout d'une enfilade impressionnante de pièces, le spectacle du prince érudit.

L'architecture du palais reflète une évolution générale du comportement courtois que Norbert Elias a analysé sur une longue période et intitulé *Prozess der Zivilisation*[44], le point crucial de cette évolution, lui paraissant être l'affranchissement progressif de la noblesse guerrière de ses obligations militaires et la transformation de cette caste en aristocratie courtoise. L'introduction de nouveaux critères sociaux tels que le raffinement de mœurs, et la réévaluation de la culture et des sciences accompagnent dans ce modèle un processus de nature politique qui aboutira à l'affaiblissement de la noblesse désormais sous le contrôle du roi. Les historiens actuels n'ont pas manqué de contester l'universalité de cette théorie[45] qui me paraît pourtant la plus propice à expliquer la culture courtoise à l'aube des temps modernes. L'analyse du palais d'Urbino en apporte la preuve.

Toutefois, l'apparition d'une résidence princière purement civile ne fut pas le résultat d'un développement naturel, mais bien le fruit d'une réforme formulée de façon programmatique par les théoriciens de l'époque. Selon Alberti, le nouvel idéal du prince devait se refléter dans une nouvelle architecture. Entre les lignes, son texte révèle une nette conscience des problèmes posés par l'abandon des signes militaires du pouvoir. Pour combler ce vide il fallait trouver de nouvelles formes de représentation. Le problème fut résolu à Urbino : l'architecture, la décoration, le règlement de la cour : sont étroitement associés dans une sorte de collaboration « interdisciplinaire » pour imposer une nouvelle image du prince.

Le palais d'Urbino n'a donné naissance à aucun type architectural défini et la plupart des innovations structurelles qu'il apportait n'ont engendré au XVe et au XVIe siècle que des imitations isolées. L'unicité d'Urbino s'explique, me semble-t-il, par la situation particulière née de la disproportion entre le prestige du duc et la modestie de son territoire. Dans la pratique quotidienne, les affaires d'État lui offraient peu d'occasions de se manifester et lui laissait toute latitude pour mettre en scène son gouvernement. Ce n'était pas la réalité du pouvoir qui préoccupait le plus Federico, mais la forme sous laquelle celui-ci devait se manifester[46].

---

44. N. Elias, *Über den Prozeß der Zivilisation. Soziogenetische und psychogenetische Untersuchungen*, 2 vols., Bern, 1969 ; cf., du même auteur, l'étude *Die höfische Gesellschaft. Untersuchungen zur Soziologie des Königtums und der höfischen Aristokratie*, Frankfurt, 1983.
45. Cf. le résumé de A. Winterling, *Der Hof der Kurfürsten von Köln 1688-1794. Eine Fallstudie zur Bedeutung « absolutistischer » Hofhaltung*, Bonn, 1986, pp. 13 ss.
46. Je remercie vivement Claudia Schinkievicz d'avoir traduit le texte.

1. Vue de cité idéale, 1480 environ (Baltimore, The Walters Art Gallery).

2. Urbino, plan de la ville d'après P. Mortier (1704), détail.

3. Urbino, palais ducal, bas-relief.

4. Urbino, palais ducal, façade nord vers la cité (détail).

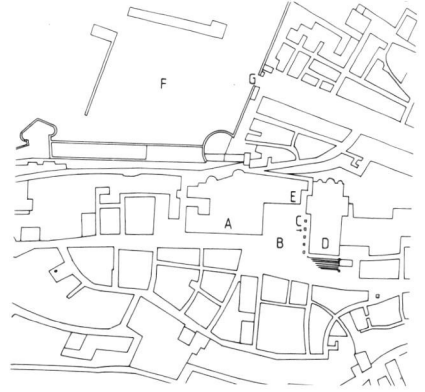

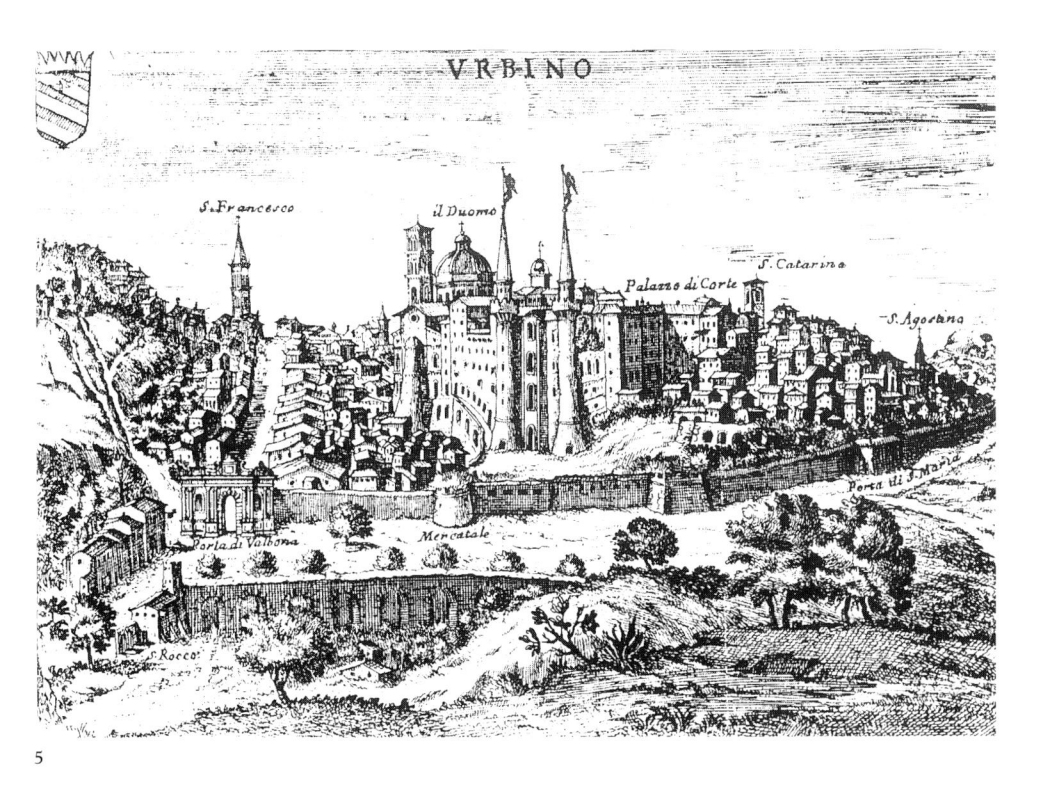

5. Urbino (F. Scoto, XVIIIe siècle).

6. Urbino, palais ducal, façade ouest.

7. Urbino, palais ducal, cour.

LE PALAIS DUCAL D'URBINO

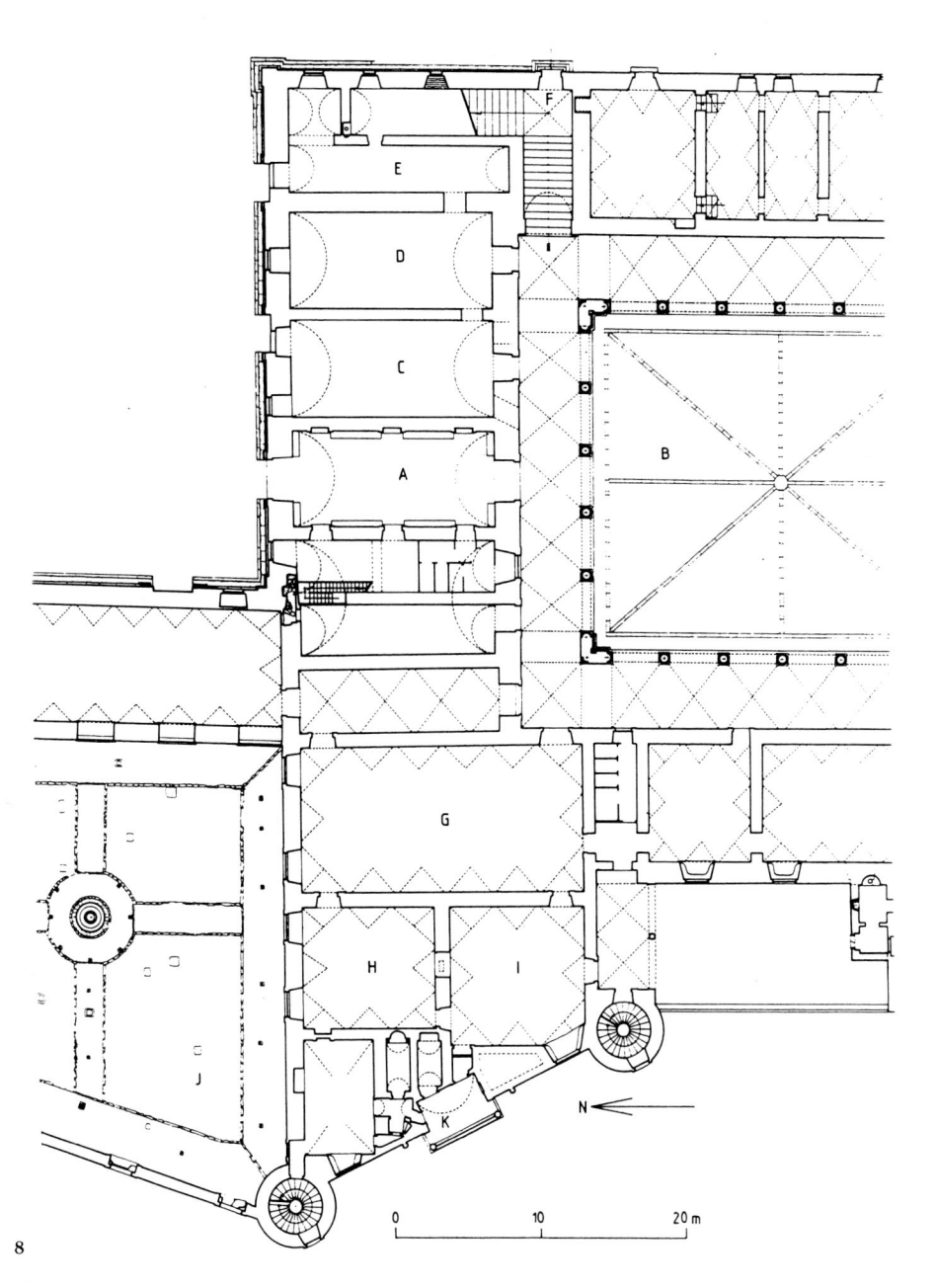

8. Urbino, palais ducal, plan du rez-de-chaussée (détail, d'après A. Curuni).

9. Urbino, palais ducal, *sala publica* (dessin I. Ring).

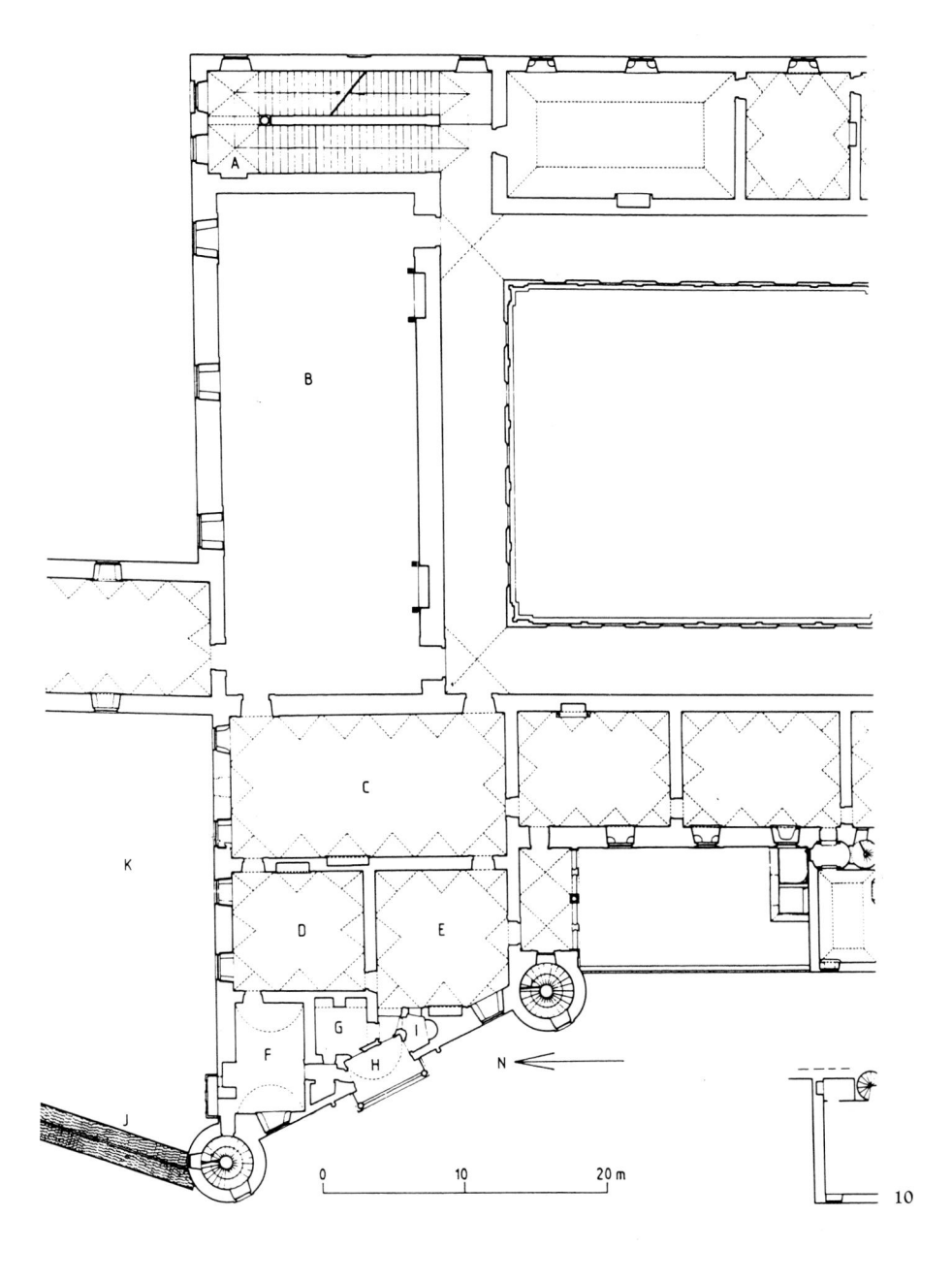

10. Urbino, palais ducal, plan du premier étage (détail, d'après A. Curuni).

11. Urbino, palais ducal, *salotto* (dessin I. Ring).

12. Urbino, palais ducal, alcôve de Federico di Montefeltro.

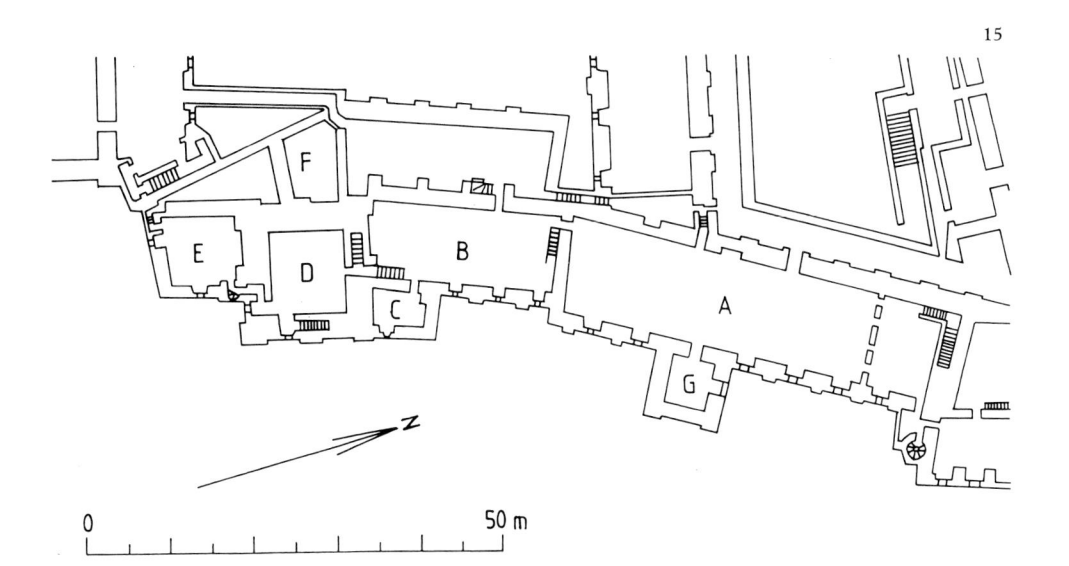

13. Urbino, palais ducal, marqueterie du *studiolo*.

14. Urbino, palais ducal, marqueterie du *studiolo*.

15. Avignon, palais des Papes, plan du premier étage (détail).

The Roman Apartment from the Sixteenth to the Seventeenth Century

by Patricia WADDY

The basic unit of planning in a Roman palace was the apartment, a set of rooms for the use of a single important resident. As cardinals were the leaders of seventeenth-century Roman society, so they set the norms for noble apartments. The pope, although exalted from the cardinalate, was unique in his spiritual and temporal dignity and therefore did not offer an appropriate model for others' behavior. The dwellings of lesser churchmen, ambassadors, and secular noblemen were but modifications of the cardinal's apartment.

The cardinal ate and slept in his apartment, but its use went far beyond those private functions. In the papal capital, thronged with ambassadors and courtiers intent on diplomatic commerce, the paying of calls, whether of courtesy or of substance, was a major activity; and this activity took place in the apartments of the palaces, according to an elaborate etiquette which was itself an important vehicle of diplomacy[1]. The design of the apartment was therefore intimately bound to that etiquette: living quarters that would not accommodate the ceremony of receiving callers were useless.

A fundamental issue in Roman etiquette was the recognition of the respective ranks of the participants. Everyone knew and was jealous of his own position in the hierarchy of Roman society. Signs of rank were many, and several were specifically connected to the architectural setting in which the etiquette of diplomacy was acted out.

The etiquette as described in handbooks of the late sixteenth and seventeenth centuries assumes a particular architectural setting (fig. 4). The apartment in which guests were received was normally on the piano nobile, and the stair was therefore an essential feature of the path to the audience. Beyond the landing of the stair was the large *sala dei palafrenieri*, succeeded by perhaps two anterooms (*anticamere*) and, finally, the audience room (*camera d'udienza*). Beyond the audience room and not normally accessible to the guest were the cardinal's bedroom (*camera*) and a service room. The chapel

---

1. In the seventeenth century — an age of order and regularity — Roman etiquette was important enough to require handbooks setting forth its principles and details. The most prominent of these was Francesco Sestini da Bibbiena, *Il Maestro di Camera*, first published in 1621 (Florence) and then republished in 1639 (Viterbo) and several later editions. The distinctive etiquette required explication for foreigners, and, conversely, Roman travelers abroad noted the differences between foreign usages and those to which they were accustomed at home (see below). The etiquette was fundamental enough that other contemporary handbooks on household management referred to details of etiquette while describing duties of the several members of the household staff. These books and other documents give ample information for the reconstruction of Roman etiquette as it was played out in Roman palaces. For a more extensive discussion of the documentation, the etiquette, and the planning, see P. Waddy, *Seventeenth-century Roman Palaces: Use and the Art of the Plan*, New York, 1990, pp. 3-13.

opened from one of the anterooms. The number of anterooms could vary, according to the prestige of the resident; and the private rooms could be complemented by a study, gallery, or other room. Additional nearby rooms might also be useful, but the rooms shown in the diagram are the essential rooms.

The ceremony of receiving guests was perfectly in accord with the linear sequence of rooms of the apartment. The guest arrived at the foot of the stair, delivered there by his carriage. A visitor of especially high rank was announced at this point by the ringing of a bell in the stairwell. The guest ascended the stair and advanced through the *sala* and anterooms to the audience room. He was met, first by attendant gentlemen and then by the host, at points commensurate with his rank, with respect to that of his host. For example, a visitor who was a cardinal would be greeted by gentlemen at the foot of the stair and then by the cardinal host in the *sala*, or (as a sign of greater respect) possibly beyond the door of the *sala*, but surely no farther than the top of the stair. For the ambassador of the Grand Duke of Tuscany, the cardinal host would come forward one and one-half rooms (to the middle of the outer anteroom, if his apartment had two anterooms), the gentlemen having greeted the visitor one room earlier. The points at which guests of other ranks were to be met were similarly specified. Compliments were exchanged, the host offered his left or right hand, and host and guest continued to the audience room, where further signs of rank were revealed. For guests of high rank, the *portiera* was lowered over the doorway, ensuring privacy during the interview. The chairs in the room were positioned according to the respective ranks of host and guest, whether facing the door (the favored position), with the back to the door, with the side toward the door, or some subtle variation of the basic positions. Cassiano dal Pozzo describes the visit of the Grand Duke of Tuscany to Cardinal Francesco Barberini, for which the chairs had been positioned so that their sides were equally toward the door: the Grand Duke, Cassiano says, « through an excess of goodness and modesty », twice adjusted his chair to show greater deference to the Cardinal, who then twice adjusted his own chair to restore the balance between the two[2]. At last the interview began, and again rank came into play, as the person of higher status initiated the conversation.

At the conclusion of the interview, on signal from the host, the *portiera* was raised and the guest accompanied to points commensurate with his rank, to be bade farewell first by the host and then by the gentlemen attendants; and these points were different from those at which the guest had been greeted. The cardinal host would accompany his cardinal guest to his coach and would wait until the coach began to move before turning away. The ambassador of the Grand Duke of Tuscany would be escorted to the coach, but the cardinal would turn to leave before the coach began to move. Departing guests of other ranks would be accompanied by the host to specified points in the apartment and by the gentlemen attendants about one room farther.

If ritual was prescribed and the apartment was specifically defined, there still was room for some variation in both etiquette and architecture. The host could show subtle favor by advancing a step or two beyond the prescribed point in greeting a guest, or by devising well-calculated combinations of position, words of greeting, and the extension of the left or right hand. The apartment could have more or fewer anterooms, and the pattern of points of greeting and farewell would be stretched or compressed accordingly.

The ceremony of dining complemented that of the reception of guests and enjoyed a similar relationship between a fixed architectural framework and flexibility of action.

---

2. Barb. lat. 5689, fol. 5.

Meals were served in the apartment — often in the outer anteroom — but the location and particular arrangements of the service might vary according to circumstances. The season or particular day's weather might suggest that a meal should be served, as one author explained, « in a cool place, a garden, a loggia, or a cool room, or, on the other hand, a warm room, with or without a fire »[3]. Banquets might be arranged in the *sala*. In any case, tables of the appropriate size were brought and set up for the meal, and then taken away when the meal was over. As for an audience with the cardinal, so too with a meal, one's position at table was determined by rank, with respect to the entrance to the room, the position of the carver, and one's right hand. Food was brought in courses, artfully sliced by the *trinciante*, or carver, and placed before the cardinal and his guests. The gentlemen and other staff members stood in attendance, removing their hats whenever the cardinal lifted his cup to drink. The meal over, all was removed and the room was once again available for the reception of guests or any other appropriate use.

A private room *(camera)* beyond the audience room was set aside for the cardinal's sleeping and toilette. It did not figure in the etiquette of receiving guests. Chamber attendants entered the room only in the absence of the cardinal to perform such services as cleaning, making the bed, bringing water for washing, removing wastes, and bringing the clothes to be worn that day.

The chapel was an essential element of a major apartment. A small separate room, it opened to one of the anterooms, where the household could gather to hear mass, and it had a window to another inner room of the apartment, from which the cardinal could hear mass privately.

Within the apartment, the several members of the cardinal's household frequented only those rooms to which they were entitled by their position. *Palafrenieri* stayed in the *sala*, except when they were sent into the anterooms for a specific task, for example, the bringing of firewood. Gentlemen (*gentilhuomini*, or *camerieri*), chamber assistants (*aiutanti di camera*), and pages stayed in the anterooms, especially during the hours of audience, and were not to spend time in the *sala*. Assistants entered the bedroom only in the cardinal's absence, unless they were to help him dress or otherwise perform some specific service. Even the task of cleaning was divided according to the nature of the rooms : the public spaces were swept by the *scopatore* (literally, « sweeper ») ; the sala was kept clean by the *palafrenieri* ; and the private rooms were cleaned by the *scopatore segreto* or the chamber assistants.

The several rooms of the apartment were characterized not only by their occupants but also by their furnishings. The sparsely furnished *sala* of a cardinal contained a baldacchino, beneath which stood not a throne but the credenza with its plate rack, ready for service during meals. Chests containing bedding were for the use of the *palafrenieri* on duty during the night. In the outer anteroom, a cardinal of high birth displayed a second baldacchino, a chair beneath it turned toward the wall. Both anterooms contained chairs and stools about the room, a table on which lights would be set in the evening, and board games for the gentlemen's amusement. Tables for dining were brought in only at mealtime. The audience room was furnished according to the pleasure of the cardinal, with chairs to be arranged for visits, and tables. Seventeenth-century inventories reveal the sparse sumptuousness of the rooms, with richly uphol-stered sets of chairs, inlaid tables and little chests, and wall hangings of fabric or leather.

---

3. C. Evitascandalo, *Libro dello scalco*, Rome, 1609, p. 18.

In summary, then, the architecture of the apartment provides not only accommodations for eating and sleeping but also a stable framework within which the flexible drama of the reception of guests can be played out. The setting is linear and sequential, with clearly marked points of reference in the stair, the rooms, and their doorways. The sequence is long enough to accommodate the many gradations of rank which must be distinguished. The several rooms (*sala, anticamere, camera d'udienza, camera*) have their separate characters and are frequented and served by specific members of the household. The audience room itself is a neutral space within which furniture and persons can be arranged with respect to its one fixed point, the door.

The two interdependent systems of etiquette and architecture seem fully developed by the early decades of the seventeenth century. Handbooks published in those years all describe essentially the same etiquette, and they assume an architectural sequence of stair, *sala*, two anterooms, and audience room, with a private bedroom beyond. Beyond the realm of theory, documentary evidence, including the descriptions of the practices of specific persons in Rome, shows the firm establishment of both etiquette and apartment by the beginning of the seventeenth century.

This basic unit of planning, the apartment, was then multiplied in the design of Roman palaces. Every important resident of the palace had to have his own apartment; if two brothers shared a palace, each would have his own separate and complete establishment. So too in the case of noble married couples: separate apartments would be included for husband and wife. Further, every person would need an apartment for winter use and another for summer, or at least separate rooms within the apartment for comfort in those contrasting seasons. These seasonal apartments and rooms had many distinct features, but the most important was orientation with respect to the warmth of the sun[4].

Palazzo Barberini alle Quattro Fontane provides an especially grand example of the use of rooms in a Roman palace (fig. 1)[5]. Begun in 1628, this palace was built for two nephews of Urban VIII, Cardinal Francesco Barberini and Taddeo Barberini (eventually Prince of Palestrina and Prefect of the city of Rome). The striking outward form of the palace is without obvious precedent in palace architecture, and the plan is unusual from a typological point of view, for it has no interior courtyard; but its apartments correspond exactly to the norms of planning described above. The palace is divided into two halves, for the prince, Taddeo, to the left (north) and the cardinal, Francesco, to the right (south). The hillside site made possible a complex arrangement of apartments within the palace, so that the north wing has one more story than the south wing. Prince Taddeo's apartment was entered from the north portal, into an *entrone* and up a flight of stairs to the so-called *pian terreno* (fig. 2) (which, however, is a *piano nobile* if the palace is considered from the north). Taddeo had a *sala* B 19 and three anterooms B20, B29, and B28. His chapel B30 opened from the second anteroom. His audience room was B27, and his private bedroom B26, with a small service room beyond at B24. B25 may have been his study. The rooms of the south (right) wing were used for miscellaneous services and were not finished as a major apartment until the 1670s. Taddeo's wife Anna Colonna Barberini was housed on the *piano nobile*, directly above Taddeo (fig. 3). This prestigious position must be owing to her obligation to receive guests not only as wife of Taddeo but also as female relative of the pope. Guests ascended the ample square-well stair to her *sala dei palafrenieri*, the great central *salone* C1. Extend-

---

4. P. Waddy, *op. cit.*, n. 1, pp. 16-21, for a discussion of the distinguishing features of summer and winter rooms.
5. The uses of the rooms can be determined through a careful study of documents of construction, inventories, and other documentation. See P. Waddy, *op. cit.*, n. 1, pp. 179-201.

ding from the *sala* were her four anterooms C19, C20, C29, and C28. The extraordinary number of four may be because of Anna's especially high rank ; further, as women (unlike men) never went beyond the limits of their apartment in the reception of guests[6], the additional rooms would give Anna more architectural markers for important distinctions among ranks of guests. Anna's chapel was C30, with an adjacent private oratory C31. Her audience room was C27, and her bedroom C26, with service room C24 behind it. C25 and C23 would be for private use. A special feature of Anna's quarters was a summer apartment, a kind of garden casino built into the palace and opening to an enclosed garden. It was centered on *salotto* C36 and included the painted *gallarietta* C35 and a chapel C37. As Roman women's lives were much more restricted than those of men or indeed of women in other countries (for example, in France), this apartment would be a special treat for Anna and her women attendants, especially in the summer.

Cardinal Francesco Barberini was intended to be housed in the south wing of the palace, but eventually he was appointed Vice Chancellor and lived in the Cancelleria. If he had lived in Palazzo Barberini, he would have shared *salone* C1 with Anna, and that sharing would have indicated the essential unity of the two halves of the family, under the sanction of Divine Providence, which had elevated a member of the Barberini family to the papacy as Urban VIII, as represented in Pietro da Cortona's great vault painting. Francesco's anterooms were C2 and C3, impressive in size rather than number, and his chapel was C4. His audience room was either C5 or C6, and his bedroom was C8, adjoined by service room C9. These rooms, oriented to the south and west, formed his winter apartment. For summer, his two anterooms led to another group of rooms, C11-C15, turned toward the gardens to the east. Oval room C17 could be used in conjunction with these summer rooms[7].

Similarly, the plans of other palaces, even without documentation, can be « read ». For example, Palazzo Mattei, designed by Carlo Maderno and built between 1598 and 1613, clearly has a major apartment on the piano nobile, opening from the large *sala* and extending along the east side of the palace[8]. The suite of smaller rooms turned toward the courtyard, toward the west, are likely Marchese Mattei's winter rooms, or possibily his wife's apartment. Borromini's various schemes for Palazzo Carpegna, even the astounding plan with elaborate entry halls and stairs and elliptical courtyard, are all quite reasonable in their arrangement of apartments[9]. One apartment of six rooms, reached from the semicircular stair at the narrow end of the plan, includes *sala*, chapel, anterooms, audience room, and bedroom, with a gallery attached ; and a pair of apartments opens from the large stair at the other end of the palace : the big octagonal *sala* leads to two linear suites, each with a chapel, extending along the sides of the elliptical courtyard. Although this design was never built, one can easily imagine that the three Carpegna brothers, count, cardinal, and abbot, were to live in the three apartments.

When Cardinal Francesco Barberini traveled abroad in the 1620s, he was unavoidably aware of the contrast between Roman apartments and those of France and Spain,

---

6. P. Waddy, *op. cit.*, n. 1, pp. 26-28, for a discussion of noblewomen's etiquette within the apartment, and appendix 2 for the etiquette followed by Costanza Barberini, sister-in-law of the pope.
7. After 1635, neither Taddeo nor Francesco lived in the palace. Instead, their younger brother Cardinal Antonio lived there and spread his luxurious life throughout both halves of the palace. See P. Waddy, *op. cit.*, n. 1, pp. 244-250.
8. For plans, see H. Hibbard, *Carlo Maderno and Roman Architecture, 1580-1630*, London, 1971, pp. 44-45, figs. 2-3.
9. For the publication of many of Borromini's plan drawings, now in the Albertina in Vienna, see M. Tafuri, « Borromini in Palazzo Carpegna : Documenti inediti e ipotesi critiche », *Quaderni dell'Istituto di Storia dell'Architettura*, 1967, ser. 14, fasc. 79-84, pp. 85-107 ; the scheme with the elliptical courtyard is shown in fig. 27 (Albertina 1019a ; *piano nobile*) and fig. 28 (Albertina 1019 ; *pian terreno*).

and between Roman usages and those of other nations. In Paris in 1625, he was lodged in splendidly furnished rooms in the Archbishop's palace, near the Cathedral of Notre-Dame. His rooms were in a wing of the palace toward the river, only recently constructed by the archbishop. Although the palace no longer exists, the apartment can be reconstructed schematically according to the descriptions in the diaries of two members of Francesco's entourage, his cupbearer Cassiano dal Pozzo and his kinsman Cesare Magalotti (fig. 5)[10]. The newly-built apartment was richly furnished and likely the best the French had to offer the distinguished guest ; yet it had only three main rooms, according to Cassiano dal Pozzo, « camera, anticamera e sala ». Baldacchinos hung in all three rooms, and richly outfitted beds were in both « anticamera » and « camera », in the second of which Francesco was apparently to sleep. (Cassiano dal Pozzo describes « l'altra camera [the *camera*] nella qual facevano pensiero dovesse dormir Sua Signoria Illustrissima ».) Beyond the « camera » were three private rooms : a painted *retrocamera* or *galleria* ; a small chapel, where the cardinal could hear mass ; and a small *gabinetto* filled with fine paintings. In other words, the cardinal was lodged in a typical (if splendid) French *appartement* of *antichambre*, *chambre*, *cabinet*, and *garderobe*, preceded by a *salle*. A loggia had to be called into service to extend the suite for the observance of Roman etiquette ; this is made clear in the lists kept by the two diarists, recording the precise ways in which the many distinguished guests were received[11]. The cardinal ate according to his usual (Italian) style, but in the *sala*[12].

Francesco's apartment in the Archbishop's palace was different from what he was accustomed to in Rome (fig. 7). The Roman apartment had more rooms, arranged in a linear sequence, and it had a clear division between public rooms, to which a guest would be admitted — *sala*, two anterooms, audience room — and private rooms — bedroom and small rooms beyond. In the archbishop's apartment, a single room, the « camera », had to accommodate both public and private functions — audience and sleep-ing ; and another single room, the « anticamera », corresponded to the typically two anterooms of the Roman apartment. To deal with the problem of too few rooms, the Italians in France used the « sala » as an anteroom and extended the sequence of rooms outward into the loggia, in order to have enough stages for the performance of their etiquette. The cardinal even ate in the *sala*, whereas at home in Rome he would have eaten in the first anteroom. The chapel was connected not to the public anteroom but rather to the semiprivate « camera ». The French, on the other hand, saw the *appartement* as a compact unit, with no spatial distinction between reception (audience) and sleeping (fig. 7, right).

The well-defined apartment of early seventeenth-century Rome was distinct not only from contemporary apartments in France and elsewhere but also from Roman apartments of only a century earlier. The ideal palace for a Renaissance cardinal in Rome is described by Paolo Cortesi in his *De Cardinalatu*, published in 1510[13]. The basic type is the same as that still current in the seventeenth century — a three-story block with an interior courtyard. The cardinal's apartment lay on the piano nobile and was gained by a stair from the loggia of the courtyard, as in the seventeenth century. Its

---

10. Barb. lat. 5686, « Viaggio di Francia dell'Eminent[mo] e Rev[mo] Sig[r] Cardinal Francesco Barberini... » [by Cesare Magalotti], fol. 226 v-227 r ; Barb. lat. 5688, « Legatione del Sig[re] Cardinale Barberino in Francia... » [by Cassiano dal Pozzo], fol. 120r-122r.
11. Barb. lat. 5686, e.g. fol. 229r-231r, 237v-238v ; Barb. lat. 5688, fol. 446r-446v.
12. Barb. lat. 5686 (Magalotti), fol. 231, Saturday, 24 May 1625, « La sala era piena di gente curiosa di vedere, non meno S.E. mangiare, che Caetano [trinciante] trinciar le viande. »
13. K. Weil-Garris and J.F. D'Amico, « The Renaissance Cardinal's Ideal Palace : A Chapter from Cortesi's *De cardinalatu* », 1980, in *Studies in Italian Art History I*, ed. H.A. Millon, pp. 45-123.

first room was a large *sala (aula)*, at first glance similar to the *sala* of a seventeenth-century apartment, but different in its uses and relation to other rooms. The chapel was to be open to the *sala* (not to an anteroom) for the hearing of mass by everyone gathered there. The audience room was in or immediately adjacent to the *sala*, without intervening anterooms. Audience might be given in a number of ways, in the *sala* or even in a garden loggia, but not according to the formal scheme described by seventeenth-century authors. The dining room, adjacent to the *sala* and overlooking a garden, was to be coupled with the silver closet, where visitors could see the display of silver vessels — not the secure *credenza*, or butler's pantry, of the seventeenth-century palace. The bedroom was to be paired with the night study, « in the inner parts of the house ». In other words, there was no linear suite of rooms but, rather, three clusters of rooms ; there was no sense of an articulated framework within which hierarchical distinctions among persons could be measured ; and there were not the distinctive, precisely named and characterized rooms of the seventeeth-century apartment.

The change from the compact princely apartment of the early sixteenth century to the extended linear suite of the seventeenth century can be traced in Palazzo Farnese (fig. 6)[14]. Begun in 1514, the palace was built in sections, as finances permitted. The small rooms behind the five easternmost (left) bays of the façade were built first, and they provided a palace in miniature in which the cardinal could live while construction proceeded. The next phase, begun in 1515, included the colonnaded vestibule, the *salotto dipinto* (B) above, and the rooms to the north (right) — a fragment of what Frommel has reconstructed as a double palace for the residence of the cardinal's two sons, but nevertheless a complete dwelling for one distinguished resident with its stair in the east angle of the block, the *salotto dipinto* (B) as the *sala grande*, the next room to the north (C) as *camera seconda* or *salotto*, and the north corner room (D) as *camera*, both bedroom and audience room. A similar apartment of a few grand rooms would have been projected to the southwest for the second resident. Work stopped, to be taken up again only in 1540-1541, according to a revised plan. In the interval, the cardinal had become Pope Paul III, his son Ranuccio had died, and his son Pier Luigi had become Duke of Castro. The design for a double palace, if ever conceived, was no longer appropriate ; but at the same time the status of the family had greatly changed. A single major apartment, enlarged in both scale and number of rooms, was developed from the nucleus of rooms built in 1515 : the stair was moved to a position along the southeast side of the courtyard ; the former site of the stair and the cluster of small rooms in the east angle gave way to a new grand *salone* (A) five bays long ; the *salotto dipinto* (B) and the following room (C) became anterooms ; a chapel (E) was opened to the second of the anterooms (at least by 1547) ; the north corner room (D) became the *camera a paramento in sul cantone overo tertio salotto*, according to a note on a drawing ; and the suite continued around to the northwest side of the palace. Now an urban residence for the duke, son of the pope, the palace had taken on the plan of the pope's own residences, the Vatican palace and Palazzo Venezia, in the extended linear suite and especially in the naming of the fourth room in the suite, the *sala dei paramenti*[15]. The formal similarity to noble apartments of the seventeenth century is clear.

Still, the duke's palace was not a papal palace. It had assumed the dignity and the pretention of a papal palace in its plan, and the pope might indeed use the palace

---

14. C.L. Frommel, « La construction et la décoration du Palais Farnèse, Sangallo et Michel-Ange (1513-1550) », in *Le Palais Farnèse, École française de Rome*, Rome, 1981, pp. 127-224, esp. pp. 130-159.
15. C.L. Frommel, *op. cit.*, p. 158 and fig. 47.

on occasion; but the fact remained that the duke and his sons did not have the same activities or ceremonies as did the pope. Although rules of precedence had long been intrinsic to the papal court, its ceremonies remained rather static with respect to its architectural setting[16]. Persons positioned themselves in relation to one another according to their respective ranks, but all were clearly subordinate to the pope. They approached him with due respect as he sat on his throne; he did not advance to meet them. The relationship of papal ceremony to its architectural setting in seventeenth-century Rome remained distinct from that of the etiquette of cardinals and other Romans to their apartments. If the plan of the apartment may be sought in papal planning, the uses to which the apartment is put have their own development.

By the time of Montaigne's visit to Rome in 1580-1581, the apartment of a suite of many rooms leading to the audience room was not confined to palaces of papal families but was generally well established. In Rome, wrote Montaigne, « les palais ont force suite de mambres [rooms] les uns après les autres. Vous enfilés trois et quatre salles, avant que vous soyés à la maistresse »[17]. By the end of the sixteenth century, older palaces once inhabited by persons of quality were deemed inadequate if their apartments had too few rooms[18], and this must have prompted a number of remodelings of Roman palaces in those years.

The form of the apartment was no more inert or fixed than any other aspect of Roman life, and it continued to change in the course of the seventeenth century. The suites of rooms became still longer. Anterooms in excess of the standard of two were introduced. There might be two audience rooms, for guests of different rank. In 1687-1688 Nicodemus Tessin observed two audience rooms in the south wing of Palazzo Barberini alle Quattro Fontane (fig. 3), the first, C5, for « knights and prelates » and the second, C6, for unspecified persons; and in Palazzo Chigi in Piazza SS. Apostoli (fig. 8), built for Cardinal Flavio Chigi in the 1660s, he also noted two audience rooms (C11 and C14), the second for « women and particular knights »[19]. The baldacchino, previously restricted to the *sala* and the outer anteroom, came to appear in the audience room. An inventory of the *Casa Grande* ai Giubbonari in 1648 lists a number of baldacchinos, one of them specifically in the *Stanza dell'Audienza* of Taddeo Barberini's apartment[20]. Palazzo Chigi's two audience rooms had baldacchinos when Tessin visited, as did room C2 in the apartment for paintings in 1667[21]; Palazzo Barberini had a baldacchino in the second of the Cardinal's audience rooms (C6) and also in the audience rooms of the Prince and the Princess in the north wing, when their apartments were remodeled in the 1670s[22]; in Palazzo Borghese, the twin apartments of the

---

16. The ceremony of papal audiences for persons of various ranks in the seventeenth century is described by G. Lunadoro, *Relatione della Corte di Roma, e de' Riti da osservarsi in essa...*, n.p., 1635, pp. 46-47, and G. Leti, *Itinerari della corte di Roma ò verò teatro historico, cronologico, e politico della sede apostolica...*, Valence, 1675, pp. 481-486. The diary of Johann Burchard, papal master of ceremonies 1483-1506, reveals great concern for details of precedence, but in terms of relationships among persons — e.g., the order of persons in processions, or arrangement of persons within the audience room — not of movements of persons with respect to architecture; see J. Burchard, *At the Court of the Borgia*, edited and translated by G. Parker, London, 1963, *passim*; and F. Ehrle and E. Stevenson, *Gli affreschi del Pinturicchio nell'appartamento Borgia del Palazzo Apostolico Vaticano*, Rome, 1897, pp. 8-27.
17. M. de Montaigne, *Journal du voyage de Michel de Montaigne en Italie par la Suisse et l'Allemagne en 1580 et 1581*, ed. A. d'Ancona, Città di Castello, 1889, p. 238.
18. E.g., the Palazzo Condulmer-Orsini-Pio, built in the mid-fifteenth century for Cardinal Condulmer, nephew of Eugene IV, but suitable only for rental to the Barberini for their famiglia by the 1620s; see P. Waddy, *op. cit.*, n. 1, pp. 42 and 152.
19. N. Tessin, *Studieresor i Danmark, Tyskland, Holland, Frankrike och Italien*, ed. O. Sirén, Stockholm, 1914, pp. 169 and 177.
20. Rome, Archivio di Stato, Not. A.C., 6601, 15 Feb. 1648, fol. 893-893v.
21. Tessin, *op. cit.*, n. 19, p. 177; Archivio Chigi, 516, fol. 41v-42r.
22. N. Tessin, *op. cit.*, n. 19, p. 169; Archivio Barberini, Giustificazioni, n° 12856, fol. 50 and 95v.

ground floor were remodeled in 1671-1676 (fig. 9), and each of the two audience rooms, A11-12 and A8b, had a baldacchino[23]. Another elaboration of the apartment was the introduction of the representational bed, or *zampanaro*, in a room after the audience room but before the noble inhabitant's actual private sleeping room. Romans must have been influenced by the splendid beds they had seen in reception rooms in France, even as they insisted on the privacy of sleep. The *zampanaro* is present as early as 1648 in the Barberini *Casa Grande* ai Giubbonari[24]. In Palazzo Borghese in 1671-1676, both prince and princess had a room with a *zampanaro* in their twin ground-floor apartments (A9 and A13)[25]. Tessin paused long in admiration of Cardinal Chigi's splendid bed in a richly decorated alcove in Palazzo Chigi, completed in 1668 (C16). Again, this bed was never used for sleeping; the cardinal's actual bedroom was upstairs[26].

But whatever influences from the great civilization to the north, the Romans insisted on — even exaggerated — the essential linear and sequential nature of the apartment; and they insisted on the essential separation of public and private life.

---

23. N. Tessin, *op. cit.*, n. 19, pp. 172-173; Archivio Borghese 7504, unpaginated inventory of 1693.
24. Rome, Archivio di Stato, Not. A.C. 6601, fol. 892v.
25. N. Tessin, *op. cit.*, n. 19, pp. 172-173; Archivio Borghese 7504, unpaginated inventory of 1693.
26. N. Tessin, *op. cit.*, n. 19, p. 177.

1. Rome, Palazzo Barberini alle Quattro Fontane from northwest (engraving: Specchi).

2. Rome, Palazzo Barberini alle Quattro Fontane *pian terreno*.

3. Rome, Palazzo Barberini alle Quattro Fontane, *piano nobile*, 1638 (reconstruction: author).

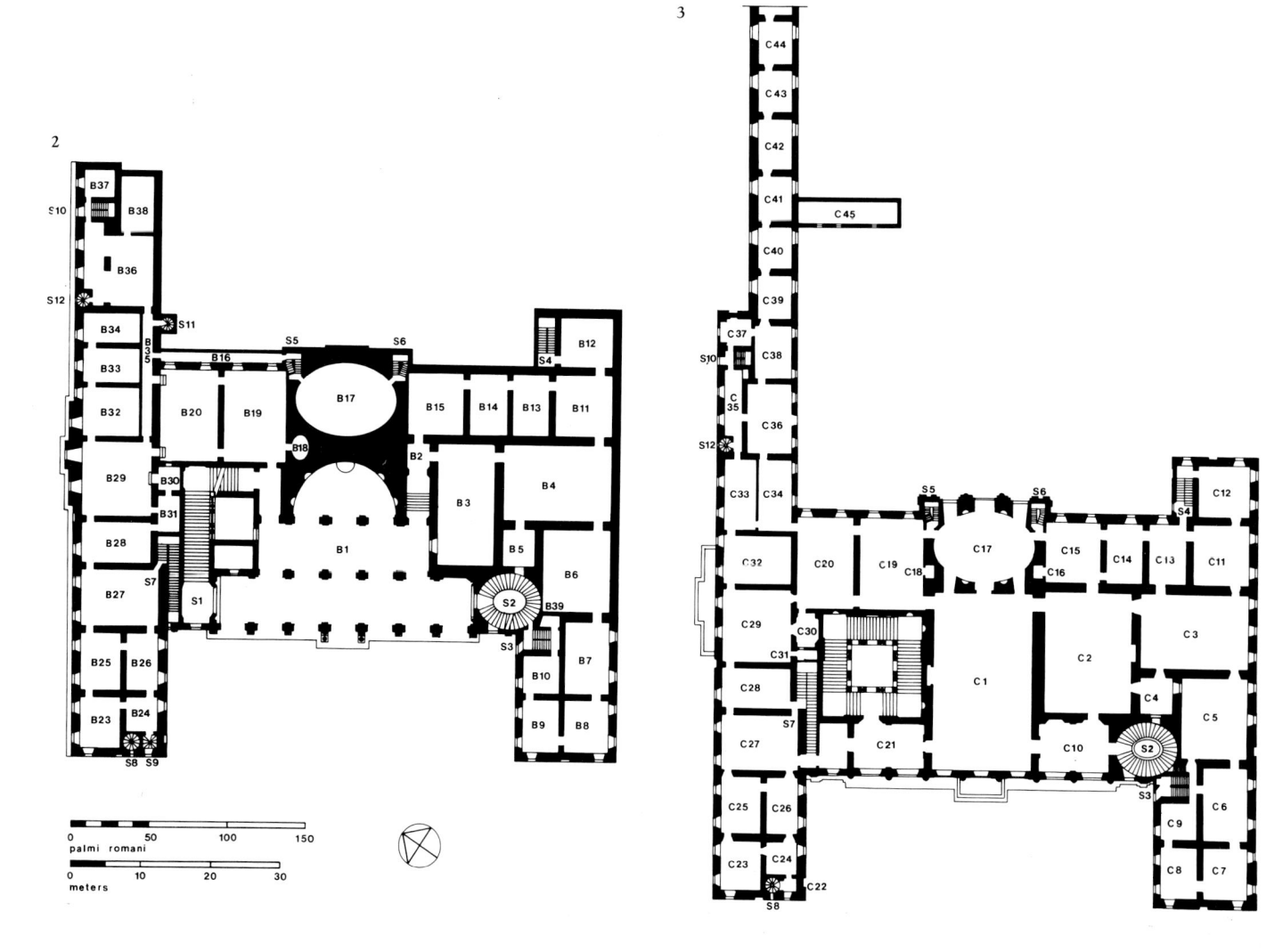

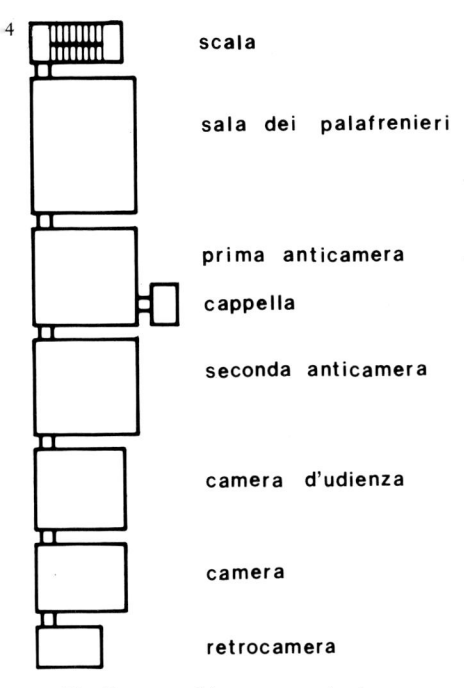

4.
- scala
- sala dei palafrenieri
- prima anticamera
- cappella
- seconda anticamera
- camera d'udienza
- camera
- retrocamera

4. The Roman noble apartment in the seventeenth century (diagram : author).

5. Cardinal Barberini's apartment in the archbishop's palace in Paris, 1625 (diagram : author).

6. Rome, Palazzo Farnese, *piano nobile* (from *Le Palais Farnèse*, École française de Rome, II, p. 405).

7. Cardinal Barberini's apartment in the archbishop's palace in Paris, 1625, compared to the Roman noble apartment (left) and the French *appartement* (right) (diagram : author).

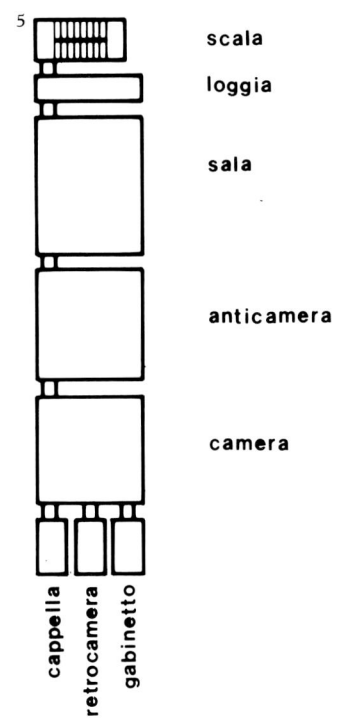

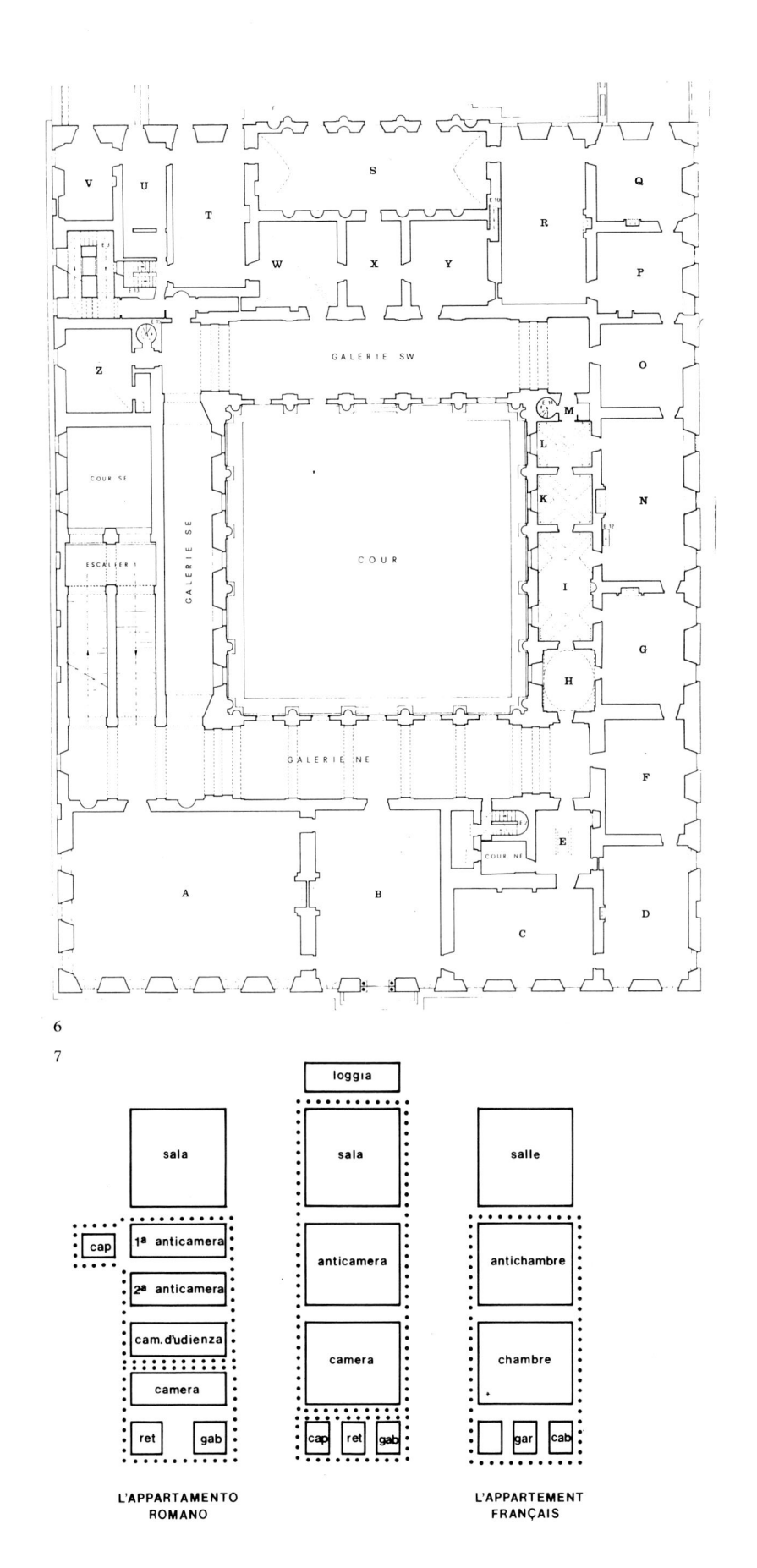

5.
- scala
- loggia
- sala
- anticamera
- camera
- cappella / retrocamera / gabinetto

6.

7.

L'APPARTAMENTO ROMANO

L'APPARTEMENT FRANÇAIS

THE ROMAN APARTMENT...

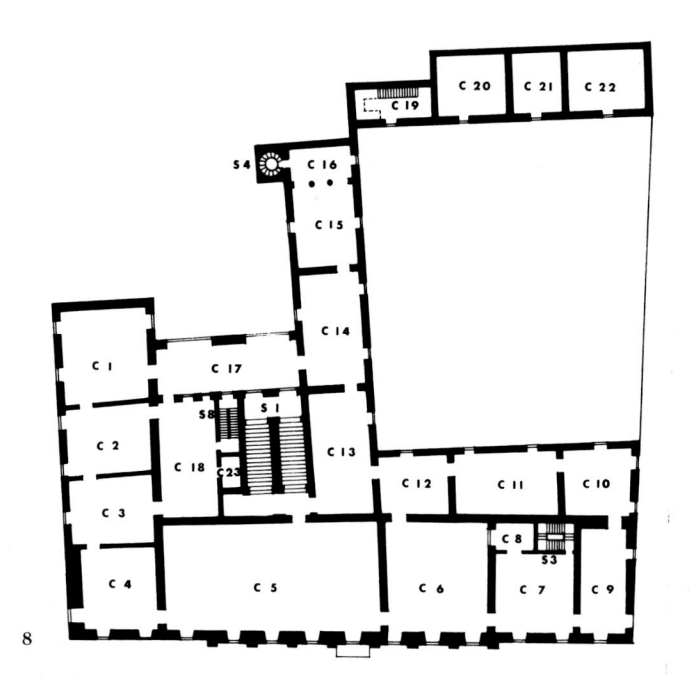

8. Rome, Palazzo Chigi in Piazza SS. Apostoli, *piano nobile*, 1664 (reconstruction : author).

9. Rome, Palazzo Borghese, *pian terreno*, 1676 (reconstruction : author).

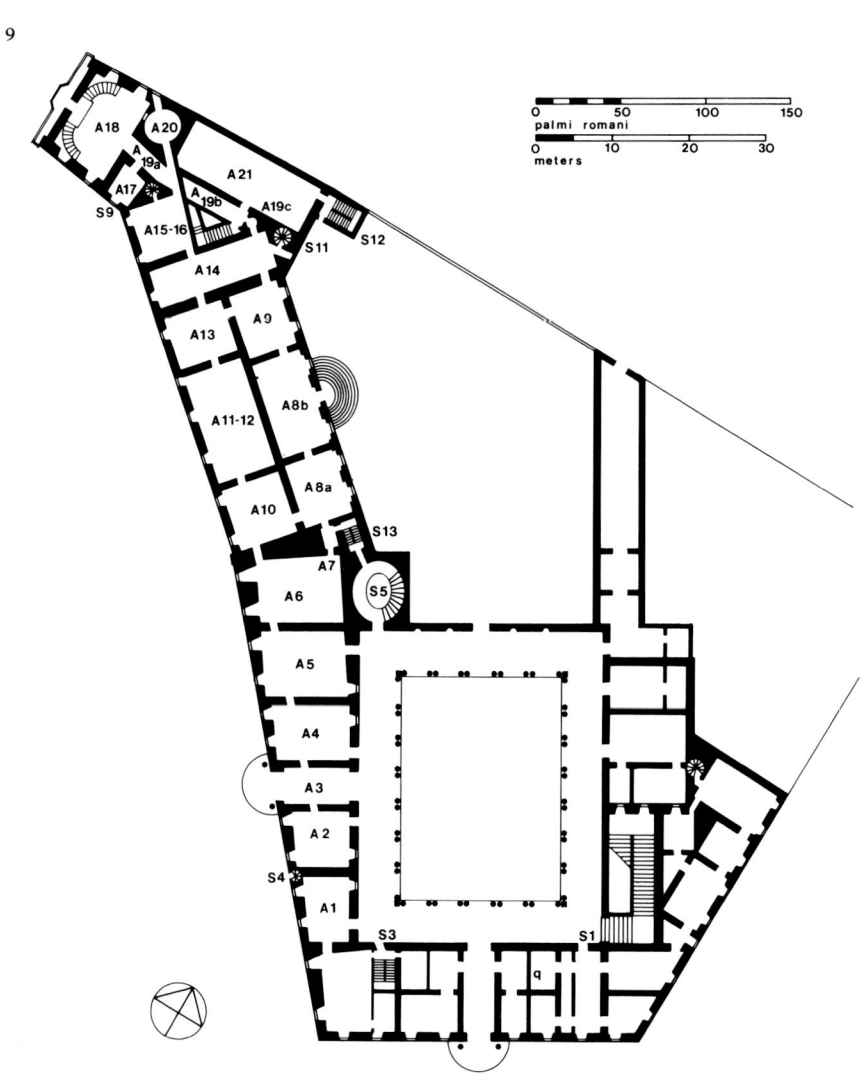

Arquitectura y vida cotidiana en los palacios nobiliarios españoles del siglo XVI

por Fernando MARÍAS

En Madrid, en 1615, Miguel de Cervantes publicaba su « Segunda parte del Ingenioso Hidalgo don Quixote de la Mancha. » Ventisiete de sus setenta y cuatro capítulos (xxxi-lvii) tienen su marco en el castillo de los Duques, tradicionalmente identificado por la crítica con el palacio que los Duques de Villahermosa, don Carlos de Borja y doña María Luisa de Aragón, poseían en Buenavía, cerca de su aragonesa villa de Pedrola (Zaragoza). La narración transcurre en las habitaciones y zonas principales de la casa : la sala y cuadra del aposento donde se aloja don Quijote, la gran sala de los Duques, el gran patio con corredores, la galería alta abierta en la fachada, el jardín y las caballerizas.

Los múltiples usos tradicionales

Si nos trasladamos de la ficción novelesca a la realidad histórica de las crónicas españolas de fines del siglo XV y del siglo XVI no encontraremos demasiadas variaciones. La crónica más explícita a este respecto es quizá la denominada « Hechos del Condestable Don Miguel Lucas de Iranzo », que describe la vida palaciega del V Condestable de Castilla y canciller del rey Enrique IV entre 1458 y 1471, dos años antes de su asesinato, centrada en su casa de Jaén, recién construida al trasladarse en 1459 a la ciudad andaluza[1]. Su probable autor, el alcaide de Andújar Pedro de Escavias, nos relata reiteradamente las fiestas que se sucedían en el palacio, de carácter anual (cumpleaños del rey, la Navidad, la semana de Nochevieja a Reyes, San Antón, el Martes de Carnestolendas, el primer día de la Cuaresma, la Pascua Florida y el Lunes de Pascua, Pentecostés, Corpus Christi, San Juan, Santiago, Santa Ana, Santa María de Agosto, San Miguel, San Lucas, Todos los Santos, la Concepción de la Virgen y Santa Lucía) o extraordinario, como nacimientos, bautizos o funerales y matrimonios. La vida festiva se desarrolla al exterior, delante del palacio, y en su interior, en el zaguán y el patio y diversas salas. Estas son las zonas principales del edificio y podrían agruparse en dos unidades. Una de ellas es la sala grande del piso inferior y su cámara o habitación adyacente. En aquella tiene lugar un gran número de actividades : comidas, cenas,

---
1. *Hechos del Condestable Don Miguel Lucas de Iranzo (Crónica del siglo XV)*, éd. de Juan de Mata Carriazo, Madrid, 1940.

juegos de dados, bailes, representaciones teatrales, « momos y personajes ». Muchas de ellas se suceden alternativamente durante un mismo día y las mesas de los comensales deben ponerse y retirarse una y otra vez a lo largo de las horas ; permanece al parecer, en cambio, inalterado un estrado alto, al que se llega por unos pocos escalones, en un extremo de la alargada sala, cubierto por un rico dosel o baldaquino, donde suelen colocarse el Condestable y su esposa. El revestimiento — « los vestidos de la sala » — se cambia asímismo según el ritmo de las estaciones, y se enriquece especialmente con motivo de las festividades, sobre todo en Navidad.

Una segunda unidad de sala y cámara, esta última el dormitorio del Condestable, se sitúa en el piso alto de la casa y adquiere también importancia en la vida pública. La sala presenta también su estrado y su dosel y se convierte en algunas ocasiones en capilla privada, donde se celebra la misa ; en ella se disponen comidas y cenas para hombres y mujeres cuando los varones han llenado ya la sala baja de la casa o solo para las mujeres en celebraciones menos numerosas ; así mismo, en ella se sirven comidas de carácter más privado y familiar, sobre todo durante el invierno. Al comunicar con la cámara del Condestable, también es ocupada por los músicos de la casa en determinadas fiestas, que despiertan al noble con sus « alboradas », mientras los instrumentistas que tocan fuertes sonidos permacecen en la galería del patio, junto a la entrada de la sala alta.

No debe extrañarnos encontrar que uno de los personajes más importantes del servicio del Condestable — al lado del mayordomo, el camarero y el capellán mayor — fuera el « repostero » o « maestro de estrados ». No solo se ocupa de preparar, fuera de la casa, túmulos funerarios o cahdalsos urbanos, sino que su trabajo se centra en la organización de tapicerías y mobiliario de las salas baja y alta de la casa, acondicionándolas de una estación a otra, de una fiesta a otra, de una hora a otra, de una comida a un baile y de una obra teatral a una cena.

Este mismo personaje reaparece — junto a nuevos « reposteros de cámara » o « reposteros de camas » — entre el servicio del Príncipe don Juan, el hijo de los Reyes Católicos, fallecido en 1497, en la corte que sus padres le organizaron en 1490 en Almazán (Soria), en el futuro palacio de los Marqueses de Almazán y Monteagudo. La organización de la etiqueta del príncipe nos es conocida gracias al informe que Gonzalo Fernández de Oviedo redactó, entre 1535 y 1547 para Carlos V, cuando este preparaba el ceremonial de la casa del futuro Felipe II, para la que finalmente se adoptaría, en 1548 y en contra del parecer de la nobleza española, la etiqueta borgoñona[2]. Otras dos piezas importantes aparecen en este informe. Por una parte, el zaguán, al cuidado de los « porteros de la cadena », donde se podían apear todos los caballeros que llegaban al palacio pero solo podían permanecer los caballos de los señores con título. Por otra, el « retrete » o recámara, habitación situada más allá de la sala y la cámara. En la sala discurre la vida pública ; en la cámara la vida privada y el sueño y ante su puerta velan por la noche, de cuatro en cuatro, los « monteros de Espinosa », mientras otros seis duermen en camas desmontables situadas en la sala ; an la cámara, por ejemplo, están los instrumentos musicales del príncipe : un clavirógano, órganos, clavicémbalos, clavicordio, vihuelas de mano y arco, flautas. En el retrete, el príncipe come en privado, se lava, guarda sus utensilios de aseo y vestido y, además, sus libros ; hasta él solo llegan sus servidores más íntimos, constituyendo su habitación más privada y secreta.

---

2. G. Fernández de Oviedo, *Libro de la Cámara Real del Príncipe Don Juan y de los oficios de su casa y servicio ordinario*, Madrid, 1870. J.H. Elliott, « The court of the Spanish Habsburgs : a peculiar institution ? », *Politics and Culture in Early Modern Europe : Essays in Honour of H.G. Koenigsberger*, Cambridge, 1987, pp. 5-24.

De Toledo a Guadalajara

Ejemplos de palacios, todavía hoy existentes, similares al del Condestable Iranzo podrían ser algunos de la zona toledana. El palacio, en Toledo, del I Conde de Fuensalida, Pedro López de Ayala, fue levantado a mediados del siglo XV (c. 1440) y se organiza, con su patio rectangular al que se accede no solo indirectamente sino que queda por encima del nivel de la calle, a la manera más tradicional de la Castilla de la baja Edad Media. Grandes salas se abren, en sus dos pisos, en los lados norte y oeste ; hemos de suponer que en ek piso bajo, a occidente, se situaban la sala y cámara del Conde y, en el segundo, los aposentos de la Condesa y otras mujeres ; las salas ricas ocuparían, en ambos pisos, los grandes salones septentrionales. La zona oriental se destinaba a servicios y amplias bóvedas cerraban las bodegas y despensas semisubterráneas que todavía se conservan. El palacio del contador de los Reyes Católicos Gutierre de Cárdenas en Ocaña (c. 1461) sigue también a grandes rasgos este esquema de patio rectangular inserto entre cuatro cuartos con torres en las esquinas (fig. 1). Nuevamente la zona de servicios queda a la derecha, donde también se sitúa la escalera ; las zonas señoriales quedan en los dos últimos cuartos de la casa, componiéndose cuatro unidades de sala alargada y cámara anexa, que coincide con las torres. Una de las cámaras altas de una de las torres de la fachada recibe un tratamiento especializado, convirtiéndose en capilla u oratorio privado. Don Gutierre, al ser nombrado Duque de Maqueda en 1482, construyó otro palacio en Torrijos, hoy desaparecido, pero cuya organización conocemos gracias a una descripción del siglo XVI. Cantinas bajas y entresuelos de servicio configuraban un primer estrato horizontal. El primer piso parece haberse destinado a zona de verano, con tres cuartos con sus respectivas fuentes interiores, destinados a aposento del duque, de las mujterrazde servicios, con la cocina. El aposento veraniego del duque contenía una doble organización, de « cuarto » y « trascuarto », y en este se situaba la capilla, de planta cuadrada — como una cámara — y una techumbre mudéjar de madera en forma de cúpula, único elemento de la casa que ha llegado hasta nuestros días (instalado en el Parador Nacional de Oropesa)[3].

Mayores precisiones poseemos, aunque no mayor claridad con respecto a su distribución funcional, del más elogiado palacio de fines del siglo XV, el erigido en Guadalajara por el II Duque del Infantado don Iñigo López de Mendoza (c. 1480-1496)[4]. El perímetro regular de las casas de Ocaña y Torrijos ha desaparecido e incluso las caballerizas aparecen en un edificio independiente, frente a la fachada palaciega (fig. 2). El patio sigue siendo rectangular y amplias salas rodean este amplio espacio descubierto, doblándose — con un « trascuarto » — en el lado septentrional, el de la fachada. Por la documentación de la época parece poder deducirse nuevamente el uso veraniego del piso inferior del palacio ; dos salas largas se situaban en los lados meridional — « de los Morales » — y occidental — « de los Albahares » — ambas con pilas para fuentes interiores y esta última abierta a una larga galería — repetida en el piso superior — que daba al jardín, cerrado por el lado norte por una edificación de un solo piso con

---
3. B. Pavón Maldonado, *Arte toledano, Islámico y mudéjar*, Madrid, 1973, pp. 104-113 y « El palacio ocañense de don Gutierre de Cárdenas (Ensayo de palacio toledano mudéjar del siglo XV) », *Archivo Español de Arte*, 1965, pp. 301-320.
4. F. Layna Serrano, *El palacio del Infantado en Guadalajara*, Madrid, 1941. A. Herrera Casado, *El palacio del Infantado en Guadalajara*, Guadalajara, 1975 y « El arte del humanismo mendocino en la Guadalajara del Siglo XVI », *Wad-al-Hayara*, 8, 1981, pp. 345-384. F. Marías, « Los frescos del palacio del Infantado en Guadalajara, problemas históricos e iconográficos », *Academia*, 55, 1982, pp. 175-216.

terraza — « terrado » — sobre ella. Entre ambas salas quedaban dos cámaras, una dedicada a dormitorio — « del alhanía », quizá del duque — y otra a « botillería ». En la zona oriental se organizaba el cuarto de la duquesa. En el piso alto, en esta misma zona — denominada « cámara de Santiago » por estar conectada con la parroquia del mismo nombre — se ubicaban los aposentos femeninos y la cámara de la duquesa, próxima a un oratorio privado. Al norte, existía una importante sala cuadrada — llamada de los Escudos o de Consejos — que conectaba, por medio de una antesala, con el gigantesco Salón del Linaje (o de las Bejigas, por su decoración), sala rica de carácter público. En el lado meridional, se hallaba la sala del duque — denominada de los Cazadores, de las Vistas o Visitas y provista de una gran chimenea — y su cámara privada, su dormitorio, la « sala de los Salvajes », con un espléndido artesonado octogonal. Por lo tanto, la organización del conjunto parece seguir siendo muy parecida a la de los palacios anteriores, quedando las salas y cámaras más privadas y nobles al fondo de la casa. Como veremos más adelante, las transformaciones que sufrió el palacio medieval construido por Juan Guas en la segunda mitad del siglo XVI nos revelarán la tendencia italianizante de traer hacia la fachada los aposentos principales de la casa.

Cogolludo y la exteriorización

No es de extrañar que este rasgo aparezca quizá por vez primera en el palacio más italianizante que se construyera a fines del siglo XV en Castilla : el palacio del I Duque de Medinaceli, don Luis de la Cerda, en Cogolludo (Guadalajara), erigido en la última década de la centuria y visitado en 1502 por Antoine de Lalaing[5]. Conocemos su distribución interior precisa gracias solamente a una descripción de 1716, anterior al derribo de toda su mitad posterior, pero las referencias a algunas modificaciones anteriores nos pueden permitir suponer su organización previa (fig. 3). La zona principal, señorial, del palacio, atribuible al arquitecto Lorenzo Vázquez de Segovia, se inicia lógicamente por el amplio zaguán, cuya puerta queda desenfilada con respecto a la entrada del patio, como era norma tradicional. Al norte, en el cuarto de la escalera quedaban establecidas diferentes piezas de servicio u « oficinas ». Al sur, una amplia sala, probablemente veraniega, abierta al oeste a una cámara y al mediodía a una galería que comunicaba con el jardín palaciego. La documentación es contradictoria respecto al uso del cuarto oriental, que daba a la verdadera zona de servicios, pero parece haber estado dedicada a cocina y despensa. En al piso superior, al que se accedía por medio de una escalera — para entonces de tipología modernísima — claustral, vuelven a aparecer en la zona norte nuevas oficinas. Al este, parecen haberse situado los aposentos femeninos, usualmente conectados con la capilla, en este caso abovedada y que en el siglo XVII se ampliaría, trasladándose al ángulo noreste de la casa. Al sur volvemos a encontrar la sala alargada que comunica con la galería del jardín. A occidente, con una nueva situación, hallamos el « Cuarto rico », con chimenea a la francesa, empotrada en el muro ; de ella se pasaría, todavía con ventana a la fachada del palacio, a la cámara del duque, comunicada a su vez con una pieza de menor tamaño, el retrete. Al otro extremo del

---

5. « El Renacimiento en Cogolludo. VII. El Palacio de los Duques de Medinaceli. 2a parte », *Boletín Informativo de la Sociedad de Amigos de Cogolludo*, III, 7, 1985, pp. 29-56.

«Cuarto rico» existía otra cámara, dotada de un nuevo artesonado dorado pero cuya función dieciochesca parece haber sido la de cocina.

Toda la zona oriental del palacio, en torno a un patio con una fuente, quedaba destinada a los servicios, numerosísimos en toda casa nobiliaria española y que a veces su alto número requería que fueran alojados en casas próximas al palacio, denominadas «accesorias». En Cogolludo, sin embargo, se organizó una nueva casa, de tres pisos, el inferior claramente por debajo del suelo primero de la zona palaciega. Un subterráneo abovedado en su parte más oriental servía de amplias caballerizas. El piso bajo estaba ocupado por tres cuadras — para los caballos más importantes —, un depsito de paja, un granero, depósitos y tres cocinas (el total dse las cocinas del conjunto se elevaría hasta ocho). Un entresuelo albergaría nuevos depósitos de utensilios y ropa, dos cocinas y una sala y una alcoba — dormitorio — de los hombres de armas al servicio del duque. La planta superior estaba ocupado por piezas llenas de alacenas — nuevos depósitos — y probablemente las habitaciones de los miembros femeninos del servicio. Todavía por encima de este piso, al sur, se elevaría un nuevo suelo, sobre un corral, con un palomar, tres piezas de almacén y una pequeña galería levantada sobre pies derechos de madera, quizá donde se tendiera la ropa tras el lavado.

Esta nueva disposición de la sala principal o rica sobre la fachada no parece, sin embargo, haber sido aceptada de inmediato. Un plano, firmado por un desconocido Ximón Garcés o Gómez y fechable en la primera década del siglo XVI, del piso superior de una casa nobiliaria en Coca (Segovia), probablemente propiedad de la importante familia de los Fonseca, confirma la posibilidad de mantener las opciones tradicionales (fig. 4). Si una «alanía» o dormitorio aparece en la fachada, el cuarto principal queda en uno de los laterales, compuesto por una «sala rica» y una «quadra» o cámara y solo indirectamente conectado con el oratorio, situado en una torre[6].

Otro ejemplo quizá pueda servirnos para completar la imagen del palacio en estas primeras fechas del siglo XVI. El castillo de La Calahorra (Granada) fue iniciado en 1492 por el Cardenal Pedro González de Mendoza, arzobispo de Toledo, impulsando la obra su hijo don Rodrigo Díaz de Vivar, I Marqués del Zenete hacia 1501 (fig. 5). El conjunto comenzado por el arquitecto Lorenzo Vázquez de Segovia fue llevado a su término entre 1509 y 1512 por maestros genoveses y lombardos a las órdenes del italiano Michele Carlone[7]. El piso inferior se compone básicamente de dos unidades de sala y cámara (al este y sur del castillo), cubiertas con artesonados, que podrían ser respectivamente la sala rica y cámara del marqués y la sala pública de uso veraniego. En el lado norte aparecen dependencias auxiliares y el gran cuarto occidental queda ocupado por la caja de la escalera claustral y un trascuarto, también con cubierta abovedada cuya finalidad ignoramos, tanto en este primer piso como en el segundo. El piso superior del conjunto presenta una mayor subdivisión. Al sur, una nueva sala y cámara, separadas por una portada de piedra en forma de serliana, parece haberse destinado a sala pública, recibiendo el nombre de «Sala de Justicia». Al este, la sala rica del marqués, con chimenea, queda flanqueada por dos cámaras, una de ellas abierta más directamente a la delantera del castillo y que hemos de suponer sería su dormitorio, a su vez conectada con una pequeña saleta, el retrete. Desde este se podía pasar, ya en el lado septentrional a los aposentos de la marquesa por un estrecho pasillo, cerrando el oratorio privado de pequeñas dimensiones, que separaría, por lo tanto, el cuarto del marqués y el de su esposa. Todos los servicios parecen haber quedado localizados

---

6. E. Cooper, *Castillos señoriales de Castilla de los siglos XV y XVI*, Madrid, 1980, I, pp. 226 y II, fig. 100.
7. F. Marías, «Il palazzo del Rinascimento spagnolo», *Bollettino del CISA* (en prensa); V. Lampérez y Romea, «El Castillo de La Calahorra (Granada)», *Boletín de la Sociedad Española de Excursiones*, 1914, pp. 1ss.

en la planta superior del edificio fortificado, estableciéndose además una clara separación entre las zonas y comunicaciones del palacio civil y las propias de un castillo de carácter militar.

Repasando lo que hemos analizado hasta ahora, es posible determinar en principio una doble estructura interna. Por una parte aquella en la que vida pública y privada se desarrollan en unos mismos ámbitos ; por otra, aquella en que se utilizan dos zonas, añadiéndose un cuarto más específicamente destinado a las celebraciones de carácter público. Ejemplo del primer modelo parece haber sido el palacio del Condestable Iranzo en Jaén ; ejemplos del segundo, los demás palacios que hemos contemplado. Otra característica parece haber sido la progresiva especialización, quizá fechable en la segunda mitad del siglo XV, del piso inferior de la casa como zona de vivienda durante el verano, con la consiguiente multiplicación de los espacios en algunas zonas, sobre todo en los aposentos femeninos. Estos carecen de la gran sala rica pero tienden a incorporar el oratorio y, como hemos visto, frecuentan la sala del esposo más que las salas públicas que, en casos como Guadalajara y Cogolludo, puede abrirse a las galerías que dan al jardín. El centro palaciego, o los centros si la vida veraniega se desplaza radicalmente, sigue siendo la unidad sala-cámara del señor a pesar del añadido del retrete privadísimo, y la vida transcurre en las grandes salas, las únicas dotadas de chimeneas, casi siempre « a la francesa » más que « a la castellana ».

Por otra parte, hemos visto hasta ahora que solo las muy ornamentadas chimeneas y las techumbres artesonadas de la tradición mudéjar — de mayor o menor complicación, de madera vista y policromada o enteramente doradas — constituían la única decoración permanente de salas o cámaras. Frisos de madera tallada o yeso decoraban así mismo las partes superiores de los muros, mientras que zócalos de azulejería podían ornar las inferiores, sobre todo en los cuartos inferiores de verano. Las paredes carecían de decoración y los frescos o pinturas de lienzo no aparecen tampoco en los inventarios de la época, si exceptuamos los de los oratorios ; los muros se cubrían, según las estaciones, con tapices flamencos en invierno y con sargas pintadas o guadamecíes (colgaduras de cuero), normalmente con decoraciones policromadas, en verano. Los suelos de madera de los pisos altos se tapaban con alfombras y los de los pisos inferiores, de ladrillo « cortado », con esteras finas que permitían pasar la humedad que recogía el ladrillo diariamente regado. El mobiliario, según los inventarios, tanto de estas fechas como más tardíos, era escaso y susceptible de ser fácilmente desmontado y movido. Solo parecen haber quedado inmóviles las llamadas « camas paradas », y haber proliferado los cajones, arcas y cofres, los « arquibancos » y las « arquimesas » (bargueños).

Escasas modificaciones

Todas estas tradiciones relativas a la distribución funcional y mobiliario de los palacios nobiliarios se mantuvieron vigentes durante casi toda la centuria y sufrirían escasas modificaciones. Una primera alternativa pudo haber sido el palacio de Carlos V en la Alhambra de Granada, proyectado por el italianizado Pedro Machuca en 1528 pero jamás terminado o habitado por el emperador (fig. 6). La novedad que supuso la aparición de una *stufa* en la vieja casa nazarí, decorada con frescos, durante la tercera y cuarta décadas no parece que tuviera secuelas en el palacio nobiliario. Tampoco — si la reconstrucción funcional de Earl E. Rosenthal es correcta[8] — la distribución de los cuartos superiores del palacio, con las salas del emperador y la emperatriz sobre los zaguanes de acceso al interior, en las dos principales fachadas en ángulo. Menos todavía, la ubicación de caballerizas, sala de fiestas, cocinas y otros servicios en dependencias situadas fuera del bloque cuadrado del palacio, ya en la zona trasera o en los dos patios exteriores colocados ante las dos delanteras principales del edificio.

Esta falta de eco parece quedar demostrada por dos palacios, casi enteramente desaparecidos pero de los que conservamos algún plano, que pertenecieron a dos de los personajes más próximos al emperador. El palacio del secretario imperial y futuro Señor de Sabiote, don Francisco de los Cobos, en su villa de Ubeda (Jaén) fue incluso proyectado por el arquitecto real Luis de Vega en 1532, un maestro que visitó Granada en 1528 y estuvo en contacto con los proyectos de Machuca (fig. 8). Ha llegado hasta nosotros una traza de Vega, correspondiente al cuarto norte del palacio en su piso inferior, y donde se debieron situar los aposentos de verano del secretario ; en él aparece la « sala baxa », dos cámaras inmediatas y un retrete que, quebrando el eje del cuarto, se abre a la huerta o jardín ; el cuarto, por lo tanto, no se sitúa en la fachada sino en uno de los lados del patio[9]. El segundo palacio perteneció a dos Luis Hurtado de Mendoza, II Marqués de Mondéjar, el alcaide de Granada que habría defendido los proyectos más italianizantes de Machuca frente a las críticas de los arquitectos españoles más tradicionales, como el propio Luis de Vega. En su palacio de Mondéjar (Guadalajara) se acometieron diveras obras en la década de los 1540 y un proyecto de la zona, atribuido al arquitecto Nicolás de Adonza, nos muestra los cambios previstos[10]. La puerta principal — con su zaguán — pasó del lado oriental al septentrional del palacio, ocupando un nuevo « cuarto » (fig. 7). La « sala grande » permaneció situada al sur de la casa y las caballerizas al oeste. La pieza señalada como « añadida de palacio », en el ángulo suroeste, que daría a un nuevo jardín, parece poder identificarse, como en el palacio de Ubeda, con el retrete del marqués, unido a la cámara cuadrada de la esquina. Los nuevos tiempos en materia de transporte se evidencian a través de la pieza vecina : « la pieça del coche » o zaguán de la carroza. La importancia de este medio de locomoción llegaría a veces, como en el palacio de los Duques del Infantado en Madrid, de fines del siglo y compleja estructura de varios patios, a ampliar, todavía más, los desmesurados zaguanes españoles, subdividiéndolos en dos zonas, una de ellas para peatones y caballeros, la otra para « cochera »[11]. A pesar de que de este palacio disponemos de tres plantas, de los pisos primero, segundo y segundo alto, nada podemos saber de su distribución funcional, como parece haber sido norma casi absolutamente generalizada entre nuestros arquitectos del siglo XVI. Quizá, precisamente, por la falta de importancia que una distribución detallada tenía para el propio cliente (fig. 9).

Este es uno de los elementos que dificulta el conocimiento funcional de nuestros palacios, la falta de información disponible, que hace que cualquier intento generalizador sea completamente provisional. Un nuevo ejemplo de palacio madrileño, el del Conde de Chinchón don Pedro Fernández de Cabrera y Bobadilla, puede confirmarnos esta

---

8. E.E. Rosenthal, *The Palace of Charles V in Granada*, Princeton, 1985 ; M. Tafuri, « Il palazzo di Carlo V a Granada : architettura "al romano" e iconografia imperiale », *Ricerche di Storia dell'Arte*, 32, 1987, pp. 4-26.
9. Publicado por J. Urrea Fernández, « El arquitecto Luis de Vega (h. 1495-1562) », *A Introducão da Arte da Renascença na Península Ibérica*, Coimbra, 1981, pp. 164-166. C. Tessari, « Autocelebrazione e architettura : la famiglia Cobos y Molina e Andrés de Vandelvira a Ubeda », *Ricerche di Storia dell'Arte*, 32, 1987, pp. 47-50.
10. J.M. Muñoz Jiménez, « Sobre el jardín del manierismo en España : jardines del palacio de Mondéjar (Guadalajara) », *Boletín del Seminario de Arte y Arqueología*, lxxx, 1987, pp. 343-345.
11. Publicados por V. Tovar Martín en *Juan Gómez de Mora (1586-1648), Arquitecto y trazador del Rey y maestro mayor de obras de la villa de Madrid*, Madrid, 1986, pp. 224-225.

precariedad y el tradicionalismo palaciego español. La casa ha desaparecido pero disponemos de algunos contratos de las obras que, dirigidas por Luis de Vega y su hijo Gaspar de Vega, se acometieron en 1559 y una imagen falta de detalles de su contorno general, como bloque de cuatro torres. Según los documentos[12], sabemos que las cámaras del conde y la condesa se situaban, respectivamente, en las torres de la parte posterior del edificio, alejadas de la fachada, y hemos de suponer que sus salas ocuparan por lo tanto la parte más importante de dos cuartos separados por el patio. Cada cámara disponía de su correspondiente retrete y la sala grande del conde de su chimenea ; la sala de la condesa era de menor tamaño y estaba unida a otros aposentos de las mujeres ; todo ello en el piso superior ; nada sabemos de la disposición del piso bajo, a excepción de la existencia de corrales de servicio pegados a sus muros y de una caballeriza, quizá por lo tanto formando parte de unas casas accesorias y no del edificio principal.

Si nos trasladamos desde el reino de Castilla al de Aragón, las diferencias son bien escasas. Es posible que en Cataluña se dieran mayores pero nuestra información al respecto es prácticamente inexistente. La casa aragonesa, sobre todo la de la capital Zaragoza, nos es mejor conocida[13]. Palacios como los tempranos de Miguel Climente, protonotario de Fernando el Católico (1515-1533), o los Guara, como el del fiscal del Consejo de Aragón Miguel Donlope (1537-1554) o el más tardío de don Pedro Martínez de Luna, Conde de Morata y virrey de Aragón (1551-1563), ya fueran construidos por mudéjares o vascos y franceses (el condal es obra de Martín Gaztelu de Tudela y Guillaume Brimbez), siguen a grandes rasgos idéntico esquema organizativo.

Un subterráneo abovedado servía de bodega, cillero para el almacenamiento de aceite, caballerizas, cocinas y habitaciones de criados. También aparecen allí secretas o necesarias de higiénica función. El piso inferior, al que se accede por el consabido zaguán o « patín », constituye la vivienda de verano y, permanentemente, la de los « mozos » ; la parte señorial consta de sala baja, saleta y retrete, pertenecientes al dueño, y con carácter esporádico de un « estudio ». De existir entresuelos, son ocupadas estas habitaciones por nuevas cocinas, la « masadería » donde se amasa el pan, la repostería y alacenas para guardar ropa y vajilla.

Al piso superior se llega por medio de una escalera, normalmente de tipo claustral, que termina en un « recibidor » o salida de la escalera. Como en el piso inferior, todos los cuartos se organizan en torno a un patio o peristilo, llamado en Aragón « luna ». El recibidor conecta con la sala algunas veces ; sin embargo, la mayoría de las casas llevan la sala, flanqueada por dos cámaras, a la fachada del edificio, sobre el zaguán. Un oratorio, nueva cocina y diferentes dormitorios o « alcobas » secundarias rellenan el resto de la planta noble. Como en Castilla, las salas se utilizan también como comedores y lugares de fiestas y recepciones ; su mobiliario es también similar, así como el uso de tapices, sargas y guadamecíes de cuero para recubrir los muros de las salas, dotadas también de estrado y dosel. Quizá en Aragón fueran más frecuentes los guadamecíes, que incluso cubrían en verano los techos artesonados, y parecen excepcionales las cámaras o « cambras » pintadas o las llamadas « cambras de fusta », con « rcspalderos de madera », interpretables a partir de los documentos como cámaras revestidas de madera.

Una huerta o jardín, al que daba lógicamente una galería o corredor, completaba un panorama paralelo al castellano. Sin embargo, una nueva característica se impone. Si en Castilla podían aparecer galerías en la parte alta de la fachada de manera esporádica, en Aragón parece haber sido una norma ; no obstante, el carácter señorial de

---

12. Archivo Histórico de Protocolos de Madrid, e.p. Cristóbal de Riaño, 1559, Pr. 154, f. 173 y 497 ; citado por V. Gerard, *De castillo a palacio : el Alcázar de Madrid en el siglo XVI*, Madrid, 1984, pp. 149-151.
13. C. Gómez Urdáñez, *Arquitectura civil en Zaragoza en el siglo XVI*, Zaragoza, 1987, I, pp. 139ss.

estas galerías castellanas parece no haberse dado en los « miradores » aragoneses. En ellos aparecen, por el contrario, graneros, gallireneros, palomares e incluso cocinas y secretas o necesarias.

La especialización funcional

Un nuevo cambio, quizá más importante, parece haber comenzado a delinearse tras el regreso a España de Felipe II, después de diez años de viajes y estancias en Italia, Alemania, Flandes e Inglaterra (1548-1559) y se centrará en la remodelación de algunas importantes zonas del Alcázar de Madrid y del palacio de El Pardo[14] durante la década de los sesenta y a partir de diseños de Juan Bautista de Toledo, importado desde Italia en 1559. Del interés de Felipe II por conocer las realizaciones extranjeras en materia de arquitectura palaciega, es buen testimonio el informe de su arquitecto, Gaspar de Vega, de 1556, de diversos palacios europeos, de Binche a Fontainebleau[15]. Un interés particular por las grandes galerías francesas e inglesas parece desprenderse de su relación, en la que cita las de François I y Ulises en Fontainebleau y la Stone Gallery de Whitehall Palace en Londres[16]. A pesar de su posible eco en el palacio público — y quizá en el privado del Escorial, la gran galería no parece haber disfrutado de una secuela importancia en el palacio nobiliario español. La línea seguida por Felipe II, sin embargo, tendió a una mayor subdivisión y especialización de los extensos espacios tradicionales ; esta directriz parece haber sido la que influyera algo más en la construcción palaciega de algunos nobles españoles, como el I Marqués de Santa Cruz, don Alvaro de Bazán.

Este importante militar comenzó hacia 1560 un nuevo palacio en su villa de El Viso del Marqués (Ciudad Real) ; su delantera estaba ya en obra en 1562, quizá dirigida por Enrique Egas el Mozo, un discípulo de Alonso de Covarrubias y su colaborador en las obras del Alcázar de Toledo, edificio cuya planimetría general sigue la construcción manchega. Sin embargo, entre 1566 y 1567 (hasta 1585) se contrataron una serie de artistas genoveses, encabezados por Giovanni Battista Castello el Bergamasco, quienes debieron introducir una serie de modificaciones a requerimiento del marqués, frecuente viajero a Génova por su cargo de almirante de la flota española. Aunque el zaguán mantiene su importancia tradicional, una gran sala — armería de trofeos militares — ocupa toda la fachada del piso noble ; los largos cuartos de la vivienda española sufren una subdivisión excepcional hasta la fecha, multiplicándose los ámbitos abovedados y decorados al fresco, incluso en los muros. La capilla, en el piso noble, conlleva el cerramiento de la caja abierta de una escalera pre-imperial a la manera del Alcázar de Toledo. Desgraciadamente, carecemos de cualquier documento que nos precise el destino funcional de estas salas decoradas con escenas mitológicas, alegóricas, religiosas e históricas. No obstante, podemos suponer en el piso inferior, junto al jardín occidental, la localización de los aposentos de verano del marqués, en torno a la sala de Por-

---

14. A. Ruiz de Arcaute, *Juan de Herrera, arquitecto de Felippe II*, Madrid, 1936, pp. 21-22.
15. F. Iñiguez Almech, *Casas reales y jardines de Felipe II*, Madrid, 1952 y V. Gerard, ob. cit.
16. John Bury, « Las "Galerías largas" de El Escorial », *Las Casas Reales. El Palacio. IV Centenario del Monasterio de El Escorial*, Madrid, 1986, pp. 21-33.

tugal y, a oriente, salas de carácter más público, decoradas en tiempos con escenas de las batallas de Lepanto y la Isla Tercera. En el piso noble, cambia la localización ; al este se sitúan los apartamentos del señor, con una Sala de Linajes y tras ella la cámara y retrete, con decoraciones relativas a hechos singulares de sus antepasados y retratos de los miembros de la familia, de sus padres y hermanos en la cámara y de sus abuelos y sus propias esposas en el retrete. Más « familiares » parecen haber sido las otras dos habitaciones de esta zona oriental, con decoraciones mitológicas centradas en los amores de Júpiter y Calisto y el rapto de Proserpina. Separado por escalera y capilla, se encontraba el cuarto occidental, probablemente destinado a los aposentos femeninos por sus decoraciones de carácter bíblico. Bóvedas subterráneas para almacenaje y un tercer piso para el servicio completaban la distribución del palacio.

Mayor información poseemos del palacio del Infantado en Guadalajara, del que ya hemos hablado, relativa a las transformaciones introducidas entre 1570 y 1585 por el V Duque del Infantado don Iñigo López de Mendoza (fig. 2). Las obras fueron dirigidas, siguiendo precisos modelos de detalle tomados del renovado Alcázar de Madrid, por los maestros de obras del duque Acacio de Orejón y Diego de Varela y probablemente por el pintor italiano Romolo Cincinnato (c. 1573 y 1578-1580), a quien acompañaron diversos estuquistas y marmolistas genoveses[17]. En el piso inferior se amplió el zaguán, acomodándose una nueva y ancha escalera que facilitaba el paso directo de la portada al patio palaciego. Todo el ángulo noroeste recibió una nueva distribución, aparentemente como aposento de verano del duque : un gran salón — dedicado a conmemorar las hazañas de sus antepasados — se abrió, conectado con dos pequeñas saletas octogonales con decoraciones mitológicas en bóvedas y muros ; una escalera privada con salida al exterior ; una sala — con decoraciones que representaban el mito de Atalanta — dedicada a estudio y biblioteca de la rica librería del IV Duque. Dos planos de esta zona, de la década de los setenta, nos muestran junto a la logia del jardín un « camarín » cuadrado y un « aposento » rectangular entonces en obra. Los aposentos veraniegos de las damas ocupaban el cuarto oriental y nuevas salas se acondicionaron en el occidental, con vistas a la galería del jardín, denominadas por sus temas pictóricos del Día y de Escipión.

Un conocimiento preciso se nos brinda gracias a esta traza de toda la zona meridional, limitada en el ángulo sureste por la escalera de la casa. Allí se amontonaban cocinas, contaduría, escritorio y servicio de la misma, corrales exteriores, tesorerías y un aposento « de Angelino », personaje responsable del jardín ducal.

En el piso noble, los cambios debieron de ser menores. Nuevas salas se levantaron en la zona septentrional, entre ellas una nueva capilla, pero se respetaron algunas de las viejas estancias de fines del siglo XV. Junto a la escalera reaparece el camarín, que se prolongaría en un aposento alto similar al del piso bajo, hoy desaparecido. La zona femenina oriental se reorganizó entre 1590 y 1595 por orden de doña Ana de Mendoza, futura VI Duquesa, con nuevas saletas y un pequeño oratorio.

Información complementaria de este palacio nos ha llegado gracias a una relación manuscrita de las fiestas que tuvieron lugar en enero de 1582, con motivo de la boda de doña Ana y su tio don Rodrigo de Mendoza[18]. A la llegada de su hermano por la puerta « privada », el V Duque sale a recibirlo a la « cuadra de la alhanía » — el « camarín » antes citado, vinculado a la alhanía o dormitorio. Los varones almuerzan en la vieja sala de Visitas o de los Cazadores del segundo piso. El día de los desposorios, los invitados se reunen en la Sala del Linaje, a la que deben llegar por el « cama-

---

17. Véase la bibliografía de la nota 4.
18. *Relaciones históricas de los siglos XVI y XVII*, Madrid, 1896, pp. 162ss.

rín » y por la galería del jardín, pues los corredores del patio están llenos de gente e impiden el paso. Un estrado con su dosel ocupa uno de los extremos de la Sala de Linajes ; en él se sientan las mujeres y, en bancos, los más importantes nobles ; el resto de la sala se rodea de bancos, donde se acomodan el resto de los varones. Allí asisten a la representación de una comedia del italiano Ganasa. Más tarde, se colocan mesas y los hombres comen en esta sala, mientras que don Rodrigo, algunos caballeros y las mujeres se sientan a la mesa en la Sala de Visitas o de los Cazadores. Las sucesivas comidas y cenas celebradas los días siguientes se organizan de la misma manera, mientras que otra obra teatral de Ganasa se representa en el patio. Los corredores del mismo patio y la galería del jardín sirven durante las comidas como zona de servicio, colocándose en total cinco mesas de « las copas », para viandas y vajillas. A la hora de dormir, don Rodrigo descansa en la « cuadra de la Linterna », esto es, en la vieja sala de los Salvajes, antiguo dormitorio del II Duque del Infantado. Las mujeres se reparten por los aposentos de la zona oriental femenina ; el resto de los invitados duermen en diferentes habitaciones de distintas casas de Guadalajara, alquiladas al efecto.

Celebrado el matrimonio en invierno, la casa utilizada se reduce al segundo piso del palacio ; nuevamente encontramos el empleo preferente de dos únicos ámbitos : la sala antigua del duque con carácter más privado, la sala rica con carácter público. El único cambio importante se ha dado en el nuevo aposento ducal, del fondo del palacio ha pasado a la fachada y jardín ; sus piezas se han multiplicado y se prolongan por toda la delantera, muy probablemente hasta la amplia sala de su extremo oriental, sobre el zaguán, sala hoy desaparecida pero antiguamente decorada con frescos con alorogegorías de las Virtudes.

Mínimos cambios — más referidos a los usos privados que a los sociales — para un palacio que se renovaba en su forma según las últimas modas artísticas que lleggaban, a través de los palacios reales, de Italia ; pero no deja de ser significativo que en su interior apareciera por primera vez en un palacio nobiliario español un nuevo ámbito, la « guardarropa »[19]. Pocos más se añadirían en los palacios del reinado de Felipe III, en las casas del Duque de Lerma, Francisco Gómez de Sandoval, en Lerma (Burgos), proyectado por Francisco de Mora (1602-1615), de su hijo el Duque de Uceda, Cristóbal Gómez de Sandoval y Rojas, en Madrid, erigido por el ingeniero Alonso de Turrillo (1613-1618) o del Duque de Medinaceli, Antonio Juan Luis de la Cerda y Aragón, en Medinaceli (Soria), levantado por Juan Gómez de Mora (1623). Para una nueva transformación será necesario esperar hasta el reinado de Felipe IV y la construcción madrileña del palacio del Buen Retiro (1630-1636), proyectado por el italiano Giovanni Battista Crescenzi[20].

---

19. A. Herrera Casado, « El arte del humanismo mendocino... », app. IV, pp. 382-384.
20. L. Cervera Vera, *El conjunto palacial de la villa de Lerma*, Valencia, 1967. V. Tovar Martín, « El palacio de Uceda en Madrid, edificio capital del siglo XVII », *Reales Sitios*, XVII, 64, 1980, pp. 37-44 y *Juan Gómez de Mora...*, pp. 218-219. J. Simón Díaz, « El arte en las mansiones nobiliarias madrileñas de 1626 », *Goya*, 154, 1980, pp. 200-205. V. Carducho, *Diálogos de la pintura*, ed. de F. Calvo Serraller, Madrid, 1979, pp. 418ss. J. Brown y J.H. Elliott, *Un palacio para el Rey, El Buen Retiro y la corte de Felipe IV*, Madrid, 1981, pp. 113-115.

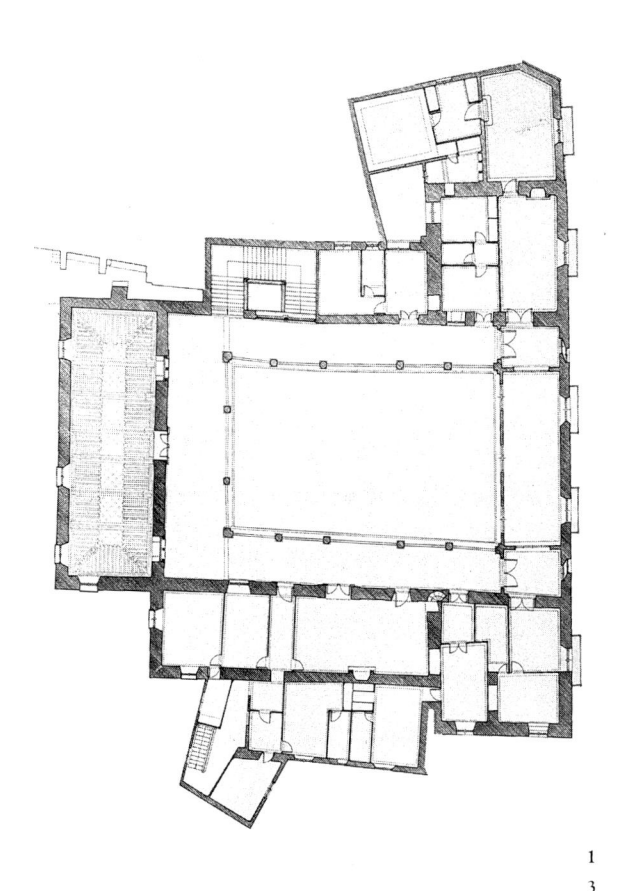

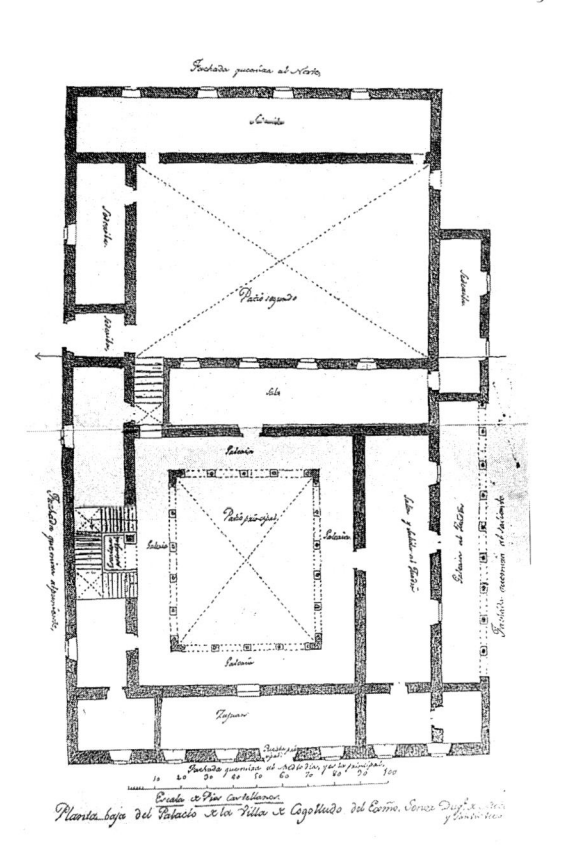

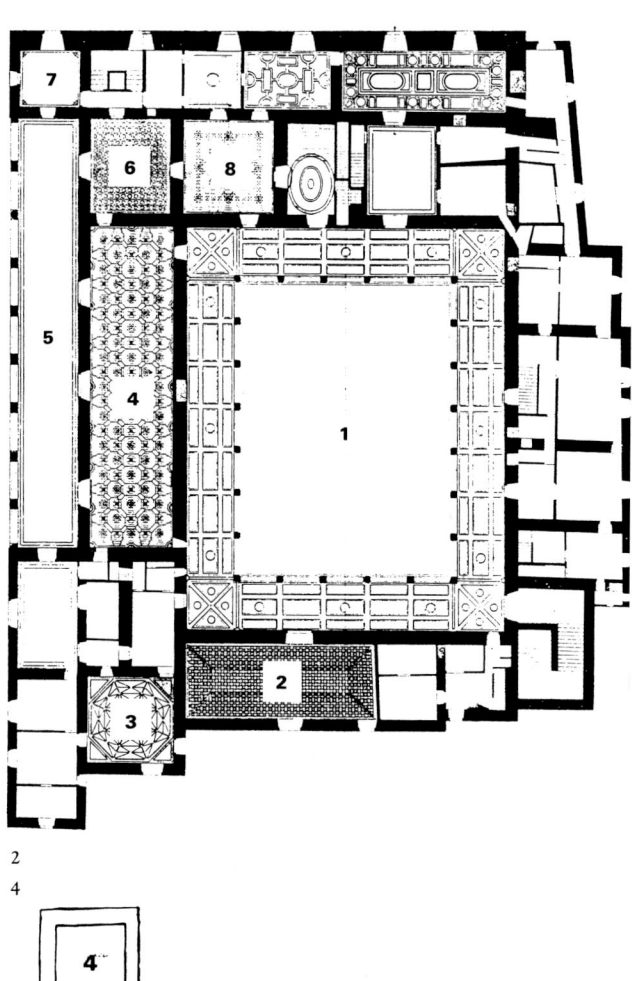

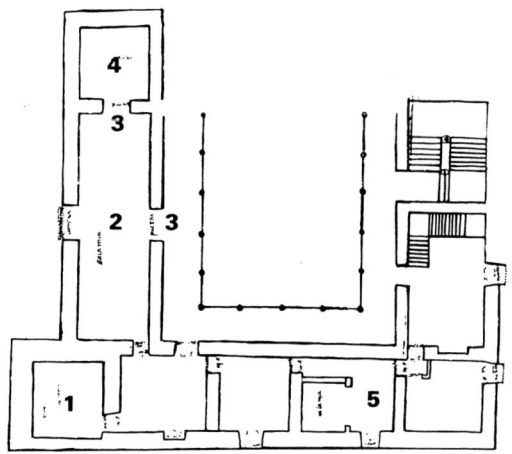

1. Toledo, palacio de los Condes de Fuensalida, planta baja.

2. Guadalajara, palacio de los Duques del Infantado, planta alta.
1) Patio de los Leones
2) Salón de Cazadores o de Vistas (con chmienea)
3) Sala de los Salvajes
4) Salón de Linajes o Sala Dorada o de las Bejigas
5) Galería alta
6) Antecámara de Linajes
7) Cuadra de la Alhanía
8) Sala de Escudos, Mocárabes o de Consejos (de la Linterna ?).

3. Cogolludo, palacio de los Duques de Medinaceli, planta baja según dibujo del siglo XVIII.

4. Coca (Segovia), palacio inidentificado, dibujo anónimo del siglo XVI.
1) Cubillo. 2) Sala rica. 3) Puerta. 4) Quadra. 5) Alanía.

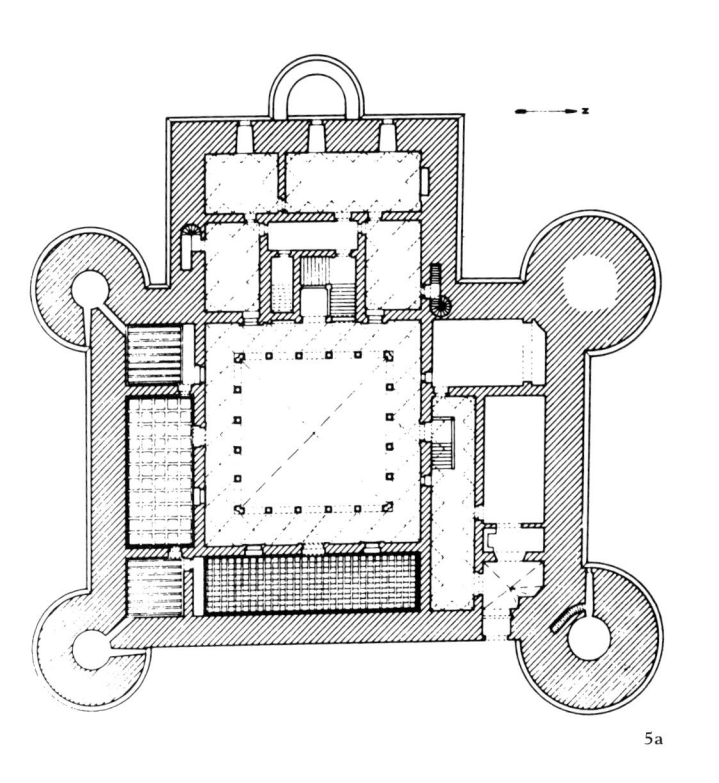

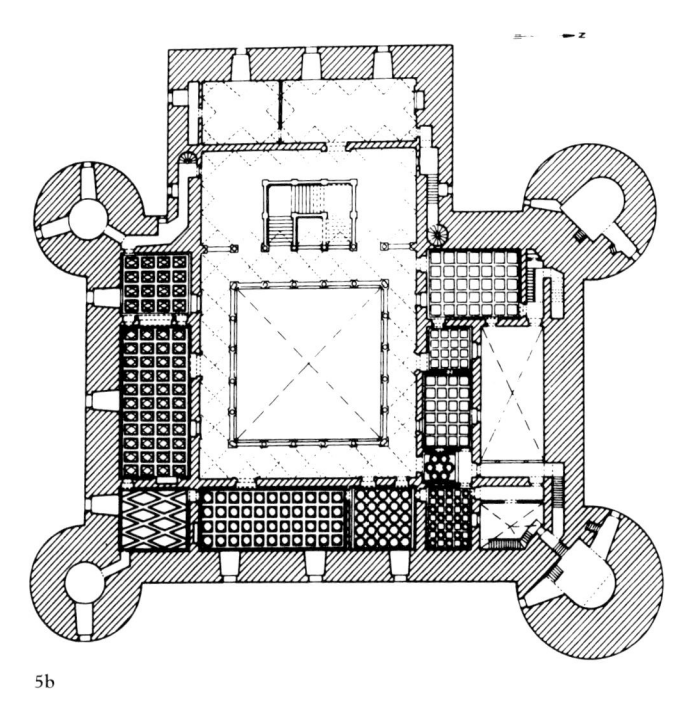

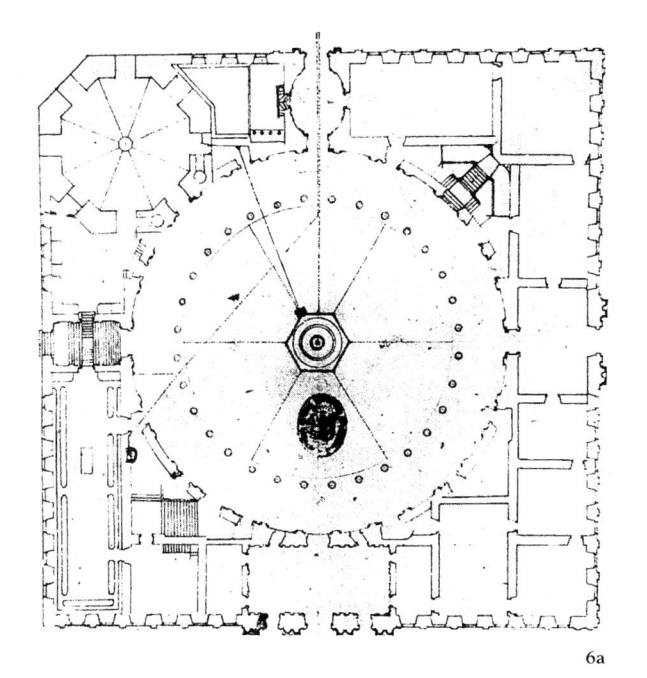

5. La Calahorra (Granada), castillo del Marqués del Zenete.
a. planta baja
b. planta alta

6. Granada, palacio de Carlos V, dibujos anónimos del siglo XVIII
a. planta baja
b. planta alta

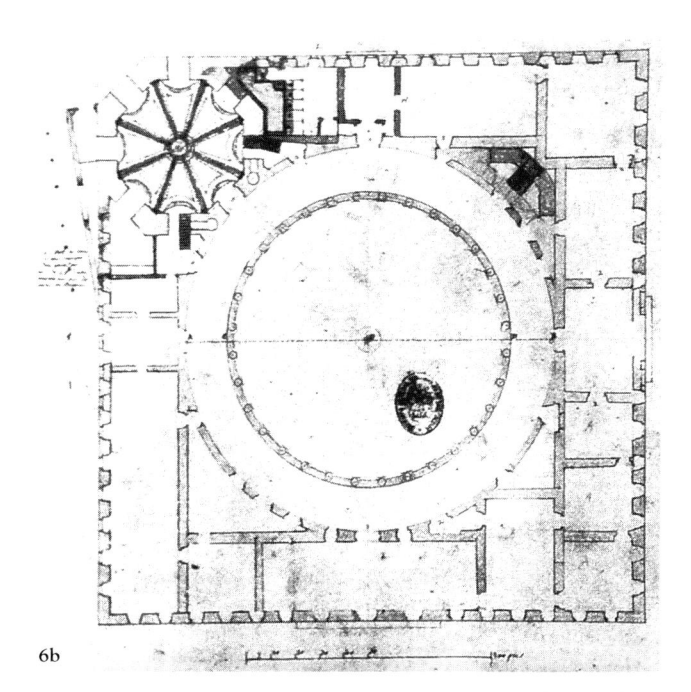

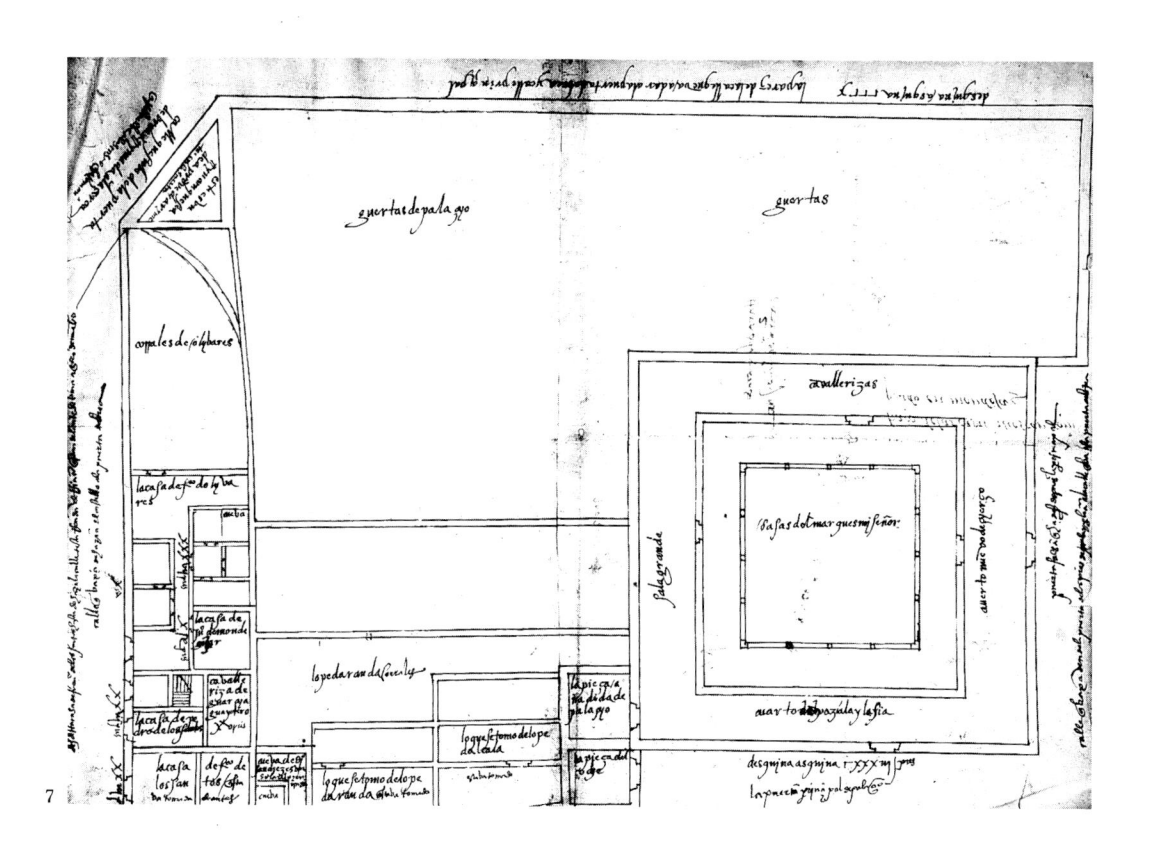

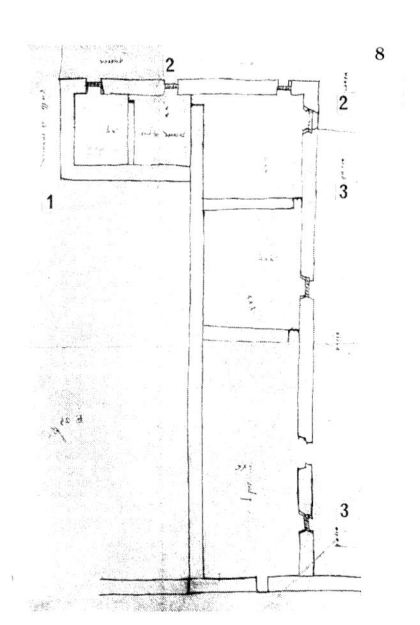

7. Mondéjar (Guadalajara), palacio de los Marqueses de Mondéjar, dibujo anónimo del siglo XVI.

8. Ubeda (Jaén), planta baja del palacio de Francisco de los Cobos, dibujo de Luis de Vega. 1) Calle 2) Huerte (« guerta ») 3) Patio.

9. Madrid, palacio desaparecido de los Duques del Infantado, planta baja según dibujo anónimo del siglo XVI.

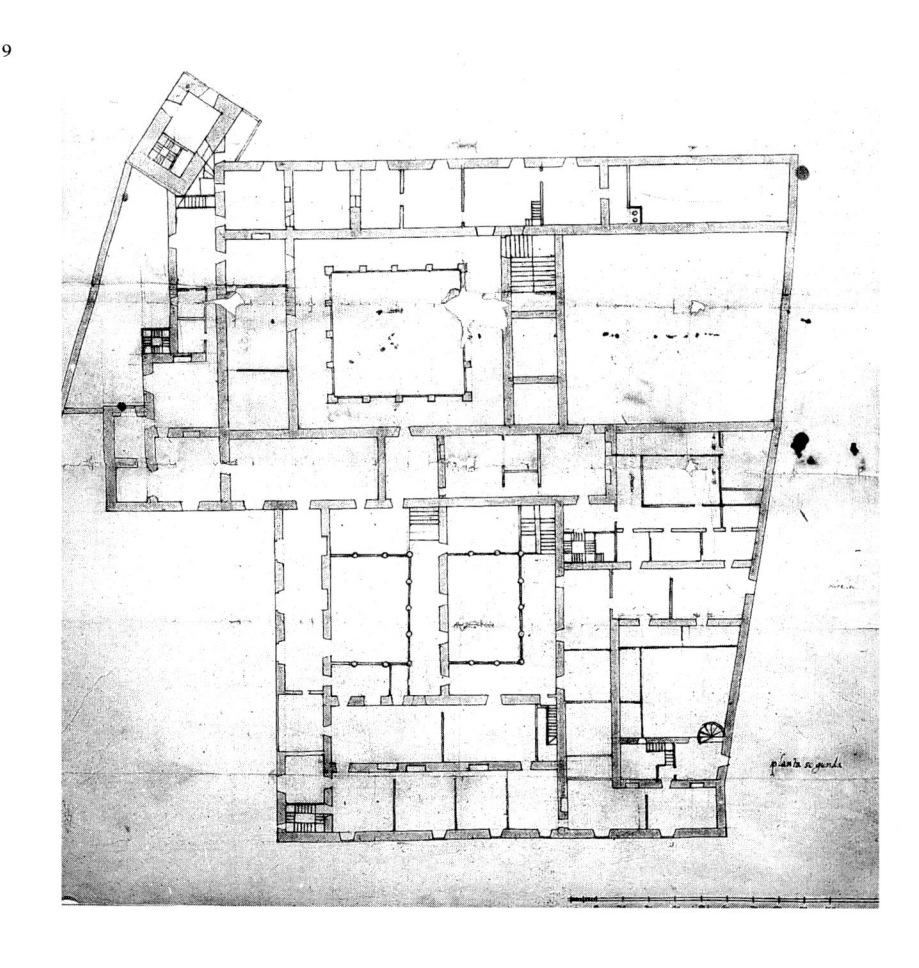

La casa de Pilatos

por Vicente LLEÓ CAÑAL

A lo largo de su historia, la arquitectura doméstica andaluza ha mostrado un tenaz conservadurismo ; las innovaciones estilísticas o las transformaciones provocadas por la evolución de los modelos de sociabilidad fueron siempre absorbidas sobre la base de unos esquemas tradicionales, adaptándolos a cada ocasión. Los edificios que han llegado hoy hasta nosotros son el resultado de un proceso secular de contrucción y destrucción que hacen casi imposible, excepto en términos muy generales, su delimitación cronológica.

Esta arquitectura, si bien carece a menudo de rigor y coherencia, nos ofrece por otro lado toda la complejidad de un palimpsesto ; a través de las huellas medio borradas de cada fase podemos vislumbrar su « intrahistoria », podemos deducir algo de las circunstancias históricas y sociales que contribuyeron a modelarla.

Un caso paradigmático de cuanto decimos lo constituye el palacio sevillano conocido popularmente como Casa de Pilatos : su dilatada historia constructiva, básicamente deste finales del siglo XV hasta mediados del XVII, pero con intervenciones prácticamente hasta nuestros días, su peculiar síntesis de tradiciones decorativas islámicas con mármoles importados de Italia y, en fin, la influencia que siempre ejerció en la ciudad convierten a la Casa de Pilatos en objeto ideal de análisis.

El Palacio de los Adelantados

Las primeras referencias sobre el palacio se remontan a 1483, cuando el Adelantado Mayor de Andalucia (una distinción militar) Don Pedro Enríquez y su esposa Catalina de Ribera adquirieron del receptor de los bienes confiscados por la Inquisición una casa que había pertenecido a un condenado por « herética pravedad » situada en la parroquia de San Esteban[1]. El documento notarial es muy escueto mencionándose sólo que la propiedad poseía « soberados, corrales e huerta e atahona·e aguas de pie » y que lindaba con la Calle Real. El elevado precio de la propiedad, 320 000 mrs. se debe probablemente al raro privilegio de poseer « agua de pie », es decir, conexión con el viejo acueducto conocido como los Caños de Carmona[2]. A esta primera adquisición se fueron sucediendo otras de propiedades colindantes ; parte sin duda destinadas a ampliar el núcleo primitivo pero, según sabemos por un protocole de 1491, un grupo

---

1. Una copia del protocolo de compra se encuentra en el Archivo Ducal de Medinaceli, Sección Alcalá, 25, 24.
2. Este agua era monopolio de la corona, yendo la mayor parte del suministro a regar las huertas del Alcázar y a abastecer las fuentes públicas de la ciudad. Sólo algunas instituciones religiosas y un puñado de ciudadanos particulares gozaron de concesiones.

de estas casas fue demolido para abrir una plaza delante de la fachada[3]. Teniendo en cuenta el desarrollo posterior del palacio, a fines del siglo XV este debía ocupar un solar largo y estrecho, sobre un eje Norte/Sur, cuyos límites estarían formados por la actual capilla del palacio, lindera con la Calle Real[4] y la fachada que se abre a la plaza.

Desgraciadamente nada consta documentalmente de las obras que se efectuaron en esta fase ni, en consecuencia, del aspecto que presentaría el palacio primitivo. Pero algunos indicios, semiocultos por intervenciones posteriores, así como analogías con otros ejemplos contemporáneos permiten al menos formular ciertas hipótesis.

Según la tradición islámica que encontramos reflejada en otros palacios medievales sevillanos, las construcciones estarían también aquí articuladas en torno a dos patios, uno de mayores dimensiones y de carácter más representativo u oficial, el otro de menor tamaño y eje de la vida doméstica[5]. De este último nada se conserva en la actualidad[6] pero su existencia se deduce de una frase en el testamento de Catalina de Ribera que pide a sus herederos que permitan a los criados viejos permanecer en el « aposentamiento de acá dentro », así como de referencias incluso en el siglo XVII de un « aposentamiento de las mujeres »[7]. El patio mayor, por su parte (figs. 1, 7), aunque profundamente alterado por las reformas que se llevaron a cabo entre 1530 y 1539, conserva huellas al menos de su disposición original : estas se manifestan en las irregulares luces de los arcos situados en el ángulo NO, que oscilan entre 2.37 y 3.50 mts. Estas anomalías constituyen, en realidad un residuo del denominado « sintagma almohade » ; en efecto, en el ángulo mencionado nos encontramos con dos arcos menores que voltean sobre una columna a eje con el parteluz de la ventana del salón de detrás y un arco mayor a eje con la puerta del citado salón[8].

Este esquema — a a A a a — aunque procede de la arquitectura almohade tuvo un brillante desarrollo en los palacios granadinos, con ejemplos como el Patio de los Arrayanes de la Alhambra. Debemos suponer, pues, un patio de dimensiones menores a las actuales y planta rectangular (luego ampliado lateralmente para aproximarlo al cuadrado) que estaría además porticado sólo en sus lados cortos ; lo que se deduce, por otro lado, del primer pedido efectuado a Génova por el hijo de los Adelantados en 1526, de 13 « mármoles » (es decir columnas), 12 para sustituir los tradicionales pilares de ladrillo ochavado de los pórticos y otro quizás para algún espacio subsidiario[9].

Las habitaciones principales se abrirían detrás de los pórticos, al modo mudéjar, es decir, un grand salón alargado, o « palacio », flanqueado por salas cuadradas, o « quadras »[10]. Esta disposición tradicional, que perdura aún en la arquitectura magrebí, es perceptible en el denominado actualmente salón antecapilla, en el que, por otra parte, la ubicación de la capilla, perpendicular al lado largo del salón, parece evocar el esquema de las salas de aparato con ábside *(bit moul el bhou)* característico de los palacios

---

3. A.D.M. S.A. 61, 33. Curiosamente, por las mismas fechas el Duque de Medina Sidonia efectuó una operación similar frente a su palacio (cf. A. Collantes de Terán, *Sevilla en la Edad Media*, Sevilla, 1977). Ello revela una valoración de la fachada que contrasta con la tradicional indiferencia de orígen islámico por el exterior de las casas.
4. La Calle Real, después de las bodas del Emperador celebradas en 1526, cambió su nombre a Imperial, nombre que aún conserva.
5. El ejemplo más conocido es el Alcázar Real sevillano, pero recientes investigaciones han revelado una disposición similar en el palacio sevillano de Altamira.
6. En un plano del palacio publicado por V. Lampérez y Romea en su *Arquitectura Civil Española*, Madrid, 1922, vol. I, lam. 579, pueden verse todavía una serie de patinillos y pequeñas estancias que desaparecieron en las reformas de los años '20, pero que debieron constituir la antigua zona doméstica.
7. El testamento fue publicado en la revista *Archivo Hispalense*, 1ª época, vol. III (1887), pp. 51 ss.
8. La denominación de « sintagma almohade » a esta disposición de pórticos se debe a L. Torres-Balbás.
9. El contrato fue publicado por F. Alizeri, *Notizie dei Professori del Disegno in Liguria*, Génova, 1880, vol. V, pp. 94.
10. De este tipo de palacios se conservan restos en el palacio ya citado de Altamira y en el que actualmente es convento de las Teresas en Ecija (Sevilla).

magrebíes[11]. En contraste con la zona doméstica, donde pudo haber « algorfas » o desvanes, la zona cortesana debió tener una sola planta, aunque de elevadísima altura. Ello se desprende de las referencias a les plantas altas que se labraron en las reformas posteriores, asi como por analogía con otros palacios contemporáneos[12]. Por lo demás, un paño de muro en el ángulo de la fachada principal nos refleja la cota primitiva del palacio, que debió ser suplementada al instalarse posteriormente una portada de marmol genovés.

Sin embargo nada se conserva de esta fase primitiva excepto la Capilla (figs. 2, 3), uno de los más sorprendentes ejemplos de hibridación entre lo gótico y lo musulmán. Hay que tener presente que por las mismas fechas en que se construía la capilla se estaba construyendo también la Catedral sevillana, una mole de piedra de agresivo goticismo, para valorar la tenacidad de las tradiciones islámicas en el ámbito doméstico. En contraste con la Catedral, en la Capilla del palacio conviven las bóvedas nervadas y las ventanas en arco apuntado con zócalos de alicatado y yeserías de ataurique.

Al igual que la arquitectura, las propias formas de vida estarían impreganadas de islamismo ; por el testamento de Dª Catalina sabemos que en el palacio vivía una auténtica muchedumbre, incluyendo aparte de parientes y criados, la asombrosa cifra de 92 esclavos. Estos se agolparían en el « aposentamiento de acá dentro », en pequeñas estancias casi desnudas de mobiliario. Los únicos muebles que se mencionan en el citado testamento son dos lotes compuesto cada uno por dos camas de dosel, almohadones y otras piezas textiles. Uno de estos lotes incluye valoración que alcanza la astronómica cifra de 2 200 504 mrs. El hecho de que estas camas quedran vinculadas a los herederos por vía de mayorazgo, asi como el precio, sugieren que estos muebles hubieron de desempeñar alguna función ceremonial dentro de la vida del palacio.

El Palacio del Marqués de Tarifa

El Adelantado Don Petro Enríquez murió en 1492 y su esposa en 1505 ; cuatro años más tarde moría el primogénito, pasando entonces el mayorazgo al segundo hijo Fadrique Enríquez de Ribera, a quien en 1514 la Reina Juana concedió el título de Marqués de Tarifa[13]. En 1518, quizás en cumplimiento de alguna promesa, Don Fadrique emprendió una peregrinación a Tierra Santa ; conocemos bien este viaje por un diario que el noble sevillano fue escribiendo a lo largo de los dos años que duró[14]. Desde nuestro punto de vista, lo más interesante de la peregrinación fueron los meses que Don Fadrique pasó en Italia, visitando sus principales ciudades. Hay que hacer un esfuerzo de imaginación para situar en su contexto este encuentro de Don Fadrique, procedente de una ciudad aún fuertemente arabizada, con la cultura del Renacimiento en su momento de mayor esplendor. La arquitectura de un Brunelleschi ó un Bramante debió parecerle sencillamente « pobre ». Y no debe sorprendernos que el monumento que mayor admiración le produjo fuera la Cartuja de Pavía, de la que afirma « es la

---

11. Sobre este tipo de salas, cf. J. Hassar Benslimané, *Salé. Étude architecturale de trois maisons traditionnelles*, Rabat, 1979.
12. Por ejemplo, los ya citados del Alcázar, Altamira y el convento de Ecija.
13. Sobre el Marqués de Tarifa existe una inadecuada biografía de J. González Moreno, en *Archivo Hispalense*, 122, 1963.
14. Existe una inadecuada edición moderna debida a J. González Moreno, *Deste Sevilla a Jerusalem*, Sevilla, 1974.

mejor casa que pueda ser... toda de vultos grandes y pequeños y figuras pequeñas »[15]. En Genova, de regreso ya para su patria, Don Fadrique hizo un primer pedido de marmoles en uno de los talleres que habían trabajado para la Cartuja ; significativamente, este primer pedido no fueron piezas para su palacio, sino dos sepulcros para sus padres que ejecutaron los escultores Pace Gaggini y Antonio Aprile[16].

Aprile y otro escultor, Bernardino de Bissone, fueron los encargados de instalar los sepulcros en Sevilla ; se trataba prácticamente de las primeras muestras de arte del Renacimiento que se veían en la ciudad y su efecto no se hizo esperar. Cuando los escultores volvieron a Génova llevaban consigo una sustanciosa hoja de pedidos de varios miembros de la nobleza sevillana, incluído en ella, de nuevo, el propio Don Fadrique.

Su pedido lo formaban las trece columnas ya mencionadas, destinadas a sustituir los primitivos pilares del patio. Esta es la primera noticia que poseemos relativa a obras de reforma en el palacio, aunque desde 1510 Don Fadrique había ido adquiriendo casas colindantes hasta llegar prácticamente a los límites de la manzana[17]. No obstante, dos años más tarde, nuevos pedidos de mármoles a Génova asi como un conjunto de documentos notariales revelan la existencia de un ambicioso programa de reformas que habrían de dar en buena medida au configuración actual al palacio.

Estas intervenciones se escalonan entre 1528 y 1539, cuando muere Don Fadrique y se inician por la fachada. Aqui, Don Fadrique vá a colocar., sobre el viejo muro de ladrillo agramilado, una portada de mármol genovés en forma de arco de triunfo (fig. 6). Curiosamente y al igual que en ciertos ejemplos venecianos estudiados por Tafuri, una larga inscripción religiosa sugiere una especie de *explicatio non petita* por el pecado de orgullo[18]. La fachada asume ahora un nuevo papel ; lejos de velar la intimidad del interior, como era tradicional, se abre al exterior y busca revelar la « calidad » del dueño de la casa. Se trata del « labrar hacia afuera » que es advertido, como novedad, por sevillanos contemporáneos como Pero de Mexía[19].

El patio (fig. 7) también va a transformarse ; ampliadas sus dimensiones hasta aproximarse al cuadrado y porticado en todos sus lados tiende ahora a convertirse en fachada interior perdiendo algo de su primitivo caracter más íntimo.

Pero la modificación de mayor trascendencia va a ser la aparición de lo que podemos denominar como « doble casa ». Ya hemos mencionado que el primitivo palacio debió ser en su mayor parte de una sola planta ; los documentos mencionan ahora una serie de estancias que se labran en el piso alto. Estas serán utilizadas durante el invierno, reservándose las de la planta baja, más humedas y frescas para los meses de verano. Simultáneamente el esquema de organización doméstica se complica ; ahora se define un núcleo formado por un amplio salón y dos ámbitos menores de carácter más privado, la cámara y la recámara ó retrete. De este esquema, que se repetiría en ambas plantas se conservan huellas en la planta baja[20].

Ahora bien, la aparición de casas superpuestas, utilizadas según la climatología va a tener como consecuencia la puesta en valor de la escalera. Sin tradición monumental

---

15. *Op. cit.*, pp. 41.
16. H. Walter-Kruft, « Pace Gaggini and the Sepulchers of the Ribera in Sevilla », en *Actas del XXIII Congreso Internacional de Historia del Arte*, Granada, 1973, vol. II.
17. El palacio quebada delimitado por la plaza delantera, las calles Imperial y actual de Medinaceli y las huertas del Convento de San Leandro.
18. M. Tafuri, *Venezia e il Rinascimento*, Turín, 1985, pp. 10.
19. *Los Coloquios del Docto y Magnífico Caballero Pero Mexía*, ed. Sevilla, 1947. La fecha de dedicatoria de esta obra, dirigida, por lo demás, al sobrino y heredero de Don Fadrique es de 1547, lo que la hace prácticamente contemporánea de las reformas Llevadas a cabo en la Casa de Pilatos.
20. En el llamado actualmente Salón de Descanso de los Jueces y en el Pabellón Dorado que abre al jardín, el cual, según revela el plano antiguo ya citado de Lampérez estaba originalmente dividido en dos ámbitos.

en el mundo islámico y por extensión en el mudéjar, las escaleras hasta entonces habían sido pequeñas y funcionales, adoptando a menudo como en el Alcázar la forma de caracol. Ahora sin embargo, la escalera asume nuevo protagonismo, como acceso al *piano nobile* y límite donde el dueño de la casa recibe a sus huéspedes más disntiguidos. La escalera de la Casa de Pilatos refleja esta nueva importancia, con la media naranja dorada de su cubierta (copia de la del Salón de Embajadores del Alcázar) que acusa airosamente al exterior su volúmen (figs. 4, 5).

Es curioso señalar que por estas mismas fechas se labra el nuevo edificio del Ayuntamiento, también con su Cabildo de Invierno en alto y el de Verano en bajo y que la escalera es, en su configuración espacial, idéntica a la de la Casa de Pilatos, asimétrica y a la vez de caja abierta y cerrada, sólo que en consonancia con su carácter « imperial », la escalera del Ayuntamiento exhibe ostentosamente el nuevo lenguaje « romano »[21].

Las reformas llevadas a cabo por Don Fadrique culminan con la introducción de una estancia tan sin precedentes en la arquitectura doméstica local que en los documentos aparece siempre denominado a la italiana como « gardarropa ». Aunque modificado pasteriormente, como ya veremos, podemos reconstruir su estado original : una amplia estancia rectangular, dividida longitudinalmente en tres naves por dos hileras de columnas que sostenían un techo de casetones dorados. Parece seguro que Don Fadrique hubo de inspirarse en alguna de las bibliotecas monásticas italianas que vería durante sus viajes[22].

Algunos inventarios nos ayudan a recrear los interiores que hemos citado ; sin duda el más atractivo sería el « guardarropa », un abigarrado *wünderkammer* donde se acumulaban libros, mapas, instrumentos musicales, una asombrosa colección de medallas y algunos extraños artefactos que sugieren que Don Fadrique se interesaba por la magia y la astrología[23].

Otros inventarios fueron elaborados agrupando objetos de una misma clase y omiten referencias topográficas por lo general. Entre estos cabe destacar el de los denominados « bienes de recámara », dividido en dos secciones : tapicerías y « alhombras y arambeles ». Los tapices alcanzaban la asombrosa cifra de 230 piezas, formando varias de ellas series enteras de tema mitológico. Por el contrario, todas las obras de pintura y escultura eran de tamaño pequeño y tema religioso. El mobiliario sigue siendo escaso, aunque se mencionan « dos mesas medianas labradas de romano »[24].

La decoración del palacio se completaba con un importante conjunto de pinturas murales. Aunque debieron ser más numerosas a juzgar por los documentos, sólo se han conservado restos de dos series : una en las galerías altas del patio estaba formada por una serie de *uomini famosi* de la Antigüedad, entre los que aún se distinguen las figuras de Cicerón, Tito Livio, Horacio, etc. (fig. 8). La otra, en un salón de la planta alta, está formada por los « triunfos » de las estaciones, identificadas al modo ovidiano con los dioses Pomona, Ceres, Jano y Flora. En ambos programas decorativos es detectable la influencia de los « Trionfi » de Petrarca, obra que junto con otras del mismo autor poseía Don Fadrique en su biblioteca[25].

---

21. Para una datación de ña escalera del Cabildo, cf. A. Morales, *La obra renacentista del Ayuntamiento de Sevilla*, Sevilla, 1981, pp. 83.
22. Cf. J.F. O'Gorman, *The Architecture of the Monastic Library in Italy, 1300-1600*, New York, 1972.
23. Don Fadrique poseía libros como el notorio « Clavicula Salomonis » asi como redomas, retortas, « tabletas astrológicas » etc. El inventario de sus bienes, fechado el 1 de Mayo de 1532 en A.D.M. S.A., 16, 39.
24. Los muebles aparecen reseñados en el invenarios de sus bienes que fueron subastados a la muerte de Don Fadrique a beneficio de la obra del Hospital de las Cinco Llagas. Fue publicado por F. Collantes de Terán en *Los Establecimientos de Caridad de Sevilla*, Sevilla, 1886, vol. I, pp. 241 ss.
25. Petrarca aparece citado en cuatro ocasiones en el inventario de 1532 ; tres de ellas sin mayores precisiones, pero en un caso se especifica « otro libro blanco que es los triunfos del pretrarca *(sic)* ».

Lo anteriormente expuesto confirma, pese a las aportaciones italianas, el peso del « vivir islámico » en la arquitectura doméstica andaluza : estancias prácticamente vacías de mobiliario pero forradas con tapices, colgaduras y alfombras. En esta fase de su historia, la Casa de Pilatos se nos muestra en un momento de transición entre los medieval y lo renacentista, fiel reflejo, por otro lado, de la situación de la propia ciudad[26].

En efecto, a partir sobre todo de 1526, cuando el Emperador Carlos V eligió a Sevilla para celebrar sus bodas, la ciudad gustará de imaginarse a si misma como una « Nueva Roma », intentando ocultar su fisonomía medieval (o lo que es casi lo mismo, musulmana) bajo apariencias clasicistas[27]. Pero no se trata sólamente de problemas de estilo ; por estas fechas se inicia también un proceso de renovación que afecta además a las propias formas de vida. Un ejemplo de esta actitud lo constituye la aparición de lo que hemos denominado « doble casa ». En 1526 coincidieron en Sevilla personajes como Andrea Navaggiero y, sobre todo, Baldassare Castiglione. Y aunque el primero observa en sus cartas que el viejo palacio mudéjar del Alcázar es un lugar amenísimo, no puede menos que añadir que « para el verano ». En realidad, estos humanistas debieron quedar sorprendidos por la modestia del alojamiento imperial que fue advertida incluso por el embajador portugés[28]. No es aventurado suponer que durante su estancia en Sevilla, estos personajes que gozaban de extraordinario prestigio, comentaran con algunos miembros de la aristocracia local los nuevos modelos de vivienda palaciega italiana. En cualquier caso parece excesiva coincidencia que Don Fadrique, que había vuelto de Italia en 1520, esperara precisamente hasta 1526 para efectuar su primer pedido de mármoles arquitectónicos ; del mismo modo, la aparición de una estancia como el « guardarropa », resulta difícil de entender fuera de este contexto.

El Palacio del Duque de Alcalá

Don Fadrique murió el 6 de Noviembre de 1539. Al carecer de hijos legítimos, el mayorazgo pasó a su sobrino Per Afán de Ribera, cuya primera providencia fue continuar las obras emprendidas por su tío[29]. En 1554 Per Afán fue nombrado Virrey en Cataluña por Felipe II. Cuatro años más tarde y tras concederle el ducado de Alcalá, el monarca le confió el virreinato de Nápoles, donde permanecería hasta su muerte en 1571.

En su juventud, Per Afán estuvo vinculado con los cçírculos de humanistas locales[30], pero en Nápoles iba a encontrar un ambiente aún más propicio para sus inclinaciones. Aqui, sus amistades la fueron aristócratas instruidos como el Duque de Seminara o el Marqués de Santo Lucido, poetas y humanistas como Scipione Ammirato o Bernardino Rota, anticuarios como Adrian Spadafora y numerosos artistas locales. En Nápoles, además, Per Afán iba a descubrir a la Antigüedad Clásica iniciando

---

26. Cf. J. Hazañas y la Rua, *Historia de Sevilla*, Sevilla, 1933, pp. 72 ss.
27. Cf. V. Lléo Cañal, *Nueva Roma : mitologia y humanismo en el Renacimiento sevillano*, Sevilla, 1979.
28. Cf. J. de M. Carriazo, *La boda del Emperador*, Sevilla, 1959, pp. 91.
29. El documento en el Archivo de Protocolos Notariales de Sevilla, oficio 6, 2 de Octubre de 1539.
30. Su secretario fue Cristóbal de las Casas, autor de un *Vocabulario de la lengua española y toscana* ; por otro lado, autores como Pero Mexía y Francisco de Thamara le dedicaron sus obras.

una colección arqueológica que, instalada en el palacio real de Nápoles fue alabada por Bernardino Rota[31]. Aunque nada sabemos de su instalación original en Nápoles[32]. Per Afán debía ser consciente de lo inadecuado de su palacio sevillano al que ansiaba retirarse para exhibir sus mármoles.

En algún momento antes de 1568, per Afán tomó la decisión de enviar a Sevilla a un arquitecto italiano que subsanara estas deficiencias. La elección resulta sorprendente pues el arquitecto, Benvenuto Tortello, hasta entonces había trabajado casi exclusivamente como ingeniero militar[33], pero no pudo ser más afortunada. A poco de su llegada había alcanzado tal reputación que fue nombrado Maestro Mayor de la ciudad, encargándose de multitud de obras[34]. La reforma de la Casa de Pilatos permanecería, no obstante, como objetivo prioritario. Aqui Tortello optó por una solución radical : antes que intentar reformar a la italiana las viejas estancias mudéjares, decidió construir junto a ellas un nuevo palacio moderno.

Los documentos antiguos mencionan la existencia de una huerta a la que abría el « guardarropa » labrado por Don Fadrique ; probablemente la intención de este había sido construir un sengundo patio, pero la obra quedó interrumpida cuando solo se había levantado una galería y el arranque de otra. Este fue el espacio elegido para edificar el palacio nuevo, formado por dos bloques situados respectivamente en los extremos cortos del espacio rectangular. Los bloques responden al tipo de *loggias* superpuestas entre alas que avanzan, de amplia difusión en Italia, desde el Belvedere vaticano, hasta el Casino Farnese en Caprarola[35].

El bloque situado en el extremo N. (fig. 9), albergaba el núcleo doméstico del palacio, con un programa bastante más complejo de lo habitual en la arquitectura doméstica contempránea andaluza ; por un inventario de 1637, sabemos el uso de las estancias : oratorio (de carácter más íntimo que la vieja capilla de la planta baja), dormitorio, cámara, antecámara y comedor privado[36]. Como era habitual, en la planta baja, destinada a los meses de verano se repitió el esquema.

Al otro lado del jardín se encontraba el « guardarropa » labrado por Don Fadrique. Aqui Tortello sustiruyó el artesonado primitivo sustituyéndolo por bóvedas de aristas que voltean sobre las viejas columnas agrupadas ahora, de dos en dos, a lo largo del eje central ; en correspondencia con las columnas, unas pilastras pareadas enmarcaban en el muro nichos y hornacinas. Este espacio, convertido posteriormente en caballerizas, estaba destinado a *antiquarium*[37]. Delante del mismo y aunque se trataba de una estancia de una sola planta, a fin de preservar la simetría Tortello levantó una doble *loggia* indéntica a la de enfrente. Con la misma intención y frente a la galería de época de Don Fadrique, que había quedado interrumpida, Tortello levantó otra *loggia* de un sólo piso que cerraba ese lado largo del jardín.

Nada sabemos desgraciadamente del jardín en sí mismo, cuyo aspecto actual con palmeras y un cenador de hierro en el centro responde a intervenciones decimonóni-

---

31. Publicadas por Scipione Ammirato en su obra *Delle poesie del Signor Bernardino Rota, Cavaliere Napolitano*. Cito por la edición de Nápoles, 1737, vol. II, pp. 175.
32. El primitivo palacio virreinal fue demolido en el siglo XVII para dar paso a un nuevo palacio, obra de Domenico Fontana, el cual a su vez fue demolido en el siglo XIX.
33. Cf. F. Strazzullo, *Architetti e ingegneri napolitani dal 500 al 700*, Napoles, 1969, *ad vocem*, quien sin embargo ignora la estancia sevillana del arquitecto.
34. Cf. V. Lleó Cañal, « La actividad sevillana de Benvenuto Tortello », en *Napoli Nobilissima*, vol. XXIII, 1984.
35. Sobre este tipo de villa, cf. J. Ackerman, « Sources of the Renaissance villa » en *The Renaissance and Mannerism. Studies in Western Art. Acts of the XXth. International Congress of the History of Art*, Princeton, 1963.
36. Cf. J. Brown y R. Kagan, « The duke of Alcalá : his collection and its evolution » en *Art Bulletin*, 59-2, 1987.
37. Probablemente destinado a exponer las piezas de su colección de menores dimensiones o más frágiles.

cas ; los tratadistas contemporáneos de jardines como Gregorio de los Rios[38] desaconsejaban el uso de árboles en los jardines, proponiendo por el contrario plantas como el mirto y el arrayán, fáciles de adaptar a los ejes compositivos Seguramente el jardín previsto hubo de tener un trazado geométrico con este tipo de plantas sobre cuyo fondo oscuro destacaría el mármol de las estatuas clásicas, en un conjunto pleno de *romanità*. Pese a este clasicismo formal, persiste todavía en la Casa de Pilatos una sensibilidad « morisca ». La propia utilización del modelo italiano de *belvedere* volcado hacia el interior en vez de hacia el exterior revela la preocupación obsesiva con la intimidad que caracteriza el mundo doméstico en el Islam. Pero hay un detalle más significativo aún ; la única intervención de Tortello en el « palacio viejo » se realizó en lo que fuera casa de verano de Don Fadrique. Aqui, el arquitecto levantó una pequeña *loggia* abierta al jardín, flanqueada por dos grandes pajareras de hilo de cobre (fig. 10). En este pequeño rincón pervivía el gusto tradicional andaluz por los jardines recoletos en los que se combinaba el sonido de las fuentes y de los pájaros con el color y olor de las flores, en abierto contraste con la *gravitas* romana de Jardín Grande.

Per Afán murió en Nápoles el 2 de Abril de 1571 ; poco después de saberse la noticia en Sevilla, Tortello liquidaba sus compromisos y partía de vuelta a Italia[39]. Las obras, según sabemos por una certificación de 21 de Abril, estaban en cualquier caso prácticamente terminadas, pero la Casa de Pilatos iba a entrar ahora en una fase melancólica de su historia. Al carecer Per Afán de sucesión legítima, el mayorazgo pasó a su hermano quien ya poseía otro palacio. La Casa de Pilatos fue alquilada y durante un cuarto de siglo, hasta 1603 se produce un total silencio documental[40]. En esa fecha, sin embargo, un nevo heredero, el tercer Duque de Alcalá, lo eligirá como residencia principal, encargando al arquitecto Juan de Oviedo y al pintor Francisco Pacheco un importante conjunto de reformas. No podemos entrar aqui en ellas sin salirnos del marco cronológico que nos hemos fijado. Pero nos permitiremos un breve apunte al menos. Como su antepasado Per Afán, el tercer Duque de Alcalá fue también Virrey en Cataluña y luego en Nápoles, donde reunió una importante colección de pintura[41]. Al igual que en siglos anteriores, pues, la Casa de Pilatos siguió desempeñando su papel de filtro del arte italiano en Sevilla, contribuyendo a elaborar unas formas arquitectónicas y a definir unas formas de vida que son síntesis de aportes solo aparentemente contradictorios. Su huella resultará aparente a cualquiera que, aún hoy, pasee por las calles de Sevilla.

---

38. « Agricultura de los Jardines que trata de la manera que se han de criar, governar y conservar las plantas y todas las demás cosas que para esto se requieren, compuesto por Gregorio de los Rios » (Zaragoza, 1604).
39. Cf. el « Parecer de la comisión del cabildo encargada de responder a las demandas de Benbenuto Tortelo, dado a 5 de Septiembre de 1571 », en *Documentos para la Historia del Arte en Andalucia*, vol. I, Sevilla, 1927, pp. 110.
40. Las condiciones del contrato de alquiler, fechado en 1587, estipula que las rentas se invierten en el mantenimiento de la casa, por lo que no parece probable que se emprendieran nuevas obras.
41. Cf. J. Brown y R. Kagan, art. cit. en la nota 36.

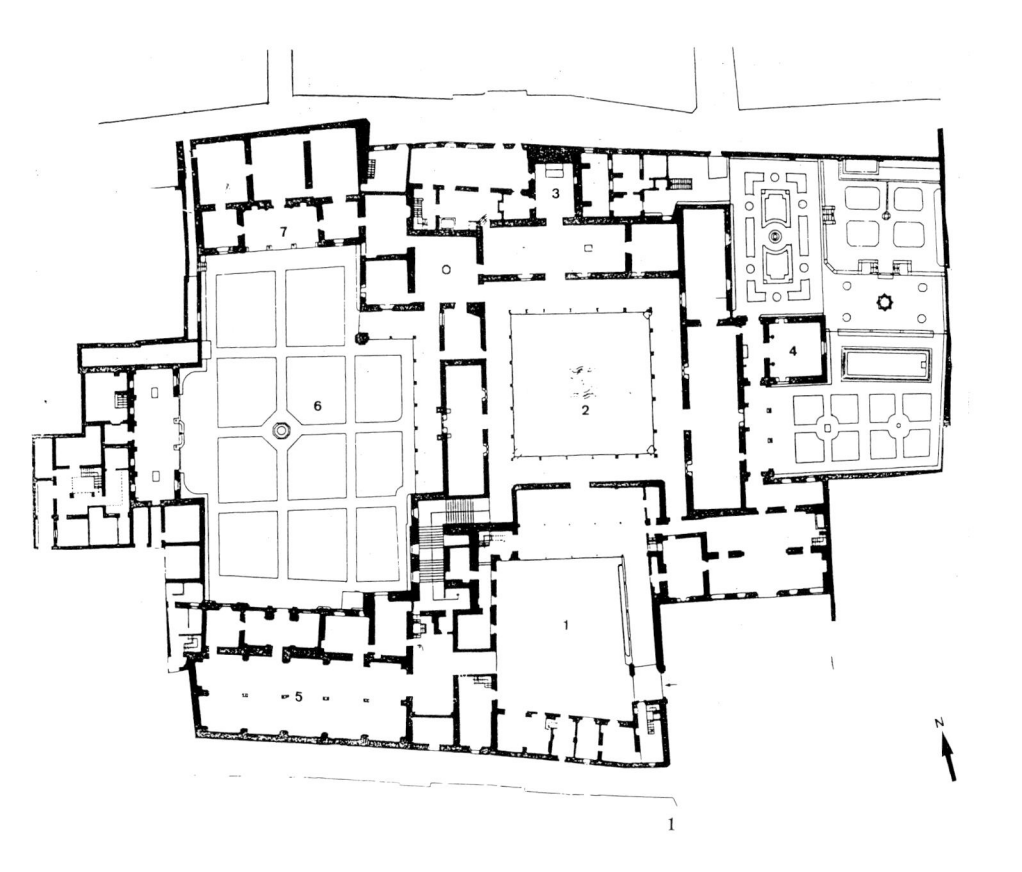

1. Planta del palacio.
1) Apeadero;
2) Patio principal;
3) Capilla;
4) Pabellón Dorado, resto de la primitiva «casa de verano»;
5) Caballeriza, antiguo «guardarropa»;
6) Jardín Grande;
7) Loggia N.

2. Portada de la Capilla.

3. Interior de la Capilla.

LA CASA DE PILATOS

4. «Media naranja» dorada de la escalera principal.

5. Escalera principal.

6. Portada del palacio.

7. Patio principal.

8. Galería superior del patio con restos de pinturas de *uomini famosi*.

LA CASA DE PILATOS

9. Loggia N. en el Jardín Grande.

10. Loggia del Jardín Chico y Pabellón Dorado al fondo.

Le petit château en France et dans l'Europe du Nord aux XVᵉ et XVIᵉ siècles

par Uwe ALBRECHT

Mieux que toute autre architecture de la fin du Moyen Age, le logis seigneurial reflète les conditions de vie de la classe dirigeante. A côté des grands châteaux de la haute aristocratie il vaut la peine de jeter un coup d'œil sur les résidences de la noblesse régionale, moins impressionnantes, mais d'un plan élaboré et typique qui offrent tous les traits d'une demeure à la fois représentative et commode.

Du XIVᵉ au XVIIᵉ siècle ces petits châteaux répondaient si bien aux besoins de la vie seigneuriale qu'on remarque leur rayonnement à travers presque toute l'Europe du Nord-Ouest. Si on admet un certain décalage de temps propre aux conditions particulières de chaque région, on y voit tôt ou tard surgir les mêmes phénomènes : la disparition du donjon en faveur de la maison noble, l'abolition progressive des moyens de défense, une nouvelle organisation de l'espace intérieure, la création de l'appartement.

Le point de départ de cette évolution se situe en France à la fin du XIVᵉ siècle, lorsque la fonction d'habitation l'emporte sur la fonction militaire. Salle et donjon, les deux éléments par excellence du château médiéval, forment une nouvelle demeure : le corps-de-logis. La pièce unique d'autrefois reçoit à côté d'elle des chambres et des cabinets : les fonctions de réception et d'habitation sont réunies sous un seul toit. Devenu plus ample et plus commode, le logis répond aux nouvelles exigences de la vie. C'est ainsi qu'à l'intérieur du château se constitue cette distribution des pièces qu'on appellera un siècle plus tard « l'appartement ».

Une demeure royale nous semble pour plus d'une raison être à l'origine de ce changement : le donjon de Vincennes construit sous Charles V à partir de 1360[1]. Témoin d'un retour à un type ancien de château tombé en désuétude au début du XIIIᵉ siècle, il répond en même temps à tous les besoins de la famille royale. Son plan carré cantonné de tours a vite eu une très grande influence, en particulier dans les provinces du Centre. En Poitou, en Berry, en Auvergne et en Rouergue, régions épargnées par les grandes actions militaires pendant la seconde moitié de la guerre de Cent Ans, Vincennes devint le prototype du petit château « construit par des seigneurs soucieux de regrouper toutes les fonctions — justice, réception, résidence, défense — au sein d'un unique bâtiment à l'abri des coups de mains et des opérations menées par des groupes isolés » comme le dit si justement Jean Mesqui[2].

Le donjon de Sarzay (Indre) peut en donner une bonne idée (figs 1, 2). Construit sans doute dans la première moitié du XVᵉ siècle par la famille de Barbançois, originaire de la Marche, son architecture offre tous les traits d'un donjon-logis de la fin

---

1. Cf. U. Albrecht, *Von der Burg zum Schloß*, Worms, 1986, p. 34 *sqq*.
2. J. Mesqui, « Le château de Sarzay », *Congrès archéologique*, 1984, *Bas-Berry*, p. 321.

de la guerre de Cent Ans. Déjà la situation, orientée, convient parfaitement aux impératifs formulés par les agronomes depuis Pierre de Crescens. A en croire l'auteur du *Liber ruralium commodorum* rédigé au début du XIVe siècle et traduit bientôt après en français, l'habitation « qui est ouverte vers orient et qui de droit le regarde en opposite est saine et de bon air car le soleil au commencement du jour s'eslieve au-dessus et clarifie l'air (...) mais des lieux habitables d'occident (...) le soleil n'y vient que fort tard et si tost comme il vient se commence a eslongner... »[3]. Constatons tout de suite que l'habitat seigneurial des champs, désigné dès le XVe siècle dans les aveux le plus souvent par les termes de « manoir » ou de « maison manable »[4], dépend d'une toute autre manière que les grands châteaux des conditions d'implantation, de la présence de l'eau, de la richesse des terres et de la proximité des matériaux.

Autour d'une cour entourée de douves et fermée de murailles s'agencent, à Sarzay comme ailleurs, les différents volumes habitables ou destinés à l'activité agricole. Le logis proprement dit, avec ses tours, donne à l'ensemble son caractère de « château ». Son apparence extérieur (fig. 1) reflète la distribution des pièces. A la différence de Vincennes, le nouveau centre d'intérêt est la tour d'escalier hors œuvre placée à peu près au milieu de la façade principale qui donne sur la cour. L'accès ne s'effectue plus à l'aide d'un pont-levis ou d'une échelle mobile au premier étage, mais de plain-pied au niveau du rez-de-chaussée. Un mur de refend divise l'intérieur dans toute sa hauteur en deux parties inégales, formant aux étages une salle et une chambre, toutes les deux accessibles de l'escalier en vis (fig. 2). Quatre tourelles d'angle comprennent des cabinets hexagonaux adjoints à la salle et à la chambre. Des cheminées dans les tours nord-ouest et sud-ouest confirment leur usage résidentiel.

Le rez-de-chaussée qui n'est desservi que par une seule porte renferme à Sarzay la cuisine. Elle occupe la place traditionnellement réservée à l'entrepôt et à l'arsenal[5] reprenant ainsi une fois de plus la disposition déjà visible au donjon de Vincennes. Les combles qui forment un seul vaisseau couvert d'une belle charpente en chêne et qui comportaient les chambres des domestiques ont remplacé le toit en terrasse à destination militaire.

Le donjon de Gayette (Allier), daté par des documents d'archives[6] des années 1430, possède une distribution analogue, mais réduite à l'échelle d'un petit seigneur bourbonnais (fig. 3). A peine anoblis, deux frères, Ymbaud et Jean Nesmond (le dernier curé de Trezelle), s'engagent à construire ce donjon-logis. Le fils d'Ymbaud, qui prendra le nom de Lhermite de Gayette, s'installera dans la demeure, conscient de la valeur symbolique de cette architecture. Mieux qu'ailleurs, le donjon souligne ici la réussite sociale, l'entrée dans la société noble.

Le jeu des volumes diffère nettement de celui de Sarzay, mais le plan ne change pas vraiment (fig. 4). Au lieu des tours d'angle on trouve au milieu de la façade postérieure un annexe rectangulaire, identique à la cage d'escalier, qui contient des cabinets dont la destination reste inconnue. Comme à Sarzay, la défense de cette construction massive s'effectuait exclusivement par les mâchicoulis et par quelques petites meurtrières pour armes à feu de petit calibre. La valeur de tels moyens de défense est surtout symbolique, vu les grandes croisées percées du côté de l'entrée.

---

3. P. de Crescens, *Le livre des prouffitz champestres et ruraulx*, Lyon, 1530, fol. IV. La première édition française a paru déjà en 1486 chez J. Bonhomme à Paris.
4. Cf. E. Desvaux-Marteville, « Les manoirs du Perche : D'une image littéraire à la réalité archéologique », *Archéologie médiévale*, 3/4, 1973/74, p. 365 *sqq*.
5. Voir à cet égard déjà la description du donjon d'Ardres par Lambert, curé d'Ardres, qui vivait au XIIe siècle (textes français et latin édités par le marquis Godefroy-Menilglaise, *Chronique de Guines et d'Ardre...*, Paris, 1855).
6. Je remercie vivement Annie Regond, Clermont-Ferrand, et Michel Thévenet, Varennes-sur-Allier, pour des renseignements précieux.

Sarzay et Gayette ne sont pas des cas isolés. Ils annoncent un nombre immense des maisons nobles élevées après la guerre de Cent Ans. Le manoir de Vaux en Anjou (fig. 5) dont la tradition locale fait la demeure secondaire de Jean Bourré, trésorier de Louis XI, puis président de la Chambre des comptes sous Charles VIII et Louis XII, en est un des premiers exemples connus. Plusieurs bâtiments entourés de douves se groupent autour d'une petite cour pavée (fig. 6). A droite en entrant, on voit la chapelle castrale avec sa grande baie flamboyante, tandis que l'aile gauche héberge la cuisine pourvue d'une grande cheminée, d'un four, d'un puits et d'une évacuation des eaux ménagères. En face de l'ancien portail d'entrée, muni d'un pont-levis, aujourd'hui détruit, se voit le corps de logis avec sa haute tour polygonale qui dessert les quatre niveaux de la maison.

Le donjon élevé est devenu une maison. On y trouve deux pièces séparées par un mur de refend, deux petits cabinets dans les tours d'angle et une pièce supplémentaire dans un grand pavillon rectangulaire, opposé à la cage d'escalier du côté extérieur. Au fond de cette pièce, un petit retrait, abrite les latrines du château.

La tour d'escalier se terminait autrefois par une coursière portée par des consoles moulurées. Malheureusement, ce couronnement qui rivalisait avec les lucarnes a perdu son aspect d'origine. Une bretèche qui défendait la porte principale du logis et quelques meurtrières au niveau du rez-de-chaussée sont les seuls vestiges d'un appareil militaire qu'on abandonnait de plus en plus.

Deux autres manoirs ligériens, Beauregard (fig. 7) et Chémery (figs 8, 9), tous les deux situés en Blésois, ont mieux gardés leur apparence authentique. L'exemple de Chémery, qui fut construit au début du XVIe siècle par la famille Husson, seigneurs de Saint Aignan, nous fait connaître une solution plus raffinée. Par rapport à Vaux, la maison comprend un plan légèrement amplifié, possédant maintenant trois pièces successives à chaque niveau (fig. 9). Les deux premières sont directement accessibles de la grande vis, la troisième, contenant au rez-de-chaussée probablement la cuisine, communique avec les précédentes et avec l'extérieur par une porte donnant sur le passage d'entrée. A côté d'une grosse tour d'angle, trois petits avant-corps complètent la suite des pièces. Malgré une très belle fenêtre à l'étage, la destination de celui qui regarde la cour reste obscure[7]. Celui du côté opposé, couvert de croisées d'ogives dont la clé de voûte porte les armes de la famille Husson, doté d'une cheminée, d'un autel et d'une fenêtre à remplages, sert d'oratoire. Un troisième avant-corps accompagne la grosse tour d'angle.

Au niveau des toitures, une petite vis en surplomb, adjointe à la tour d'escalier, mène à une chambre-haute dont la fenêtre, accostée de pilastres aux chapiteaux italianisants, assure une belle vue sur la cour (fig. 8). Quelle était la destination d'une telle pièce qu'on retrouve dans beaucoup d'édifices de cette époque ? On ne peut qu'évoquer quelques hypothèses : à l'écart de la circulation, ces lieux tranquilles, presque toujours pourvus d'une cheminée, pourraient être un endroit réservé au seigneur. Le nom de « donjon » qu'on leur donne aux XVIe et XVIIe siècles[8] et qui rappelle la chambre de guet d'autrefois fait penser qu'il s'agissait d'une pièce importante et bien gardée. Était-elle comparable à la fameuse « chambre du trésor » de l'hôtel Jacques Cœur où se trouvaient les archives et l'argent de l'illustre commerçant qui servit de modèle à toute une génération de parvenus ? Quoi qu'il en soit, son rôle esthétique et symbolique est loin

---

7. S'agit-il ici d'une étude habituellement liée à l'appartement ? Exemples littéraires dans E. Huguet, *Dictionnaire de la langue française du seizième siècle*, t. 3, Paris, 1946, p. 742 et F. Godefroy, *Lexique de l'ancien français*, Paris/Leipzig, 1901, p. 661.
8. Voir p. ex. P. Richelet, *Dictionnaire françois...*, Genève, 1680, p. 252 : « Dongeon... C'est aussi un lieu élevé au haut d'une maison et qui est comme une espèce de petit cabinet. »

d'être négligeable. Mettant par son volume l'escalier en valeur, elle matérialise visiblement la présence d'un seigneur qui a des prétentions et des moyens.

Les chambres-hautes des grands châteaux nous sont bien connues depuis le temps de Charles V et de Jean de Berry. A Angers, le logis agrandi et réaménagée par les soins de René d'Anjou comprenait à cet égard une distribution assez surprenante, établie sur deux niveaux : une « chambre du haut retrait du roi » suivie d'une « petite chambre du haut retrait du roi ». Les inventaires des années 1470[9] indiquent pour la première « ung grand coffre de bois fermant à clef ouquel est partie de la librairie du roy... deux tables assez grandes... une petite establie de boys à quatre piez... ung pupitre... ung coffre viel... ouquel a plusieurs papiers... », tandis que la seconde montre « ung basset de boys sur lequel est ung fourneau pour ung orfèvre... une petite establie pour ung orfèvre... sur laquelle a plusieurs petits ferremens comme marteaux et tenailles... ». On trouve en outre, dans cette dernière pièce, « ung grand tableau ouquel sont escriptz les ABC par lesquelz on peut escripre par touz les pays chrestiains et sarrasinais... » et des instruments de musique.

Ces « retraits » se présentaient donc comme un cabinet d'études ou un petit atelier d'artiste — fonctions qui nous sont mieux connues au XVIe siècle. L'exemple souvent cité de Montaigne illustre parfaitement le goût de ces lieux élevés : sa bibliothèque était placée au second étage d'une tour. De même, la « véritable estude de Rabelais » dans la cour du cabaret de la Lamproie à Chinon, dessinée par Gaignières (fig. 10), se trouvait dans un petit pavillon isolé.

A Saint-Ouen de Chemazé (Maine-et-Loire), la chambre voûtée au sommet du magnifique escalier s'appelle *bains de la reine*, selon une ancienne tradition locale[10]. Surhaussé d'une terrasse entourée d'arcades, cet endroit mérite à juste titre l'appellation d'un belvédère. Côte à côte existent à Chemazé le vieux manoir du XVe et celui du début du XVIe siècle (fig. 13) : la comparaison des deux met en évidence combien le volume du logis et surtout celui de la tour d'escalier ont pris des dimensions considérables.

Le manoir tourangeau de Bagneux (Indre-et-Loire) (fig. 12) et son « pendant » périgourdin des Borics (Dordogne) (fig. 11), ce dernier commencé en 1497[11], sont des exemples types d'une formule architecturale qui satisfaisait si bien les exigences de la vie seigneuriale qu'on la retrouve aussi en dehors de France, dans les Pays-Bas, en Allemagne et surtout au Danemark.

Prenons deux cas précis : celui de Grünau (fig. 16), près de Neuburg sur le Danube, résidence champêtre fondée en 1530 par Ottheinrich, comte du Palatinat et duc de Bavière, en faveur de sa femme, la duchesse Susanna, et le logis de Borreby (fig. 14), demeure construite en 1556 pour Johan Friis, chancelier royal, et située sur l'île de Sjaelland, au Danemark[12].

---

9. A.N.P. 1335, cote 133. Cf. F. Robin, *La cour d'Anjou-Provence*, Paris, 1985, p. 107 et n. 119.
10. H. Chanteux, « Le château de Saint-Ouen à Chemazé », *Congrès archéologique*, 1964, Anjou, p. 289-300. On est stupéfait de voir à Nakkebolle (Fyn, Danemark), manoir construit vers 1559, une disposition analogue. Là aussi, la chambre haute au-dessus de l'escalier a servie — selon un « État des lieux » de 1679 — de salle de bain. Cf. H. Berner Schilden Holsten, « Nakkebolle », in L. Bobé (Éd.), *Danske Herregaarde ved 1920*, 2.1 (Fyn), Copenhague, 1923, p. 125 et H.-H. Engquist, « Fire Fynske Herregarde », *Architectura*, 2, 1980, p. 94.
11. Sur Les Bories, voir H. de Nervaux-Loys, *Le château des Bories en Périgord*, Bergerac, 1924 ; B. Tollon, « L'escalier tournant à volées droites dans le sud de la France », *L'escalier dans l'architecture de la Renaissance* (Actes du colloque de Tours, 1979), Paris, 1985, p. 67-73.
12. Sur Grünau voir Ph. Halm, « Jagdschloß Grünau bei Neuburg an der Donau », *Die Denkmalpflege*, 7, 1905, p. 109 *sqq.* ; A. Horn, « Die Bauten in Neuburg an der Donau und Grünau », *Ruperto-Carola*, Sonderband Ottheinrich, Gedenkschrift zur vierhundertjährigen Wiederkehr seiner Kurfürstenzeit in der Pfalz (1556-1559), Heidelberg, 1956, p. 86 *sqq.* ; *Die Kunstdenkmäler von Bayern. Regierungsbezirk Schwaben*, t. 5 (Stadt- und Landkreis Neuburg an der Donau), München, 1958, p. 476-494). Sur Borreby et d'autres maisons du même type voir H.-H. Engquist, *op. cit.*, n. 10, p. 55-125.

Ces deux constructions furent élevées d'un seul jet. Malgré la persistance de certaines traditions locales (évidentes dans le style et l'importance des moyens de défense) et l'existence de quelques éléments de décor italianisants, le type de la demeure suit nettement la manière française, à l'extérieur comme à l'intérieur. Le volume rectangulaire du logis scandé de tours et couvert d'une grande toiture, l'escalier qui domine la façade sur cour, mais aussi la distribution des pièces, groupées par appartements et accessibles par des couloirs de dégagement, enfin l'existence d'une chambre-haute — tout cela atteste la connaissance de l'architecture ou, mieux encore, de la façon de vivre développée à la fin du Moyen Age dans les grands foyers de civilisation de l'Occident.

Ici et là, l'arrangement des pièces reflète les circonstances de la vie. A Grünau, un inventaire dressé en 1631, cent ans après la construction du château, nous fournit des détails précieux[13]. Comme d'habitude, le rez-de-chaussée est destiné à héberger la cuisine (appelé dans l'inventaire *Silberkammer*) et la salle des gardes (*des Hausschneiders Gewölb*). L'étage est le niveau d'apparat où se trouvent la grande salle (*Tafelstube*) et deux chambres (*Kammern*), toutes les trois accessibles d'un couloir de dégagement transversal (*Flötz*) débouchant dans une petite chapelle (*Kirchlein*) dont l'abside surplombe la façade extérieure. Le second étage comprend les chambres seigneuriales, à gauche du couloir central — selon toute vraisemblance — l'appartement du duc (*meines genedigisten Fürsten und Herrn gemach*), à droite celui de la duchesse (*meiner genedigisten fürstin vnnd frauen gemach*), tous les deux consistant en chambre et antichambre pourvues de certaines commodités, telle que cheminées et latrines. Au bout du couloir se trouve — au-dessus de la chapelle — une petite pièce destinée peut-être à la fille du seigneur (*der Jungfrauen Cammer* et *Jungfrau Stueben*). L'étage des combles est réservé aux hôtes et comporte une autre série de chambres et d'antichambres. On y trouve la chambre des miroirs (*Spiegelstuebe*), la chambre des affiches (*Zetl-oder Tafelstube*) et la curieuse chambre des puces (*Flohstueblein*), chacune dotée d'une antichambre. A ce niveau une seule latrine sert à tout l'étage.

La chambre-haute, au sommet de l'escalier, s'appelle la chancellerie (*Cantzley*). Une cheminée et des peintures murales l'agrémentent. Parmi des scènes célébrant la chasse et la vie champêtre on y découvre un « portrait » du château et des autres possessions du duc. Le blason ducal accompagné des symboles des planètes se répète tout autour de cette pièce qui semble être — par sa place privilégiée et surtout par son programme décoratif — une véritable « étude ».

Au-dessus de cette chambre-haute existe encore, au niveau des toitures, une dernière petite pièce ornée de peintures qui indiquent, comme l'inventaire de 1631, qu'il s'agit de la chambre du maître des recettes (*des Küchenschreibers stüeblein*).

Une distribution analogue, rapprochant les différentes fonctions d'un petit château aux éléments de la circulation intérieure, tels que l'escalier et les couloirs, se voit aussi dans les manoirs danois à partir de 1540. A Hesselagergaard (Fyn), qui était — comme Borreby — aux mains de Johan Friis, le changement du plan se révèle en comparant le rez-de-chaussée surélevé, construit dans une première campagne de travaux entre 1538 et 1540, à l'étage, ajouté vers 1545-1550 (fig. 15)[14]. Au rez-de-chaussée, la salle et la chambre se trouvent de part et d'autre d'un grand vestibule ; à l'étage, la circulation

---

13. Bayerisches Staatsarchiv Neuburg an der Donau, Depot Heimatverein, cote 56. Cf. Kunstdenkmäler, *op. cit.* n. 12, p. 486. Une autre description est donné par Philippe Hainhofer : « Relatio über Philippi Hainhofers Rayse nachher Neuburg anno 1613. Bericht über die Neuburger Schloßbaulich-keiten und das Grünauer Jagdschloß vom Jahre 1618 », *Collectaneenblatt für die Geschichte Bayerns, insbesondere für die Geschichte der Stadt Neuburg an der Donau und des ehem. Herzogtums Neuburg*, 93, 1928, p. 45 sqq.
14. Sur Hesselagergaard voir H.-H. Engquist, *op. cit.* n. 10, p. 65 sqq. ; O. Norn, « Hesselagergaard og Jacob Binck », *Foreningen til gamle Bygningers Bevaring arsskrift*, Copenhague, 1961.

se ramifie à l'aide d'un couloir qui longe le côté de la cour et mène à des grandes pièces aux deux bouts de la maison. Il s'agit certainement ici de véritables antichambres auxquelles s'ajoutent les cabinets dans les tours d'angle, les chambres et des latrines. L'ensemble des pièces constitue chaque fois un appartement indépendant et complet. L'un ne communique avec l'autre que par l'intermédiaire du couloir. Ce plan développé peut être rapproché des solutions proposées par Philibert de l'Orme dans son *Premier tome de l'Architecture*, qui ne fut toutefois publié qu'en 1567[15]. Au Danemark, la distribution de Hesselagergaard a influencé un grand nombre de manoirs de la seconde moitié du XVIe siècle. Les exemples de Borreby (1556), de Hollufgaard (1577) et de Skovsbo (1572-1579) suffisent à le prouver (fig. 17).

Le manoir d'Egeskov (Fyn), bien qu'il possède une distribution double en profondeur, offre une disposition générale qui se rapproche des cas précédents (fig. 18). La maison, construite en 1554 pour Frants Brockenhuus, capitaine du château royal de Nyborg (Fyn), se compose de deux rangées de pièces : la première du côté de l'escalier est destinée aux grandes pièces d'apparat et de service, la seconde, plus étroite et subdivisée, est réservée à l'habitation. Deux tours d'angle s'ajoutent à cette partie ; comme d'habitude, elles contiennent des cabinets dépendants des appartements complets (qui sont surtout reconnaissables au second niveau de part et d'autre du grand vestibule). A la façon de Hesselagergaard, ils se situent aux deux bouts de la maison et comportent exactement le même nombre de pièces, c'est-à-dire antichambre, chambre et cabinet, tous pourvus de cheminées (les chambres étant aussi dotées de latrines). En dépit du dédoublement par un mur de refend très épais, on constate que la communication en profondeur s'effectue par plus de portes que celle en longueur. Par conséquent, le rapprochement des deux parties inégales est plus prononcé qu'on ne l'aurait attendu.

Malgré tant de similitudes entre les demeures seigneuriales de la France et du Nord de l'Europe, on ne parvient pas à expliquer comment les modèles ont pu circuler. Les premiers exemples, y compris Grünau, Hesselagergaard, Egeskov et Borreby, ne peuvent être inspirés des traités d'architecture de Du Cerceau ou de De L'Orme, plus tardifs. Aussi est-il surprenant d'observer dans les cas présentés une reprise de la structure du petit château français qui ne se limite pas à de simples emprunts stylistiques. Pour comprendre cette adaptation, l'existence de descriptions écrites (dans des lettres ?) ou même orales me semble aussi plausible qu'une connaissance directe de l'architecture française.

Terminons notre enquête après tant d'exemples réels par deux images idéales : une source littéraire et une peinture. Confrontons donc un chapitre de *L'Agriculture et maison rustique de monsieur Charles Estienne en laquelle est contenu tout ce qui peut estre requis pour bastir maison champestre, nourrir et medeciner bestiail et volaille...*, publié à Paris en 1564, à la fameuse maquette du manoir poméranien fabriquée avant 1617 à Augsbourg d'après les instructions de Philippe Hainhofer.

Bien que cette maquette extraordinaire n'ait pas survécu, nous possédons une aquarelle (fig. 19), un plan (fig. 20) et une description très détaillée[16] de ce microcosme seigneurial et rural créé à la demande du duc Philippe II de Poméranie. L'exemple allemand devant les yeux, on remarque, en lisant simultanément le texte français, à quel point les conceptions des deux petits châteaux se ressemblent. Voici le chapitre de Charles Estienne :

---

15. Ph. de L'Orme, *Le premier tome de l'architecture*, Paris 1567, p. 67.
16. 16. J. Lessing/A. Brüning, *Der Pommersche Kunstschrank*, Berlin 1905 ; O. Doering, « Philipp Hainhofer's Beschreibung des sog. pommerschen Mayrhofs », *Zeitschrift des Historischen Vereins für Schwaben und Neuburg*, 18, 1891, p. 67 sqq.

« Figurez-vous une cour grande et spacieuse qui soit bien quarrée en tous sens, au milieu de laquelle faites creuser une mare pour la pourriture de vos fiens, et plus au-delà un toit avec deux ou trois grandes auges de pierre de taille, pour abbreuver le bestiail et les volailles si vous n'avez la commodité de la fontaine... Au milieu de la muraille de devant qui aura un regard vers le soleil couchant, vous ferez votre porte avec son portail au-dessus pour mettre à couvert quand il pleut. Et sera la porte autant haute et si large qu'une charretée de gerbes ou de foin y puisse entrer à l'aise... Le logis de vostre fermier sera bien basti à costé du portail à main senestre et prendra jour sur la vue vers l'asseran, nonobstant que ses croisées seront sur la cour au levant... A main droite du portail, en entrant, seront les estables aux chevaux avec la réserve d'une assez grande chambre basse tenant le portail pour coucher le chartier et d'autres serviteurs et aussi pour retirer les colliers, sellettes, traits, manselles et autres outils pour les chevaux. Et en continuant les estables auxdicts chevaux, ferez aussi les estables aux bœufs et aux vaches et le chenil auprès. Et au-dessus d'icelle étables, les greniers pour le foin et fourage des bestes. A l'endroit opposite du portail de vostre ferme répondra directement l'entrée de vostre logis qui par un perron de huit degrés pour le plus conduira au premier estage d'iceluy... Au bout de la foullerie située à l'une des extrémités du logis vous asserez la volière ou colombier à pied... Par le dessous, à costé de vostre perron, selon la largeur du corps d'hostel, vostre fermier entrera aux jardinages... l'un desquels jardins à costé droit sera pour les potages et l'autre pour les parterres et légumes avec le lieu pour les ruches des mousches à miel...[17]. »

Du logis proprement dit, on ne connaît malheureusement pas les détails. La maison seigneuriale de la maquette appartient toutefois à un type répandu et en Allemagne et aux Pays-Scandinaves. Par son extérieur, mais aussi par l'agencement intérieur (portail au milieu, couloir transversal, échauguettes d'angle, balcon latéral donnant sur le jardin), elle rappelle maints exemples français au début du XVIe siècle.

Ces petits châteaux ont gardé très longtemps, à travers une bonne partie de l'Europe, une apparence qui avait ses origines en France, à la fin du Moyen Age. Nulle part ailleurs, en effet, on n'avait mieux réussi à lier le souci de la représentation aux exigences de la commodité.

---

17. Charles Estienne, *L'Agriculture et maison rustique...*, Paris, 1564, fol. 6 *sq.*

1. Sarzay, donjon vu du nord-est.

2. Sarzay, donjon, plan de l'étage.

3. Gayette. Donjon. Façade sur cour.

4. Gayette. Donjon. Plans de rez-de-chaussée et de l'étage. D'après R. Mareau.

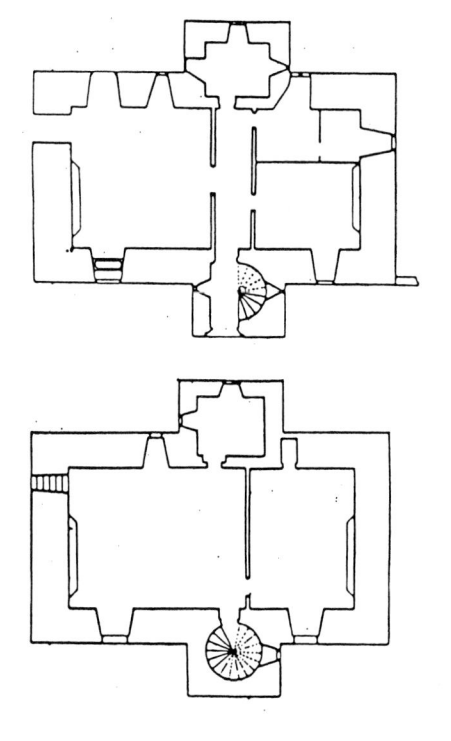

5. Vaux. Manoir vu de l'entrée. A droite la chapelle.

6. Vaux. Plan de l'ensemble. D'après A. Sarrazin.

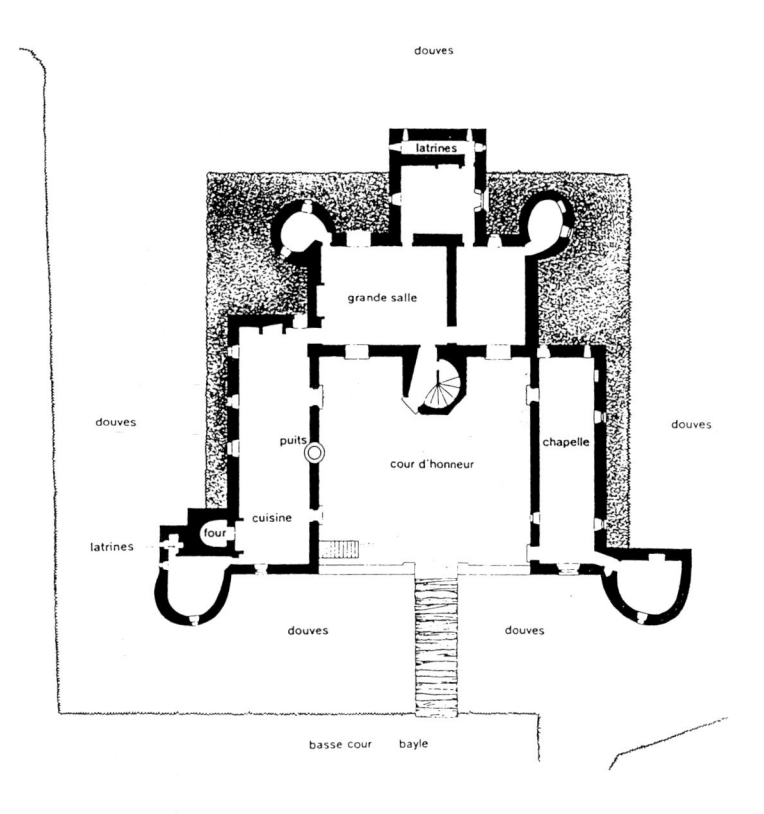

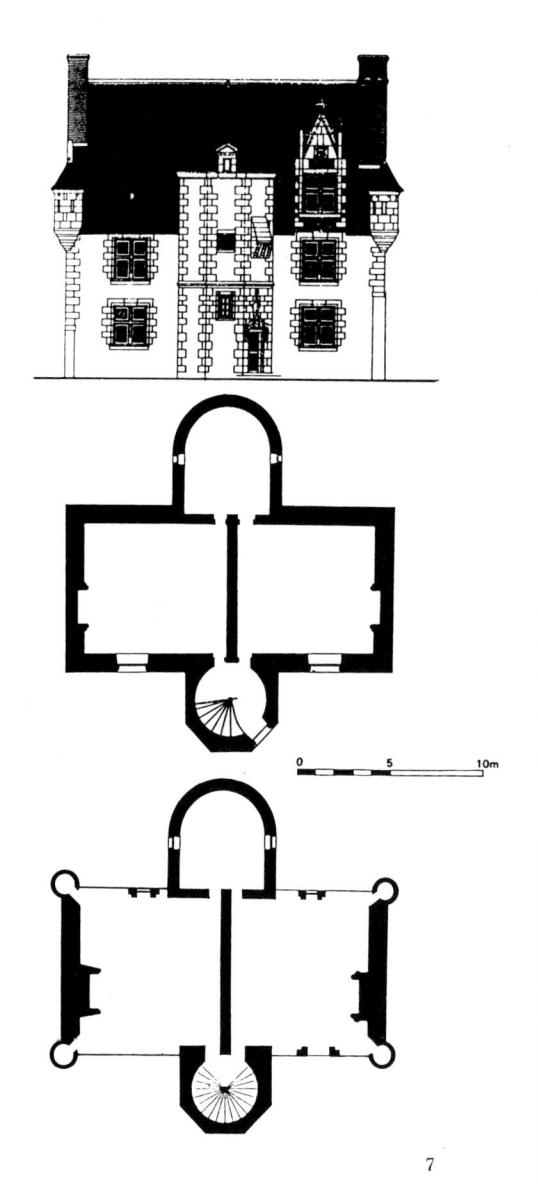

7. Beauregard. Corps de logis. Élévation de la façade sur cour et plans du rez-de-chaussée et de l'étage des combles. D'après D. Jeanson.

8. Chémery. Corps de logis. Façade sur cour avec l'escalier et l'avant-corps.

9. Chémery. Corps de logis. Plan de l'étage. D'après P. Chauvallon.

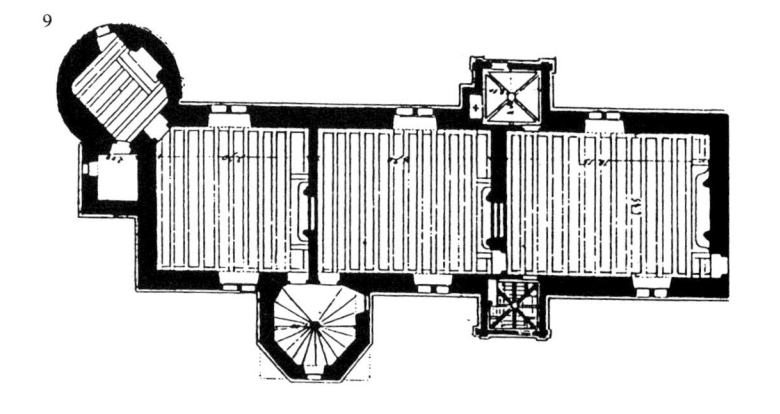

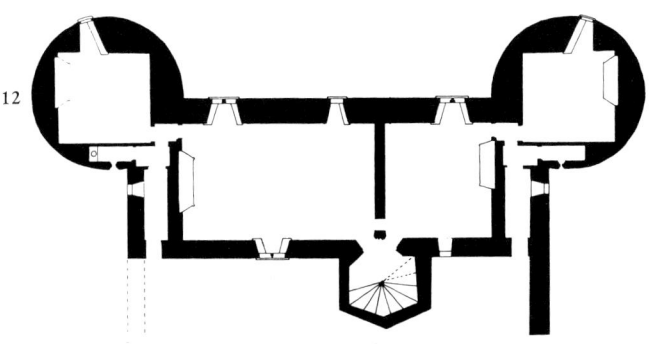

10. Chinon. Cabaret de la Lamproie. Au milieu *la véritable estude de Rabelais*. Dessin de la collection Gaignières. Bibl. Nat., Est., Va 37, t. 2.

11. Les Bories. Corps de logis. A droite la tour d'escalier.

12. Bagneux. Corps de logis. Plan de l'étage.

13. St.-Ouen-de-Chemazé. Corps de logis. A gauche le bâtiment du XVe, à droite celui du XVIe siècle.

LE PETIT CHÂTEAU...

14. Borreby. Corps de logis. Axonométrie et plan de l'étage. Reconstitutions d'après Chr. Elling et H. Langberg.

15. Hesselagergaard. Corps de logis. Plans du sous-sol, du rez-de-chaussée surélevé et de l'étage (de bas en haut). D'après H.-H. Engquist.

16. Grünau. Corps de logis vu du sud-ouest.

17. Petits châteaux danois. Plans schématiques de la distribution intérieure.
1. Rygaard,
2. Hesselagergaard,
3. Borreby,
4. Hollufgaard,
5. Lindenborg,
6. Skovsbo,
7. plan idéal d'après Philibert De L'Orme, Architecture (1567). D'après H.-H. Engquist.

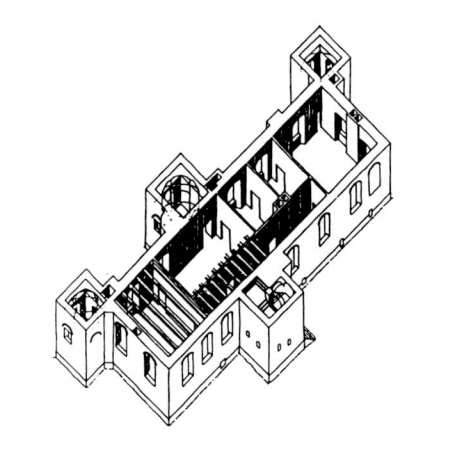

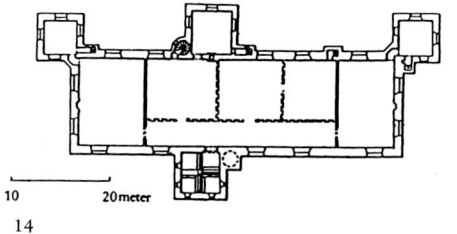

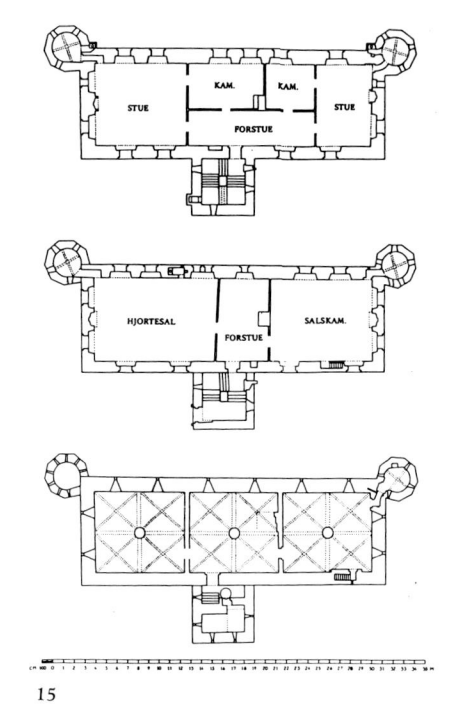

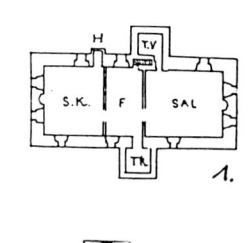

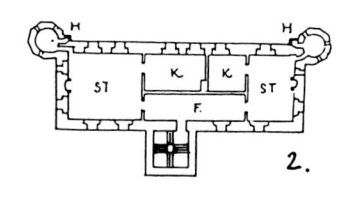

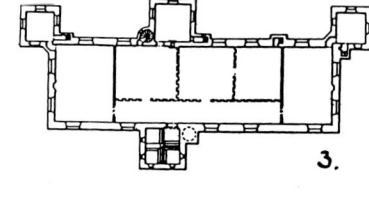

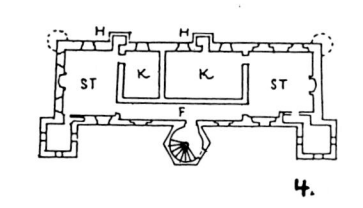

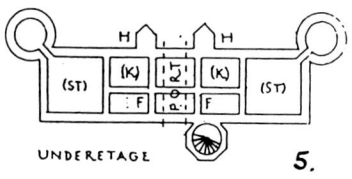

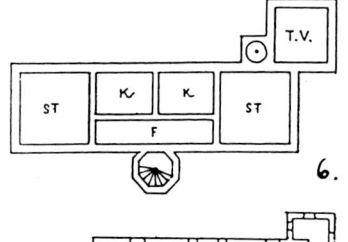

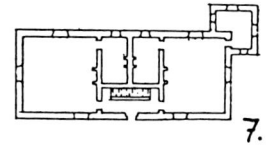

18 19

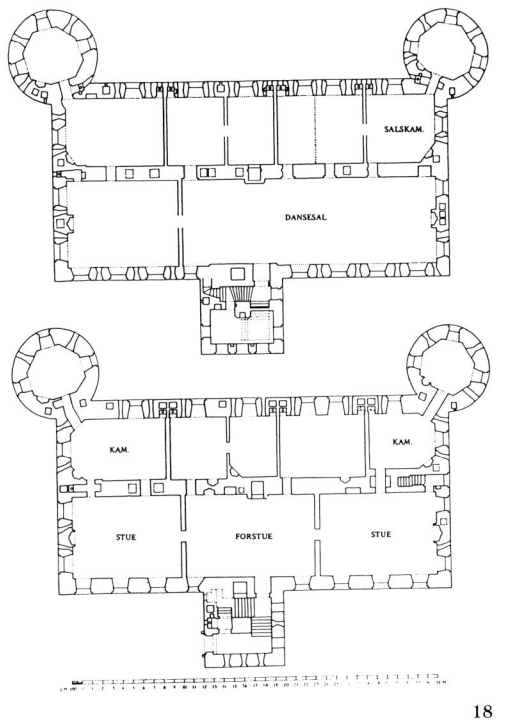

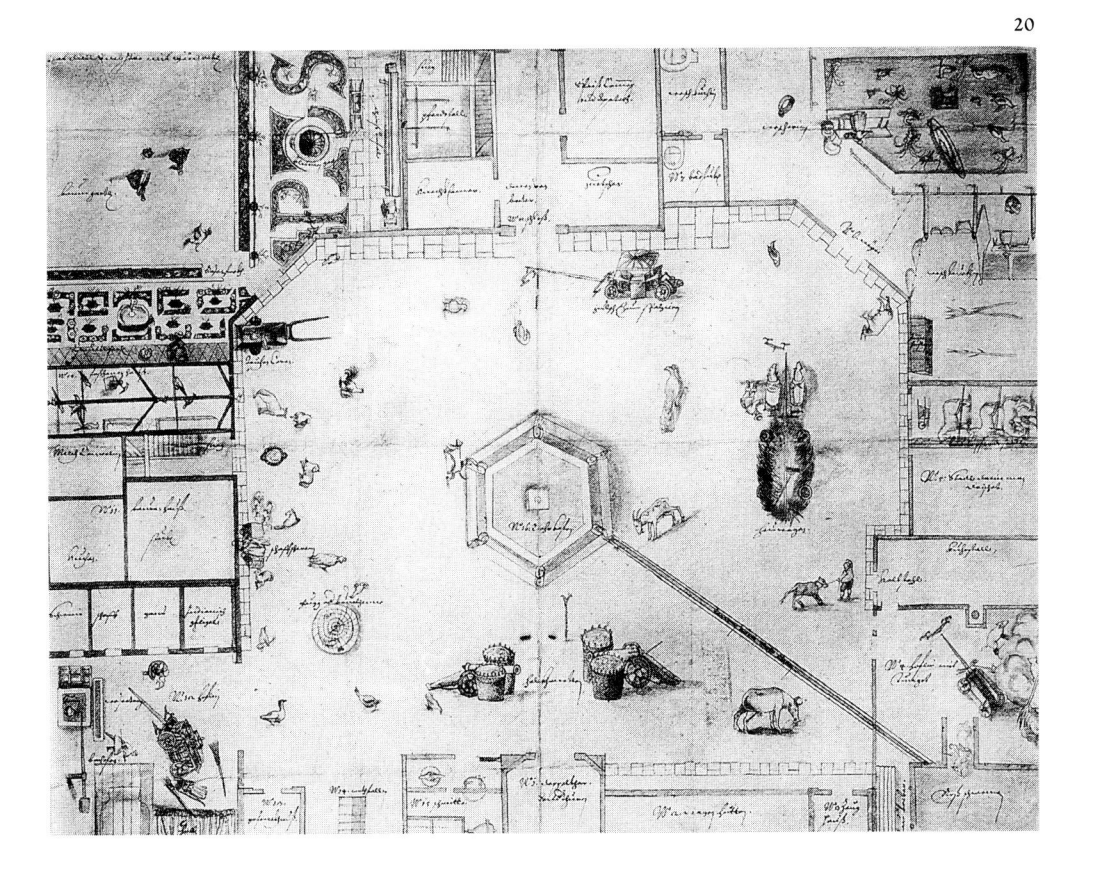

20

18. Egeskov. Corps du logis. Plans du rez-de-chaussée surélevé et de l'étage (de bas en haut). D'après H.-H. Engquist.

19. Manoir poméranien. Aquarelle d'après la maquette détruite.

20. Manoir poméranien. Plan d'après la maquette détruite.

LE PETIT CHÂTEAU...

La distribution des palais et des hôtels à Paris

du XIVᵉ au XVIᵉ siècle

par Myra NAN ROSENFELD

La grande demeure parisienne, que ce soit l'aile du palais du Louvre (1546-1563) bâtie par le roi Henri II ou l'hôtel Carnavalet (1548-1553) élevé par Jacques de Ligneris, avocat et ambassadeur du roi au Concile de Trente, est le symbole du pouvoir politique, social et économique de son propriétaire. Elle évoque en même temps une manière de vivre élégante, raffinée, et opulente[1]. Déjà, vers le milieu du quatorzième siècle, la demeure parisienne comportait des pièces à fonctions distinctes et variées. En outre, les pièces réservées à la vie privée du propriétaire étaient séparées de celles destinées à sa vie officielle et mondaine. L'énumération, par Guillebert de Metz au début du XVᵉ siècle, des pièces de l'hôtel de maître Jacques Duchié, un riche bourgeois, démontre que déjà au XIVᵉ siècle, l'hôtel parisien possédait des pièces très élaborées. L'hôtel de Jacques Duchié comportait une galerie de tableaux, une salle de musique, une salle de jeux, une chapelle, un cabinet du trésor, des chambres à coucher, une salle d'armes et une chambre haute ou *solarium* qui servait de salle à manger[2].

---

1. Cet article est basé sur des recherches que j'ai accomplies en préparant ma thèse de doctorat *The Hôtel de Cluny and the Sources of the French Renaissance Palace, 1300-1500*, qui fut présentée au département d'histoire de l'art de Harvard University en 1972. J'ai poursuivi mes recherches préliminaires en France entre 1968 et 1970. J'ai pu mettre au point ces recherches en 1985 en tant que Visiting Senior Fellow au Center for Advanced Study in the Visual Arts, National Gallery of Art, à Washington, D.C. Je tiens à remercier James S. Ackerman, le directeur de ma thèse, le regretté Franco Simone, Jean Guillaume, Françoise Bercé, Henry Millon, et Fabienne Joubert, conservateur du Musée de Cluny, de leur aide précieuse. Deux résumés de ma thèse furent publiés ; « Les origines de l'hôtel français de la Renaissance », *Cahiers de l'association internationale des études françaises*, 1971, n° 23, pp. 45-50, et « Studies on the Hôtel de Cluny in Paris, the Sources and Typology of the French Renaissance Urban Palace », *National Gallery of Art, Center for Advanced Study in the Visual Arts, Center 5*, June 1984-May 1985, pp. 75-76.
2. A.J.V. Le Roux de Lincy et L.M. Tisserard, *Paris et ses historiens aux XIVᵉ et XVᵉ siècles*, Paris, 1867, pp. 199-200 : « L'ostel de Maistre Jaques Duchié en la rue de Prouvelles. La porte duquel est entaillie de art merveilleux ; en la cour estoient paons et divers oyseaux a plaisance. La premier salle est embellie de divers tableaux et escriptures denseignemens atachiés et pendus aux parois. Une autre salle raemplie de toutes manieres dinstrumens, harpes, orgues, vielles, guiternes, psalterions et autres, desquelz le dit maistre Jaques savoit jouer de tous. Une autre salle estoit garnie de jeux deschez, de tables, et dautures diverses manieres de jeux, a grant nombre. Item une belle chappelle ou il avoit de pulpitres a mettre livres dessus de merveilleux art, lesquelx on faisoit venir a divers sieges loings et prés, a destre et a senestre. Item ung estude ou les parois estoient couvers de pierre precieuses et despices de souefve oudeur. Item une chambre ou estoient foureures de pleusurs manieres. Item pleusurs autres chambres richement adoubez de lits, de tables engineusement entaillies et parés de riches draps et tapis a orfrais. Item en une autre chambre haulte estoient grand nombre darbalestes, dont les aucuns estoient pains a belles figures. La estoient estandars, banieres, pennons, arcs a main, picques, faussards, planchons, haches, guisarmes, mailles de fer

Palais et demeures à Paris au XIVᵉ siècle

La construction en 1367 par Charles V du grand mur d'enceinte et de la Bastille, sur la rive droite de la Seine, marque un tournant majeur dans le développement de la ville de Paris. Charles V, que Christine de Pisan qualifiait de « sage artiste, vrai architecteur, et deviseur certain », a fait construire à Paris, entre 1361 et 1380, l'hôtel Saint-Pol, premier palais royal non fortifiées à Paris. Avec Louis Courajod, nous croyons que les débuts de la renaissance de l'architecture civile à Paris se situent sous son règne. Le nouveau mur d'enceinte a permis en effet aux citoyens de Paris de construire eux aussi des demeures non fortifié. La ville conservant encore à cette époque des terrains à caractère rural[3], les propriétaires nobles et les bourgeois aisés ont pu acheter des terrains assez étendus afin de bâtir de grandes demeures telles qu'on en voit dans la reconstitution par Jean Blécon du quartier des Halles au XVᵉ siècle[4].

En 1359, après la révolte de la Jacquerie, Charles V abandonna le palais de la Cité. Entre 1362 et 1372, il transforma Le Louvre en un véritable palais. A la même époque, entre 1361 et 1380, il construisit l'hôtel Saint-Pol sur un vaste terrain situé entre les jardins des évêques de Sens et le cimetière de l'église des Célestins sur la Seine à l'extrémité orientale de la ville près de la Bastille. Il avait acheté les hôtels de l'évêque de Sens, du comte d'Étampes et de l'abbé de Saint-Maur. Une église préexistante, Saint-Pol, fut incorporée dans ce palais. Une copie faite au XVIIᵉ siècle du plan dit de la Tapisserie (1523-1575) montre le terrain de l'hôtel Saint-Pol avant son lotissement et démembrement au moment de la création de la rue Neuve-Saint-Pol qu'on voit sur le plan gravé, dit de Saint-Victor (1551)[5].

Un inventaire de 1463 et une description d'Henri Sauval d'après des documents de la Chambre des Comptes permettent de connaître la disposition approximative des pièces à l'intérieure de l'hôtel Saint-Pol. L'hôtel était plutôt un petit château non fortifié composé de plusieurs corps de logis, reliés par des galeries qui traversaient des jardins et des cours où il y avait des fontaines. Résidence et palais à fonction administrative, l'hôtel Saint-Pol fut construit sur le modèle du palais de la Cité (fig. 3), bien qu'il

---

et de plont, pavais, targes, escus, canons et autres engins, avec plenté darmeures ; et briefment il y avoit aussi comme toutes manieres dappareils de guerre. Item la estoit une fenestre faite de merveillable artifice, par laquele on mettoit hors une tete de plates de fer creuse, parmy laquelle on regardoit et parloit a ceulx de hors, se besoing estoit, sans douber le trait. Item par-dessus tout lostel estoit une chambre carrée, ou estoient fenestres de tous costés pour regarder par-dessus la ville. Et quant on y mengoit, on montoit et avaloit vins et viandes a une polie, pour ce que trop hault eust été a porter. Et par-dessus les pignacles de lostel estoient belles ymages dorées. » Voir aussi l'énumération des pièces de la maison décrite par G. Corrozet, dans *Les blasons domestiques*, Paris, 1539, fols. 9-36, et celle dans les inventaires de maisons du XIVᵉ au XVIIᵉ siècles publiés par R. Quenedy, *L'Habitation Rouennaise*, Rouen, 1926, pp. 321-322, pp. 373, 376 et par M. Juergens et P. Couperic, « Le logement à Paris du XVIᵉ et XVIIᵉ siècles, « *Annales, économies, sociétés, civilisations*, 1962, n° 3, pp. 488-500.

3. Louis Courajod, *Leçons professées à l'école du Louvre, les origines de la Renaissance, 1887-1896*, Paris, vol. 2, 1901, pp. 7-8. Pour la citation de Christine de Pisan, voir Marcel Thomas, *La Librairie de Charles V*, Paris, Bibliothèque nationale, 1968, n° 1, p. 9, ms. fr. 10153. Pour le mur d'enceinte de Charles V, voir A. Berty, *Topographie historique du vieux Paris, région du Louvre et des Tuileries*, Paris, vol. 1, 1866, pp. 4-20. J. Favier, *Nouvelle histoire de Paris au XVᵉ siècle, 1380-1500*, Paris, 1974, pp. 26-28. P. Francastel, « Paris et la création urbaine en Europe au XVIIᵉ siècle », *L'urbanisme de Paris et de l'Europe, 1600-1800*, Paris, 1969, pp. 10-11.

4. Françoise Boudon, André Chastel, Hélène Couzy, Françoise Hamon, *Système de l'architecture urbaine, le quartier des halles à Paris*, Paris, 1977, vol. 1, pp. 18-62, pp. 181-191, vol. 2, pl. 7.

5. M. Dumolin, « La famille du plan de la Tapisserie », *Études de topographie parisienne*, Paris, vol. 1, 1929, pp. 23-48, et Jean Derens, « Note sur les plans de Paris au XVIᵉ siècle », *Société de l'histoire de Paris et de l'Ile du France, Bulletin*, vol. 107, 1980, pp. 71-86. Derens date le manuscrit original du plan de la Tapisserie entre 1523 et 1550, le plan de la Tapisserie vers 1575, et le plan dit de Saint-Victor vers 1551.

n'ait eu ni mur d'enceinte ni donjon[6]. Il était divisé en deux parties, l'hôtel du roi et l'hôtel de la reine. Selon le plan de la Tapisserie, l'hôtel de la reine se trouvait près de la Seine ; d'après Sauval, il était relié à l'église Saint-Pol par une galerie. La reine avait un oratoire privé dans l'église. Grâce à Sauval et à l'inventaire de 1463, nous possédons des descriptions assez précises des pièces des hôtels du roi et de la reine. Tous deux avaient leur propre corps de logis et plusieurs jardins entourés de galeries. L'hôtel du roi comprenait deux salles, une salle haute et une salle basse, deux chambres, et garde-robe, une chambre de parade, une chapelle haute et basse, deux cabinets, et une bibliothèque. Il y avait en outre dans un corps de logis indépendant, une chambre du conseil de seize mètres sur huit, et une grande salle, destinées selon Sauval aux réunions du Conseil du roi et du Parlement. La grande salle devait ressembler à celle du palais de la Cité bâtie par Philippe le Bel. Il semble que l'architecte de l'hôtel Saint-Pol ait repris le plan des pièces privées du roi au palais de la Cité. L'hôtel de la reine contenait une chambre, une garde-robe, deux cabinets, une grande galerie, une grande chambre, et la salle de Thésée, décorée de peintures murales. En outre, Sauval nous dit qu'il y avait une ménagerie[7]. La disposition des pièces privées du roi et de la reine à l'hôtel Saint-Pol semble justifier le commentaire de François Blondel exprimé dans l'*Architecture française*, publiée en 1652, selon lequel l'ensemble de pièces appelé « l'appartement » au XVIe siècle était déjà très élaboré à l'époque de Charles V[8].

L'hôtel Saint-Pol et le palais de la Cité, influencèrent la résidence que le beau-frère du roi, Louis II de Bourbon, construisit en face du Louvre sur le quai de l'École, entre la rue d'Autriche, à l'ouest, et la rue des Poullies, à l'est. L'hôtel de Bourbon, qui figure au fond du *Retable du Parlement de Paris* (1450), derrière Saint-Jean-Baptiste (fig. 1) fut élevé entre 1390 et 1413. Le terrain, pour lequel il avait fallu acquérir et démolir presque trente-cinq maisons, était aussi vaste que celui du Louvre. Sa superficie totale mesurait deux mille huit cents toises. Une grande partie de l'hôtel fut rasée en 1664 pour faire place à la Colonnade du Louvre. Adolphe Berty reconstitua l'état original de l'hôtel de Bourbon d'après la copie d'un inventaire établi en 1457 avant son démembrement, les discriptions d'André Favyn et d'Henri Sauval, la vue au fond du *Retable de Saint-Germain-des-Prés* (1500), et la vue cavalière de la censive du chapitre de Saint-Germain l'Auxerrois, dessiné vers 1550 (fig. 2)[9]. Tout comme le palais de la Cité et l'hôtel Saint-

---

6. Pour le Palais de la Cité, voir J. Guérout, « Le palais de l'île de la Cité de Paris des origines à 1417 », *Paris et Île-de-France*, vol. 1, 1949, pp. 57-212 ; vol. 2, 1950, pp. 21-204, vol. 3, 1951, pp. 7-101 (reconstitution : vol. 2, 1950, plan II, et pp. 78-204). Pour *Les très riches heures du duc de Berry*, Chantilly, Musée Condé, ms. 65, fol. 6v., Juin (1410-1416), voir Millard Meiss, *French Painting in the Time of Jean de Berry : The Limbourgs and their Contemporaries*, New York, 1974, vol. I, pp. 193-195 ; vol. 2, Pl. 544. Pour la grande salle, voir J. Androuet Du Cerceau, *Vue de la grande salle* (vers 1576), ill. dans Rosenfeld, *Sebastiano Serlio on Domestic Architecture*, New York, 1978, fig. 65, p. 59.
7. Pour la reconstitution de l'hôtel Saint-Pol, voir F. Bournon, *L'hôtel royal de Saint-Pol à Paris*, Paris, 1880, et M. Prou, *Recherches sur les hôtels de l'archevêché de Sens à Paris*, Sens, 1881, pp. 1-10, H. Sauval, *Histoire et recherches des antiquités de la ville de Paris*, Paris, vol. 2, 1724, pp. 271-278, et inventaire de l'hôtel Saint-Pol sous Louis XI, 1463, Archives nationales, KK49, publié par Bournon, op. cit., pp. 41-42.
8. François Blondel, *Architecture française*, Paris, 1652, t. I, chapitre III, fol. 26-44. Voir J. Guérout, op. cit., n. 6, vol. 2, 1950, pp. 23-60, 78-204, vol. 3, 1951, pp. 44-52, pour les pièces privées construites par Philippe le Bel au logis du Roi du palais de la Cité.
9. L'hôtel est aussi souvent appelé l'hôtel du Petit-Bourbon. Voir A. Berty, op. cit., n° 3, pp. 1-39, 84-86, pp. iii-vi, ill. pp. 135, 146, 149, E. Viollet-le-Duc, dans *Dictionnaire raisonné de l'architecture française*, Paris, 1863, vol. 1, p. 441. Voir aussi André Favyn, *Le Théâtre d'honneur et de la chevalerie*, Paris, 1620, t. II, fol. 764-789, H. Sauval, op. cit., n. 7, vol. 2, fol. 208-210, et Ch. Sterling et H. Adhémar, *Musée nationale du Louvre, Peintures, école française, XIVe, XVe et XVIe siècles*, Paris, 1965, n° 43, pp. 17-18, Pls. 120-124, pour le *Retable du Parlement de Paris* (vers 1450) et n° 46, p. 19, 137 pour le *Retable de Saint-Germain-des-Prés* (vers 1500). La censive du chapitre de Saint-Germain l'Auxerrois fut publié par M. Hébert et J. Thiron, *Paris, Archives nationales, Catalogue générale des cartes, plans, et dessins d'architecture*, Paris, 1958, n° 217, p. 31, Pl. I, NIII Seine 63. Pour le détail du plan dit de Saint-Victor (Paris, Bibliothèque nationale, Réserve, Cabinet des Estampes, AA6), voir Rosenfeld, *The Hôtel de Cluny*, loc. cit., n. 1, Pl. I D. Les soubassements de la chapelle de l'hôtel de Bourbon ont été découverts en 1964 lorsque des fouilles

Pol, l'hôtel de Bourbon était composé de plusieurs corps-de-logis presque indépendants. Bien que la représentation de l'hôtel ne soit pas toujours précise dans les sources visuelles des XVe et XVIe siècles, nous pouvons constater que le corps de logis sur le quai de l'École était relié à la grande chapelle et à la grande salle par un autre corps de logis à portique qui était perpendiculaire à la Seine. La grande chapelle et la grande salle sont parallèles l'une à l'autre dans le plan dit de Saint-Victor (1551). Par contre, la censive de Saint-Germain nous montre la grande chapelle en face du Louvre et la grande salle à l'autre côté du portique sur la rue des Poullies. Il y avait aussi un jardin entouré d'un mur en face du Louvre et plusieurs petits pavillons et cours sur la rue des Poullies. La porte principale de l'hôtel de Bourbon se trouvait dans la partie occidentale du corps-de-logis, sur le quai de l'École. Selon Sauval, les dimensions de la grande salle étaient plus importantes que celles du palais de la Cité : sa hauteur égalait, selon Sauval, celle de l'église Saint-Eustache. L'hôtel de Bourbon, comme l'hôtel Saint-Pol et le palais de la Cité, avait aussi une fonction administrative. Louis II de Bourbon était à la tête de la marine royale et chef d'un ordre de chevalerie, l'ordre du Chardon. En outre, il contrôlait maints duchés et comtés : Bourbonnais, Auvergne, Nivernais, Limousin et Lyonnais. Nous savons d'après les textes cités plus haut que Louis II de Bourbon utilisait la grande salle, la grande chapelle et son oratoire pour les réunions des chevaliers de son ordre. Des écussons aux armes du Bourbon et la devise de l'ordre de Chardon, la fleur de lis et le mot *Espérance*, étaient utilisés comme éléments décoratifs à l'intérieur et à l'extérieur de l'hôtel.

Adolphe Berty reconstitua la disposition et la fonction des pièces de l'hôtel de Bourbon d'après la copie d'un inventaire de l'hôtel fait en 1457 et la vue cavalière de la censive de Saint-Germain l'Auxerrois[10]. Il est assez difficile d'accorder la description des pièces de l'hôtel dans cet inventaire avec les sources visuelles des XVe et XVIe siècles (figs 1, 2) puisque celles-ci ne sont pas très exactes. Selon Berty, « la grant gallerie devers le Louvre », qui renfermait « la galerie dorée », dont la décoration fut décrite par Favyn et Sauval, se trouvait au premier étage du corps-de-logis sur le quai de l'École. Berty pensait que cette galerie servait de « promonoir » au duc de Bourbon. Selon Sauval et Favyn, elle était utilisée comme salle des fêtes et salle à manger. Il serait possible aussi de situer cette galerie dans le corps de logis perpendiculaire à la Seine. Au bout, il y avait une chambre, dit de « Monseigneur de Lyon ». L'inventaire mentionne aussi « la gallerie sur la rivière », qui se trouvait au rez-de-chaussée du corps de logis sur le

---

furent effectuées sous La Colonnade du Louvre. Ces soubassements se trouvent près de l'angle sud-est de la colonnade du Louvre. Voir Allan Braham et Mary Whiteley, « Les soubassements de l'aile orientale du Louvre », *Revue de l'art*, n° 4, 1964, plan n° 4.

10. La copie de l'inventaire de 1457 par P. Daignet (Archives nationales, P1382) fut publiée par Berty, *op. cit.*, n° 3, pp. 38-39 : « Chambre de l'Ermeurerie. — Chambre haulte de pavillon d'emprès l'orloge. — Chambre dudict pavellon. — Grand chambre apparez. — Petite allée juxte la galerie. — La garde-robe de Madame. — La chambre Madame, joignant la chambre Monseigneur. — En la haulte chapelle. — Chambre joignant la chambre Monseigneur. — En l'oratoire. — La gallerie sur la rivière. — Chambre du bout de ladite gallerie. — Ou [au] retrait de ladite chambre, sept panneaux de verre, telz quelz. — La Grant salle dudit hostel de parement. — L'eschansonnerie. — Grant cuisine. — Au garde-manger. — Petite chambre sur ladite cuisine. — En la librairie. — En la chambre basse, plancher de boys, près le puys des estuves. — Dessus le four des estuves, près le puys fut trouvé une chaudière, et une fontaine à biberon de cuivre. — Item, en la chambre d'auprès les estuves, furent trouvés deux pourtraictures de morts avecques leurs lances. — Es baignouères dudit hostel, furent trouvez grans cuves à baigner, de bois d'Irlande. — Estuves d'emprès les baignouères. — Chambres près la gallerie, près le préau. — Une chambre appellée la chambre Monseigneur de Lyon, joignant la grant gallerie, devers le Louvre. — Chambre de la tapicerie. — Chambre au bout d'icelle. — Chambre du portier. — Estable du four. — Chambre de dessus ledit four. — Deux estables joignant l'escuierie. — Estable joignant icelle. — Chambre de la penneterie, près la grant salle. — La chambre au-dessus de la fruiterie. — La haulte chambre joignant la chambre Baudequin [tendue de la riche étoffe appelée baudequin]. — Grand chapelle. — Oratoire. — Chambre basse du concierge. — Chambre haulte dudit concierge. — Ou hault pavellon. — Chambre de la trésorerie. ... Item, en la plupart dudit hostel n'y a nulles fenestraiges assis en fenestre, et aussi en la plus part où il y a fenestres assis en chassiz, tan en galleries que ailleurs, n'y a nulles verrières. »

quai de l'École. Berty situa l'ensemble des pièces privées du duc et de la duchesse dans le pavillon d'angle à l'extrémité orientale du corps de logis sur le quai de l'École. Ce pavillon renfermait une salle d'armes, une chambre haute, une chambre basse, une salle d'apparat, un couloir menant à une galerie, la garde-robe et la chambre de la duchesse qui joignait celle du duc. A côté de la chambre de ce dernier, il y avait une chapelle et oratoire.

Une troisième galerie appelée « la gallerie près le préau » est citée dans l'inventaire. C'était le portique situé au rez-de-chaussé du corps de logis, en face du Louvre. Ce portique est une galerie au premier étage reliaient les pièces privées du duc et de la duchesse à la grande chapelle et à la grande salle. L'inventaire mentionne une grande quantité d'autre pièces, tels que la chambre de tapisserie, la bibliothèque, la chambre tendue de baudequin, la chambre du trésor, et la chambre qui renfermait les lances aux plumes des chevaliers près de la grande salle. Les dépendances, cuisines, chambres du portier et de la concierge, étuves avec baignoires en bois d'Irlande, et étables se trouvaient probablement dans des petits corps de logis et cours sur la rue des Poullies. Alors que le plan, avec pièces privées, grande salle, et grande chapelle palatine, rattache l'hôtel de Bourbon à la tradition du palais royal, la façade du corps de logis sur la Seine (fig. 1) et le jardin en face du Louvre (fig. 2) rappellent l'architecture d'un petit château non fortifié.

Depuis l'époque de Charles V, les membres de la haute et petite noblesse et les riches bourgeois construisaient à Paris des demeures qui ressemblaient à ces petits châteaux dont Héliot a retrouvé la description dans les registres des receveurs d'impôts au XIIIe siècle : ils se distinguaient des châteaux-forts par l'absence de donjons et de murs d'enceinte[11]. L'un de ces châteaux, peut être construit à la fin du XIVe siècle ou au tout début du XVe, est celui de Teilliers-sous-Saint-Galmier illustré dans *l'Armorial d'Auvergne* (fig. 4), écrit par Guillaume de Revel entre 1436 et 1456[12]. Selon Héliot, l'ensemble de salle, chambre et oratoire se trouvait dans ces habitations à la campagne aussi bien qu'à la ville[13].

Grâce à un inventaire établi en 1504, nous connaissons la distribution des pièces à l'intérieur de l'hôtel de Clisson. L'hôtel fut bâti entre 1371 et 1407 par Olivier de Clisson, connétable de France, sur un terrain près du Temple et de la porte du Temple. Ce terrain était délimité par la rue du Chaume (rue des Archives) à l'ouest, la rue des Quatre-Fils-Aymont au nord, la rue des Jardins-du-Paradis (rue des Francs Bourgeois) au sud, et la rue du Temple à l'est. L'hôtel fut démoli au début du XVIIIe siècle pour faire place à l'hôtel de Soubise ; le portail subsiste encore sur la rue des Archives. L'hôtel de Clisson était composé de trois corps-de-logis autour d'un jardin. Le bâtiment d'entrée, avec tour à escalier en vis, apparaît sur le plan dit de Saint-Victor. Au nord une aile avec galerie, qui n'apparaît pas sur ce plan, reliait le bâtiment d'entrée au corps de logis principal. A l'est, au fond du jardin, se trouvait le corps de logis principal du propriétaire avec grande chambre et petite salle à l'étage, grande salle et chapelle au rez-de-chaussée. Au sud étaient situés l'étable et la maison du jardinier[14].

---

11. P. Héliot, « Les demeures seigneuriales dans la région Picarde au Moyen Age, châteaux ou manoirs », *Mémoires et documents publiés par la Société de l'École des Chartres*, no. XII, *Recueil de travaux offert à M. Clovis Brunel*, vol. 1, 1955, pp. 574-583.
12. M.N. Rosenfeld, *Sebastiano Serlio, loc. cit.*, n. 6, pp. 24-25, fig. 39, p. 50, et G. Fournier, *Châteaux, villages, et villes à Auvergne du XVe siècle d'après l'armorial de Guillaume Revel*, Genève, 1973, pp. 1-3, pour la date du manuscrit (Paris, Bibliothèque nationale, fr. 22297). Guillaume Revel était au service de Charles, duc de Bourbon, duc d'Auvergne et comte de Forez.
13. P. Héliot, « Les origines du donjon résidentiel et les donjons — palais romans de France et Angleterre », *Cahiers de civilisation médiévale*, vol. 17, 1974, pp. 217-234.
14. Rosenfeld, *The Hôtel de Cluny, loc. cit.*, n. 1, n° IV, pp. 222-225, C. Langlois, *Les hôtels de Clisson, de Guise, et de Rohan-Soubise*, Paris, 1927, et p. 4 pour l'inventaire de l'hôtel fait en 1504, Archives nationales, S 5082, fol. 25. Pour le détail du plan dit de Saint-Victor, voir Rosenfeld, *The Hôtel de Cluny, loc. cit.*, n. 1, Pl. IV B.

Hôtels à Paris aux XVe et XVIe siècles

Les rapports étroits entre l'hôtel urbain et le petit château non fortifié sont évidents à l'hôtel de Cluny (fig. 5), résidence des abbés de l'ordre de Cluny. L'hôtel fut construit par l'abbé Jean de Bourbon sur la rive gauche entre 1456 et 1485, selon le manuscrit original du *Chronicon Cluniacense*, écrit par François de Rive à la demande de Jacques d'Amboise[15]. Avant la construction des boulevards Saint-Michel et Saint-Germain par Haussmann en 1852, l'hôtel était situé (fig. 7) entre la rue de la Harpe (boulevard Saint-Michel) à l'ouest, la rue Saint-Jacques à l'est, la rue du Foin (Boulevard Saint-Germain) au nord, et la rue du palais des Thermes (rue du Sommerard) au sud. Il jouxtait, à l'ouest, les thermes romains de Paris, qu'on croyait être à l'époque les restes d'un palais romain. A l'est, l'hôtel était mitoyen du couvent des Mathurins, détruit pendant les transformations de Haussmann. Le terrain appartenait aux Bourgeois du Parlement de Paris auxquels l'ordre de Cluny payait des impôts depuis 1334 non seulement pour le terrain de leur propre hôtel, mais aussi pour les terrains des maisons situées au-dessus des thermes romains qu'il louait aux artisans[16].

L'hôtel de Cluny illustre cent ans avant l'hôtel Carnavalet le plan typique de l'hôtel parisien des XVIe, XVIIe et XVIIIe siècles (figs. 6 et 7). A notre connaissance, pour la première fois à Paris, une demeure était constituée par un seul bâtiment, au contraire de l'hôtel de Clisson et de l'hôtel de Bourbon. On peut considérer l'hôtel de Cluny comme un petit château qui aurait été adapté à la ville. Il rappelle le logis que Jean de Bourbon avait construit à l'entrée de l'abbaye de Cluny en Bourgogne (fig. 8). Les plans des deux édifices sont fort semblables. Dans la reconstitution de l'abbaye de Cluny par John Kenneth Conant, on aperçoit à côté de la façade et de l'avant-cour de la troisième église (fig. 9), le plan du logis de Jean de Bourbon, composé d'une grande salle, d'une chambre et d'un cabinet à l'angle bordé par le portique d'un cloître[17]. On observe ce type de plan avec corps-de-logis à salles en enfilade, cour et galerie, dans d'autres petits châteaux de la même époque, par exemple celui de Fougères-sur-Bièvre, construit par Pierre de Refuge, à partir de 1470[18].

---

15. Rosenfeld, *The Hôtel de Cluny*, loc. cit., n. 1, no. XIV, pp. 292-298 : François de Rive, *Chronicon Cluniacense*, 1510, dédié à Jacques d'Amboise, Paris, Bibliothèque nationale, ms. lat. 9875, fol. 57r, *item in decanutu paredi ediferavit (Jean III de Bourbon) domum nuova a fundamentis in medio duarum turrius fortius et amplare*, repris par Dom Marrier et André Du Chenes dans *Bibliotheca Cluniacensis*, Paris, 1614, Col. 1680 et dans *Gallia Christiana Provincias Ecclesiasticas Distributa*, Paris, 1728, vol. IV, Col. 1159. Dans toutes les publications sur l'hôtel de Cluny, depuis celle de Alexandre Du Sommerard, *Les arts du Moyen Age*, Paris, 1838, t. I, pp. 145-146, 160-161, 164, 167-169, la construction de l'hôtel est attribué à l'abbé Jacques d'Amboise à cause des armoiries au-dessous du portrait d'entrée. Pour une bibliographie plus complète, voir Rosenfeld, *The Hôtel de Cluny*, loc. cit., n. 1, n° XIV, p. 292, et tout récemment, Alain Erlande-Braundenburg, *Le musée de Cluny*, Paris, 1979, p. 7.
16. Rosenfeld, *The Hôtel de Cluny*, loc. cit., n. 1, n° XIV, pp. 298-303, Pls. M5-M10, Paris, Archives nationales, KK402-413, publiés par A.J.V. Leroux de Lincy, *Recherches sur les propriétaires et les habitants du Palais des Thermes et de l'Hôtel de Cluny*, Paris, 1846. Pour le détail de l'hôtel de Cluny sur le plan de Truschet et Hoyau, *La Ville, Cité et Université de Paris*, Bâle, vers 1550 (Bibliothèque de l'Université de Bâle), voir Rosenfeld, *The Hôtel de Cluny*, loc. cit., n. 1, fig. XIV A, ainsi que James S. Ackerman et Rosenfeld, « Social Stratification in Renaissance Urban Planning », *Urban Life in the Renaissance*, Newark, Delaware, 1989, pp. 42-49, fig. 18, p. 44 et fig. 19, p. 45 (reconstitution de la site au XVe siècle).
17. J.K. Conant, *Cluny, Les églises et la maison du chef d'ordre*, Mâcon, 1968, pp. 127-130, Pl. VIII, fig. 8. Jean de Bourbon avait fait construire une chapelle, fort semblable à celle de l'hôtel de Cluny, dans le transept de la troisième église de Cluny. Voir, Rosenfeld, *The Hôtel de Cluny*, loc. cit., n. 1, fig. 72.
18. M. Aubert, « Le château de Fougères », *Congrès archéologique*, 1925, pp. 470-479.

L'hôtel de Cluny à Paris était non seulement la résidence privée de l'abbé, mais il remplissait aussi des fonctions administratives. Jean de Bourbon était le petit-fils illégitime de Louis II de Bourbon, propriétaire de l'hôtel de Bourbon. Charles VII l'avait nommé abbé de Cluny et lieutenant-général du roi pour les comtés de Languedoc et de Forez. Ce dernier venait à Paris non seulement pour surveiller les affaires de l'ordre et celles du Collège de Cluny sur la rue des Écoles, mais aussi pour assister au conseil du roi[19]. Il est très difficile de reconstituer l'emplacement original des pièces de l'hôtel de Cluny puisqu'il fut entièrement restauré à l'intérieur et à l'extérieur par Albert Lenoir et ses successeurs au XIXe siècle. Les portes, les fenêtres et les murs intérieurs ont été déplacés afin de transformer l'hôtel en musée[20]. Bien qu'aucun inventaire de l'hôtel n'ait été découvert, nous pouvons identifier certains espaces. Les salles d'apparat au rez-de-chaussée et au premier étage avaient leur propre entrée par la grande vis (fig. 7). La cuisine, dont il subsiste encore des vestiges, était situé à droite de la cour avec son entrée par la petite vis. Une autre entrée, située au bout du portique, conduisait de la cour directement aux pièces privées de l'abbé. On peut les situer au premier étage de l'hôtel de Cluny dans l'angle a côté de la chapelle (fig. 6). Jean de Bourbon avait probablement à sa disposition une salle et deux chambres à côté de la chapelle. Deux escaliers en vis desservaient ces pièces au premier étage. A l'hôtel de Bourbon à Paris, les pièces privées du duc étaient situées aussi à côté d'une chapelle, à l'angle est du corps-de-logis sur la Seine. De même, l'appartement du duc au château de Châteaudun, tel que reconstitué par Monique Châtenet, était composé de deux chambres et d'une sallette à côté d'une chapelle dans la partie droite de l'aile nord, construite vers 1510[21]. Quand on compare la vue de l'hôtel de Bourbon (fig. 2) à celle de l'hôtel de Cluny (fig. 5), on retrouve certains éléments : cour et jardin, portique et galerie superposés, et chapelle. Dans les deux hôtels les pièces privées sont séparées des pièces à usage administratif et des salles de réception. On retrouve ainsi une autre preuve des racines communes de l'hôtel urbain, du petit château et du palais royal à fonction administrative proposées par Héliot[22].

Notre dernière analyse portera sur l'hôtel Le Gendre, construit entre 1504 et 1524 par Pierre Le Gendre, trésorier de France sous Louis XII et François Ier (fig. 10). Viollet-le-Duc avait exécuté des dessins de l'hôtel avant sa destructioin finale en 1841, mais il avait mal compris le rapport exact entre les dépendances, la cour, et les corps de logis de l'hôtel[23]. Dominique Hervier a découvert l'emplacement de l'hôtel sur la rive droite, entre la rue de la Tirechappe à l'ouest et la rue des Bourdonnais à l'est, derrière l'église de Saint-Germain l'Auxerrois, près du Louvre, des Halles, et du cimetière des Innocents. Pierre Le Gendre a construit l'hôtel par étapes, commençant par les étables sur la rue de la Tirechappe et terminant par la galerie et l'oratoire sur la rue des Bourdonnais — en bas du plan dessiné par Jean Blécon (fig. 10). Dominique Hervier a recons-

---

19. G. de Valous, *Jean de Bourbon, évêque du Puy, (1413-1485)*, Abbaye Saint-Wandville, 1949, et P. Caillet, « La décadence de l'ordre de Cluny au XVe siècle et la tentative de Réforme de l'abbé Jean de Bourbon (1456-1485) », *Bibliothèque de l'École des Chartres*, vol. 89, 1928, pp. 183-234.
20. Voir Rosenfeld, *The Hôtel de Cluny, loc. cit.*, n. 1, n° XIV, pp. 309-315, pour une analyse de la restauration de l'hôtel entreprise d'abord par Albert Lenoir en 1844.
21. Voir M. Chatenet, *Le château de Madrid*, Paris, 1987, fig. 95, p. 244.
22. Héliot, « Sur les résidences princières bâties en France du XIe au XIIe siècle », *Le Moyen Age*, 1955, pp. 16-27, 291-317, fait remonter l'origine de la distribution des pièces dans le palais royal à fonction administrative aux petits châteaux modestes de l'époque carolingienne.
23. Dessins de Viollet-le-Duc au Centre de recherches sur les Monuments historiques, nos 1127-1131, 1167-1170. Voir Rosenfeld, *Serlio, loc. cit.*, n. 6, fig. A12-A14, p. 74. André Chastel, « Les vestiges de l'Hôtel de la Trémoille », *Bulletin monumental*, vol. 124, 1966, pp. 129-165. Pour les lithographies de Viollet-le-Duc, voir Viollet-le-Duc, *op. cit.*, n. 9, vol. 6, figs 36-37, pp. 282-284.

titué le plan de l'hôtel d'après l'inventaire après décès de Pierre Le Gendre, établi en 1524[24]. Malheureusement il n'y a pas assez de renseignements pour permettre une reconstitution détaillée des pièces. Nous pouvons, cependant, en établir les dispositions générales. Le corps de logis principal derrière l'avant-cour comportait deux ensembles de pièces, l'un au rez-de-chaussée et l'autre au premier étage avec chambre, petite salle, garde-robe, et deux salles d'apparat. En outre, il y avait une cuisine et deux bureaux à comptoirs et à coffre-forts au rez-de-chaussée où Pierre Le Gendre conduisait ses affaires, l'un près de la grande vis, du côté droit de la cour, l'autre, plus petit, du côté gauche près de la tourelle en quart-de-cercle. L'ensemble des pièces privées du propriétaire donnait sur un jardin derrière lequel se trouvait une deuxième cuisine et des étables. Un couloir du côté gauche de l'hôtel desservait le jardin. La juxtaposition, avant-cour, portiques, jardin, étables et grenier, nous rappelle un petit château.

L'hôtel Le Gendre illustre la similitude du petit château et de la maison de ville, considérées par Viollet-le-Duc comme types de demeures distincts[25]. La disposition générale des pièces était, selon Dominique Hervier, analogue à celle de l'hôtel construit à Bourges entre 1443 et 1453 par Jacques Cœur, homme d'affaires et trésorier de Charles VII (fig. 11). A la fois résidence et maison d'affaires comme celui de Jacques Cœur, l'hôtel Le Gendre devait comporter des espaces distincts disposés autour de la salle d'apparat. Les deux hôtels possédaient un oratoire sur la rue et des portiques qui menaient de la porte d'entrée au logis principal[26]. A l'hôtel Jacques Cœur, selon Robert Gauchery, un portique menait, à gauche, au rez-de-chaussée aux salles M, K, O, Q et P, destinées aux affaires, tandis que l'autre, à droite, menait à la cuisine (H), à l'étuve (E), et aux latrines à l'entresol (FF). Au premier étage, au-dessus des salles D, E, et H, se trouvaient les chambres à coucher du propriétaire[27]. Au milieu de chaque étage, il y avait une grande salle d'apparat (C). Au premier étage, la salle R, située dans une tour fortifiée de l'époque médiévale, était la chambre de Trésor. L'hôtel de Pierre le Gendre rappelle les petits châteaux qu'il possédait à l'extérieur de Paris, notamment celui d'Alincourt[28]. Par ailleurs, l'ambitieux Jacques Cœur, en s'inspirant du château de Mehun-sur-Yèvre (1367-1392) du duc de Berry, proclamait ses aspirations à la noblesse[29]. Ces deux hôtels confirment donc la théorie de Héliot selon laquelle les demeures urbaines et campagnardes ont des racines communes dans l'architecture médiévale. Selon Héliot, l'ensemble de pièces privées du palais urbain — cellier, salle d'apparat, chambre, et parfois oratoire — remonte aux pièces superposées des plus anciens donjons en pierre connus en France, ceux de Langeais, Loches et Beaugency, construits entre 995 et 1120. Du Moyen Age à la Renaissance le riche propriétaire urbain, tout comme le seigneur du château, avait besoin de caves à vin, de greniers, de granges, d'étables, de salles de réception, d'appartements, de cuisines et d'un jardin[30].

---

24. Dominique Hervier, *Pierre Le Gendre et son inventaire après décès*, Paris, 1977, pp. 1-74, 165-183, 205-206. F. Boudon, A. Chastel, H. Couzy, F. Harmon, *op. cit.*, n. 4, pp. 192-193.
25. Noté aussi par Jean Guillaume et Bernard Toulier, « Tissu urbain et types de demeures, le cas de Tours », *La maison de ville à la Renaissance*, Paris, 1983, pp. 9-23.
26. D. Hervier, *op. cit.*, n. 24, p. 13, Chastel, *op. cit.*, n. 23, p. 157.
27. R. Gauchery, « L'hôtel Jacques Cœur », *Congrès archéologique*, 1931, pp. 130-141, qui a déterminé la disposition des pièces grâce à un inventaire de la maison accompli en 1453 (Archives nationales, KK328). U. Albrecht, *Von der Burg zum Schloss : Französische Schlossbaukunst im Spätmittelalter*, Worms, 1986, pp. 87-93, pls. 180-193, qui a démontré l'influence du plan de l'hôtel de Jacques Cœur sur les châteaux du Plessis-Bouré, du Verger, et de Bury.
28. D. Hervier, *op. cit.*, n. 24, pp. 75-117.
29. U. Albrecht, *op. cit.*, n. 27, p. 90.
30. P. Héliot, « Les demeures seigneuriales », *loc. cit.*, n° 11, pp. 574-583, « Sur les residences princières », *loc. cit.*, n. 22, pp. 16-27, 291-317, et « Les origines du donjon résidentiel », *loc. cit.*, n. 13, pp. 217-234.

L'hôtel parisien et l'architecture domestique européenne

En conclusion, nous avons vu que l'hôtel particulier parisien, qu'il soit conçu pour la noblesse, la bourgeoisie, ou l'église, a évolué lentement du XIVe au XVIe siècle. D'abord agglomération de bâtiments individuels, reliés parfois par des portiques et galeries superposées, de cours et de jardins, l'hôtel particulier a atteint une forme homogène, cohérente et régulière vers le milieu du XVe siècle. La typologie de l'hôtel particulier parisien s'écarte de celle du château-fort tout au long des XIVe et XVe siècles. En éliminant les tours fortifiées, les architectes de l'hôtel Le Gendre et de l'hôtel de Cluny ont réussi à intégrer l'hôtel dans le milieu urbain.

Il existe une tendance à isoler l'architecture domestique française de celle des autres pays européens. Pourtant on retrouve les mêmes éléments dans le *hall house* anglais et le palais allemand. Tackley's Inn à Oxford, bâti vers le milieu du XIVe siècle[31], le palais de la Wartburg, élevé près d'Eisenach entre 1170 et 1217[32] et l'hôtel de Cluny à Paris sont conçus d'après un prototype commun, avec salle au centre, suite de pièces privées en enfilade et avant-cour. Nous croyons en accord avec Héliot et d'autres historiens que la survivance des traditions romaines, carolingiennes, et normandes est à l'origine de certaines constantes, y compris la distribution des pièces, qui se retrouvent dans les demeures urbaines et campagnardes de divers pays européens pendant le Moyen Age et la Renaissance. Ce sujet mériterait à l'avenir une étude plus approfondie[33].

---

31. J.T. Smith, « Medieval Aisled Halls and Their Derivatives », pp. 27-45, P.A. Faulkner, « Domestic Planning from the Twelfth to the Fourteenth Centuries », pp. 84-134, *Idem*, « Medieval Undercufts and Town Houses », pp. 118-154 (fig. 5, p. 126, pour l'illustration de Trackley's Inn, Oxford), tous dans *Studies in Medieval Domestic Architecture*, Londres, The Royal Archaeological Institute, 1975 ; et W.A. Pantin, « Medieval Town House Plans », *Medieval Archaeology*, vols. 6-7, 1962-1963, pp. 202-239.
32. S. Asche, *Die Wartburg*, Dresden, 1955, ill. du plan, p. 203.
33. K. Swoboda, *Römische und Romanische Palaste*, Vienna, 1924, pp. 42, 53-54, 88-91, 200-206, 223-247, P. Héliot, « Sur les résidences princières », *loc. cit.*, n. 22, pp. 304-305, J.S. Ackerman, « The Sources of the Renaissance Villa », *Acts of the Twentieth International Congress of the History of Art*, vol. 2, 1963, pp. 11-12, et R. Allen Brown, « The Norman Conquest and the Genesis of English Castles », *Château-Gaillard*, vol. 3, 1966, publiée en 1969, p. 13. Nous sommes en train de rédiger un livre, *From Manor to Palace : The Hôtel de Cluny and the Origins of the French Renaissance Palace*.

1. Peintre flamand inconnu, Le Louvre et l'hôtel de Bourbon, détail du *Retable du Parlement de Paris*, vers 1450, Musée du Louvre.

2. Vue cavalière de l'hôtel de Bourbon, Paris, 1390-1413, Censive du chapitre de Saint-Germain-l'Auxerrois vers 1550.

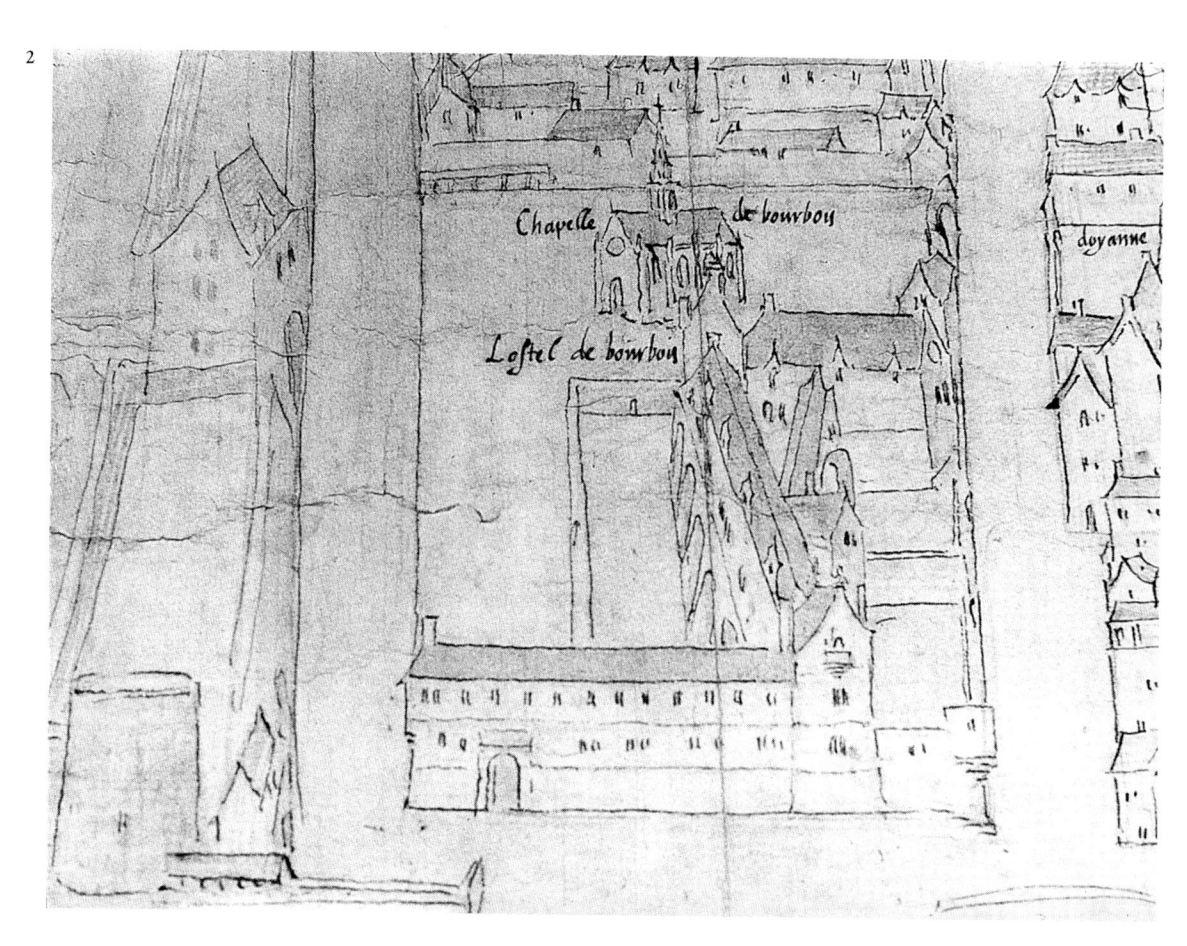

3. Le palais de l'île de la Cité à Paris, *Les Très Riches Heures du duc de Berry*, juin, 1410-1416.

4. Guillaume de Revel, Manoir de Teilliers-sous-St-Galmier, *Armorial d'Auvergne*, vers 1436-1456.

5. Hôtel de Cluny, Paris 1456-1485.

6. Plan du premier étage de l'hôtel de Cluny, Paris, 1456-1485 (Dessin Andrea Arthurs).

7. Plan du rez-de-chaussée de l'hôtel de Cluny, Paris, 1456-1485 (Dessin Andrea Arthurs).

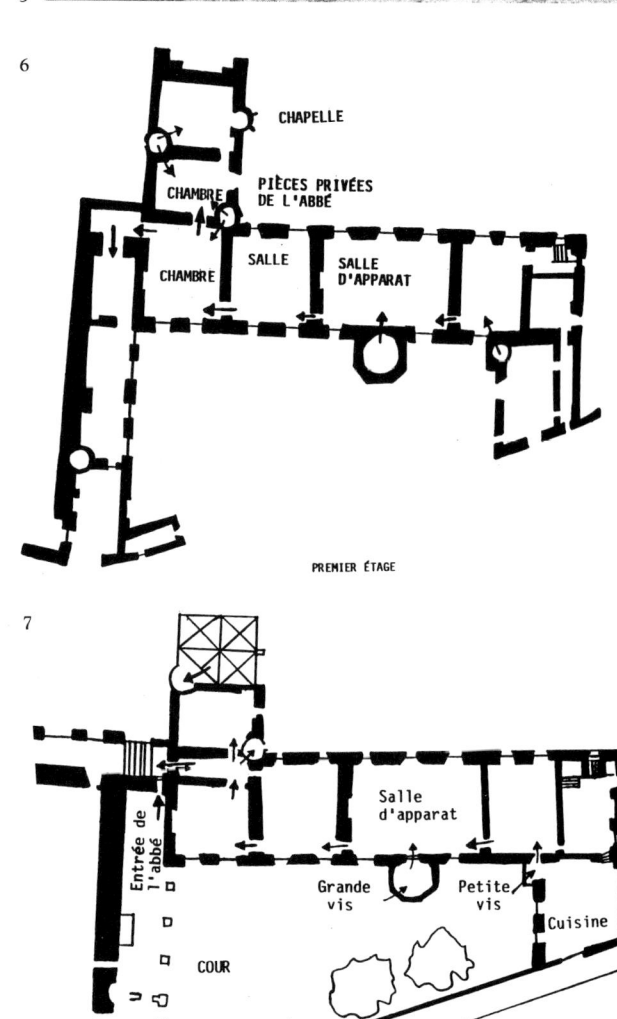

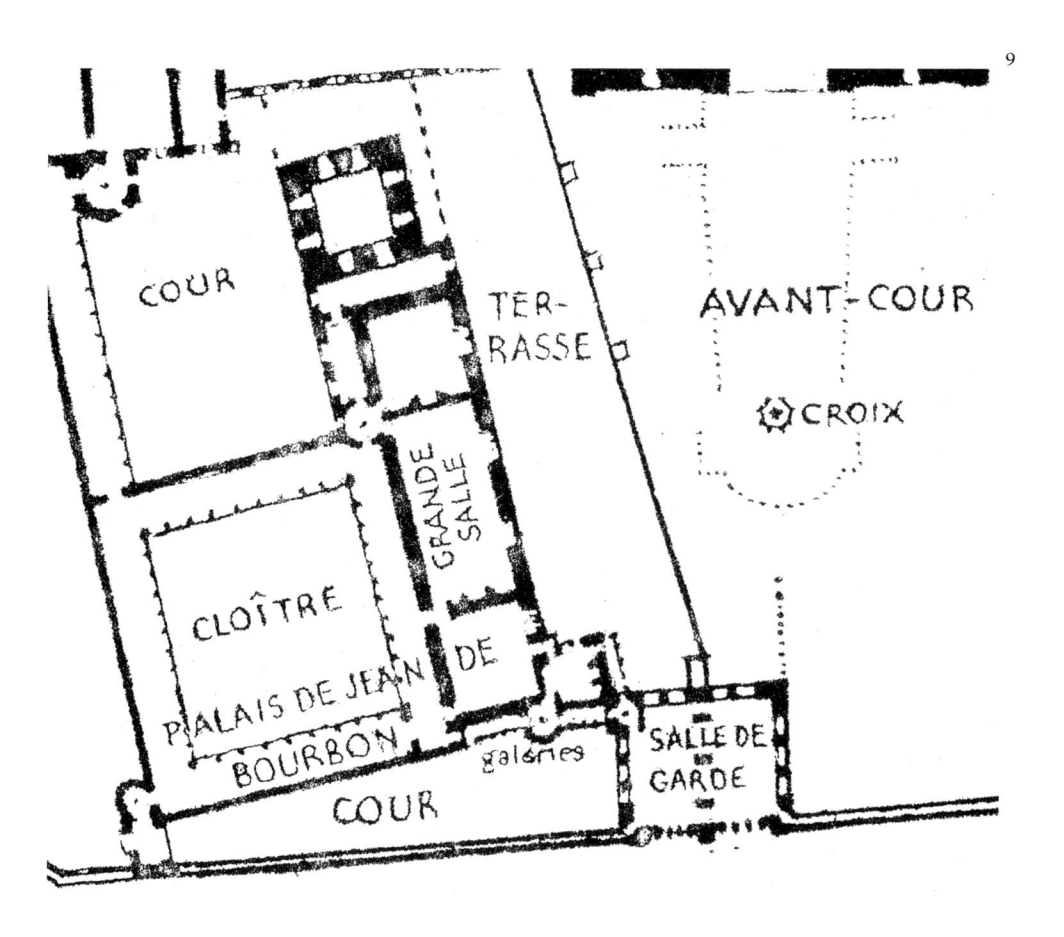

8. Façade du logis de Jean de Bourdon à l'abbaye de Cluny, 1456-1485, reconstitution de J.K. Connant.

9. Plan du logis de Jean de Bourbon à l'abbaye de Cluny, 1456-1485, reconstitution de J.K. Connant.

LA DISTRIBUTION DES PIÈCES...

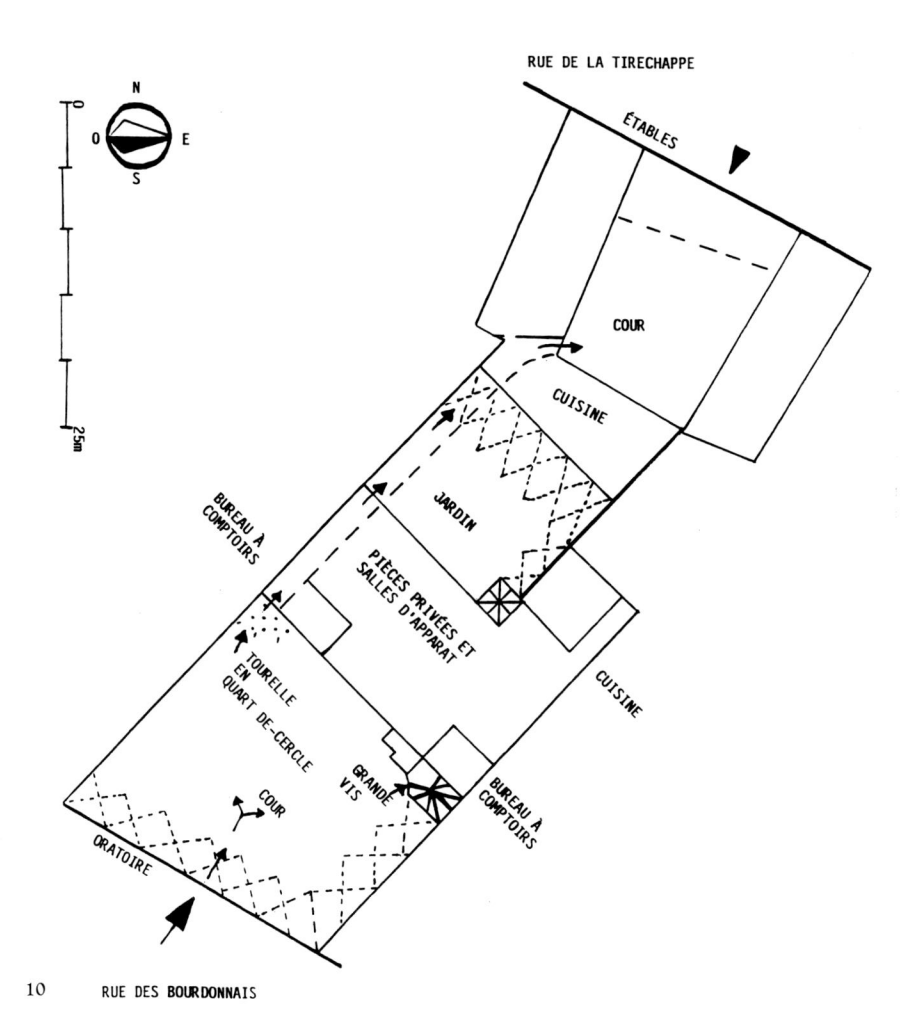

10. Plan de l'hôtel de Pierre le Gendre, Paris, 1504-1524 reconstitution d'après le dessin de J. Blécon (Dessin Andrea Arthurs).

11. Plan du rez-de-chaussée de l'hôtel de Jacques Cœur, Bourges, 1443-1453, dessin de R. Gauchery.

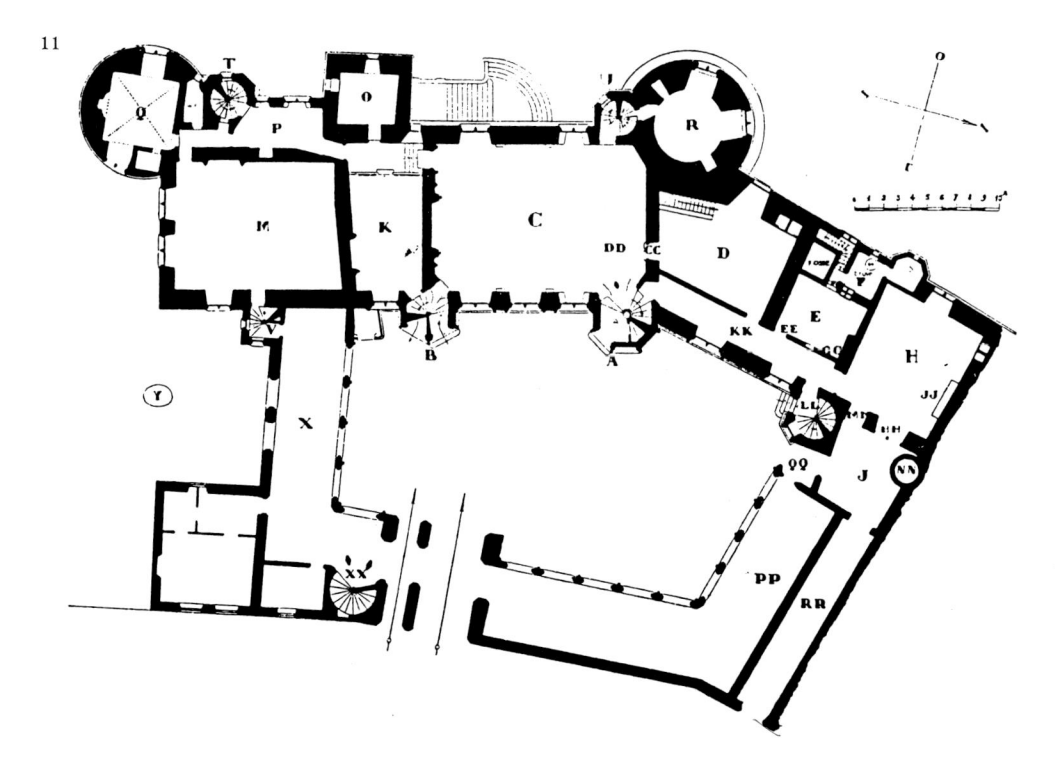

France's Earliest Illustrated Printed Architectural Pattern Book

Designs for living
« à la française » of the 1540's

by David THOMSON

Jacques Androuet du Cerceau's earliest architectural publication is reproduced here in full for the first time. This writer knows of only three complete sets of the prints, at the Cabinet des Estampes of the Bibliothèque Nationale (Ed. 2c), at the Ecole des Beaux-Arts, Paris (Collection Lesoufaché 270) and at the Metropolitan Museum of Art, New York (Dick Fund 37.40.9, 1-15). There surely are more. In any of them, there is no title page or accompanying text. At the Cabinet des Estampes the collection is misleadingly catalogued as *Petites Habitations*, and is included in the listing of the engravings of Jacques Androuet du Cerceau[1]. The question of the attribution to du Cerceau is not a matter for this essay, but this writer finds it wholly convincing, and I believe that this group of engravings was amongst the work for which he sought protection of copyright in a petition to Francis I on the 28 June 1545[2]. The historical, social and artistic significance of this collection is very considerable, especially when it is remembered that no pattern book of domestic architecture had yet been published in Europe. Sebastiano Serlio's « true » sixth book on domestic architecture was in preparation at Fontainebleau at this time, but remained in manuscript[3]. It is certain that Androuet du Cerceau had access to Serlio's unpublished work, and the distinctively French character of these châteaux can be interpreted as an adaptation or corrective of Serlio's patterns. The impetus to systematise and schematise the French manner of architecture was triggered by Serlio, and became a compulsion throughout du Cerceau's long and prolific career of drawing and publishing.

Châteaux A to F are anything but « Petites Habitations ». They are country houses for the truely wealthy or aristocracy, and a renaming to « Grandes Demeures Seigneuriales » would be more appropriate. The study of the social structure and arrangement of upper class houses of the sixteenth century can draw on a variety of sources, inventories, domestic accounts, memoires, painting, and of course the buildings themselves. Private life has and does enjoy a considerable vogue amongst historians[4]. One

---

1. A. Linzeler, *Inventaire du Fonds Français*, Bibliothèque nationale, Département des Estampes, Paris 1931, pp. 57-58.
2. David Thomson (ed.), Jacques Androuet du Cerceau. *Les plus excellents bastiments de France*, Paris 1988, p. 310.
3. Myra Nan Rosenfeld : *Sebastiano Serlio On Domestic Architecture*, Cambridge (Mass.) 1978.
4. Philippe Aries et Georges Duby (ed.), *Histoire de la vie privée*, 4 vols. Paris 1985 ff. ; Kirsten B. Neuschel, « Noble Households in the Sixteeth Century. Material Settings and Human Communities », in *French Historical Studies*, vol. XV, 1988, pp. 597-622.

of the first questions to be asked of the « Grandes Demeures Seigneuriales » is whether the schemes are wholly ideal, wholly real or a mixture. Each of these schemes suggests significantly varying degrees of ideal and real, but all do seem to be a mixture. A way of getting round some of the hypotheses and ambiguities, which these remarkable buildings on paper pose the historian, is to take a tour of each house in the mind's eye. Each plan has inscriptions to identify all the major rooms and spaces, and so the practicality or awkwardness of the arrangements well can be visualised in bald terms by a descriptive itinerary.

A (figs. 1-2) : We start with one elevation, a bird's eye isometric view from the front, and a plan, only of the ground floor, as with C, D and E. This is a very clearly organised house in its separation of family space from servant household. As the opening project of the sequence it might be read as the simplified basic schema for all the variants to come.

The left half of the main block is the owner's lodgings and reception rooms. The *grant salle* with the substantial *salle* beyond could serve in combination for large and for small scale entertaining. This implied flexibility is of importance, as du Cerceau never now or in future books allocates a room as best suited for dining. The group of rooms adjacent at top left to the *grant salle* and *chambre* of near equal proportion do not make up a conventional apartment by containing a study. This must be a house suitable for a learned lord or a major church or political figure, who would need an ample room especially for books and papers. This could not have been the very private closet known in English houses, nor the *cabinet* in French town and country houses, which conventionally would be very small. Here the *cabinet* is reached from the *estude*, which makes its function the more puzzling. At ground floor level this portion of the house is attached to the bottom left pavilion by a three bay arcade, which can only be imagined with an « apartement » on each floor. Such connecting arcades are called interchangeably, *galeries* or *portiques* by du Cerceau, and also by his contemporary Guillaume du Choul the antiquarian[5]. Access to the ground floor apartment is only from the outside within the courtyard, whilst the one above is reached both from a spiral stair below, and is connected to the main block by a walkway above the arcade. With no set-aside space for a privy as in the lord's or mistress's « apartment », ablutions must have been intended for the comfort of guests with a portable closed stool and basin. The right half is almost wholly devoted to services and servants' quarters. The location of the house's main staircase does little to help us imagine the first floor arrangements. The large oratory in the pavilion at the bottom right is a feature of the house of a great lord much recommended in all earlier and later literature on household management, where the master is held responsible for the regular religious observances of his staff. In France the Hôtel de Ferrare at Fontainebleau as designed by Serlio is the nearest example of this type of arrangement[6].

B (figs. 3-6) : Two elevations, the first of the garden front in isometric projection, the second of the courtyard side again in isometric projection with the narrow arcaded gallery wing seen in sharp perspective. This wing has to be read as a continuous gallery at first floor level, for otherwise it would be a very inconvenient enfilade of tiny rooms, connected to we know not what.

---

5. Du Choul, *Des antiquités romaines premier livre*, Turin, Biblioteca Reale, ms. Var. 212. The manuscript is usually dated to the late 1530's.
6. Jean-Pierre Babelon, « Du Grand Ferrare à Carnavalet. Naissance de l'hôtel classique », in *Revue de l'Art*, 1978, pp. 83-108 and David Thomson, *Renaissance Paris*, London, 1984, pp. 105-112.

Two plans of half sunk basement and of the floor above. The plan of the half sunk basement is the segregated domain of the servants and stores, with the possible exception of the right hand tower, which is inscribed as being a fully fledged apartment consisting of *chambre, cabinet* and *garderobe*, with communication to the upper floor by a spiral staircase to the apartment in the angle tower above, as well as sideways to the rest of the servants' quarters. Here is a vertical arrangement of the horizontal layout seen in *A*. The role of this stray basement apartment is mysterious. Another unusual feature of the plan at this level is that two important rooms or connecting spaces are left without a defined function by an inscription. These are the substantial room between the *allée* and the kitchen as well as the blank space of the room connecting the servants' hall and the basement angle tower apartment. There the placement of a single annexed privy might mean that it was simply flexible or dead space.

The first floor plan has still more oddities than any in the collection. The apartment in the right hand tower is reached from the main rooms only by a most tortuous route from inside to outside (fig. 6). The apartment in the opposite tower is open to both the terrace and adjacent within a few feet to the great hall. In the schemes *A, C* and *D* the main communal hall is an axis for the servants' quarters, but here, as in the first floor plan for *F* the *salle commune* has been promoted to the principal suite of rooms. More than any of the other four grand houses in the collection, this looks as if du Cerceau had an actual house in mind. Where was it ?

C (figs. 7-8) : One elevation in distorted isometric projection, where for example the angle tower at the right obtrudes far more than its pair on the left, which houses the kitchen.

One ground floor plan. Effectively the left hand side of the house is the service and servants' quarters. On the right hand side half the area in the main block is taken up by the great hall, followed by an « apartement » of unusually large scale. Three of the four angle towers contain apartments on the ground floor, and it is reasonable to guess that they would have similar above. The whole is bisected by the central *allée*, a little under a third of whose area is taken up by the staircase at the end. At first sight this long, wide central space strickingly resembles the form of an *androne* in a Venetian palace. The broad open arches on the facade for its entrance give it special prominence, but nevertheless it is easy to imagine that the middle of the house would have been dark. Indeed with no direct light source from outside the butler in his *sommellerie*, and those who wanted to use the bread pantry next door, would need candles even at midday. This pair of rooms certainly could be kept cool. The plan shows the back of the house was to be richer than the front, with a two storey arcaded loggia connecting the angle towers. This would have been very much in keeping with the penchant of Francis I for exterior arcades as seen at Blois, Chambord or the Château de Madrid in the Bois de Boulogne.

Externally the *androne* is expressed with a flat roof, flanked by four ridiculously tall pitched roofs « à la Fontaine-Henri ». The walkways all around the edge of the roof, and the four little belvedere pavilions, show that this is to be seen as a place for play and display set in a park.

D (figs. 9-10) : One bird'eye view in isometric projection. One ground floor plan. Apart from the apartment in the pavilion at the bottom left, the left hand side of the house is the service and servants' quarters. It is a most unusual arrangement to have an access direct from the *salle commune* into a family or guest chamber. In the right hand wing is the great hall, with apartments in the angle pavilions at its two ends. This must be considered the master's quarters. The inscriptions indicate that for the first floor in the pavilion at the top right, there was to be a chapel above the main chamber and a small oratory above the cabinet. The plan of D is illogical in its presentation of the arcaded wing at the back of the courtyard. The view shows an uninterrupted open arcade at ground floor level, but in the plan du Cerceau contrived to illustrate the first floor lodgings in the central pavilion. This indicates, along with the extra information given about the first floor of the top right pavilion, that he felt that just one plan should suffice to indicate adequately the arrangements of the two main floors. We have just one plan, offering a two in one approach. We are to understand that each floor, excluding the servants' and service quarters, are identical.

There is an important relationship and typological contrast between C and D ». « C is a freestanding structure with the services segregated from the reception and master's rooms by the *allée*. In D the courtyard is used for the same purpose. C has more old fashioned round angle towers, an appropriate symbol for an old family's « donjon ». D has more modish rectangular angle pavilions, whose internal partitionings follow the traditional pattern. The same applies to the contrast between A and B.

E (figs. 11-12) : One elevation in isometric projection of the facade at the bottom in the plan. One plan of the ground floor. The recessed central hall is flanked by two sets of « apartements » on the left, divided by a grand double ramp staircase, with the right hand side being divided between the services at the top and a third « apartement » at the bottom. With kitchen and some stores at this level, the basement must be imagined as being for the *salle commune*, services and servant's quarters. It is especially regretable that there is no first floor plan for this house, for it would be useful to know if the great hall rose through two storeys, and if not whether there was an equivalent space above the ground floor hall. More than any other project this scheme best corresponds with the common custom amongst the greater gentry or aristocracy of two households of the master and mistress, having arranged marriages to sustain, living semi-autonomously under one roof. As at C the *allées* which flank the hall are expressed in the roof by flat walkways at the ends of which, for the sake of consistency, are freestanding dormers. It is very difficult to imagine the interior arrangements of the very peculiar superstructures to the angle towers.

F (figs. 13-15) : One elevation in isometric projection of the courtyard facade of the main block. Two plans of the basement and of the ground floor. From top to bottom the two angle pavilions contain apartments connected vertically by a spiral stair, which for the basement apartments is the only direct way to the main rooms above being walled off from the servants' quarters and services in the central portion of the basement. The planing of the services is very odd. The kitchen, larder, plate store and fruit and vegetable room (« plumerie ») are not connected to the butler's pantry and bread store or bakery, which in turn is shut off from the servant's hall. The only way from the kitchen to the hall above is to go out and use the bottom flights of the spiral stair connecting the apartments. Why the sequence of main rooms on the ground floor should be punctuated by a linen store is equally peculiar, for in the same position in B there is a garderobe for the main hall. Up to this point we have avoided the awkward question of the role and status of the *salle commune*. All of the schemes except E have one designated in each case on the ground floor, never the basement. In B and here the *salle commune* is firmly integrated into the fine rooms, but in A, C and D it is adjacent to the kitchen or butler's pantry, and in A looks very much a part of the service quarters. Where there is a *salle pour les serviteurs* as in B and here in F it is in the basement, but these are the only projects where we have the benefit of two floor plans. All this leads to the question of the function of the *salle commune*, whether it was a place for the entire family, or possibly the entire household. In turn it makes one wonder what special role was perceived for the great hall or *salle*, whether it was set aside for the most special occasions, receptions and feast days.

*
* *

It would be fruitless to spill more ink on a descriptive analysis of these schemes, without any knowledge of the actual buildings which informed Androuet du Cerceau's critique of Serlio. The most striking feature of this in terms of the social organisation of the schemes set out by the Frenchman is the amount of space in most of his designs for servants' and service rooms, where he allocates specialised functions, which we must assume were thought of as characteristic and traditional in good houses of the time. The head of the staff usually is allocated a pantry, and special provision is made for the storage and cleaning of fruit and vegetables in the *plumerie* just as the house's bread is specially provided for, although he never indicates whether of not there would be an oven.

In the titles to some of his early publications he makes it clear to the reader that part of the designs are adapted from the work of others and part from his own imagination. This is likely to apply here, where above all *B* looks as if it could have existed somewhere in Normandy, the Ile-de-France or the Loire Valley. Du Cerceau is recorded as living at Tours in 1545 and shortly thereafter, until after 1551 at Orleans. The fact that only three possibly incomplete copies of the work are known, should not lead any to think of it as an obscurity. Dozens or hundreds of copies must have been produced, for in Nottinghamshire in the Midlands of England in the late 1570's or early 1580's and in Brittany early in the next century the plan of *E* was taken as a model for the building of two important country houses.

The « rejected plan » for Wollaton for Sir Francis Willoughby (fig. 16) makes only one major alteration to the plan of *E* in repeating the main staircase on the right hand side of the central hall. The choice of *E* is very instructive in the light of the function Wollaton had to fulfill, and in terms of the house as built. Willoughby was a difficult man, constantly in strife with his first and second wives and all his family. Thus, as is well documented, his house had to be a showcase on the one hand and planned and organised in such a way for two households to coexist without having to share space[7]. The plan of *E* offered a feasible solution to his problems, and it is significant that the additional grand staircase in the « rejected plan » would have accorded equal status to the heads of the two factions. Evidence of such strife is plentiful for France at the sama period, but there is little of such a clear consequence in the planning of a grand new building[8]. As built Wollaton is much larger and complex in plan (fig. 17) than the straightforward schema offered by du Cerceau's *E*, but at a glance to *E*, in the early planning stages for this extravagent house, the patron could see an answer to a domestic problem. The Englishman's interpretation of the central hall, which is left unresolved in the engraving, was to run it through the whole height of the house and higher (fig. 17), which shows the amenability of the little book for a culture and building world very different from where the design was conceived.

---

7. Mark Girouard, *Robert Smythson and the Elizabethan Country House*, New Haven & London, 1983, pp. 81-108, and Alice T. Friedman, *House and Household in Elizabethan England*, Chicago, 1988.
8. Jacqueline Boucher, *La Cour de Henri III*, Rennes, 1986, pp. 93-95. See also Nancy M. Roelker, « The Role of Noblewomen in the French Renaissance » in *Archiv für Reformationsgeschichte*, 63, 1972, pp. 168-195, and J.-M. Constant, *De la noblesse française aux XVI-XVIIe siècles*, Paris 1985.

The adoption of the plan of E for the château de Kergournadec'h (figs. 18, 19) has none of the fascinating circumstantial evidence, which surrounds the story of Wollaton. Like Willoughby the builders of Kergournadec'h Françoise de Kerc'hoent and Sebastien de Rosmadec-Molac took to the plan of E without considering of any interest the accompanying elevation. The date of the building of the house is calculated in the modern literature to the second decade of the seventeenth century[9]. By that time there was much more pattern book material available, not least of which could have been du Cerceau's own *Livre d'Architecture* of 1559 offering fifty projects and of 1582 with thirty eight schemes all more detailed with descriptive texts for costings[10]. Irrespective of its age, the Breton lords of Kergournadec'h saw more in the plan of E than Willoughby, and followed it almost scrupulously. It would be nice to know if their motives were analogous to Willoughby's, but we do not. After them no builder of any importance seems to have paid any attention to the intriguing « Grandes Demeures Seigneuriales ».

In conclusion, it can be said that the production of this suite of engravings heralded by some fifteen years the first of Jacques Androuet du Cerceau's more developed and sophisticated work in the field of pattern books for major houses, the *Livre d'Architecture* of 1559. That book has none of the tangible consequences in real buildings that have been traced to the more elusive « Grandes Demeures Seigneuriales ». The reflections of this apparently obscure little work open new questions on the diffusion of architectural books, and provide new interpretations on the social and intellectual value attached to architectural popularisation.

---

9. *Images du Patrimoine. Châteaux du Haut-Léon, Finistère* (Inventaire général des monuments et des richesses artistiques de la France), Rennes, 1987, pp. 14-15. I am very grateful to Mure Christel Douard for making this château known to me.
10. Françoise Boudon « Les Livres d'architecture de Jacques Androuet du Cerceau, in *Les traités d'architecture de la Renaissance* (Collection « De Architectura »), édited by Jean Guillaume, Paris, 1988, pp. 367-396.

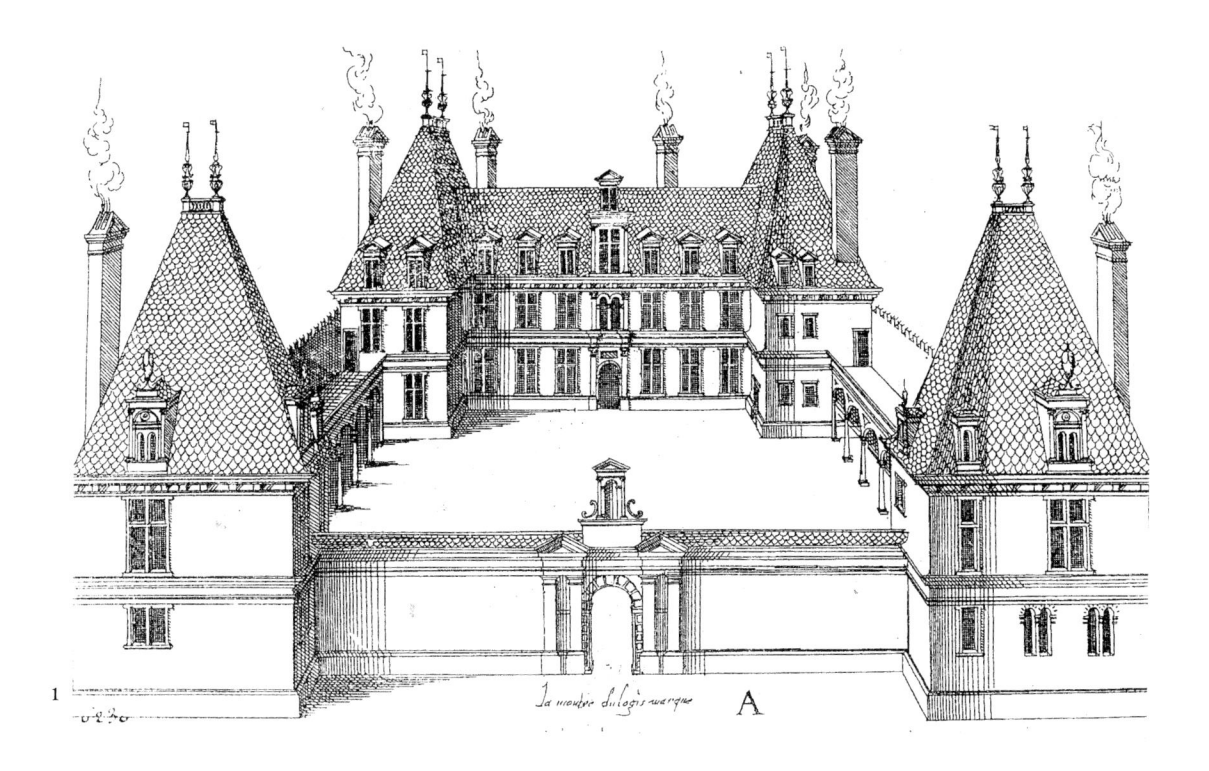

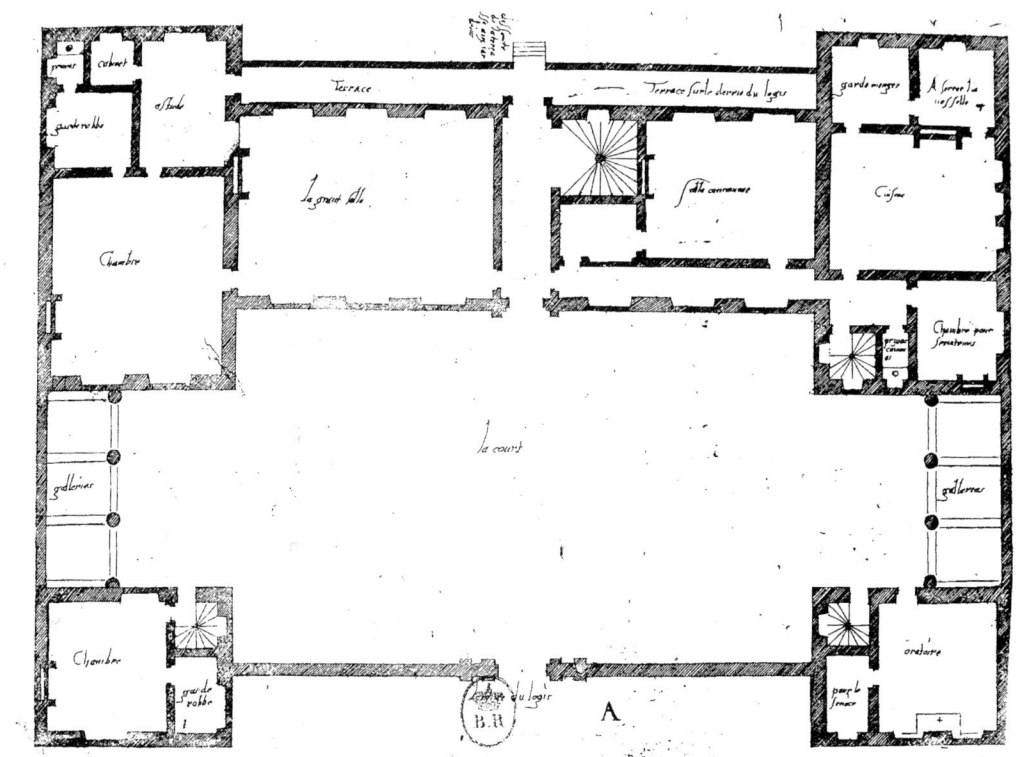

1. Château A, elevation..

2. Château A, ground floor plan. Clockwise from the bottom left, the inscriptions for the interiors read: *garderobbe, Chambre, galleries, Chambre, garderobbe, prives, cabinet, estude, la grant salle, salle commune, garde manger, A serrer la vessele, Cuisine, Chambre pour serveteurs, prives communes, galleries, oratoire, pour le service*. The inscriptions for the exterior read: *Terrace, Terrace sur le derrie[re] du logis, dessente de la terrasse au jardin*.

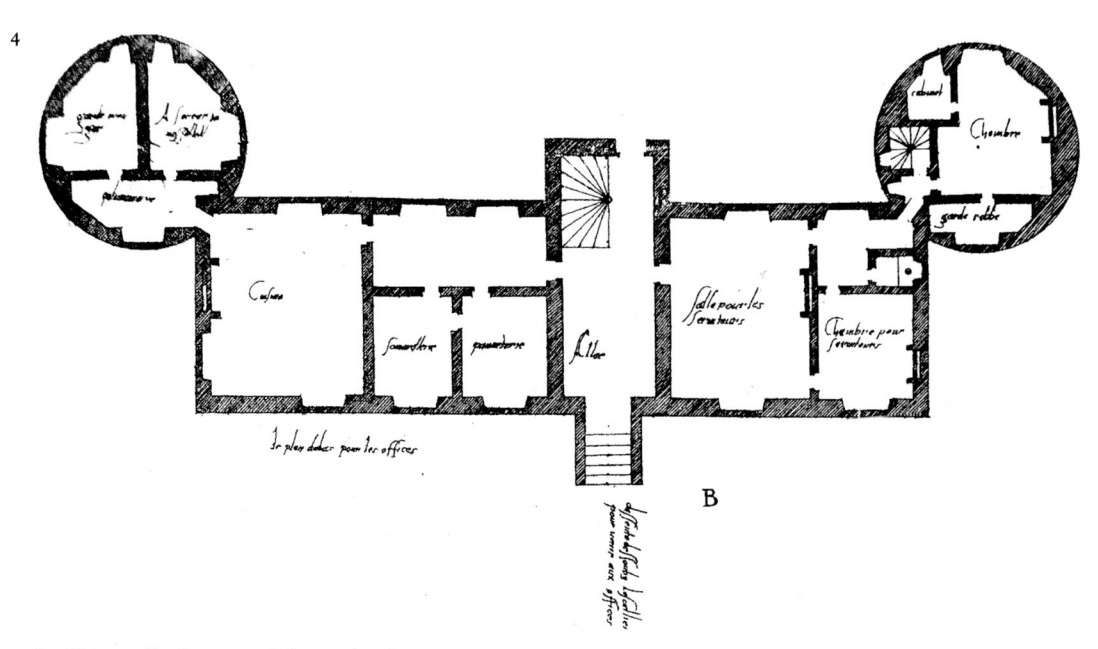

3. Château B, elevation of the garden front. The inscription on the left reads: *dessente de la terrasse pour venir aux jardins*. The inscription on the right reads: *la face du logis de derrière sur les jardins*.

4. Château B, plan of the basement. The inscriptions for the interior read from left to right: *garde manger, A serrer la vesselle, plummerie, Cuisine*, (a blank), *sommellerie, panneterie, Allee, Salle pour les Serviteurs, Chambre pour Serviteurs* (a blanck with adjacent privy), *Chambre, garderobbe, cabinet*. The inscriptions on the outside on the left reads: *Le plan debas pour les offices*. To the right: *dessente dessoubs lescallier pour venir aux offices*.

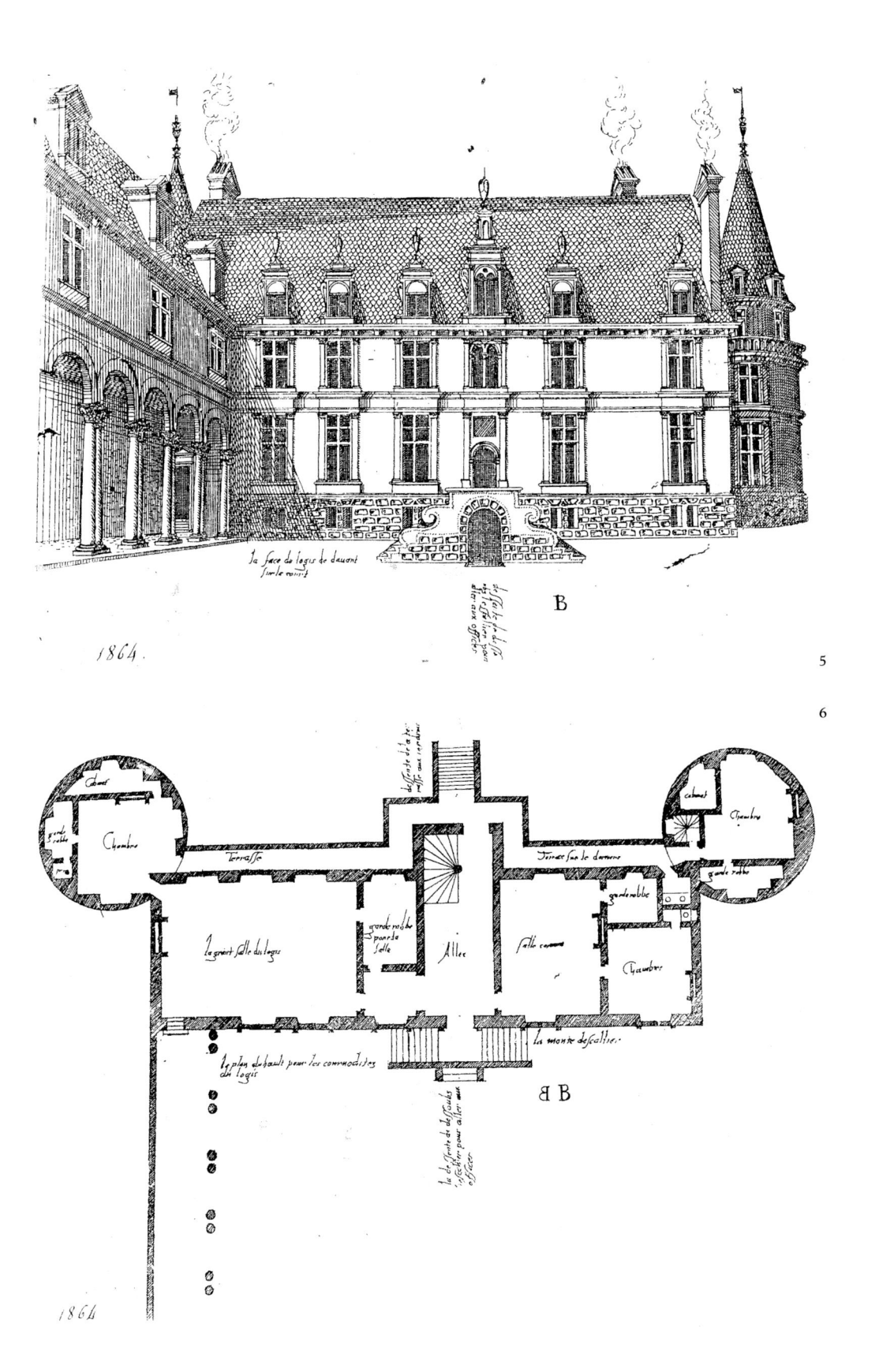

5. Château B, elevations to the courtyard. The inscription on the left reads: *la face du logis de davant sur la court.* The inscription on the right reads: *dessente de dessoubs l'escallier pour aller aux offices.*

6. Château B, plan of the ground floor. The inscriptions for the interior read from left to right: *Cabinet, garderobbe, Chambre, Le grant Salle du logis, garderobbe pour la salle* (a blank), *Allee, Salle commune, Chambre, garde robbe* (a single and double privy), *Chambre, garde robbe, cabinet.* The inscriptions for the exterior read: at the top, *dessente de la terrasse aux jardins,* at the bottom left to right, *le plan du hault pour les commoditez du logis, la dessente de dessoubs l'escallier pour aller aux offices, la monte d'escallier.*

7. Château C, elevation.

8. Château C, plan of the ground floor. Clockwise from bottom left the inscriptions for the interior read: *Cuisine, A serrer la vesselle, plummerie, garde manger,* (a blank for a right angled lateral service corridor), *panneterie, sommellerie, salle commune, garde linge, Chambre, prives communes, Chambre, garde robbe, cabinet, escallier, Allee, Chambre, cabinet, garde robbe, Cabinet, garde robbe, Chambre, la grant Salle, garde robbe, prive, Chambre, cabinet.* The inscriptions for the exterior read: at the top, *Terrace servant pour tous estages aux tours,* at the bottom, *l'entree du logis.*

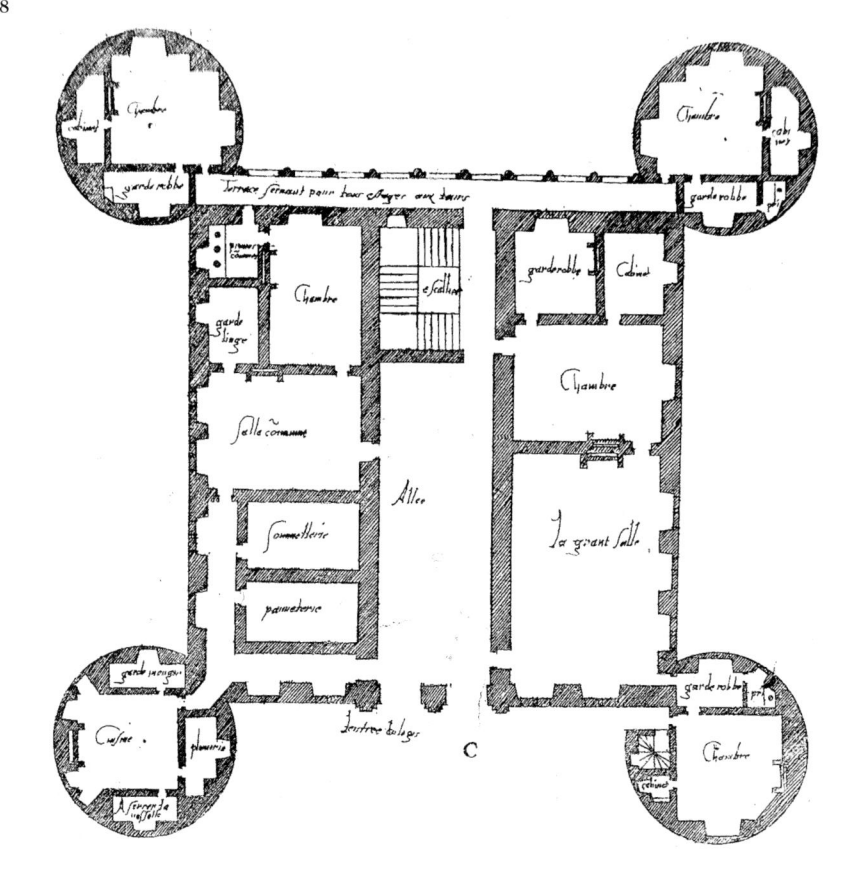

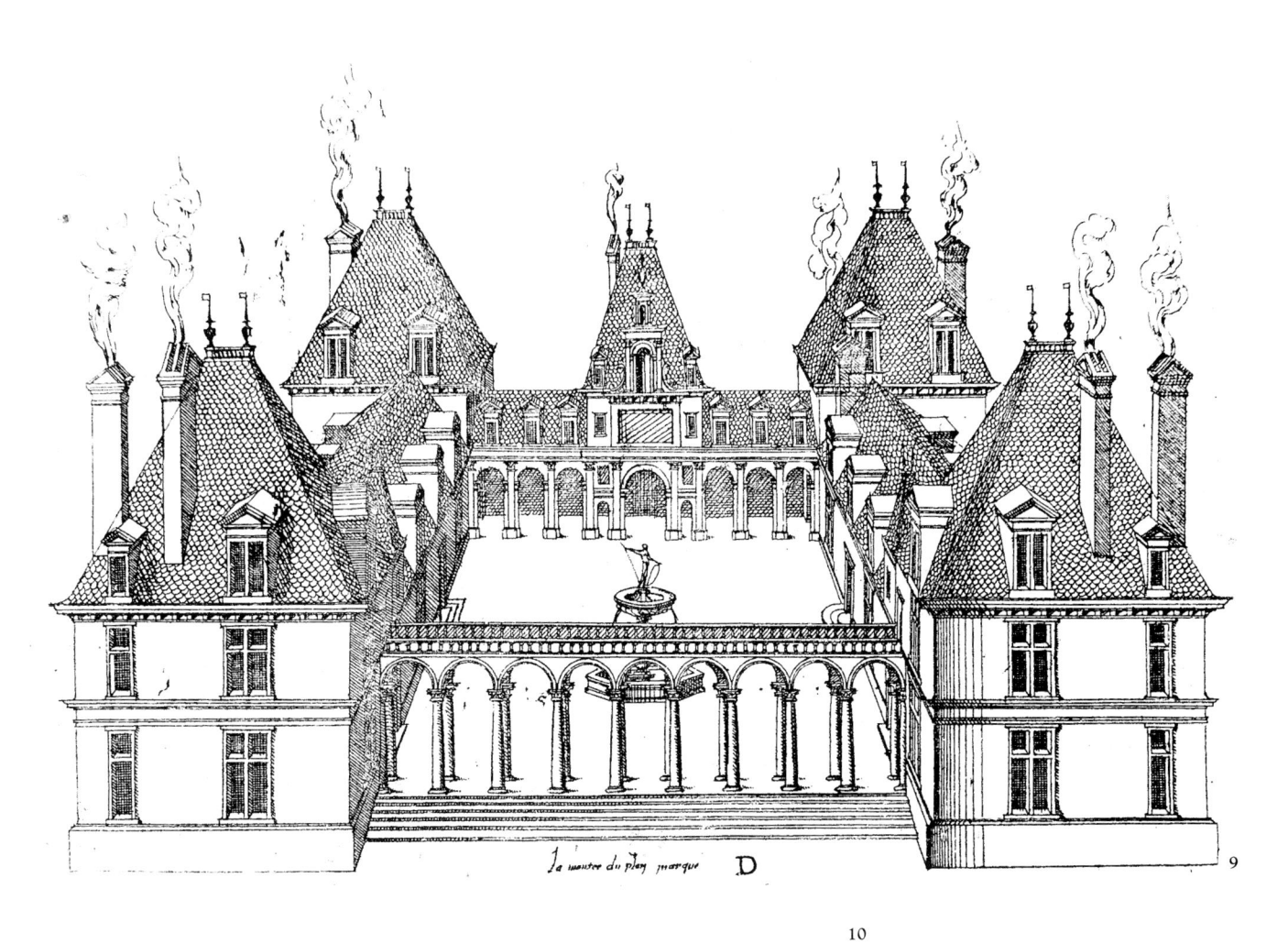

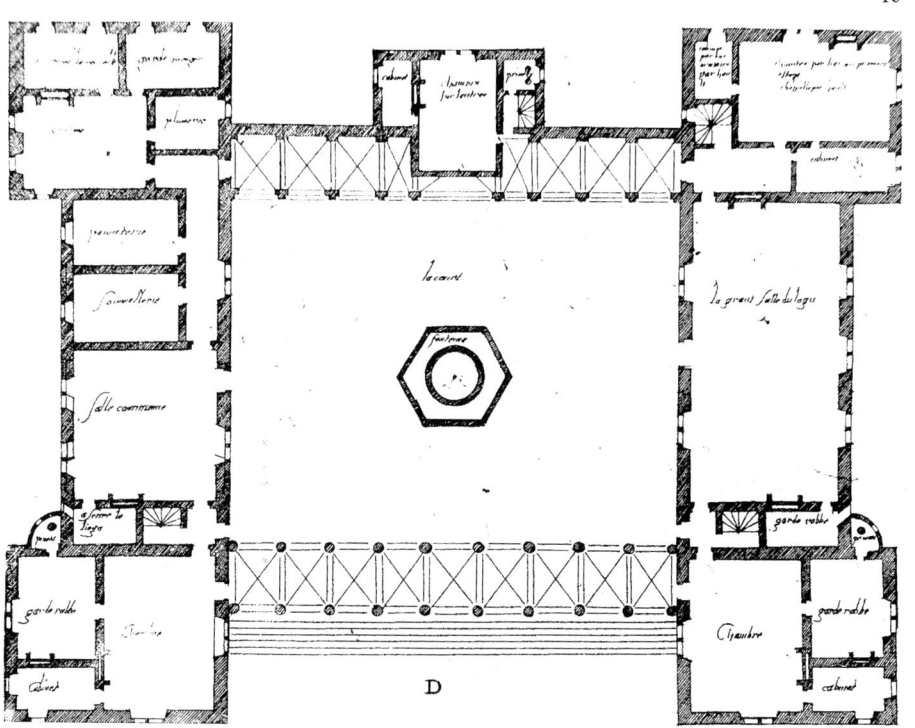

9. Château D, elevation.

10. Château D, plan of the ground floor. Clockwise from bottom left the inscriptions for the interior read: *Chambre, Cabinet, garde robbe, prive, a serrer le linge, Salle commune, sommellerie, panneterie, cuisine, a serrer la vaisselle, garde manger, plumerie, cabinet, chambre sur l'entree, prives, cabinet par bas et autre par hault, chambre par bas au premier estage chapelle par hault, cabinet* (a blank), *la grant Salle du logis, garde robbe, garde robbe, cabinet, Chambre*. The inscriptions in the courtyard read: *la court, fontaine*.

FRANCE'S EARLIEST ILLUSTRATED...   231

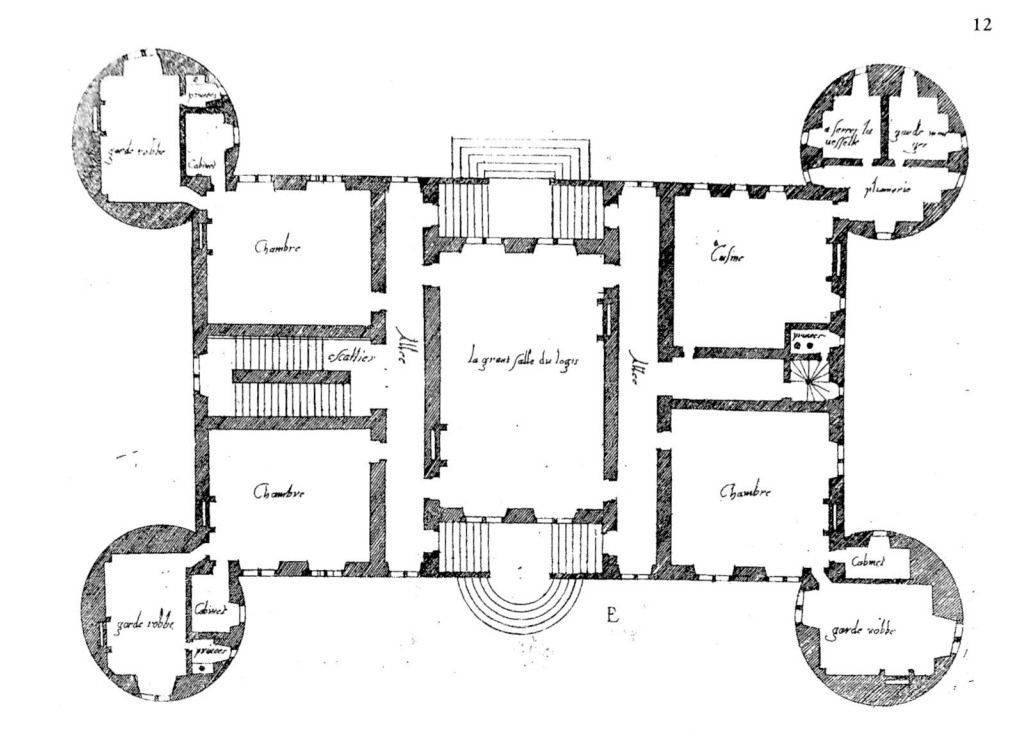

11. Château E, elevation.

12. Château E, plan of the ground floor. Clockwise from bottom left the inscriptions for the interior read: *privees, garde robbe, cabinet, Chambre, escallier, Chambre, garde robbe, privees, Cabinet, Allee, la grant Salle du logis, Allee, Cuisine, plummerie, a serrer la vesselle, garde manger, prives, Chambre, Cabinet, garde robbe.*

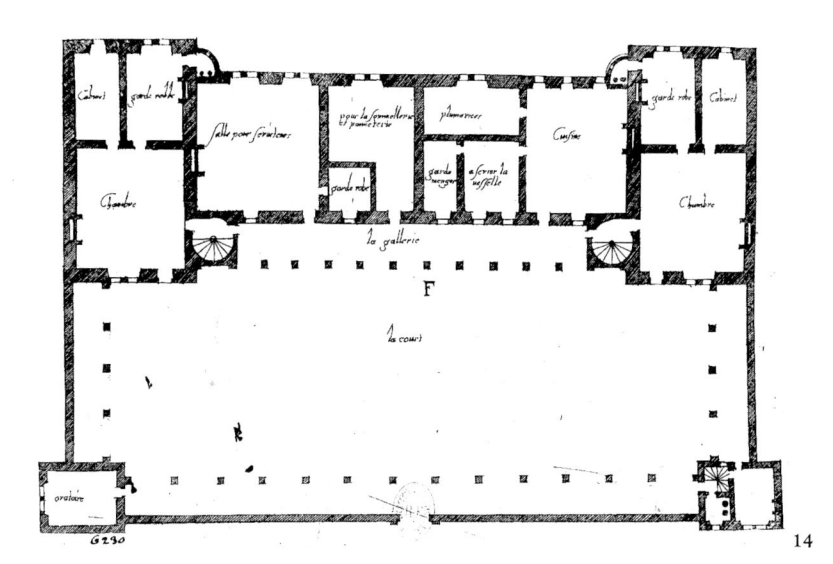

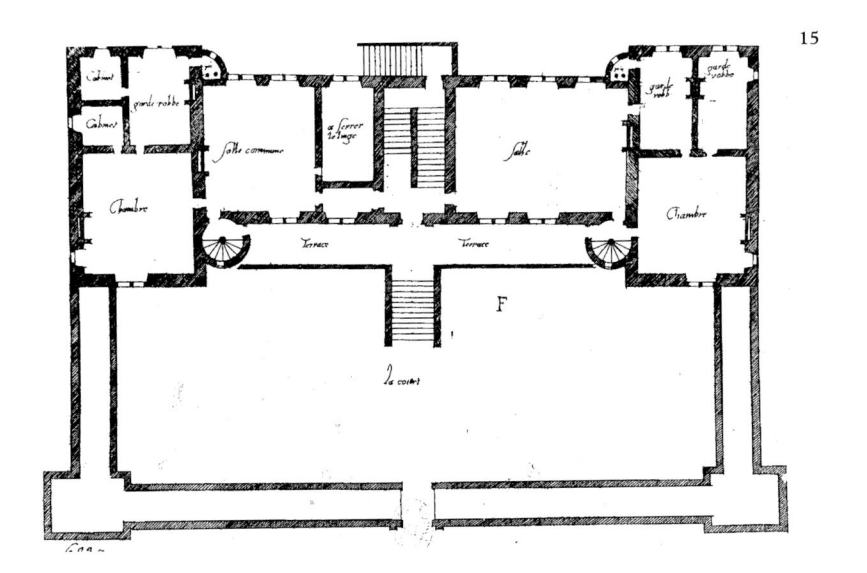

13. Château F, elevation.

14. Château F, plan of the ground level. Clockwise from bottom left the inscriptions read: *oratoire, Chambre, Cabinet, garde robbe, Salle pour serviteurs, garde robe, pour la Sommellerie et panneterie, garde menger, plumeries, a serrer la vesselle, Cuisine, garde robe, Cabinet, Chambre* (blanks for the chamber with fireplace and adjacent privys in the pavillion at the bottom right). The inscriptions in the courtyard read: *la gallerie, la court.*

15. Château F, plan of the main floor, or of the « commoditez » in the terms of the inscription for château « B ». From left to right the inscriptions for the interior read: *Cabinet, Cabinet, garde robbe, Chambre, Salle commune, a serrer le linge* (a blank), *salle, garde robbe, garde robbe, Chambre*. The inscriptions in the courtyard read: *la court, terrace.*

FRANCE'S EARLIEST ILLUSTRATED... 233

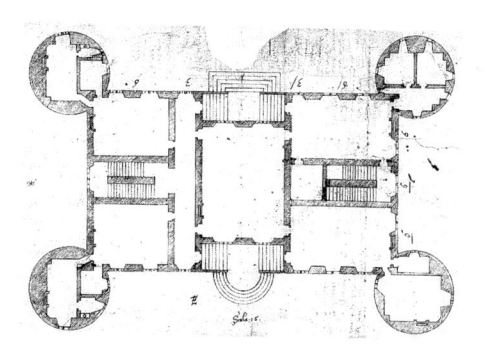

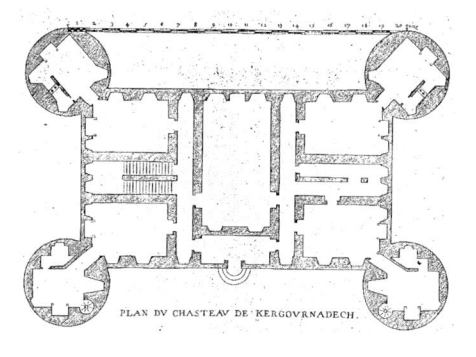

16. Anonymous draughtsman. Unadopted plan for Wollaton, c. 1575-1580. Middleton manuscripts, MI D MF 11. University of Nottingham Library.

17. Wollaton.

18. Kergournadec'h, plan from Vulson de la Colombière, *Généalogie succincte de la Maison de Rosmadec*, Paris, 1644.

19. Kergournadec'h, engraved view by I. Picart, 1632.

Logis et appartements jumelés dans l'architecture française

par Jean-Marie Pérouse de Montclos

C'est au chapitre de la distribution intérieure qu'apparaissent le plus nettement les spécificités des manières italiennes et françaises. Suivant la théorie italienne, l'architecte, « celui qui sait diviser les choses » (Alberti), doit chercher, dans la distribution de l'espace comme dans la composition des élévations, l'eurythmie. Pour les théoriciens français, la distribution doit tendre à la commodité et primer la composition. « Il vaudroit trop mieux à l'Architecte, selon mon advis, faillir aux ornements de colonnes, aux mesures et fassades (ou tous qui font profession de bastir s'estudient le plus) qu'en ces belles reigles de nature, qui concernent la commodité, l'usage et profit des habitans, et non la décoration, beauté, ou enrichissement des logis, faicts seulement pour le contentement des yeux, sans apporter aucun faict à la santé et vie des hommes » (Philibert De L'Orme)[1]. Pour Félibien, la distribution est la « division et commode dispensation des lieux qui composent un bâtiment »[2] ; pour d'Aviler, la « division des pièces qui composent le plan d'un bastiment et qui sont situées et proportionnées à leurs usages »[3]. A maintes reprises, l'Académie d'architecture oppose la « fonctionnalité » du plan français à la régularité du plan italien. Pour J.F. Blondel, la symétrie est aussi déplacée à l'intérieur qu'elle est nécessaire à l'extérieur[4].

L'appartement ou la distribution régulière de l'espace intérieur

L'appartement, cet ensemble de pièces complémentaires, caractéristique de la distribution à la française, n'est-il pas pourtant d'origine italienne ? La reconstitution de l'histoire du mot « appartement » confirme l'existence de cette filiation et révèle en même temps un changement radical de contenu.

La définition fonctionnelle du mot ne se fixe que lentement et tardivement au cours du XVIIe siècle. Pour Le Muet, ce mot a le sens vague de logement et peut même désigner une seule des pièces de l'ensemble[5]. Savot, pourtant théoricien de la distribution

---

1. Philibert De l'Orme, *Premier Tome de l'Architecture* (1567), fo. 14.
2. A. Félibien, *Des principes de l'architecture... Avec un dictionnaire...* (1676), art. « appartement ».
3. Ch. A. D'Aviler, *Cours d'architecture... avec une ample explication par ordre alphabétique de tous les termes* (1691), art. appartement.
4. J.F. Blondel, *Architecture française* (1752-1756), chapitre III, p. 21.
5. P. Le Muet, *Manière de bastir pour toutes sorte de personnes* (1622), pp. 2, 4, 16, 18, 20.

à la française, n'utilise le mot qu'une seule fois, peut-être déjà avec le sens d'ensemble fonctionnel[6]. On ne peut affirmer que ce sens soit définitivement fixé dans Sauval, qui utilise concurremment les mots appartement, département et hôtel[7]. A la fin du siècle, D'Aviler donne une définition qui est à peu près celle que nous donnerions aujourd'hui : « Suite de pièces nécessaires pour rendre une habitation complète, qui doit être composée au moins d'une antichambre, d'une chambre, d'un cabinet et d'une garde-robe[8]. »

Avant que le mot appartement ne s'impose pour le désigner, l'ensemble fonctionnel, qui préexiste dans l'architecture française, est signalé par l'énumération de ses parties constituantes, comme dans la célèbre description de l'abbaye de Thélème formée de 9 332 chambres, « chacune garnie de arrière chambre, cabinet, garde robbe, chapelle et issue en une grande salle »[9]. L'énumération reste usuelle au XVIIe siècle.

Le mot appartement, attesté dans la langue du Moyen Age avec une signification sans rapport avec l'architecture[10], entre dans ce vocabulaire spécialisé au milieu du XVIe siècle par emprunt à l'italien et peut-être même directement à Serlio. Mais, fait essentiel, il désigne la fraction obtenue par une division régulière de l'espace, accessoirement confondue avec un ensemble fonctionnel de pièces. Sauf erreur de notre part, Serlio n'utilise le mot italien qu'au pluriel. Tous les logis de son livre VI, caractérisés par des partitions régulières (comme la *casa del re*, si proche de Chambord) sont formés « d'appartamenti ». Exception rare et notable, le mot n'apparaît pas dans la description du Grand Ferrare, qui, on le sait, ne contient qu'un seul appartement. D'après le livre III de Serlio (1540), les six bâtiments formant le port hexagonal d'Ostie sont divisés en *quattro appartamenti di magazini* (fig. 1). Ce texte est important : il démontre que le mot n'est pas propre à la distribution des habitations ; de plus, il fournit par la traduction d'Anvers de 1550, le premier exemple répertorié de l'emploi du mot dans le vocabulaire français de l'architecture[11].

Le deuxième exemple de cet emploi est très significatif. Se comparant à Lescot, Du Bellay dans *Les Regrets* (1558) écrit : « Aux Muses je bastis d'un nouvel artifice/Un magnifique palais a quatre appartemens. » L'appartement des muses latines sera d'ordre dorique ; celui des muses grecques, d'ordre attique ; celui des muses françaises, d'ordre ionique ; celui des muses italiennes, d'ordre corinthien[12]. La partition régulière de l'espace naturel donne aussi des appartements, comme l'attestent les expressions « appartemens du zodiaque » et « appartemens de la terre » dans Lefèvre de La Boderie et dans Amyot[13].

L'adéquation fonction-partition est cependant acquise dans la construction du château de Chambord et de Madrid : et elle est indiscutablement, comme l'ont démontré J. Guillaume et M. Chatenet, d'origine italienne[14]. Toutefois, le jumelage de plusieurs unités fonctionnelles d'habitation, logis ou appartements, reste une pratique rare dans l'architecture française, réserve faite bien sûr du cas des lotissements qui relèvent d'une

---

6. L. Savot, *L'architecture françoise des bastimens particuliers* (1624), p. 30.
7. H. Sauval, *Histoire et recherches des Antiquités de la ville de Paris* (1724), t. II, pp. 183 et sv.
8. D'Aviler, *opp. cit.* à la note 3.
9. Rabelais, *Gargantua* (1534).
10. F. Godefroy, *Dictionnaire de l'ancienne langue française du IXe au XVe siècle*, t. I (1891).
11. S. Serlio, livre III, Anvers, 1540, fo. 40. Emploi signalé par M. Cagnon et S. Smith, « Le vocabulaire de l'architecture en France de 1500 à 1550 », dans les *Cahiers de lexicologie*, 1971, vol. XVIII et XIX.
12. J. Du Bellay, *Les Regrets* (1558), sonnet CLVII.
13. G. Lefèvre de La Boderie, *La Galliade* (1578), avertissement fo. 14. J. Amyot, opinions des philosophes, d'après E. Huguet, *Dictionnaire de la langue française du XVIe siècle* (1925).
14. J. Guillaume, « Léonard de Vinci et l'architecture française. I. Le problème de Chambord », dans *Revue de l'art*, n° 25 (1974), pp. 71 à 84 ; M. Chatenet, *Le château de Madrid au bois de Boulogne* (1987).

autre problématique. Si l'on admet que la demeure à la française est caractérisée par la présence d'un appartement unique ou principal, le phénomène du jumelage mérite d'être examiné de près et dans la longue durée.

Le jumelage par deux

La présence dans une même demeure de deux logis ou de deux appartements est fréquente et répond à de multiples motifs, mais elle n'implique pas nécessairement cette régularité que nous appelons jumelage. Elle l'exclut même dans le cas du logis neuf doublant le logis vieux, que signalent les toponymes « château double » et qu'illustrent aussi bien les châteaux à plusieurs donjons que les maisons paysannes où le logis vieux est déclassé et non détruit après construction du logis neuf. De même de la distinction entre l'appartement de parade et l'appartement de commodité, qui suppose la supériorité de l'un sur l'autre. La duplication des pièces, appartements ou logis suivant les saisons, recommandée par Vitruve[15], n'a dû que rarement s'exprimer par la symétrie, comme au château de Saint-Maur, où l'appartement d'hiver était pratiquement symétrique de l'appartement d'été[16].

En revanche, les maisons à logis jumelés ayant en commun soit une entrée, soit un espace libre central, paraissent assez communes en France. Encore que Serlio en donne plusieurs exemples dans son livre VI, il ne semble pas que cette pratique, que l'on doit peut-être réduire d'ailleurs à un cas particulier de lotissement, soit d'origine italienne. Citons, comme exemple, la belle maison de Gallardon (fig. 2), qui date du début du XVIe siècle, les maisons Falconi et Montigny, que signale J.F. Blondel et qui dataient respectivement de la première moitié du XVIIe siècle et de la première moitié du XVIIIe siècle[17].

On sait que dans les demeures de qualité, Monsieur et Madame ont des appartements distincts, et qu'une pièce, voire un appartement, est réservée en permanence pour un éventuel hôte de marque. Cette pratique, qui respecte habituellement la prééminence du maître de maison, peut aller jusqu'à produire une bipartition régulière lorsque la femme est investie d'un pouvoir personnel ou lorsque l'hôte attendu est le roi lui-même. C'est là sans doute qu'il faut chercher la justification de certaines compositions, restées jusqu'alors énigmatiques. Tel le château de Niort, construit par Henri II Plantagenêt entre 1160 et 1175, qui se distingue dans la famille des châteaux à deux donjons par le fait que ceux-ci sont parfaitement symétriques (fig. 3)[18]. L'explication nous paraît être qu'Henri II, roi d'Angleterre en 1154, est, à Niort, dans le domaine d'Aliénor, duchesse d'Aquitaine, qu'il a épousée en 1152. Une situation semblable se retrouve à Amboise et à Blois du temps de Charles VIII et de Louis XII : Anne, duchesse souveraine de Bretagne, a un logis aussi important que celui du roi, sans symétrie toutefois (fig. 4, 5)[19]. Celle-ci s'impose en revanche dans le célèbre projet de Léonard de Vinci pour

---

15. Vitruve, Livre VI, chapitre VI.
16. Philibert De l'Orme, *Premier Tome de l'architecture* (1567), fo 17 v° à 18 v°. La symétrie n'apparaît en fait que dans un plan de Saint-Maur révisé, dont on ne peut affirmer qu'il date de 1541-1542.
17. J.F. Blondel, *opp. cit.* à la note 4, t. I, pp. 294 et t. II, pp. 143.
18. A. Châtelain, *Donjons romans des Pays de l'Ouest*, 1973.
19. Restitution du logis des Sept Vertus et de sa distribution au temps de Charles VIII dans E. Thomas, « Les logis royaux d'Amboise », dans *Revue de l'art*, 1993, n° 100, pp. 44-57.

Romorantin, où la Sauldre devait servir d'axe de symétrie entre deux châteaux identiques. Sans doute s'agit-il, comme le suggère J. Guillaume, d'un château pour le roi et d'un château pour la reine ; mais l'interprétation n'est pas parfaitement satisfaisante, car c'est le roi lui-même et non la reine Claude qui a hérité, à titre personnel, du duché de Bretagne. Pour Charleval et les Tuileries (fig. 6, 7), deux exemples exceptionnels de bipartition, il faut peut-être rechercher une explication du côté de la reine-mère. Au Luxembourg, l'affaire est claire : la reine-mère Marie de Médicis se fait construire un palais parfaitement mi-parti ; elle s'en réserve une moitié et fait de l'autre la part du roi. Sans doute en était-il de même aux Tuileries, commencées par la reine-mère Catherine de Médicis. Mais Charleval est une construction du roi lui-même : la moitié du château est-elle destinée à la reine, la discrète Élisabeth d'Autriche, ou à la reine-mère, l'encombrante Catherine ?

Le grand projet de Le Vau de 1668 pour Versailles, dit « l'enveloppe », parce qu'il consistait à envelopper le vieux château de Louis XIII, est aussi caractérisé par une forte partition roi-reine, peu à peu atténuée par l'érection de Versailles au rang de château de gouvernement, symboliquement exprimée par la transformation en 1701 du salon central en chambre du roi. K.O. Johnson a suggéré que le projet de 1668 n'était pas une enveloppe du vieux château mais bien, après suppression de ce dernier, un château double pour une double monarchie, Marie-Thérèse faisant alors valoir ses droits sur la couronne d'Espagne[20]. L'argument opposé à la thèse de Johnson, selon laquelle une telle partition aurait été sans précédent, n'est pas recevable, nous venons de le voir. De plus une gravure contemporaine d'Adam Perelle atteste qu'un château totalement biparti, formé de deux masses symétriques de part et d'autre d'un vide central, a été projeté à « Noisy proche de Versailles » (fig. 9). H. Couzy a identifié ce Noisy avec Noisy-le-Roi[21], qui entre dans le domaine royal en 1676 : le château est rasé en 1700 et son parc intégré à celui de Marly.

On sait combien sont fréquentes les chambres du roi dans les demeures des particuliers de qualité. Cette pratique est justifiée par l'itinérance des rois. Cependant, réserver au roi un appartement complet, aussi important que celui du propriétaire, est le privilège des plus hauts dignitaires de l'État, qui n'hésitent pas à afficher par la symétrie une très éphémère égalité avec leur hôte. Nous croyons pouvoir identifier un projet pour Mazarin dans le curieux projet de palais publié par Antoine Le Pautre dans son recueil de *Desseins de plusieurs palais* (1652) (fig. 8). Le recueil est dédié au Premier ministre, qui n'a pas de demeure à la mesure de son immense fortune, mis à part le vieux château réaménagé de Vincennes, où la partition ministre-roi n'est qu'imparfaitement exprimée. Elle atteint à une ultime perfection au château de Vaux-le-Vicomte (fig. 10) où l'audacieux parallèle est définitivement condamné par la chute de Fouquet.

Le jumelage à plus de deux

Le jumelage à plus de deux espaces d'habitation appelle des observations de même nature que celles déjà faites à propos du cas particulier du bi-jumelage. La plupart des

---
20. K.O. Johnson, « Il n'y a plus de Pyrénées. The Iconography of the first Versailles of Louis XIV », dans *Gazette des Beaux-Arts*, 1981[1], pp. 29 à 40.
21. H. Couzy, « Le château de Noisy-le-Roi », dans *Revue de l'art*, n° 38 (1977), pp. 23 à 33.

demeures et jusqu'aux maisons urbaines contiennent plusieurs habitations. L'ensemble connu sous le nom d'hôtel Saint-Paul, par exemple, contient en fait plusieurs hôtels, pour le roi, la reine, les enfants royaux, les grands officiers. Cependant, dans les ensembles multipartis réguliers qui apparaissent en France avant que l'influence italienne ne s'y fasse sentir, la hiérarchie s'impose par la promotion d'une des unités. C'est le cas au château de Vincennes, où le donjon est le logis et l'image du roi. Nous adhérons à l'interprétation d'U. Albrecht qui identifie les neuf tours aux neuf preux de la légende[22]. Nous pensons qu'il faut aussi les identifier avec les « beauls manoirs » que, d'après Christine de Pisan, Charles V aurait prévu pour plusieurs « seigneurs, chevaliers et autres ses mieulz amez »[23]. Ces tours ont en effet des particularités qui ont depuis toujours intrigué : elles sont retranchées de la place comme des donjons ; leur plan carré est archaïque, le plan circulaire s'étant imposé dans la fortification depuis Philippe Auguste ; elles dominent de trop haut les courtines pour pouvoir efficacement commander le chemin de ronde ; les aménagements intérieurs ont une qualité supérieure à celle que l'on attend d'un casernement. Notre hypothèse éclaire la signification étonnamment riche de Vincennes. L'archaïsme volontaire du parti renvoie non seulement à l'antique histoire des preux, mais aussi à la tradition des *castra* du X-XIe siècle où le seigneur vivait au milieu de ses chevaliers. La dispersion des chevaliers a produit la hiérarchie féodale et l'essaimage des châteaux. La politique de Charles V, préfigurant celle de Louis XIV, a été d'établir dans une ville de gouvernement, en marge de la turbulente capitale, une assemblée de compagnons, de courtisans dira-t-on plus tard.

Vincennes est traditionnellement et très justement cité comme un des modèles de Chambord. Entre les deux célèbres ouvrages, il faut peut-être placer le curieux et peu connu château de Ripaille, fondé par Amédée VIII de Savoie en 1434, en même temps que l'ordre de Saint-Maurice[24]. Amédée y fait retraite avec ses familiers, chevaliers de l'ordre. Le château comprend sept pavillons alignés (fig. 11), un grand en tête pour le chef de l'ordre et six pavillons identiques pour six chevaliers. Le nom de Ripaille, qui n'est qu'un toponyme, mis en relation cependant avec le sens commun du mot dès le temps d'Amédée, évoque l'abbaye de Thélème de Rabelais, célèbre couvent de « copains et copines », formée d'appartements semblables.

On sait que Rabelais avait Chambord à l'esprit quand il a inventé Thélème[25]. Les études de J. Guillaume, de J. Martin-Demézil, de M. Chatenet[26] ont parfaitement éclairé l'italianisme du projet de 1519 pour Chambord et son évolution à partir de 1526. Le château-donjon primitif est fait de quatre « cantons » (le mot est dans le texte cité par J. Martin-Demézil) ou de quatre « encoignures » (J. Androuet Du Cerceau) qui donnaient avec les tours huit appartements par étage. Avant les transformations de 1526, qui vont développer l'appartement du roi, tous les appartements ont la même importance. Reprenant une hypothèse autrefois esquissée par M. Ranjard[27], nous pensons que dans le projet de 1519 les appartements carrés étaient disposés « en svastika » ou « en spirale ». On ne peut objecter que cette disposition sans précédent aurait pour conséquence une invraisemblable bipartition asymétrique des façades, puisque cette bipartition est un fait

---

22. U. Albrecht, *Von der Burg zum Schloss*, Worms (1986), pp. 36 et pp. 109, note 62. Voir aussi H. Schroeder, *Der topos der « Nine Worthies » in litteratur und bildender Kunst*, Göttingen, (1971).
23. Ch. de Pisan, *Livre des Fais et Bonnes Meurs du Sage Roy Charles V*, édition de 1940, pp. 40.
24. P. Margot, « Ripaille », dans *Congrès archéologique*, Savoie, 1965, pp. 288-321.
25. Sur les rapports Thélème-Chambord, voir W. Metternich, *Schloss Chambord an der Loire. Der Bau 1519-1524*, Darmstadt 1985.
26. J. Guillaume, M. Chatenet, *op. cit.*, à la note 14. J. Martin-Demézil, dans *Congrès archéologique. Blésois et Vendômois*, 1986, pp. 1 à 115.
27. J.M. Pérouse de Montclos, « Nouvelles observations sur Chambord », dans *Revue de l'art*, 1993, n° 102, pp. 43-77.

accompli (fig. 12). Nous refusons de voir dans la bipartition de la façade antérieure du donjon un accident. L'asymétrie n'entre pas par accident dans la principale façade d'un château royal. C'est aux travaux de 1526 qu'il faut rapporter la tentative de régularisation des autres façades. Toutes les restitutions supposent une rotation de 90° d'un des appartements, mais de l'identification de celui qui a pivoté après 1526 dépend le choix de l'une ou de l'autre restitution. Or, il ne nous paraît pas douteux que c'est l'appartement postérieur droit, différent des trois autres et constitutif de l'appartement du roi de 1526, qui a été tourné : les trois autres appartements sont en effet très exactement identiques, superposables, ce qui exclut un aménagement les concernant.

La restitution en svastika n'est pas invraisemblable, puisque nous trouvons un exemple de cette distribution dans l'œuvre d'Androuet Du Cerceau (fig. 13)[28]. Si, comme nous l'avons suggéré, il faut replacer dans le projet de 1519 l'escalier à quatre montées reproduit dans le traité de Palladio[29], le premier Chambord devient une extraordinaire machine, une sorte de turbine, de tourbillon, bien digne du génie (au sens d'ingénieur) de Léonard de Vinci, une spéculation brillante, qui, après la mort de son auteur, n'a pas résisté à l'épreuve de la construction. La difficulté d'interpréter le message explique sans doute le retard pris par l'exécution.

L'intérêt, marginal mais constant, pour les multipartitions régulières est attesté dans l'architecture française jusqu'au tout début du XVIIe siècle, au château de Madrid, dans l'œuvre de Philibert de l'Orme (château neuf de Saint-Germain-en-Laye, basilique royale), d'Androuet Du Cerceau, de Jacques Perret[30]. Il ne se manifeste plus par la suite que dans des œuvres tout à fait exceptionnelles, comme le château de Marly. En celui-ci se rassemblent les traditions de Vincennes et de Chambord : Vincennes pour le programme et la composition d'ensemble, où les pavillons ont remplacé les tours, et les courtisans, les « mieulz amez » ; Chambord, par le plan du pavillon royal à quatre appartements. Marly est peut-être inspiré de la Rotonda, mais l'on n'a pas pu encore trouver la preuve que Jules Hardouin-Mansart s'était intéressé à l'œuvre de Palladio, tandis que l'on sait qu'il a travaillé à Chambord.

Cette observation amène notre conclusion. Il semble bien que la multipartition régulière soit à l'origine un emprunt de la France à l'Italie. Cela n'est pas évident en ce qui concerne la multipartition avec un élément prééminent et la bipartition régulière qui sont illustrées par des exemples médiévaux, comme Vincennes et Niort. De plus, les exemples tardifs de multipartition se réfèrent sans doute directement à la tradition française, qui, par sa continuité, a fait oublier l'origine italienne. « L'originalité » de l'invention italienne ne doit pas conduire à négliger le rôle des médiateurs. C'est ainsi qu'il faut peut-être aller chercher dans l'architecture viennoise d'un Fischer von Erlach les modèles de Boffrand, qui, dans les années 1710-1720, donnent presque simultanément le projet de pavillon de chasse de Bouchefort, bel exemple de jumelage régulier des appartements de Monsieur et de Madame, et le premier projet pour le château de la Malgrange, avec quatre appartements en X.

---

28. Dessin original d'Androuet Du Cerceau, Bibliothèque du Vatican, Ms volume Barbeini Latin, 4398, n° 15.
29. J.M. Pérouse de Montclos, « La vis de Saint Gilles et l'escalier suspendu dans l'architecture française de la Renaissance », dans *L'escalier dans l'architecture de la Renaissance*, colloque de Tours 1979, 1985, pp. 82 à 91.
30. J. Perret, *Des fortifications* (1604).

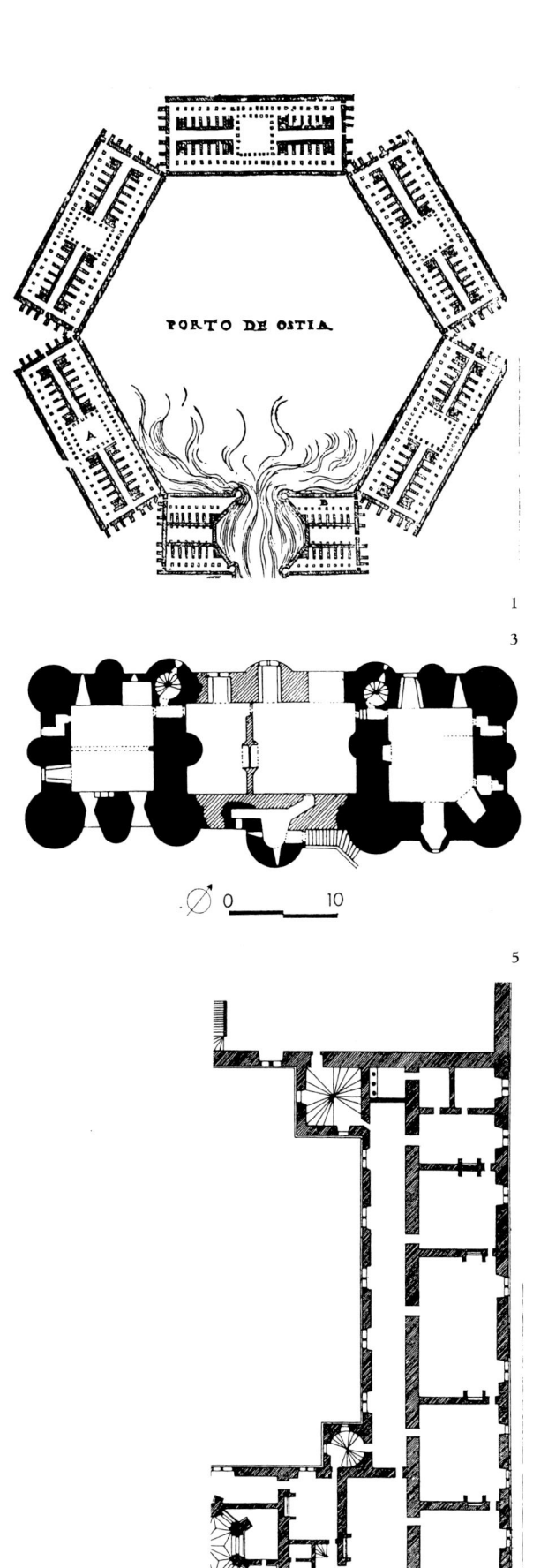

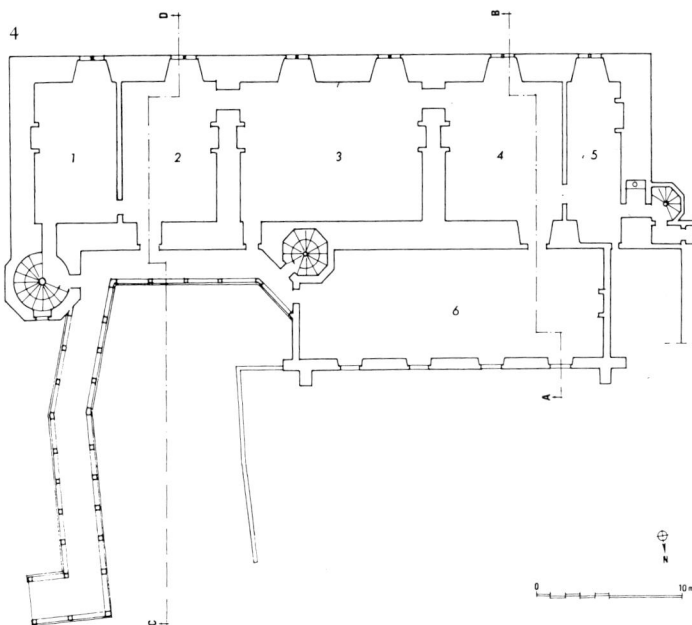

1. Serlio, port d'Ostie, « quattro appartamenti di magazzini » (Livre III, f° 88r.).

2. Gallardon (Eure-et-Loir), maison (relevé H. Nodet, 1898).

3. Niort, plan du donjon (d'après J. Mesqui).

4. Amboise, logis des Sept Vertus (restitution Ev. Thomas-J. Blécon) : 1) garde-robe de la reine, 2) chambre de la reine, 3) salle, 4) chambre du roi, 5) garde-robe du roi, 6) galerie.

5. Blois, aile Louis XII (d'après Du Cerceau).

LOGIS ET APPARTEMENTS JUMELÉS...

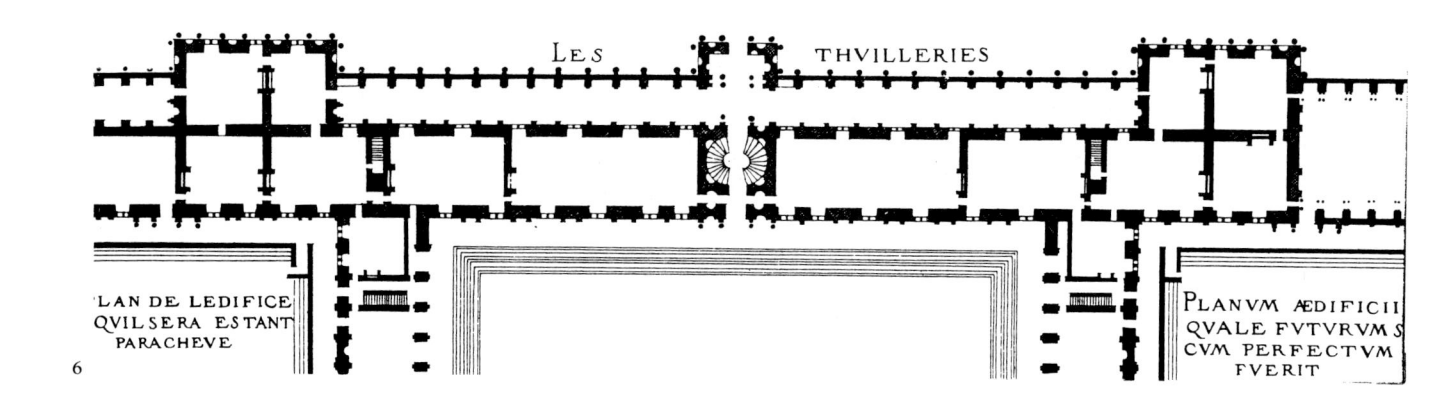

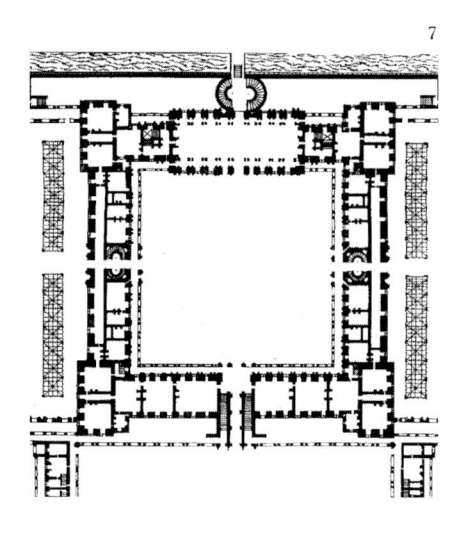

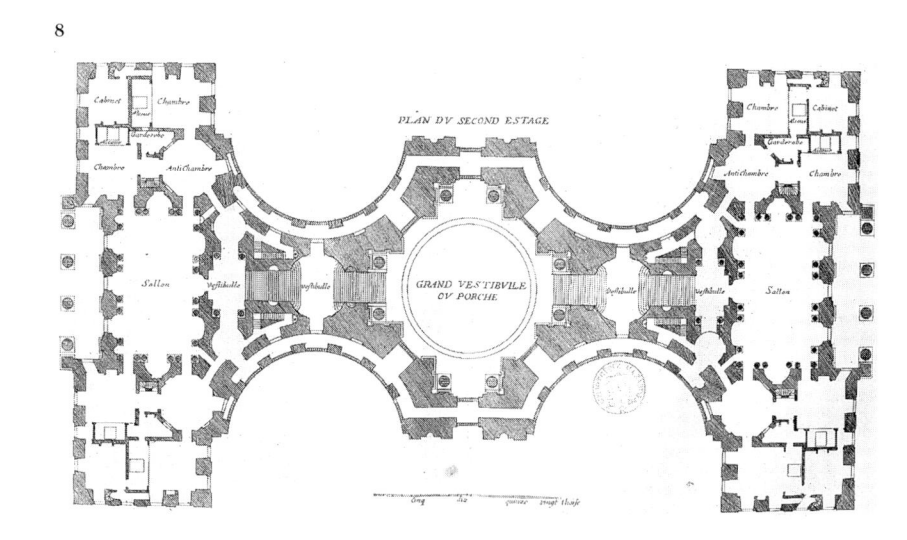

6. Les Tuileries (d'après Du Cerceau).

7. Charleval (d'après Du Cerceau).

8. Le Pautre, projet de château, 1652.

9. Noisy-le-Sec vu du côté du jardin (d'après Pérelle).

10. Vaux-le-Vicomte (d'après J. Marot).

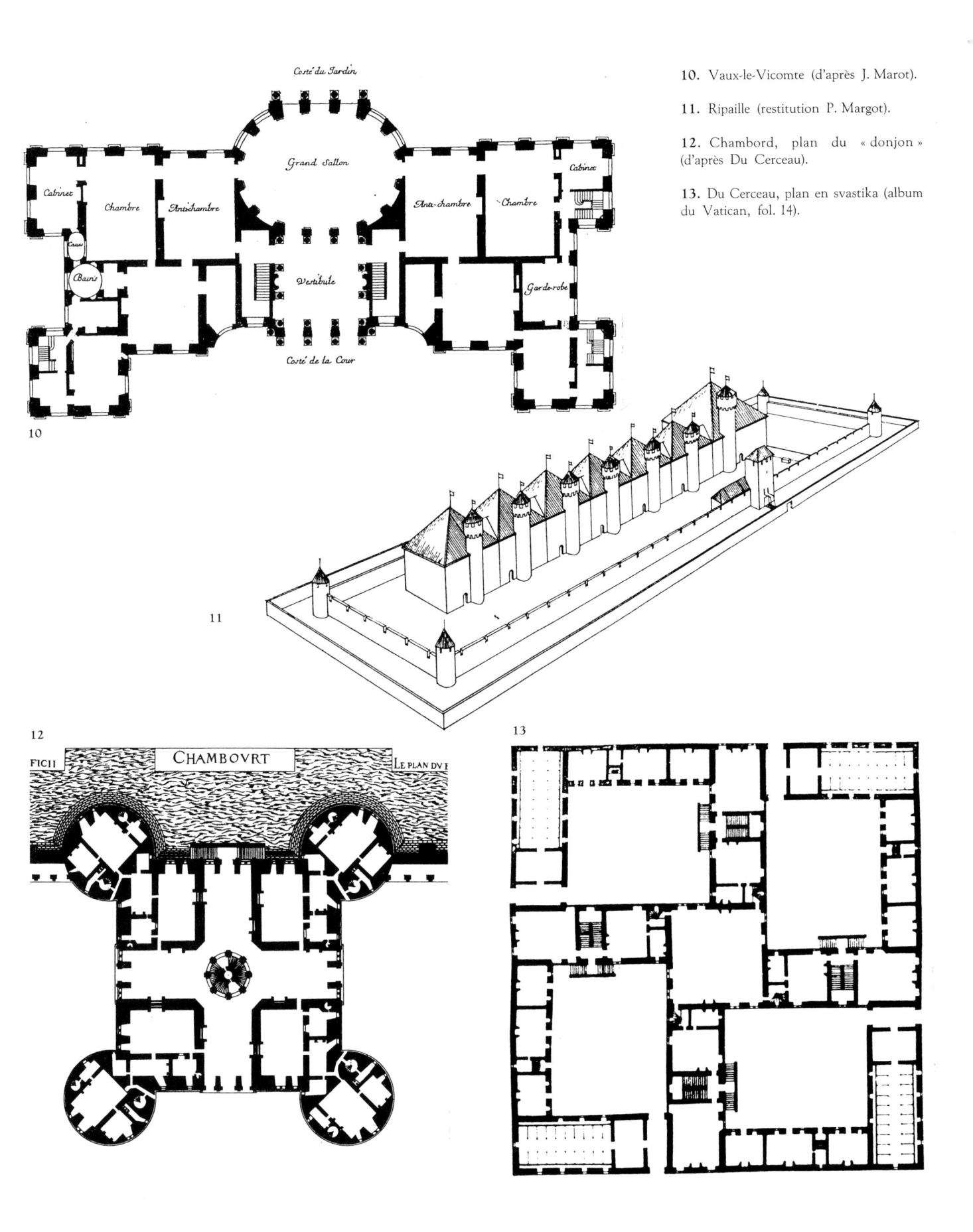

11. Ripaille (restitution P. Margot).

12. Chambord, plan du « donjon » (d'après Du Cerceau).

13. Du Cerceau, plan en svastika (album du Vatican, fol. 14).

LOGIS ET APPARTEMENTS JUMELÉS...

The Gallery in England and its Relationship to the Principal Rooms (1520-1600)

by Rosalys COOPE

... To have great chamber, withdrawing chamber, best bedchamber and gallery en-suite was the commonest Elizabethan and Jacobean recipe for magnificence[1].

... Then... it is to be considered whether the gallery be taken into the parade of the house... (for then) it should be pompous and large, to answer to the grandeur of the apartments to which it belongs...[2].

For the period with which we are concerned the term « apartment » for a suite of « state » or « principal » rooms would not be appropriate. Roger North, quoted above and writing in the 1690s' was using it in the later meaning, derived from the French and current in England from the 1660s. But this quotation from North and the one from Mark Girouard illustrate my theme that the gallery, or « long gallery », was regarded as an integral part of the suite of principal rooms in the English house. I am writing about mid to later sixteenth-century and early seventeenth century galleries in the larger country houses and not, except in passing, about those in royal houses. Also I shall be considering only « state » galleries, not the less formal, additional ones which existed in some of the grander houses, notably at Knole, in Kent.

The fully developed « long gallery » might have a function of communication but in general this was completely subordinate to its social and recreational use, which has led to its being termed the « recreative gallery » to distinguish it from the simple gallery of communication[3]. The development of the recreative gallery out of galleries of communication began in England in the early sixteenth century, perhaps even earlier. At Richmond Palace, in 1501, music was played while the King walked in the gallery which, leading from the royal lodging, occupied two sides of the privy garden. In the same year this gallery played an important role in the festivities for the marriage of Prince Arthur and the Princess Katherine of Aragon. A further significant stage in the transition of the recreative gallery was reached in the galleries which Thomas, cardinal Wolsey built in his houses at Hampton Court, York House (later Whitehall Palace) and the Moore. Henry VIII's extension upwards by an extra storey of Wolsey's gallery at Hampton Court in 1529 was an early and vital development. The middle gallery led off the King's bedchamber, the upper one off his library (fig. 1) and both formed an integral and private part of his own lodging, having no access but two small newel staircases leading down to the privy garden.

---

1. M. Girouard, *Life in the English Country House*, Yale University Press, 1978, p. 102.
2. *Of Building, Roger North's writings on Architecture* ed., H. Colvin and J. Newman, Oxford 1981, pp. 135, 136.
3. H.M. Colvin ed., *The History of the King's Works*, IV, pp. 17-20.

The upper gallery was « the King's new Privy Gallery » and was built « to provide a recreational gallery for the King on the same level as the library »[4]. As it was specifically intended for this function it can be seen as a fore-runner of the splendid recreative galleries of the later part of the century.

I have dealt elsewhere with the functions of the long gallery, so I will only outline them here[5]. It was used for exercise, for conversation (for which privacy was provided in deep window-embrasures) and for viewing the garden and the activities, such as hunting, which went on outside it. The gallery also fulfilled a useful role as a kind of « neutral territory » for the reception of guests too important for the more public rooms but not grand enough for the state and certainly not for the more private rooms of the principal suite. Finally, and this can still be seen to great advantage at Hardwick Hall in Derbyshire, the long gallery was a place for the display of family portraits and portraits of important family connections and other great persons. These were all status symbols to be contemplated — the great portrait of Queen Elizabeth I, for example, which hangs at the end of the gallery at Hardwick, was placed there by the Countess of Shrewsbury who built the house between 1590 and 1598.

We can now turn to the placing of the gallery within the house. In the later sixteenth century the traditional courtyard plan was of course still current, where the gallery was placed in one wing, as at Kirby Hall in Northamptonshire begun in 1570 (p. 266, fig. 3). Or the gallery might project in a single wing, either as originally designed or, as at Penshurst in Kent (c. 1573-1585) as an addition to the main structure. But great ingenuity had to be employed in the placing of the gallery in relation to the principal rooms in the increasing number of houses which, as the century progressed, were departing from the traditional lay-out. These often had no courtyards and sometimes lacked even vestigial wings. To judge from the engravings of Jacques I Androuet Ducerceau and other contemporary continental sources this was in contrast to practise in France and elsewhere, where galleries almost always existed only where they could be placed either flanking a courtyard or extending from the main block alongside a garden.

I would like to draw particular attention to a group of later sixteenth-century English country houses generally connected with the name of Robert Smythson. Only one house, and one which falls in many ways rather outside this group, can certainly be attributed to him, namely Wollaton Hall in Nottinghamshire (1580-1588). These houses were built high, with the principal rooms and the gallery placed on the topmost floor. This was a peculiarly English planning solution of which the most spectacular example, alas no longer in existence, was Worksop Manor in Nottinghamshire. This scheme was also followed by the Countess of Shrewsbury (« Bess of Hardwick ») in her remodelling (1581) of Hardwick Old Hall, (now a ruin) and at Hardwick « New » Hall where the arrangement survives intact (figs. 2, 3, 4). A book of drawings by Robert Smythson[6] contains some plans which illustrate this disposition of the principal rooms and the gallery within the house, some of these having the added advantage of detailed inscriptions indicating the usage of the rooms on each floor (fig. 5). These Smythson plans, incidentally, also show the striking and profuse fenestration characteristic of these late sixteenth-century « high houses ».

On the ground floor at Hardwick there are as well as the Hall and service rooms, lodgings and a chapel. On the first floor are sets of chambers, a closet overlooking

---

4. S. Thurley, « Henry VIII and the building of Hampton Court : A reconstruction of the Tudor Palace », *Architectural History*, vol. 31 : (1988) pp. 7, 8.
5. R. Coope, « The Long Gallery » ; Its origins, development, use and decoration. *Architectural History*, vol. 29 (1986).
6. M. Girouard, « The Smythson Collection of the RIBA », *Architectual History*, vol. 5 (1962), p. 95 11/2 (3).

the chapel below and a « second dining chamber ». These rooms were for the general use of the Countess of Shrewsbury, her family, her staff of ladies and gentlemen-in-waiting and her ordinary guests. On the topmost floor is the « State Great Chamber » where she would dine in state and where entertainments and dancing would take place afterwards, the Withdrawing Room beyond it. Beyond that came the State Bedchamber for most honoured guests, with its closet, and then one less important set of guest rooms. Attached to the State Chambers and running behing them, across the garden front of the house, is the Long Gallery — part of the suite but also in less formal daily use by the Countess and her household.

The principal staircase at Hardwick continues right up to the State suite and the gallery. In some houses the principal rooms are on the first floor with the gallery situated above them — sometimes at attic level. It must be stressed that if the main staircase continues up from the suite of principal rooms to the gallery on a higher floor, and even if this be an attic floor, then the gallery is still to be considered as an integral part of that suite. The linking by the « grand stair » is the condition of the gallery's status. A good example is provided by the plan of Montacute House, in Somerset, (1588-1600) where the great stair leads up to an attic gallery with spectacular fenestration (figs. 6, 7, 8). If the upper gallery is reached only by a secondary stair it is in itself of secondary importance. This is often the arrangement in the smaller house and for the secondary galleries in the greatest houses.

As has been mentioned, although there is a group of houses usually associated with Robert Smythson there is only one, Wollaton Hall which is documented as his[7] (fig. 9). The plan of Wollaton is exceptional in England in its symmetry and in the disposition of its first floor. It owes something to Palladio and something to Jacques Androuet Ducerceau, whose books its patron owned. The owner's rooms were on the ground floor (above the service basement) with the state rooms above. These, arranged in two suites on opposite sides of the house, were linked by a long gallery. This disposition reflects that in use in the royal and greatest houses in England; an example is Henry VIII's Nonsuch (begun 1538 : demolished c. 1687) where the « King's Side » and « Queen's Side » are linked by the gallery[8]. But, though the arrangement in « sides » at Wollaton may be English the stress on symmetry and in particular the unorthodox, for England, disposition of the rooms themselves is certainly due to foreign and above all French influence.

Finally there is a function of the gallery not mentioned so far which should be touched upon here and that is its relation to the domestic chapel.

In France and in England this relationship of gallery and chapel is an inheritance from medieval practise[9], though in the sixteenth century it is much more common in France. Both the early galleries at Richmond and at Thornbury Castle in Gloucestershire (1511-1521)[10] were connected with adjacent churches and presumably gave access, as was customary, to « chapel rooms » or « chapel closets » overlooking the church below. Henry VIII's Palace of the Bridewell, in London (begun 1515) appears to have had a chapel leading off the gallery (p. 104, fig. 1)[11]. In the mid-sixteenth century there is an example at Ingatestone Hall, in Essex, built for Sir William Petre (1540). Here the chapel was on the ground floor and off the centre of the gallery on the first floor was

---

7. M. Girouard, *Robert Smythson & the Elizabethan Country House*, Yale University Press, 1983, pp. 81-98.
8. H.M. Colvin, *op. cit.*, n. 3, pp. 179-205 & fig. 18.
9. R. Coope, *op. cit.*, n. 5, p. 44.
10. *Ibid.*, pp. 45-46.
11. H.M. Colvin, *op. cit.* notes 3 & 8, pp. 53-58.

« the chapel chamber over the chapel »[12]. By far the most spectacular example however was at Copthall, in Essex, dating from the 1570s, a house which unfortunately has not survived[13] (fig. 10). It seems impossible to doubt that the plan of this house, with its very un-English entrance-screen and the unusual details of its chapel and the entrance to it from the gallery are directly influenced by French sources.

The plan of the house I believe must relate to the general French château plan of *corps-de-logis*, wings and closing screen. With regard to the gallery and the chapel the connection may be more specific, reflecting the arrangement at Philibert de l'Orme's château of Anet. The publication in the late 1570s of J.A. Ducerceau's *Plus Excellents Bastiments* and its introduction into England seems obviously relevant to the plan of Copthall, nor is this coincidence confined to the plan. The disposition of the entrance to the chapel from the gallery, an arrangement of two doors flanking a fireplace, the whole integrated into a single unit is unique in England and one has to look for its source to Ducerceau's engravings of fireplaces at the chateaux of Madrid and the Louvre.

This short paper has drawn attention only to a few sixteenth-century galleriers and their relationship with the principal rooms in the English house, but the pattern they set was adhered to in the following century, the first decades of which saw the greatest proliferation of gallery-building in our country.

---

12. F.G. Emmison, *Tudor Secretary, Sir William Petre at Court and Home*, London 1961, p. 61.
13. J. Newman, « Copthall, Essex » in *The Country Seat* ed., H. Colvin and J. Harris, London 1970, p. 18 ff : R. Coope, *op. cit.*, notes 5, 6, pp. 60, 61.

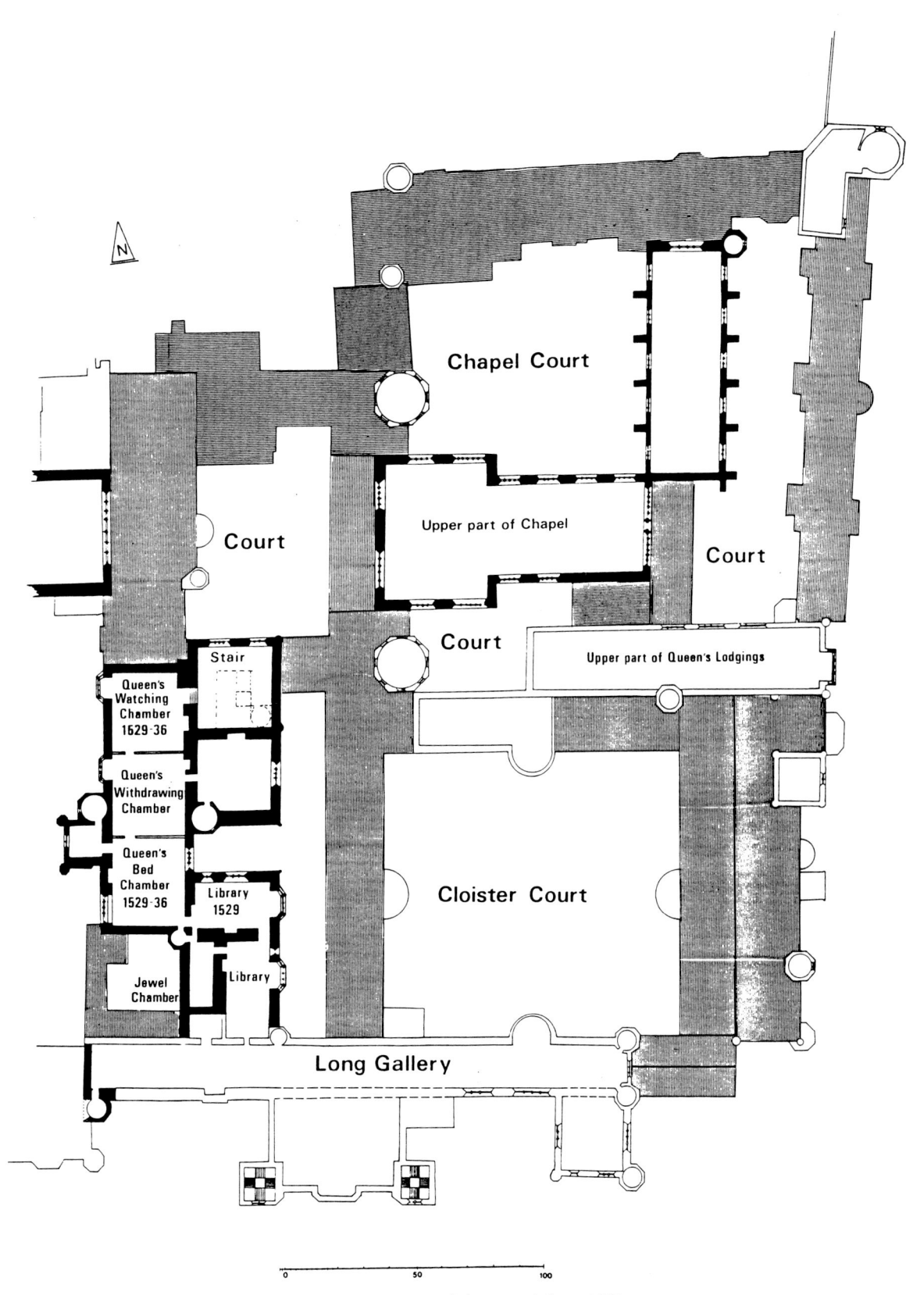

1. Hampton Court, plan of the second floor, 1547.

THE GALLERY IN ENGLAND 249

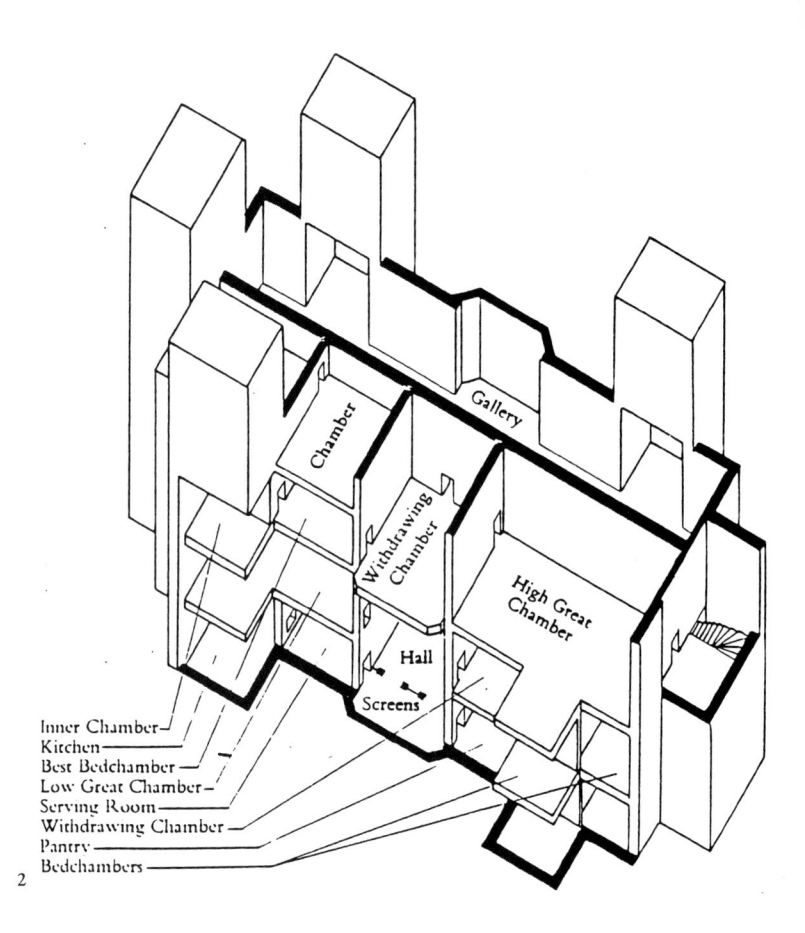

2. Hardwick Hall : isometric drawing of the interior (from M. Girouard, *Life in the English Country House*, 1978, p. 117).

3. Hardwick Hall.

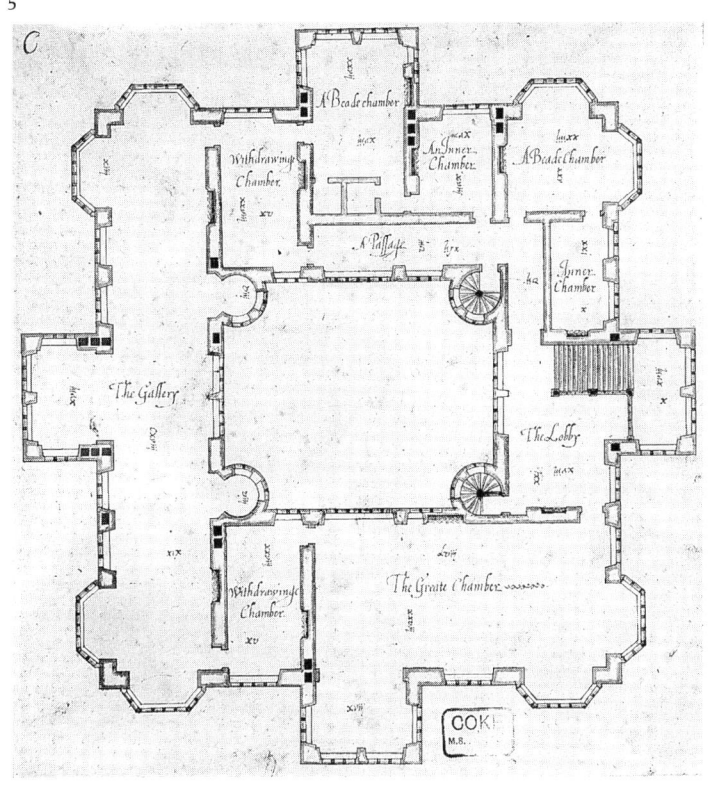

4. Hardwick Hall, the gallery.

5. Robert Smythson: plan of a "house with a square court", top floor. (British Architectural Library, RIBA, London, Girouard Smythson Cat. No. II/2 (3)).

THE GALLERY IN ENGLAND   251

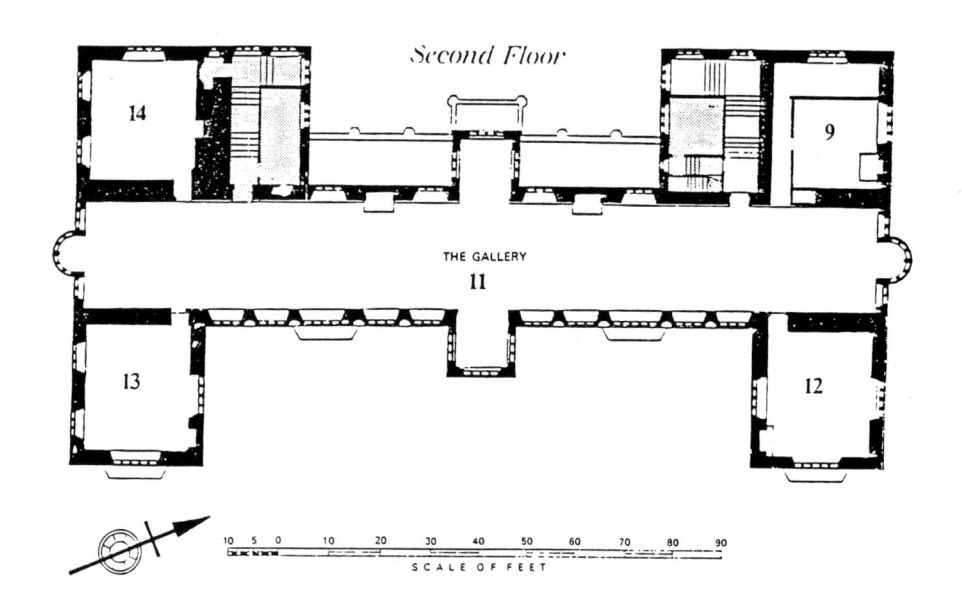

6. Montacute House: plans of the ground, first and second floors. The names given to the rooms on the plan denote the present arrangement of the house. The numbers refer to the suggested identification of rooms from the 1638 inventory, of which the most relevant here are (reading from the ground floor upwards): 30 Hall; 6 Lobbie without ye dininge Roome; 1 Dininge Roome; 2 Withdrawinge roome; 3 best Chamber; 11 Gallerie; 9, 12, 13, 14, white primrose, blew bedd and wainscott chambers.

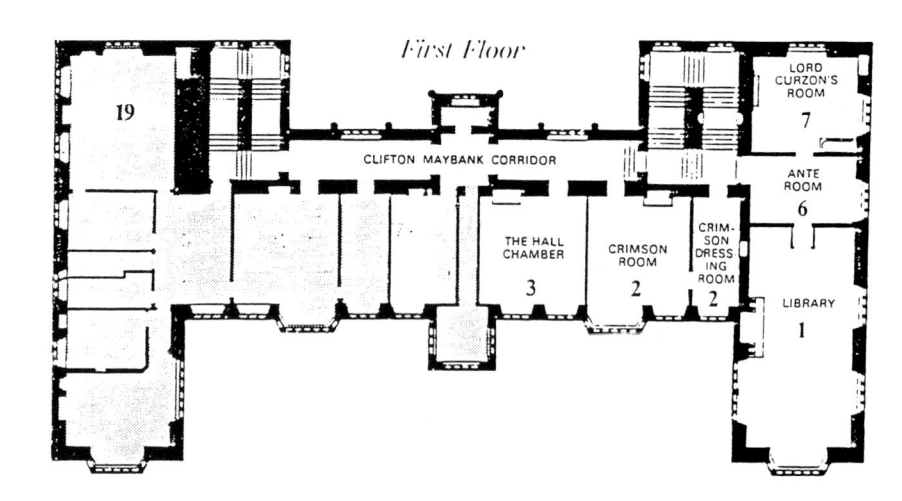

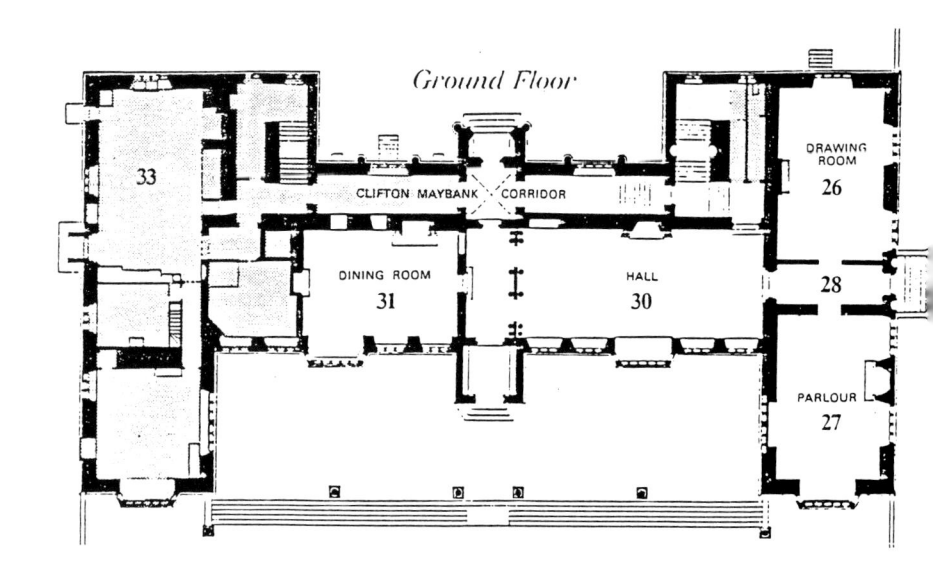

7. Montacute, the gallery. (The gallery roof is of recent construction).

8. Montacute, the hall.

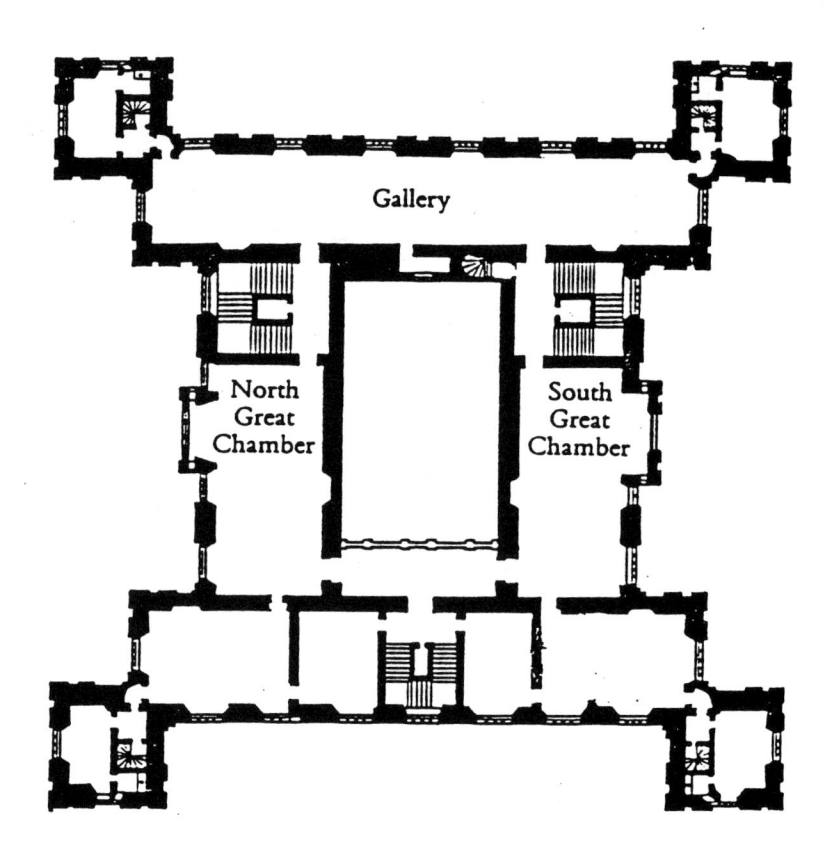

9. Wollaton Hall: the ground floor plan as shown by Robert Smythson and (top) a reconstruction of the original arrangement of the first floor (from M. Girouard, *Robert Smythson and the Elizabethan Country House*, 1983, p. 98).

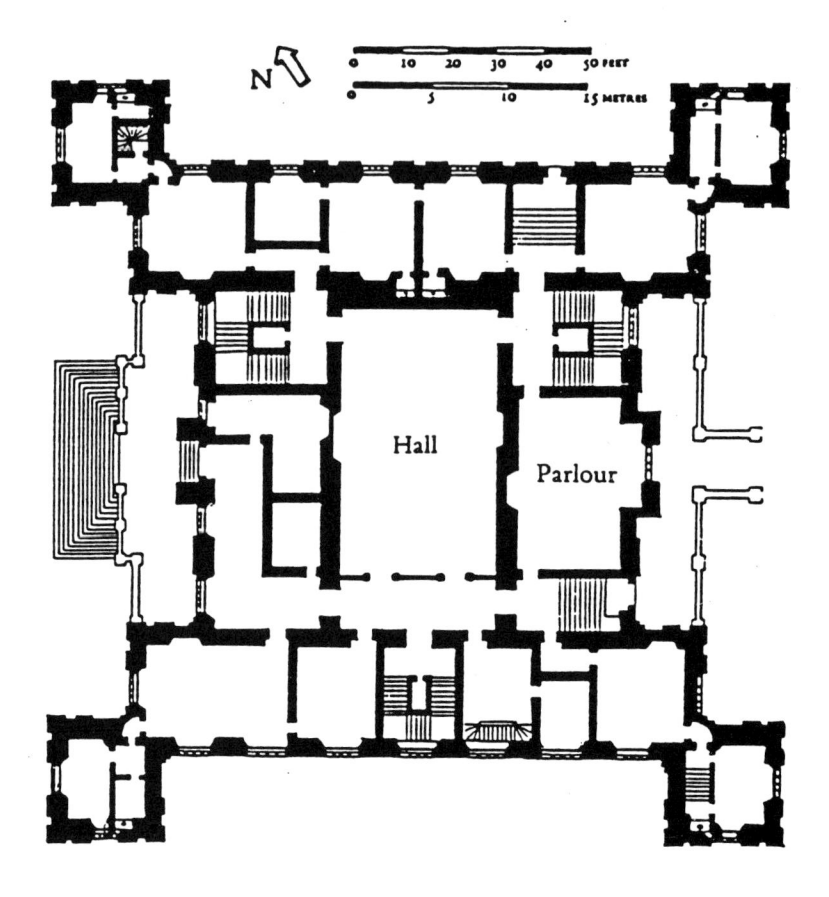

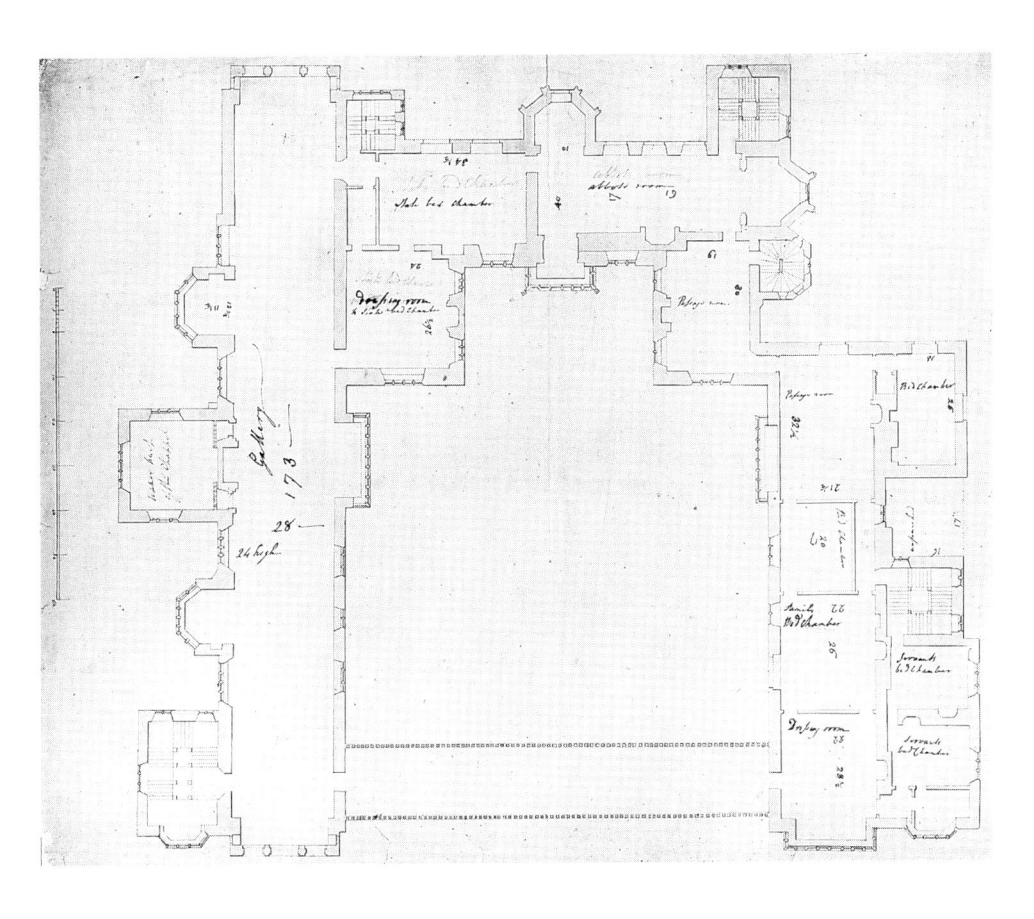

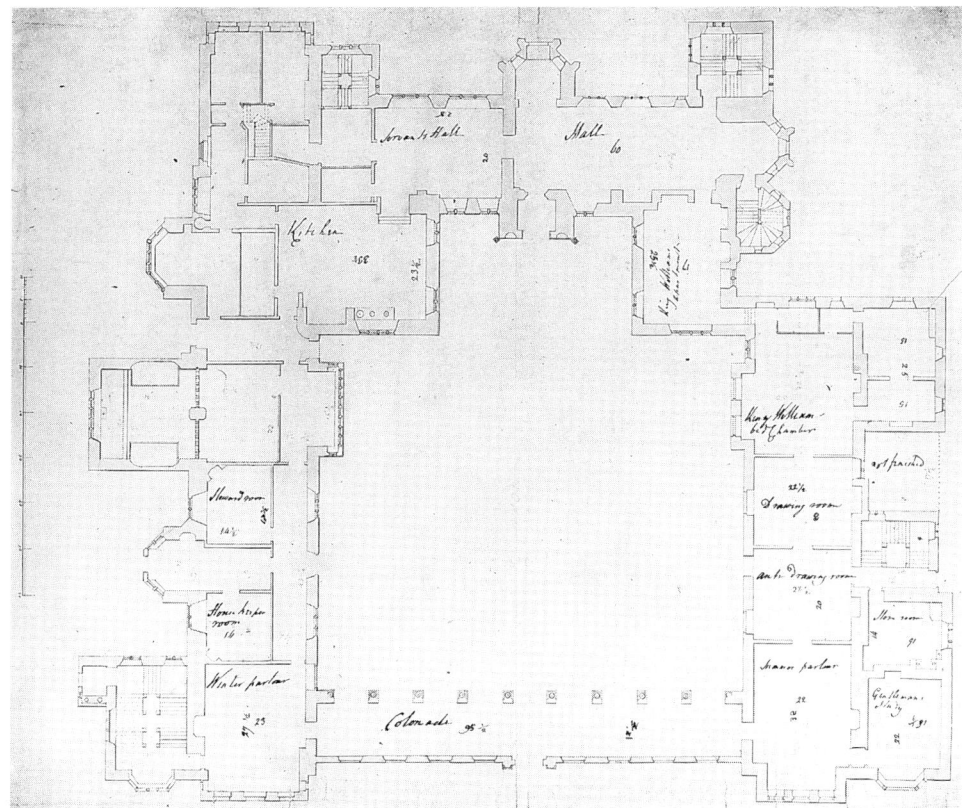

10. Copthall: plans of the ground and first floors. (Reproduced by courtesy of the Essex Record Office; Cat. D/W E 26 & 27).

Hospitality and Lodging in Sixteenth-Century England
The evidence of the drawings of John Thorpe

by Maurice HOWARD

The purpose of this paper is to focus on the question of one of the key aspects of the social life of the great country house in early modern England, namely the importance of entertaining and the provision for that function in the planning of domestic architecture. The subject has been extensively covered in both general and specific terms in recent literature but this paper seeks in particular to underline the significance for this issue of the celebrated drawings of John Thorpe in the Sir John Soane Museum in ways that they have not been investigated before.

The lodging of strangers under the roof of the great house was a much-debated issue in sixteenth-century literature because it was believed that the households of the great and powerful were changing in character and purpose[1]. The traditional medieval routine of great noble households constantly on the move around England may still have held true for some of the higher and well-established aristocratic families at the end of the sixteenth century; in the 1580s, the huge baggage train of the Earl of Derby, for example, still spent much of each year moving from one of the Earl's properties to another, a potent reminder of the medieval practices that died hard among this class[2]. For many households, however, particularly among the new aristocracy and the wealthy merchant classes, a change of character was taking place. The earlier homogeneity of the lord and his retinue, which originated in the feudal castle, was now undermined by several factors. First, the powerful in society increasingly spent long periods of the year in London in order to be in attendance at Court; this involved the maintainence of expensive, often newly-built houses and thus replaced the practice of earlier centuries of taking temporary lodgings in the capital whenever need arose[3]. Second, there came about the increased employment of servants on « board » wages, denoting the greater number of temporary staff employed for short periods of time and in one place. Third, great households were increasingly broken up into constituent parts to « caretake » various properties in the lord's absence[4]. All these factors meant that the

---
1. See Maurice Howard, *The Early Tudor Country House. Architecture and Politics 1490-1550* (London, 1987), pp. 195-199. On the background to changes in the household, see David Starkey, « The age of the household : politics, society and the arts c. 1350-c. 1550' in *The Later Middle Ages*, ed. Stephen Medcalf (London, 1981) pp. 225-290.
2. See Mark Girouard, *Life in the English Country House* (New Haven and London, 1978), p. 82.
3. On London houses in the early sixteenth century, Howard, *op. cit.*, pp. 34-36. On the Elizabethan and Jacobean period, see Lawrence Stone, *The Crisis of the Aristocracy 1558-1641* (Oxford, 1965), pp. 394-403, 422-424.
4. See Kate Mertes, *The English Noble Household 1250-1600. Good Governance and Politic Rule* (Oxford, 1988), p. 190.

household as a social organism, itinerant but cohesive around a single powerful figure, was coming to an end.

One of the reasons for the integrated structure of the middle ages was of course that the household operated as a sort of pool of military reserves that could be called upon in times of warfare. Since, partly through social changes and partly by the Tudor régime's policy of denying the aristocracy the right to keep armed retainers, the household ceased to play this collective role, it took on another. It became part of the use of the house as a mark of status through the expenditure clearly lavished upon it.

These changes did not go unnoticed or unchallenged in contemporary literature, especially that of a Protestant persuasion, which sought to define a series of ideals for the leading classes of the post-Reformation state. Through the sixteenth century, there were complaints on two fronts about the neglect of responsibilities by the ruling class. First, it was perceived that the new breed of professional servant class had supplanted the practice of sons (and to a lesser extent daughters) of the aristocracy being put out to the houses of their parents' friends and relatives to learn the skills and duties of nobility at the feet of their elders[5]. Second there was said to be a decline in traditional concepts of hospitality and the social responsibilities that ensued from these[6]. This latter argument was first heard in the 1540s, but reached a vociferous peak in the period 1580-1630. Spending on the keeping of a good hall table for the welcome of travellers and other strangers had given way, it was argued, to extravagance on the outward signs of expense, particularly excesses of building and dress. The good host was someone who had « Hospitality his housekeeper, Providence his steward, Charity his treasurer », claimed Clement Ellis in *The Gentle Sinner*, a conduct book of the mid-seventeenth-century[7]. Advice on the practical aspects of architecture shared this concern. Sir Henry Wotton, in his *Elements of Architecture* of 1624, whilst encouraging the adoption of Italian forms as the correct architectural dress for buildings, advises that the English should not go so far as to have service rooms in basements because « by the natural hospitality of England, the Buttery must be more visible, and we need perchance for our ranges, a more spacious and luminous kitchen »[8].

It would clearly be false to assume from this evidence that unlimited hospitality had been automatically provided for all passing strangers and travellers in the great households of medieval England. It is however likely that the notion of hospitality as a general, standing duty shifted, in the minds of sixteenth century owners of great houses, towards a sense of the social requirement to entertain members of their own class on specific and pre-arranged occasions and to a level of concentrated expense not usual in earlier times. The two words « hospitality » and « entertaining », whilst not mutually exclusive, are clearly useful here to demarcate the polarities of this change, since the former suggests a duty constantly fulfilled, whilst the latter implies arrangements for a particular occasion and involves the owner's discrimination in preparing for it.

The shape, plan and function of the great house can be seen at all times to echo the lines of the debate about hospitality/entertaining and its practice. The traditional courtyard plan, which reached its apogee in the early Tudor period but was established in its basic outline in earlier centuries, was custom-designed to acknowledge the social hierarchy of the older, medieval household. Hospitality could be dispensed to

---

5. See Girouard, *op. cit.*, pp. 17-18 on the medieval tradition and pp. 83-84 on evidence of its continuance in the sixteenth century. But on the longer-term developments, Philippe Ariès, *Centuries of Childhood* (London, 1968), pp. 113-118.
6. See F. Heal, « The idea of hospitality in early modern England », *Past and Present*, vol. 102 (1984), pp. 66-93.
7. Clement Ellis, *The Gentle Sinner* (London, 1660), p. 179. Quoted by Heal, *op. cit.*, p. 70.
8. Sir Henry Wotton, *The Elements of Architecture* (London, 1624), p. 71.

the poorest travellers by the convenience of the plan ; in the greatest houses, the proliferation of courtyards, entrances and outbuildings might well have allowed provision of shelter and food without the lord even being aware[9]. As the great English house became more compact in plan, the positioning with greater exactness of the best lodgings for the highest-ranking visitors became more crucial than the haphazard provision of earlier times. Guest lodgings, their placing, access and importance vis-a-vis each other, were re-thought and re-grouped according to new standards and new concepts of the hierarchy of internal spaces.

Significant indicators of the increased importance attached to well-appointed lodgings are the point in time when they became fixed in one place within the house and when they began to be decorated on a permanent, or semi-permanent basis. Most late medieval and early sixteenth-century inventories suggest that the furnishings for rooms of lodging were moved around within the house, and between houses. This sense of guest rooms as only semi-permanent in nature is echoed in the very structures which contained them. Ranges of lodging in some early great sixteenth-century houses were essentially separate structures, even where they formed two or more sides of a courtyard. Access to them might not be principally from the main body of the house but directly from the courtyard[10]. At Chenies, in Buckinghamshire, extended for the courtier, John Russell (later created Earl of Bedford) in the 1520s, ranges of lodging were added to the core of an older house (fig. 5). Within these ranges, timber partitions suggest the temporary nature of internal arrangements ; the impression is one of a series of moveable spaces. At the same time, Chenies did have one sign of the increased splendour of provision, though connected with a very special duty of hospitality ; a « room of state » was clearly fitted out for the visit of Henry VIII and remained the « best » room, for in a inventory of the 1580s, half a century after the visit took place, a « King's Room », with its tester and « carpet for the King's feet », is recorded[11]. Sometimes, early sixteenth century inventories name rooms by a particular colour, suggesting a sequence of furnishings and wall-hangings *en suite*. It is difficult, however, to test how widespread the practice of fixed rooms of lodging were and what their physical appearance was like, beacause practically no room of the early sixteenth century survives where it is certain that a contemporary inventory matches existing furnishings. Some of the first examples of this come only at the end of the century. In the Countess of Shrewsbury's withdrawing chamber at Hardwick New Hall, for example, built and furnished in the 1590s, the inventory of 1601 records the Flemish tapestries « with personages and my Ladies Armes in them » that are still there today[12].

High-ranking visitors required not just one, but a suite of rooms for their private and public lives as well as somewhere adjacent for their personal body-servants to sleep. There is no equivalent in sixteenth-century England for the emergent French term « appartment » which could express this relationship of room spaces. Interestingly, the first appearance of the English form « apartment » cited by the *Oxford English Dictionary* comes as late as 1641 and appears in the writings of John Evelyn when he was travelling in the Netherlands. The usual sixteenth-century term for a room or group

---

9. On the courtyard and its' functions, see Howard, *op. cit.*, chapter 4.
10. On lodgings, Howard, *op. cit.*, pp. 62-63, 66 and Margaret Wood, *The English Mediaeval House* (London, 1965), chapter 13.
11. Howard, *op. cit.*, p. 37. The inventory is found in G.S. Thomson, *Two Centuries of Family History* (London, 1930), chapter 4.
12. Lindsay Boynton and Peter Thornton, « The Hardwick Hall Inventories of 1601. » *Journal of the Furniture History Society*, vol. VII, 1971.

of rooms designated to the use of an important member of the household or an invited guest was still invariably known as « lodging ». But if the word itself does not appear, the true « apartment » (in the French sense) of later seventeenth-century English houses does manifest itself in the previous-century, if in only a primitive form, as far as planning is concerned. Propriety would always have determined that great visitors had more than one room of their own, and many an improvised suite of rooms were made from late medieval and early Tudor buildings. It is only in the later sixteenth-century, predictably perhaps following the greater availability of continental books on architecture, that new houses were planned with suites of rooms not only permanently in place and in a sequence in which public, more accessible rooms gave way to private ones, but also related by their proportionate size one to another.

The drawings of John Thorpe in the Sir John Soane Museum, London, are a useful starting-point for an investigation of the emergence of the rationalised idea of lodging which was to develop into the apartment (fig. 1). They stand clearly at the crossroads of a notion of the ideal in the planning of houses and contemporary practice. Thorpe draws recently-built houses, ideas for the adaptation of older structures and houses that were never to be built. It is particularly in the latter two of these three categories that Thorpe's drawings seem especially prophetic of developments of the succeeding-century[13].

In these drawings, Thorpe provides new solutions to both conventional and new forms of house plan. The most common and well-established form of the Tudor great house was the courtyard. Houses of any great size, however, rarely consisted of only one court. A house such as Compton Wynyates, for example, as completed in the 1520s, once had outlying courts of timber; the remaining picturesque courtyard is in aspect more a legacy of nineteenth and twentieth-century restoration than indicative of the original building[14]. The courtyard plan remained of great importance for the highest classes well into the seventeenth-century, needing as these people did the size and provision of house that was suitable for entertaining on a large scale. But later coutyard houses were usually designed in a more compact way; there was more concern for both axial planning and more consistent decoration on the outside walls of the court than was the case with their early sixteenth-century predecessors. The Earl of Suffolk's Audley End, enlarged to its greatest size between 1605 and 1614, was the largest and most splendid of what was to be the last phase of enclosed, courtyard houses[15].

Sets of lodgings in early sixteenth-century houses were sometimes confined to the first, or base court. At Cardinal Wolsey's Hampton Court, in the buildings he erected between 1515 and 1525, lodgings were provided around three sides of the outer court. These lodgings were fronted by galleries which faced on to the court, providing direct communication between them[16]. Lodgings, whether sets or individual rooms, had therefore a communal quality, with shared entrances from the court as their means of access.

As we move to the other end of the-century, Thorpe's courtyard plans show a provision for sets of lodgings that are at once more private and more comfortable. His proposal for the remodelling of Buckhurst, in Sussex (fig. 2), shows a compromise bet-

---

13. Thorpe's drawings are catalogued and illustrated, with an introduction, in John Summerson, « The Book of Architecture of John Thorpe in Sir John Soane's Museum », *Walpole Society*, vol. XL (1966). Thorpe's Knowledge of, and contacts with, Franch architecture, is discussed by Rosalys Coope, « John Thorpe and the Hôtel Zamet in Paris », *Burlington Magazine*, CXXIV (1982), pp. 671-681.
14. See Howard, *op. cit.*, p. 81.
15. See P.J. Drury, « No other palace in the Kingdom will compare with it : The evolution of Audley End, 1605-1745 », *Architectural History*, vol. 23 (1980) pp. 1-39.
16. See the ground-floor plan of Wolsey's Hampton Court in H.M. Colvin ed., *The History of the King's Works IV 1485-1660* (Part II) (London, 1982), p. 130.

ween the convention of the courtyard house and the new regularization of its constituent parts by controlled eternal ornament, which is similar to that first worked out at Longleat in the 1570s[17]. The several courtyards are enveloped by a continuous outer wall rising to a roofline of consistent height around all the house, with large windows placed in the outward-facing walls. Each facade at Buckhurst was planned to have its own internal logic and symmetry of elevation. Provision for the family, for service to the family, and for lodgings were thus still kept separate but have an outward unity created by architectural consistency around the exterior of the building. The house as envisaged, which was never built, was doubtless intended as a rival to the great establishments of William Cecil, Lord Burghley at his houses of Theobalds and Burghley, for it is likely that Thorpe drew the plan of Buckhurst after the appointment of the owner of the site, Thomas Sackville, 4th Earl of Dorset, to the high post of Lord Treasurer in 1599[18].

Entertaining his peers was clearly the intention of the new Lord Treasurer. To each side of the main entrance Thorpe places two sets of lodgings for « a nobleman », emphasizing the high status accorded to these rooms. Each consists of three rooms and the two inner sets are especially important since they have a bay window to their largest room. Even more impressive, however, are the two slightly larger sets of rooms left and right of the main court. These are approached by their own sets of steps up from the court. One such set of three rooms is marked « his antecamera », « bedch (amber) » and « servants lodg ».

A different problem faced Thorpe at another great courtyard house, Slaugham Place, also in Sussex[19] (fig. 6). Here he appears to have recorded a pre-existing house, whilst also suggesting changes to both lower and upper floors by insets to the drawing. The forward parts of the courtyard seem to have already been planned as rooms of lodging, as envisaged with Thorpe's ideal plan for Buckhurst. Some rooms are marked as bedchambers with attendant inner chambers, and again the two corner rooms have bay windows, that to the right on two walls since one of its bays matches that of the parlour at the other end of the range. In suggesting change, Thorpe in fact reduces the area for guest lodging to the entrance range only ; a larger chapel was to be created out of the terrace range and adjacent to it were to be a bedroom and study for the chaplain. But Thorpe notes, and indeed makes more prominent, one other particular provision here that indicates the special honour given to guests. The entrance range has, facing on to the court, a five-bay loggia which thus provides the main access to the rooms of lodging. Slaugham therefore was a house where the loggia took on an important signifiying purpose ; just as steps up to the main door to the hall and flanking bay windows lent dignity to the main reception rooms of the house, so in the opposite range a loggia gave both dignity and a practical convenience to the main rooms for guests. Indicative of the advanced ideas here of integrating lodgings and courtyard is the comparison with Kirby Hall in Northamptonshire.

Unlike the fragmentary remains of Slaugham, Kirby is one of the most extensive surviving (if largely unroofed) houses of this period (the first phase of building, for Sir Humphrey Stafford, is of 1570-1575 ; the second, for Sir Christopher Hatton, of 1575-1591) (fig. 3). The basic shape of Kirby is superficially similar to Slaugham, yet Kirby as completed by its two principal sixteenth-century owners is still essentially con-

---

17. See Mark Girouard, « The Development of Longleat House between 1546 and 1572 », *Archaeological Journal* vol. 116 (1959), pp. 200-222.
18. See W.D. Scull, « Old Buckhurst » *Sussex Archaeological Collections* LIV (1991), pp. 62-76.
19. On the present remains, see Mark Girouard, « Renaissance Splendour in Decay, the Ruins of Slaugham, Sussex », *Country Life*, 9 January, 1964, pp. 70-73.

ceived in the old-fashioned sense of creating the house as a series of separate ranges. Lodgings are placed in this house in the east and west ranges and were entered from doorways in the court itself, rather like the early sixteenth-century arrangements at Hampton Court. The north, entrance range with its loggia to the court provided a splendid visual accent to this facade, but it did not, in the original building as completed, lead directly into the lodgings each side of it. Significantly, however, when Thorpe came to draw his own ideas for regularizing the ground floor of Kirby, this is exactly the function that he makes the loggia perform (fig. 4). Moreover, unlike the squared ends of the existing Stafford-Hatton building, Thorpe sees the east and west ends of the north range as angle pavilions in the French manner with, clearly, suites of lodgings in them of a size and appointment greater than those of the lodging ranges running south from them[20].

Thorpe's ideas for well-appointed lodgings symmetrically disposed on the ground floor (or raised ground floor) in the forward ranges of a courtyard house was not however generally manifest in contemporary large domestic houses. There was generally a clinging to tradition in the use of floor levels, however much the exteriors of houses showed innovation and complexity of design. In certain re-fashionings of older houses, the symmetrical disposition of lodgings was brought into effect, but on upper floors. At Knole, for example, the early seventeenth-century transformation by successive Earls of Dorset involved the creation of upper floor galleries leading to sets of lodgings within the ranges of the second court; the symmetrically-disposed bay windows projecting into first, or Green, Court mark these changes[21]. In newly-built houses of the largest scale, the device of the vertical stacking of floors individually allocated to one particular function became the means of updating and modernising the courtyard plan. Service areas were placed on the ground floor, family apartments on the first floor, apartments of state and the best rooms for guests on the third, or uppermost floor. The conversion of monasteries into country houses may have accelerated, even if it did not initiate, this development since the monastic cloister already consisted of vaulted basements over which were rooms for communal living and private apartments for the head of the establishment[22].

The most sophisticated examples of the vertical stacking arrangement were the houses of the Talbots, Earl and Countess of Shrewsbury, in the East Midlands. Mark Girouard's reconstruction of the upper floors of the Elizabethan house of Chatsworth, built for the Talbots between the 1550s and the 1570s, shows how the house was extended upwards as the status and responsibilities of its' owners increased[23]. In its' final form, Hall, kitchen, chapel and the communal rooms of the family were placed on the lowest floor, family private lodgings were on the floor above and lodgings for great visitors — the Earl of Leicester and, because Shrewsbury was her keeper during imprisonment, Mary, Queen of Scots — were placed on the topmost floor, along with rooms of state. The Countess of Shrewsbury's later house of Hardwick New Hall, built in the 1590s, is a more compact and more ingenious re-working of this plan[24] (p. 250, figs. 2, 3 et p. 276, fig. 6). Hardwick has often been characterized as an extraordinary mixture of

---

20. The most recent publication on Kirby is the revised Guide, originally by G.H. Chettle, expanded by Peter Leach (London, 1984), but much further work has been done on the house since then, and awaits publication. I am much indebted to Nicola Smith for sharing her work on the house and for providing notes of the study day held at the site in the summer of 1988. I would also like to thank Rosalys Coope for discussing the problems of Kirby with me.
21. See the revised Guide to Knole (National Trust, 1988) and J. Newman, *The Buildings of England. West Kent and the Weald* (2nd ed., Harmondsworth, 1976) pp. 356-363.
22. On the conversion of monasteries, Howard, *op. cit.*, chapter 7.
23. M. Girouard, « Elizabethan Chatsworth », *Country Life*, 22 November, 1973, pp. 1668-1672.
24. See M. Girouard, *Robert Smythson and the Elizabethan Country House* (New Haven and London, 1983), chapter 4.

old and new practice in the planning and organization of the great house. Its' debts to printed sources, to Serlio and Palladio in particular, are somehow only part of a complex pattern of matching ideas to function, for it is the ingenuity of a unique solution to the needs of the English household that impresses us. The high position of the best lodgings at Hardwick is perhaps more than a distant echo of the medieval practice of putting the major rooms for housing important visitors in defensible towers attached to one corner of the castle (or moated site) and it is quite the opposite of Thorpe's means of integrating the functions of the house.

That this gap between Thorpe's vision and contemporary practice remained equally true of smaller houses is shown by comparing Thorpe's unexecuted plans for smaller, compact houses with similar buildings that were in fact constructed. With these plans, his awareness of foreign books on architecture and their potential for disposing suitable lodgings on the ground floor is much in evidence. In one example, indebted to Palladio's Villa Pisani, Thorpe marks three of four projecting bays on the raised ground floor as spaces subdivided for lodgings (fig. 7). In another example, lodgings are placed in extruded corners at the back of the house (fig. 8). If we turn to houses, both large and small, that were actually built to a compact plan at this period, they conspicuously do not follow this practice. Charlton House, at Greenwich, London, for example, was built for Adam Newton, tutor to Henry, Prince of Wales, c. 1607-1612[25]. The ground floor has the conventional hall at centre with service rooms to one side and family communal rooms to the other, but guest rooms were placed upstairs. At Montacute House, in Somerset, built for Sir Edward Phelips and probabaly completed by 1601, lodgings were similarly placed upstairs, the best chamber being on the first floor over the hall, with further guest rooms on the topmost floor, off the gallery[26] (p. 252, fig. 6).

In England the notion of family rooms on a lower floor than the guest rooms of state remained the dominant mode of planning for many great houses in the seventeenth-century. The more universal use of a basement for services to the house meant however that now the family rooms were often found on a raised ground, rather than on the first floor. Yet both the form of the sequence of rooms within each set and their respective functions came closer to continental, and particularly French, practice[27]. This can be seen most emphatically at Ham House, as re-modelled for perhaps the most powerful and fashionably influential couple of their day, the Duke and Duchess of Lauderdale, in the 1670s. The Duke and Duchess had similar sets of rooms, now certainly qualifying for the name « apartment », on the ground floor (here raised over a basement), equally disposed to either side of a centrally-placed dining room at the back of the hall. Above this, on the upper floor, was the apartment of state, consisting of outer room, bedchamber and closet, prepared for Charles II's queen, Catherine of Braganza[28].

By the later seventeenth century, among domestic buildings, only the grandest of royal palaces were still conceived on a plan that bears comparison with the courtyard plans of the previous century, (though often now with one open side) and these remai-

---

25. See John Summerson, *Architecture in Britain 1530-1830*, revised paperback edition (Harmondsworth, 1970), p. 85.
26. See the National Trust Guide to Montacute, by Mark Girouard, revised by Dudley Dodd, 1978 and subsequent editions.
27. See Peter Thornton, *Seventeenth-Century Interior Decoration in England, France and Holland* (New Haven and London, 1978), pp. 55-63.
28. See J. Dunbar, « The building activities of the Duke and Duchess of Lauderdale, 1670-1682 », *Archaeological Journal* vol. 132 (1975) and P. Thornton and M. Tomlin, *The Furniture and Decoration of Ham House*, published for the Furniture History Society, 1980.

ned largely unbuilt, or never completed. John Thorpe's plans, embracing as they did both the aristocratic practice of his day and the smaller, more convenient plans which even the highest in society were eventually to follow[29], stand at something of a crossroads in the organization of domestic space. He pursued the possibilities of integrating conventional English practice with the innovations of continental buildings, known to him only through illustrated treatises and the information of his patrons, in ways that can be read as attempted solutions to the problems of planning emerging from changes in English social behaviour.

---

29. On the differences of plan between aristocratic and gentry houses, see Eric Mercer, « The Houses of the Gentry », *Past and Present* vol. 5 (1954), pp. 11-32.

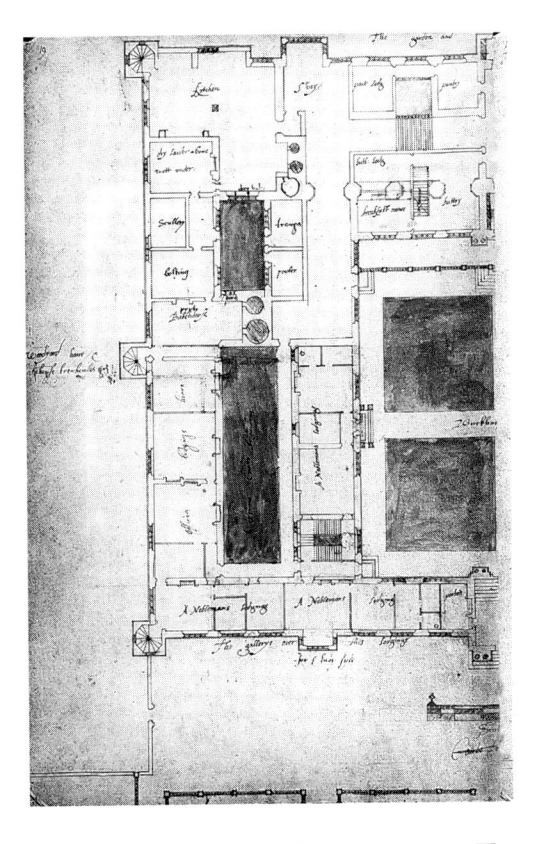

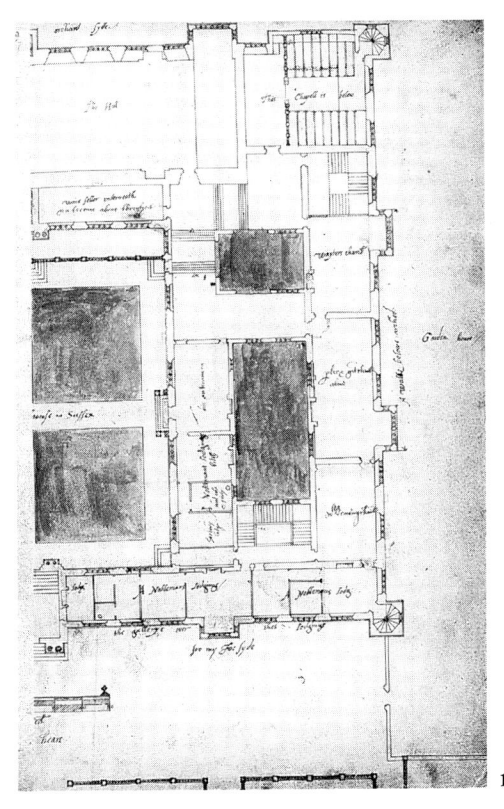

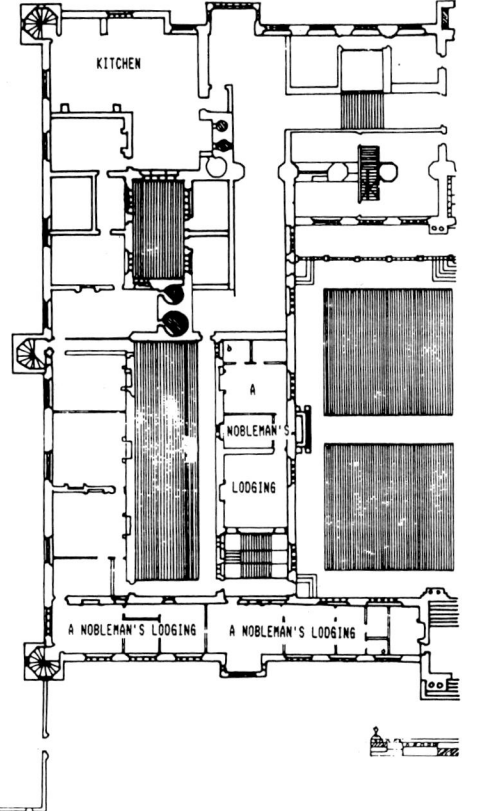

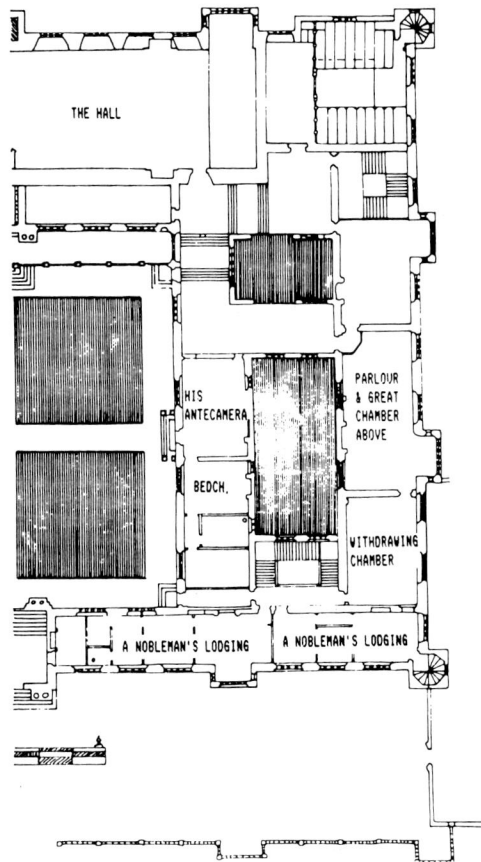

1. John Thorpe, Buckhurst House, Sussex, T19-20 in the Book of Architecture of John Thorpe, Sir John Soane's Museum, London.

2. Thorpe's drawing of Buckhurst (re-drawn from T19-20).

HOSPITALITY AND LODGING

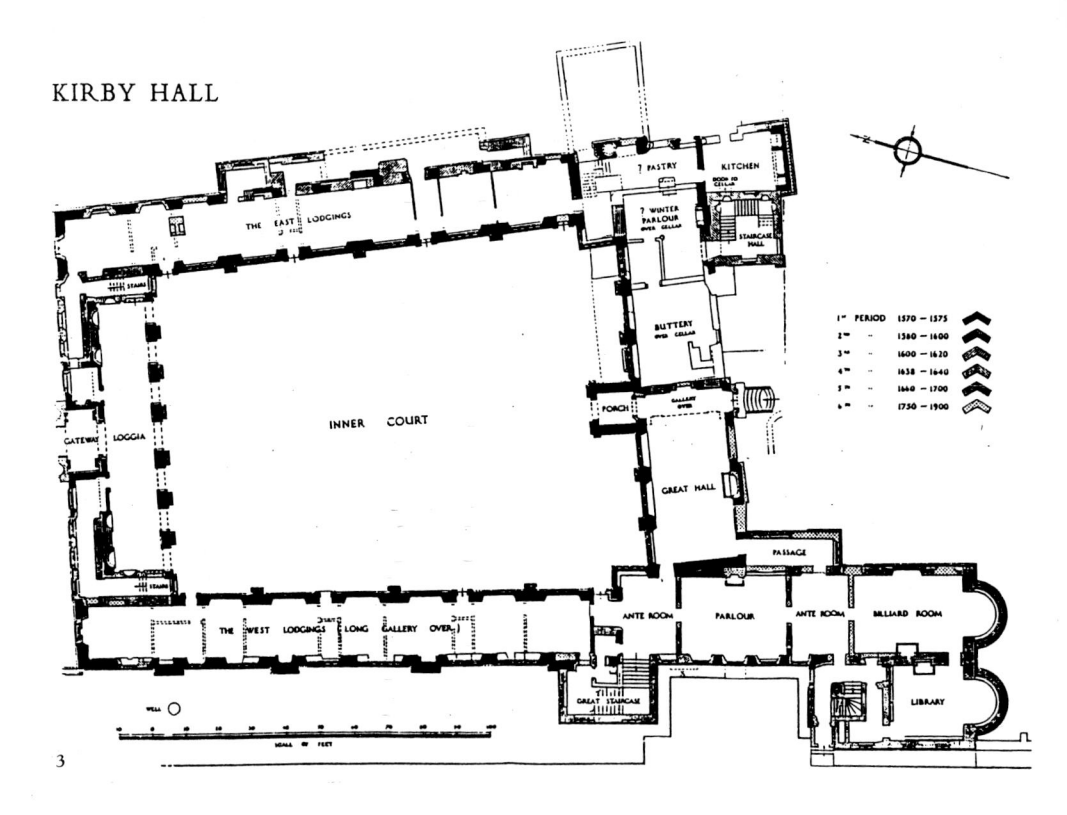

3. Kirby Hall, Northamptonshire. Ground floor.

4. Thorpe's plan for the ground floor of Kirby Hall (re-drawn).

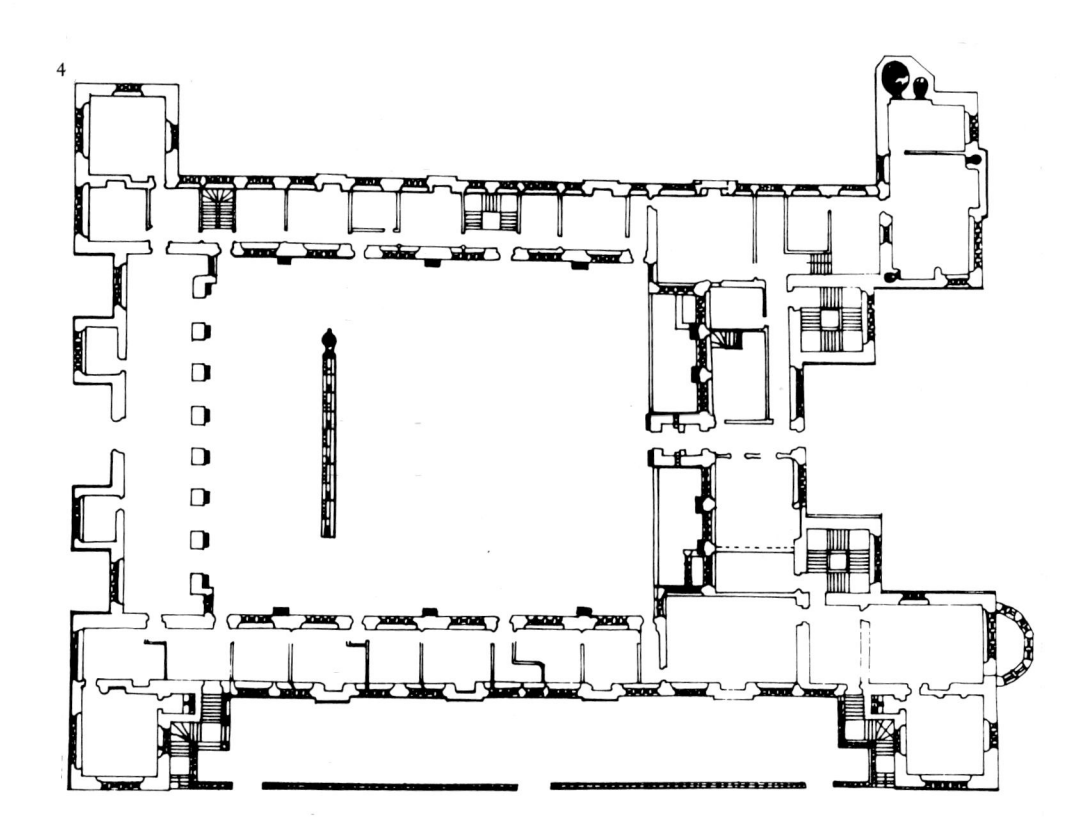

5. Chenies, Buckinghamshire. Lodgings range of the 1520s (much restored).

6. Thorpe's plan of Slaugham, Sussex (re-drawn from T239-40), Thorpe's suggested changes in the use of rooms are shown in brackets.

7. Thorpe's drawing for a compact plan house (re-drawn from T34).

8. Thorpe's drawing for a compact plan house (re-drawn from T254).

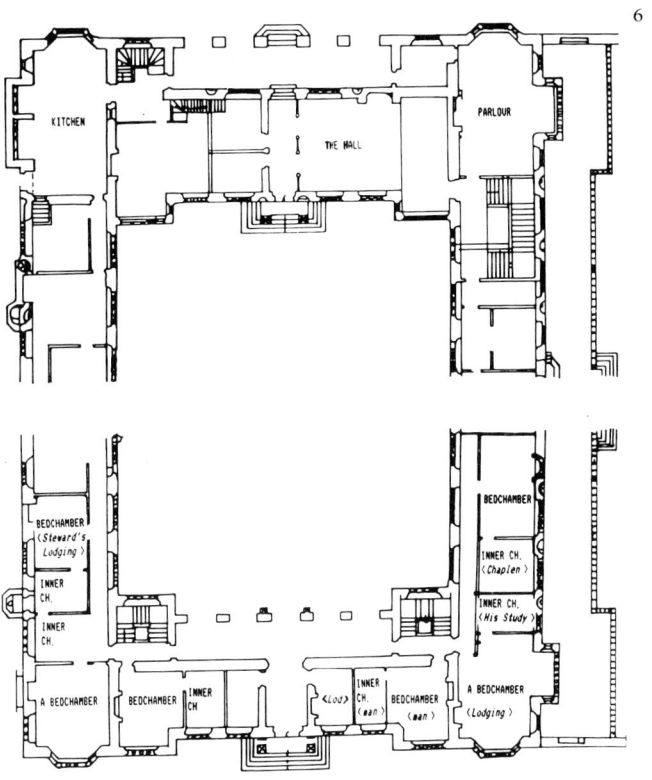

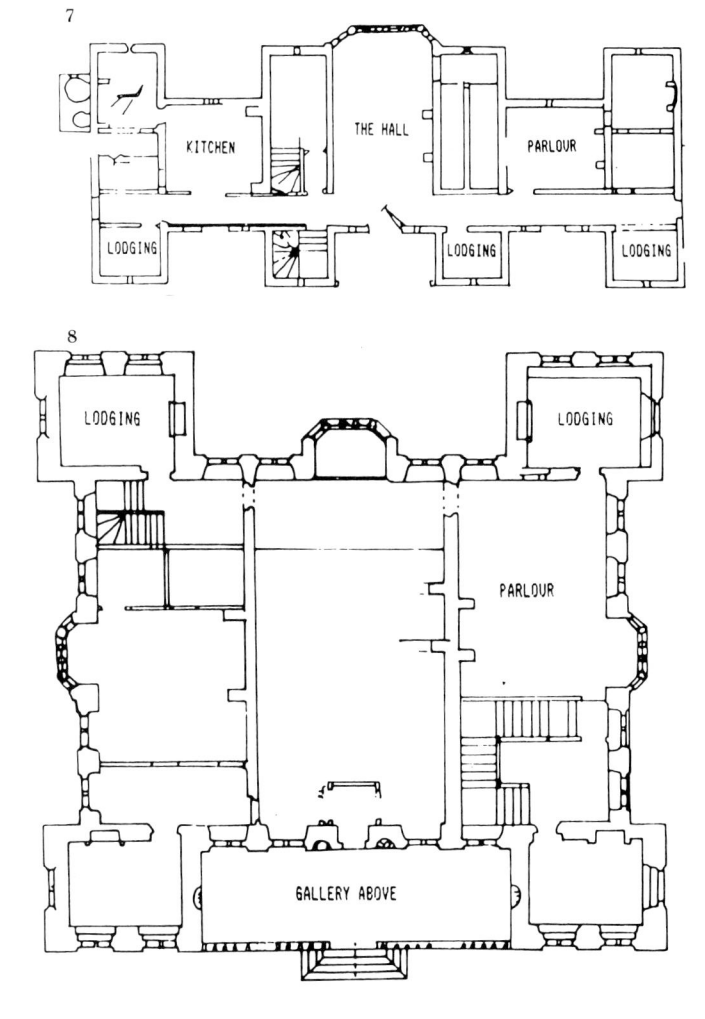

HOSPITALITY AND LODGING 267

Escape from Formality in the 16th Century English Country House

by Paula HENDERSON

> The gods of the earth, resembling the great God of heaven in authority, maiesty, and abundance of all things, wherein is their most delight. And whither do they withdraw themselves from the troublesome affayres of their estate, being tyred with the hearing and judging of litigious Controversies ; choaked (as it were) with the close ayres of their sumptuous buildings, their stomacks cloyed with variety of Banquets, their eares filled & overburthened with tedious discoursings ? Whither ? but into their Orchards ? made and prepared, dressed and destinated for that purpose, to renue and refresh their senses, and to call home their over-wearied spirits.
>
> William Lawson, *A New Orchard and Garden* (1618)[1]

Recreation and escape from the rigorous formality of daily routine was as important a part of life in the 16th century as it is today. Within the great house, the long gallery provided the space for diversion and exercise indoors and was an integral part of the requisite suite of rooms[2]. But to escape from the « close ayres of their sumptuous buildings », the English had two alternatives : to climb to the roof or to descend into the garden.

By the time that Lawson was writing, early in the 17th century, the garden was becoming increasingly important, both as a pleasure-ground and as a setting for the house itself. In much of the previous century, however, evidence suggests that gardens were less important, less accessible than the flat, leaded walks on the roof-tops of great houses. What is most relevant in the context of this colloque is to consider what effect this shift of emphasis from the roof to the garden had on the plan and on the appearance of the English country house in the 16th century.

The roof

The most striking aspect of most 16th century English houses is the richness of the roof-top : fanciful chimneys, steeply pitched gables and numerous ogee-capped tur-

---

1. W. Lawson, *A New Orchard and Garden*, 1618, pp. 53-54.
2. R. Coope, « The 'Long Gallery' : its origins, development, use and decoration », *Architectural History*, XXIX, 1986, pp. 43-84.

rets and outlook towers dominate these buildings from the earliest years of the 16th century[3]. Furthermore, large areas of the roof were often laid flat and leaded, an expensive luxury and impractical in England's damp climate, but otherwise very useful. For example, John Aubrey wrote this account of Sir Thomas More's house in Chelsea.

> Where the gate is now, adorned with two noble Pyramids, there stood anciently a Gatehouse, which was flatt on the top, leaded, from whence there is a most pleasant prospect of the Thames and the fields beyond. On this place the Lord Chancellour More was wont to recreate himselfe and contemplate. It happened one time that a Tom of Bedlam came up to him, and had a mind to have throwne him from the battlements, saying Leap, Tom, leap. The Chancellour was in his gowne, and besides ancient and not able to struggle with such a strong fellowe. My Lord had a little dog. Sayd he, Let us first throwe the dog downe, and see what sporte that will be. So the dog was throwne over. This is very fine sport, sayd my Lord. Let us fetch him up, and try once more. While the mad man was goeing downe, my Lord fastned the dore, and called for help, but ever after kept the dore shutt[4].

Sir Thomas's gatehouse was no doubt similar to the numerous gatehouses built by the first Tudor kings and their courtiers in the first half of the century. Derived from medieval military, monastic and collegiate prototypes, these gatehouses typically had a two or three storey centrepiece flanked by tall, polygonal turrets, some of which incorporated vyse stairs that rose the height of the gatehouse providing access on to the flat leaded roof of the centrepiece. The most spectacular of these gatehouses was built c. 1520 by Henry, Lord Marney, at Layer Marney (Essex). Exceptional in height (rising a full eight storeys) and in its display of classical terracotta decoration (much of the best at parapet level), the gatehouse roof is reached by stairs in the turrets in the north façade. On roof level glazed prospect rooms (3 m. in width) in each of the south turrets provide resting places with views over the flat East Anglian countryside.

In addition to the chambers built into gatehouse turrets, larger roof-top rooms were sometimes found rising high above early Tudor houses. At least two of the royal palaces featured great prospect towers. Nonsuch Palace (begun by Henry VIII in 1538) had twin towers at each end of the south front of the palace, described in the Parliamentary Survey of 1650 as « two large and well built turrets of five stories high each » containing « five roomes, beesides theire staire cases »[5]. At Oatlands Palace a single multi-storey tower at the centre of the palace dominated the skyline and was proclaimed by the Parliamentary Survey « a special ornament to the whole house »[6].

None of these royal examples survives, but at Melbury House (Dorset), Sir Giles Strangways's « loftie and fresch tower » (as described by Leland in 1540) still dominates the much-altered house (fig. 1). As at Nonsuch, there is a special stair turret rising alongside the tower providing access from the main part of the house to the brilliantly glazed outlook room (5.5 m. in diameter) and further upwards to its flat roof. At Lacock Abbey (Wiltshire), a door from the end of the long gallery opens on to a balustraded parapet walk leading to the octagonal room (4.6 m. in diameter) on the uppermost level

---

3. A study of the development and use of roof-top structures was the basis of my M.A. report for the Courtauld Institute of Art, 1982. This report was summarized in an article « Life at the Top », *Country Life*, CLXXVII, 1985, pp. 6-9. What follows is based on that study, with a greater emphasis on *access* to the roof.
4. J. Aubrey, *Aubrey's Brief Lives*, ed. O.L. Dick, 1950, p. 213.
5. London, Public Record Office, E 317/Surrey/41. A transcript appears in J. Dent, *The Quest for Nonsuch*, 1962, pp. 286-294.
6. London, Public Record Office, LR 2/297/108. The tower is visible in Paul van Somer's painting of Queen Anne of Denmark, 1617 (Royal Collection), as well as in Wyngaerde's views (Ashmolean Museum, Oxford).

of Sir William Sharington's tower (c. 1550). The prospect room also has a small cantilevered tourelle with stairs to its roof and contains an exceptionally fine octagonal stone table with carved figures on its base, three of which are identified : Ceres, Bacchus and Apicius. The epicurian iconography of the figures suggests that the room was used for the small, delightful banquets peculiar to the period.

References to roof-top banqueting houses appear in several important 16th century inventories and accounts. At Longleat (Wiltshire) the stone-mason Robert Smythson completed the four, square « banketting howses » on the roof between 1567-1569[7]. These elegant, classical turrets or « types », as they are sometimes called in contemporary documents, with their fish-scale roofs crowned with miniature pavilions resemble the same roof-top structures at Chambord. Access to the roof was facilitated by four vyse stairs rising to the roof from the main part of the house. Subsequent alterations to the interior and roof of the house, however, have made access much more difficult.

Most of the great houses built during the second half of the century featured lofty roof-top walks and chambers. At Burghley House (Lincolnshire), built in various stages from the 1550s to the 1580s by William Cecil, Lord Burghley, a great stone staircase winds through the house, leading to a door on to the roof. There was nothing comparable in England at the time, but the elegant stone staircases of French chateaux must have served as inspiration. The roof at Burghley was also one of the largest and most diverse with flat leaded terraces at various levels, and large, double-storeyed turrets at each corner (fig. 2). There was even a tiny peep-hole in one gable providing a view down on to the dais of the great hall (only recently blocked off).

At Wollaton Hall (Nottinghamshire) built by Sir Francis Willoughby between 1582-1588 with Robert Smythson as « Architecter », a broad, leaded terrace completely encircles the upper storey of the great hall permitting views down through the traceried clerestory windows (fig. 3). A stone staircase rises behind the dais end of the hall to roof level. Higher still, and accessible via small stairs in projecting tourelles, is the grandest of all 16th century prospect rooms, measuring 9 × 18 metres. Two staircases at the east end of the room contain stairs to its roof.

In a number of important houses, like Hardwick Hall (Derbyshire), built in the 1590s and attributed to Robert Smythson, the great rooms were « skied » or put at the very top of the house, making access to the roof even easier. At Hardwick, with its six great tower rooms rising above the flat leads (fig. 5), a stair in the north turret links the long gallery with the roof. The four turret rooms over the east and west façades contain fireplaces decorated with the Cavendish and Hardwick coats-of-arms and, according to the inventory of 1601, served as additional lodgings[8]. The southern turret, distinguished by a gorgon's head over the entrance and decorated internally with a plasterwork frieze and built-in window seats, is clearly the most important of the rooftop rooms : the banqueting house referred to in the accounts[9].

Although the use of the roof continued into the 17th century, these great Elizabethan houses were without doubt the culmination of the practice that had begun earlier in the 16th century[10]. At the same time, both Wollaton and Hardwick demonstrate

---

7. M. Girouard, *Robert Smythson & The Elizabethan Country House*, New Haven and London, 1983 (updated edition), p. 56. Only seven of the original eight turrets remain.
8. L. Boynton, *The Hardwick Hall Inventories of 1601*, 1971, pp. 23-24.
9. D.N. Durant and P. Riden, *The Building of Hardwick Hall*, Chesterfield, 1980-1984, where there are numerous references to work on the « banketting house uppon the leads ».
10. Other extant examples include Barlborough Hall (Derbyshire) and Doddington Hall (Lincolnshire). Lord Burghley's palatial Theobalds (Hertfordshire ; demolished) had 20 towers and flat leaded walks, visited by Baron Waldstein in 1600, who climbed to the roof and admired the views that stretched as far as the Tower of London. See *The Diary of Baron Waldstein*, ed. G.W. Groos, 1981.

something else — a symmetry in plan that goes beyond superficial external symmetry (fig. 6 and p. 254, fig. 9). It has been shown elsewhere that these plans were derived from various sources, including du Cerceau and Serlio[11]. But the classical sophistication of the plans is not as important to this study as the fact that each house features a second, independent facade of equal size and interest. This would not be necessary, or desirable, unless it opened on to something important.

The garden

Although no 16th century English gardens survive, evidence in the form of drawings, surveys, maps and written accounts demonstrates that by the last quarter of the century, the garden had become an integral part of the country estate, an important adjunct to the great house. In addition to the obvious pleasures associated with all gardens, the Elizabethan garden provided the setting for intellectual, philosophical and theatrical activites, particularly the entertainments held in honour of the Queen during her summer progresses[12]. The garden was also ideal for personal display : heraldic celebrations of family history ; flattering allegorical allusions to the monarchy ; and sophisticated uses of Italianate and classical motifs[13]. All this was as demonstrative of the owner's intellectual sophistication and of his status as any of the elaborate displays within the house. It should not be surprising, then, that access to the garden from the important rooms of the great house became increasingly well defined.

Visual information on early Tudor gardens is limited to Wyngaerde's bird's eye views of the royal palaces (c. 1560), which show Hampton Court Palace with its compartmentalized gardens cluttered with heraldic posts and fluttering banners (p. 104, fig. 2) and Richmond Palace with tidy quadrangular plots surrounded by wooden galleries[14]. Access to gardens in this period was usually from stair turrets. Henry VIII erected a special stair turret from his privy gallery to his privy garden in 1534[15].

From the third quarter of the century, however, the grandest houses were built with elegant, arcaded loggias opening on to the garden ; the first time in England that the loggia would appear on an external elevation[16]. Lord Burghley built loggias along

---

11. M. Girouard, *op. cit.*, n. 7, pp. 88-102 and Ch. 2 add comma n. 20, p. 310 and *erratum* : identification of the plan was made by D. Thomson ; the plan was published by D. Durant, « Wollaton Hall — a Rejected Plan », *Transactions Thoroton Society* LXXXVI, 1972, pp. 13-16.
12. See B.R. Smith, « Landscape with Figures : The Three Realms of Queen Elizabeth's Countryhouse Revels », *Renaissance Drama* n.s. VIII, 1977, pp. 57-115.
13. The most important study of English gardens of the period is Sir Roy Strong's *The Renaissance Garden in England*, 1979.
14. Wyngaerde's views showing the gardens of Hampton Court, Richmond and Greenwich Palaces are illustrated in H. Colvin, *History of the King's Works* IV, 1982, pls. 4, 7 and 19.
15. S. Thurley, « Henry VIII and the Building of Hampton Court », *Architectural History* XXXI, 1988, p. 17 and Plan 4. This practice seems to have been adopted by non-royal builders as well. The Duke of Buckingham had a private stair turret leading down into his privy garden at Thornbury Castle. See M. Howard, *The Early Tudor Country House*, 1987, pp. 85-87.
16. The first classical loggia may have been built in the courtyard at Whitehall Palace in the reign of Henry VIII ; but this was a wooden construction. See H. Colvin, *op. cit.*, n. 14, 313-314 and pl. 23. The earliest stone loggias were found in the courtyards of important mid-century houses, like Somerset House. Only the small loggia at Dingley House (1558 ; Northamptonshire) survives unaltered from this period.

the garden fronts of both Burghley House[17] and Theobalds[18] in the 1570s. At Theobalds (Hertfordshire) there were two loggias opening on to the great garden, one of which was decorated with a combination of the likenesses of the Kings and Queens of England and Burghley's somewhat inflated family genealogy. At Holdenby (Northamptonshire), erected by Burghley's great rival in building Sir Christopher Hatton, the loggia on the garden front stretched 107 m. on the lower ground floor[19]. Although the great house went to ruins soon after Hatton's death, the loggia survived for many years and is visible in Buck's eighteenth century view (fig. 7). There were other examples, including an open gallery erected by Sir Nicholas Bacon at Gorhambury (Hertfordshire) before a visit from the Queen in 1577[20] and another at Wimbledon House (Surrey)[21], built in 1588 by Lord Burghley's son Thomas, where the loggia, again built into the lower ground floor along the privy garden, contained a small grotto.

The natural successor to both the medieval cloister and trellised garden gallery, the loggia was also one of the most immediately recognizable of classical architectural features and an ideal transition from interior to exterior space[22]. As Claude Mignot has shown, loggias were a mark of social rank, essential components of the Renaissance gentleman's country house[23]. Among the Thorpe drawings is the elevation of half of a house (dated 1600) with an ornate arcaded loggia, described by Thorpe as « 1/2 A front or a garden syde for a noble man »[24] (fig. 4). By 1600 Thorpe may have been borrowing stylistically from Vredeman de Vries, but the use of an arcaded loggia on the garden front was already a well-established feature of the English gentleman's house.

Although Theobalds and Holdenby were palatial in scale, built around courtyards, most houses built at the end of the 16th century tended toward greater compactness. Wimbledon, one of the first great houses built on the plan did, as we have just seen, have a secondary, garden façade but on the lower ground floor. At Hardwick and Wollaton, also built on a modified plan, the secondary facade moved into the plan of the main floor easily, providing a second but equal facade.

The drawing book of John Thorpe provides a large number of variations on the double-fronted house: some (like Hardwick) have loggias[25]; some (like Wollaton) have balustraded terraces[26]; some are variations of Palladio's Villa Valmarana at Lisiera (Palladio, Lib. ii, 59)[27]. Particularly in the earlier houses, the garden façade is often pla-

---

17. The loggia along the south (garden) front at Burghley is shown in Thorpe's plan T57 with a 3:2:3 bay system; it was enlarged and glazed, probably in the late 17th century. For Thorpe's plan, see Sir John Summerson, « The Book of Architecture of John Thorpe », *Walpole Society* XL, 1966, pl. 27 (Hereafter referred to as *Thorpe*).
18. For Theobalds, see Sir John Summerson, « The Building of Theobalds, 1564-1585 », *Archaeologia* XCVII, 1959, 120 and fig. 1, p. 119, and pl. XXVII.
19. M. Girouard, « Elizabethan Holdenby — II », *Country Life* CLXVI, 1979, p. 1398.
20. C. Grimston, *The History of Gorhambury*, privately published manuscript, 1821.
21. Robert Smythson's plan of Wimbledon showing the loggia on the lower ground floor was published by M. Girouard in *Architectural History* V, 1962, 88. There is a view of the loggia in D. Lysons, *Environs of London* I, 1792, pl. 2. Information on the grotto is found in the Parliamentary Survey of 1650, published in *Surrey Archaeological Collections* V, 1871, pp. 104 ff.
23. Claude Mignot « Les loggias de la Villa Medicis a Rome », *Revue de l'Art* XIX, 1973, pp. 50-61.
24. *Thorpe*, pl. 9 and pp. 48-49.
25. Examples include: *Thorpe* T54, pl. 25; T61, pl. 29; T77-78, pl. 37; T96, pl. 44 (which has two garden loggias); T97, pl. 45; the small plan on T99, pl. 47 and others. In the Smythson collection, drawing II/4 (1), see Girouard (1962) *op. cit.*, n. 21, p. 101.
26. It is not always possible to distinguish between loggias and balustraded terraces in the Thorpe drawings. Dual terraces are shown in *Thorpe*: T29 (Wollaton), pl. 12; T32, pl. 22; T 48, pl. 13; T53, pl. 25; T55, pl. 26; T64, pl. 30; T81-82, pl. 39, has terraces on all four sides; T89, pl. 46.
27. *Thorpe* T85, pl. 40; T141, pl. 64; T152, pl. 70, T178, pl. 81. A house built on this plan survives at Nether Hambleton Old Hall (Rutland) built in a provincial area by one Christopher Loveday. It was called « newly erected » in 1611. *Thorpe* T202, pl. 96, has been identified as Somerhill (Kent), which survives but without the balustraded terraces.

ced to one side, rather than at the back, a concession to the fact that gardens were not, as yet, aligned axially with the house and that unification of house and garden was still in an embryonic stage[28]. It is well worth noting that in at least one of Thorpe's plans (T46), the garden front actually surpasses the entrance front in size and grandeur[29] (fig. 8).

As for access from the great rooms of the house to the garden, in a number of the plans the screens passage leads directly through the centre of the house, through a door in the garden front and into the garden. In most cases either the main staircase or smaller ancillary stairs are located near the garden entrance, with passages opening directly into it. These stairs would lead up to the main suite of rooms on either first or second storey level and it is sometimes clear by the inscriptions penned over the loggia or terrace just what these rooms were. « Gallery above » suggests that the close link between garden and long gallery continued through the period[30]. The inscription « terrace above », referring to an open terrace on the leads, proves that in spite of the accelerating importance of the garden as a place of recreation and pleasure, the roof-top had not yet lost its allure[31].

By the first quarter of the 17th century, many new houses were built with loggias opening into the garden: Aston Hall (Warwickshire), Chipping Campden Manor House (Gloucestershire) and Audley End (Essex), to name a few. At the same time, some important older houses underwent alterations, including the creation of a more elaborate entrance to the garden: Knole (Kent) and Apethorpe (Northamptonshire) were both medieval houses updated in this manner. But none of these was more spectacular than the garden front at Wilton House (Wiltshire) designed by Isaac de Caus for Philip Herbert, 4th Earl of Pembroke in the 1630s[32] (fig. 9). Instead of rebuilding the decidedly old-fashioned early Tudor entrance to the house, the Earl spent lavishly on the new showpiece of his house, an entirely new, highly sophisticated façade to the south, overlooking the spectacular new gardens that were designed to complement it.

---

28. *Thorpe* T44, pl. 20; T57, pl. 27 (Burghley House); T93, pl. 43; T139-140, pl. 63 (Kirby Hall); T239-240 C and D, pl. 110 (Slaugham Place); T243-245-246 (Theobalds), pls. 112-113.
29. *Thorpe* T46, pl. 14, identified as Godstone, Surrey, seat of the Evelyn family.
30. *Thorpe* T31, pl. 22; T54, pl. 25; T55, pl. 26; T85, pl. 40; T141, pl. 64; T231, pl. 107. See also, R. Coope, *op. cit.*, n. 2, pp. 57-59.
31. *Thorpe* T93, pl. 43. There were terraces above the loggias at Hatfield (albeit on the entrance, not the garden), at Wimbledon, where the terrace had steps down into the great garden.
32. H. Colvin, « The South Front of Wilton House », *Archaeological Journal* CXI, 1954, pp. 181-190. C. Hussey, « The Gardens of Wilton House, Wiltshire », *Country Life* CXXXIV, 1963, pp. 206-209.

1. Melbury House, Dorset: the prospect room (c. 1530).

2. Burghley House, Lincolnshire: view of the roof with the turret in the south-west corner (c. 1575).

3. Wollaton Hall, Nottinghamshire: leaded terrace.

ESCAPE FROM FORMALITY

4. « 1/2 A front or a garden syde for a noble man », plan by John Thorpe (c. 1600). The Sir John Soane Museum, London. Photo, Courtauld Institute.

5. Hardwick Hall. Derbyshire : south-west towers.

6. Hardwick Hall plan of the ground floor (adapted from M. Girouard, *Robert Smythson*, 1983).

7. Holdenby House, Northamptonshire : the south front. From S. and N. Buck, *Buck's Antiquities*, 1774.

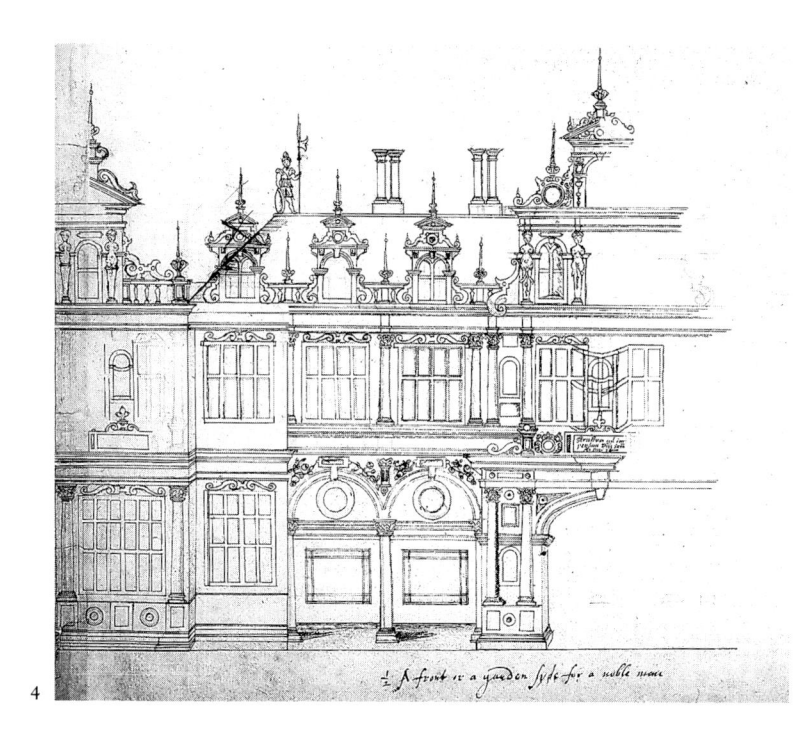

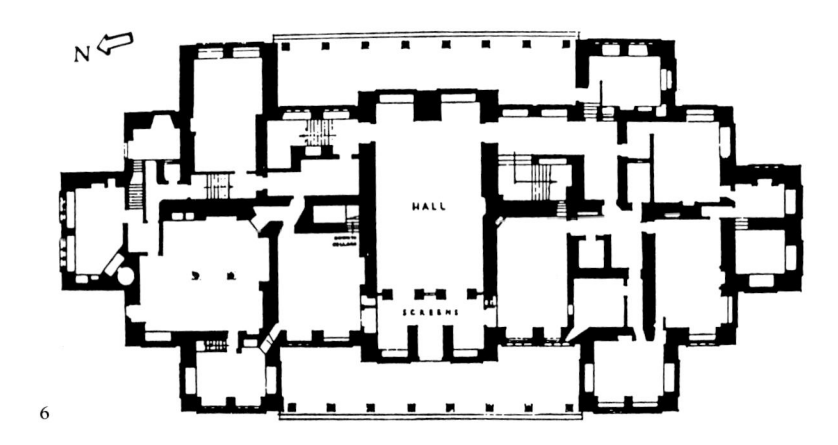

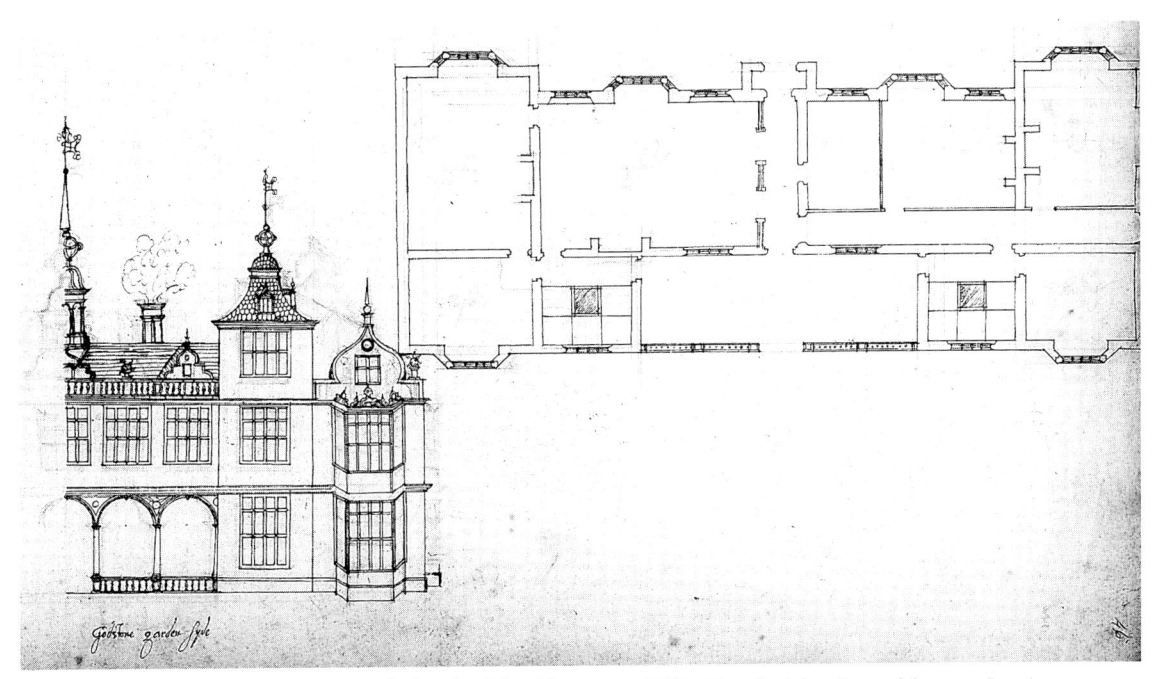

8. « Godston [Surrey] garden syde » and plan by John Thorpe (c. 1600). The Sir John Soane Museum, London.

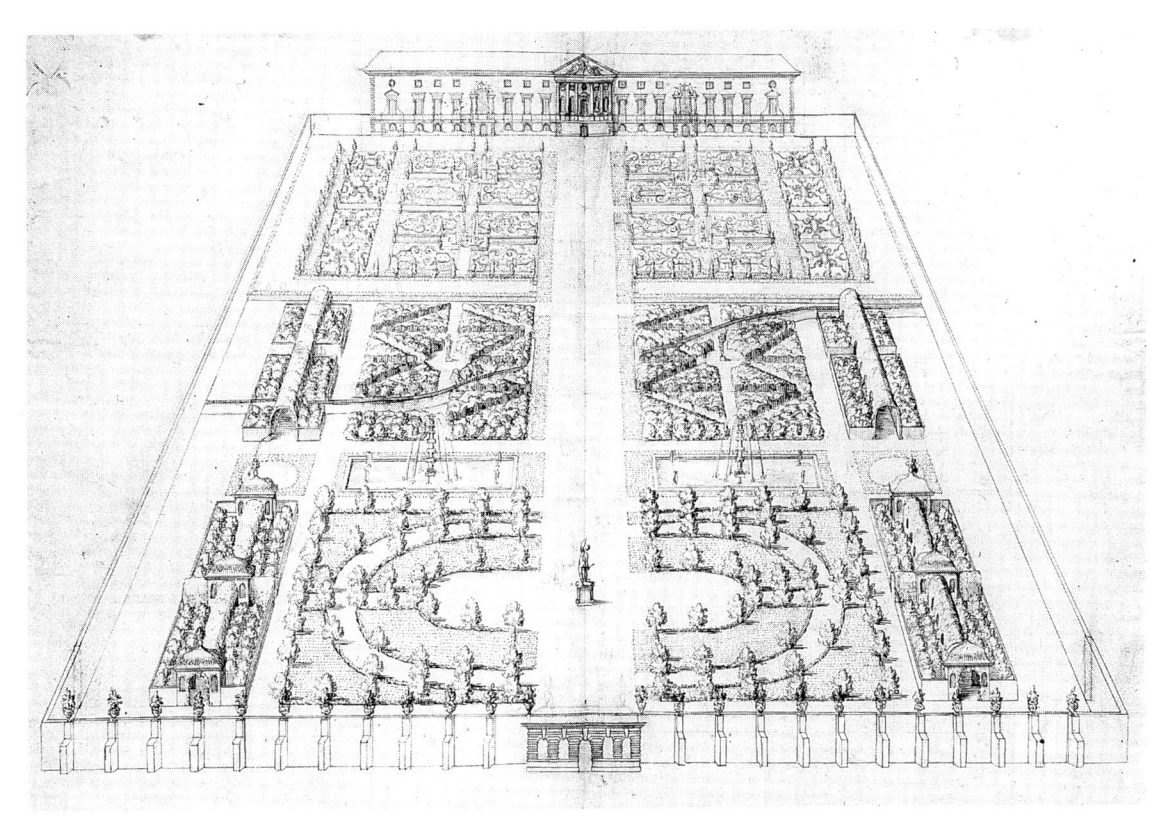

9. Wilton House, Wiltshire: the south front and garden designed by Isaac de Caus (c. 1630). Worcester College, Oxford.

ESCAPE FROM FORMALITY

Index des lieux

Amboise, 56, 90, 91, 237
Angers, 54, 196
Avignon, palais des Papes, 25-43, 52, 144

Bagneux, 196
Binche, 114-115
Blois, 237
Bories (Les), 196
Borreby, 196
Bourges, hôtel Jacques Cœur, 214
Bourges, palais, 54,
Bridewell, 99
Bruges, palais, 54, 119
Bruxelles, palais, 107-121
Buckhurst, 260
Burghley House, 271, 273

Calahorra (La), 171
Chambord, 72, 239
Charleval, 238
Châteaudun, 213
Châtellerault, 91
Chatsworth, 262
Chémery, 195
Chenies, 259
Cogolludo, palais Medinaceli, 170
Copthall, 248

Dijon, palais, 54

Egeskov, 198
Escorial, 133

Fontainebleau, 69-72, 73, 75, 88, 90, 92

Gayette, 194
Gelnhausen, 13
Goslar, 13
Grenade, palais de Charles V, 172
Grünau, 196
Guadalajara, palais de l'Infantado, 169, 176

Ham House, 263
Hampton Court, 101, 245, 260
Hardwick Hall, 246, 262, 271
Hesselagergaard, 197
Holdenby, 273

Jaén, maison de connétable de Castille, 167

Kergournadec'h, 226
Kirby Hall, 261, 271

Lacock Abbey, 270
Lille, palais, 54, 118
Londres, palais de Westminster, 14

Madrid, Alcázar, 129-132
Madrid, palais du comte de Chinchón, 173
Marly, 240
Marseille, 85
Melbury House, 270
Mondéjar, palais Mendoza, 173
Montacute House, 247, 263

Nancy, palais ducal, 119
Nonsuch, 102

Orvieto, palais pontifical, 13, 14, 16, 17

Paris, archevêché, 160
    hôtel de Bourbon, 209
    hôtel de Cluny, 212
    hôtel Le Gendre, 213
    hôtel Saint-Pol, 208, 239
    Louvre, 49, 69, 73
    Luxembourg, 238
    palais de la Cité, 48
    Tuileries, 75
Perpignan, palais, 128
Poitiers, palais, 53, 54

Ravenne, 11, 15
Rieti, palais pontifical, 13, 14
Riom, palais, 54
Ripaille, 239
Rome, 155-163
Rome, Latran, 12, 15, 16, 18
    palais Barberini, 158-159
    palais Farnèse, 161
    Vatican, 12, 19
Romorantin, 238

Saint-Germain-en-Laye, 66, 68
Saint-Ouen (Chemazé), 196
Saragosse, 174
Sarzay, 193
Séville, Casa de Pilatos, 181-188
Slaugham Place, 261

Theobalds, 273
Tolède, palais Fuensalida, 169

Ubeda, palais de los Cobos, 173
Urbin, palais, 137-147

Vaux, 195
Vaux-le-Vicomte, 238
Versailles, 238
Vincennes, 51, 193, 239
Viso del Marqués, palais Santa Cruz, 175
Viterbe, palais pontifical, 13, 14, 16, 17, 19

Wilton House, 274
Wollaton, 225, 247, 271

Index des sujets

alcove, *alcoba*, 128, 163, 174
allée, corridor, couloir, coursière, 67, 71, 111, 197, 198, 223
antichambre, 73-74, 115, 155, 198 (voir aussi *watching chamber*)
antiquarium, 187
appartement, 18, 77, 158, 209, 235-237, 245, 259, 263

bains, étuve, 101, 109, 144, 172, 211, 214
banqueting house, 271
bibliothèque, 109, 110, 143

cabinet, contoire, *closet*, 67, 68, 110, 222, 247
camera paramenti, sala dei paramenti, 33, 161
chambre à parer, salle de parement, 49, 50, 53, 110
chambre de retrait, 49
chambre d'État, 77
chambre officielle, 19, 49, 56, 67, 68, 77 (chambre d'audience), 99 (*presence chamber*), 110, 146, 155 (*camera d'udienza*), 162 (*stanza dell'audienza*), 163, 247 (*state bedchamber*)
chambre (arrière-), *retrocamera, recámara, retrete*, 160, 168, 173, 184, 236
chambre privée, 49, 146
chambre-haute, « donjon », 195, 197
comble habité, 133
cour, 90, 143
cuisine, 34, 35, 67, 144

escalier privé, 66, 69, 72, 84, 110, 176, 213, 272
étude, *studiolo, study*, 33, 38, 51, 55, 101, 146, 196, 197, 222

galerie, 41, 55, 66, 70, 89, 102, 113, 116-121, 128, 159, 160, 169, 175, 209, 210, 213, 222, 245, 274
garde-robe, *guadarropa*, 34, 67, 68, 115, 128, 177, 185, 223

jardin, 41, 52, 55, 69, 169, 187, 272-274

hall : voir salle (grande-)

latrines, 53, 115 (chaise percée), 198, 214
logis distincts des époux : 49, 51-52, 69-71, 100, 102, 109, 115, 127-134, 146, 158, 170, 173, 177, 197, 209, 237, 263
logis d'été et d'hiver, 158, 172, 175, 184, 187, 237
loggia, 146, 174, 187, 261, 272

pavillon, 72, 262
plumerie, 224
privy chamber, 101

retrait, 51, 55, 110, 115, 196
retrete : voir chambre (arrière-)

salle (grande-), *hall*, 12-17, 35, 48, 54, 56, 113, 115, 129-131, 144, 171, 209, 222
salle, 67, 68, 110, 155-158 (*sala dei palafrenieri*), 167, 171, 176, 197, 247 (*state great chamber*)
salle commune, 224
salle à manger, *dining chamber*, 110, 247 (voir aussi sallette, *salotto*)
sallette, petite salle, 54, 74, 76, 115
salone, salón, 158, 161, 170, 182
salotto, 145, 159
studiolo : voir étude
terrasse de toiture, *roof-top*, 269-272

tinellum, tinello, 35, 145
trésor, *guardacamera*, 146, 214

watching chamber, 99
withdrawing room, 247

Crédits photographiques

Archives Générales du Royaume, Bruxelles : p. 122 n° 1 ; p. 123 n° 3 — A. Arthurs : p. 218 n°^{os} 6, 7 ; p. 220 n° 10 — Ashmolean Museum, Oxford : p. 106 n° 2 — Biblioteca Apostolica Vaticana : p. 164 n° 1 — Bibliothèque Nationale, Paris : p. 60 n° 9 ; p. 61 n° 10 ; p. 203 n° 10 ; p. 217 n° 4 — Bibliothèque Royale, Bruxelles : p. 125 n°^{os} 8, 9 — B. Biraben : p. 63 n° 15 — British Architectural Library/RIBA : p. 251 n° 5 — P. Cherry : p. 58 n° 1 ; p. 59 n°^{os} 6, 7 — Country Life, cl. A. Starkey : p. 189 n° 3 ; p. 190 n°^{os} 4, 5 ; p. 191 n° 6 — Courtauld Institute : p. 62 n° 14 ; p. 265 n° 1 ; p. 276 n°^{os} 4, 7 ; p. 277 n°^{os} 8, 9 — Essex Record Office : p. 255 n° 10 — Giraudon : p. 216 n° 1 ; p. 217 n° 3 — P. Margot : p. 243 n° 11 — J. Mesqui : p. 59 n° 8 — National Gallery of Art, Washington DC : p. 219 n° 9 — The National Trust : p. 250 n° 3 ; p. 251 n° 4 ; p. 276 n° 5 — B. Ohrt : p. 200 n° 1 — I. Ring : p. 150 n° 9 ; p. 151 n° 11 — Réunion des musées nationaux, Paris : p. 58 n° 3 ; p. 78 n° 1 ; p. 123 n° 4 — Spadem, CNMHS : p. 58 n° 2 ; p. 218 n° 5 ; p. 219 n° 8 — Spadem, cl. R. Malnoury : p. 241 n° 2 — Université catholique de Louvain : p. 124 n°^{os} 5, 6 — University of Nuttingam Library : p. 234 n° 16 — The Walters Art Gallery, Baltimore : p. 148 n° 1 — Yale University Press : p. 250 n° 2 ; p. 254 n° 9 ; p. 276 n° 6 — En couverture : Bibliothèque Royale, Bruxelles.

Les clichés sans indication d'origine sont des auteurs.

Achevé d'imprimer par Corlet, Imprimeur, S.A.
14110 Condé-sur-Noireau (France)
N° d'Imprimeur : 9253 - Dépôt légal : avril 1994

Imprimé en C.E.E.